Ketil Bjørnstad

Oda

Roman

Aus dem Norwegischen von
Lothar Schneider

Insel Verlag

Die Originalausgabe erschien 1983
unter dem Titel *ODA!* bei Gyldendal Norsk Forlag, Oslo

Druck: Ebner & Spiegel, Ulm
Printed in Germany
Erste Auflage 2008
ISBN 978-3-458-17385-4

1 2 3 4 5 6 – 13 12 11 10 09 08

Die Sehnsucht selbst ist ein Unterpfand dafür,
daß das, was wir ersehnen, existiert!
Karen Blixen an Thorkild Bjørnvig

I

Laubgeruch

Die letzten Tage, bevor Oda Krohg starb, roch sie den Duft der Fliederbüsche so intensiv wie einst, obwohl es Oktober war und die Bäume keine Kraft mehr hatten, die Blätter festzuhalten. Aus ihrer Sicht war sie nie geflohen. Sie hatte lediglich alles, was geschah, angenommen und willkommen geheißen, so wie sie oft am Gartentor zur Grønnegate 19 hing und schaukelte, in der absoluten Gewißheit, daß jemand kommen würde.

Auf dem Sterbebett versuchte sie sich an Alter, Monat und Tag zu erinnern. Aber Details hatten in ihrem Leben nie einen Platz gefunden, und daran änderte sich auch jetzt nichts. Sie erinnerte sich nur, daß es Juni gewesen sein mußte, denn der Flieder blühte und sie befand sich ganz sicher in der Pubertät, so wie die Tage erfüllt waren von Liebe und Duft und Scham. Sie schaukelte am Gartentor und schaute den Hegdehaugsveien hinunter in der Hoffnung, das Wunder des Lebens würde in einer Pferdedroschke um die Ecke biegen. Damals träumte sie von einem Mann ohne Geschlecht und Geruch, einem Wunder mit glänzenden Augen, einem, den sie ihrer Mutter vorstellen konnte, ohne sich schämen zu müssen, einem, der Kjerulfs Romanzen singen konnte und gleichzeitig Wolfsaugen hatte. Die Eltern achteten ja nicht auf so etwas. Sie glaubten nicht einmal an die Gespenster im Gang zum Innenhof, obwohl die Kreuzotterzähne und Hühneraugen hatten, und daran gab es nichts zu deuteln. Der Traum von dem gelockten Prinzen vermischte sich mit dem Fliedergeruch. Niemand kam. So viele Jahre später erinnerte sie sich daran als an die Zeit der langen Tage. Die Sonne bewegte sich nie, stand immer irgendwo über dem Schloßpark. Und ging sie in die Küche, fand sie immer ihre Mutter und die Dienstmädchen eifrig damit beschäftigt, den ewig anschwellenden Brotteig zu kneten. Sie hatte zwölf Jahre gewartet und sich mit der Ewigkeit vertraut gemacht. Dann begannen die Tage zu schrumpfen. Langsam, fast unmerklich, wurden sie kürzer und kürzer. Auf dem Sterbebett wußte sie, daß die Zahlen einstellig geworden waren und daß der letzte Tag schrecklich kurz sein würde. Vielleicht versuchte sie deshalb den Fliederduft heraufzubeschwören, den Duft der langen Tage. Und sie erinnerte sich, wie ein Parfümgeruch sie überfiel und wie plötzlich ein fremdes Mädchen hinter ihr stand, als sei es aus der Erde gewachsen. Seinem schmutzigen Aussehen nach wäre das möglich gewesen. Oda sprang vom Gartentor und knallte es ins Schloß. Hier hatte sie einen guten Fang gemacht. Ein fremdes Mädchen, wenige Jahre älter als sie und ganz offensichtlich aus den verbotenen Gassen in Vika, wohin eine Lasson niemals ging.

»Wer bist du?«

Oda merkte, daß ihre Stimme scharf klang, vielleicht, weil sie etwas ängstlich war. Das fremde Mädchen antwortete nicht. Es trug einen dicken lila Schal, an dem es herumfingerte. Oda kam es vor, als würde der Duft des Flieders von intensiven, sehr menschlichen Düften verdrängt. In dem Geruch nach billigem Parfüm verbarg sich ein Wochen alter Körpergeruch. Die Schminke im Gesicht war längst rissig.

»Was *machst* du hier?«

In Odas Stimme lag ehrliche Verwunderung. Ihr Vater war Regierungsrat. Der Garten war wie eine Erweiterung der Karl-Johan, auf der nur die Vornehmsten promenierten. Ministerialrat Ingstad, Direktor Midelfart, Professor Nikolaysen und Henrik Meyer hatten keine Frauen mit rissiger Schminke. Dieses fremde Mädchen ließ sich nur als Überraschung erklären, als ein Zeichen fremder Mächte. In Odas Kopf meldete sich wie ein fernes Echo eines der Abendgespräche der Erwachsenen. Wenn der Regierungsrat von einem Empfang oder einer geselligen Runde nach Hause kam, saß er manchmal noch mit seiner Frau und denjenigen der zehn Kinder, die noch auf sein durften, am Tisch und redete über die Moral. Für Oda stand fest, daß die Moral aussah wie ein ältlicher, kranker Herr, der unangenehm roch, in einer Dachkammer hauste und jammerte. Denn ihr Vater redete über die Moral wie über einen guten Freund, und dieser gute Freund befand sich stets in einem Zustand völliger Auflösung, verfaulte bei seiner Flucht vor der Sünde. Und die Sünde, sie war etwas Blühendes, wie der Flieder im Garten, wie dieses fremde Mädchen mit der rissigen Schminke. So, wie der Regierungsrat über die Sünde sprach, stellte man sich unwillkürlich eine Frau vor, die von Haus zu Haus lief, immer blühend, voller Leben und Duft. Je mehr Oda darüber nachdachte, desto sicherer war sie, daß das fremde Mädchen dieser andere Freund war, von dem ihr Vater sprach, und es tat einem in der Seele weh, dieses frohe, lebendige und blühende Geschöpf so resigniert und schwankend zwischen den Fliederbüschen stehen zu sehen. Am besten holt man sie ins Haus, sie sollte sich ausruhen und waschen, damit sich Vater und Mutter freuten. Wo waren ihre Schwestern? Marie lief wahrscheinlich unten bei Schwarzenhorns Porzellanfabrik den Jungs nach.

»Marie! Du mußt kommen und helfen.«
Aber wer kam, war Nastinka. O weh, das gab sicher Ärger, Nastinkas Ordnungssinn entging so leicht nichts. Sie hatte Anstand, und Oda spürte instinktiv, daß *dieser* Ausdruck nicht zur Sünde paßte.
Oda spürte Nastinkas Blick so schmerzhaft, als hätte sie Pflaumen gestohlen.
»Was in aller Welt bringst du denn hier an, Ottilia?«
»Nicht *was*, Nastinka. *Wen*. Siehst du denn nicht, daß es ein Mädchen ist?«
Nastinka hatte es gesehen, aber sie ließ sich nicht begeistern.

»Diese Frau hat getrunken, außerdem gehört sie absolut nicht hierher.«
»Aber Nastinka, sie ist vom Himmel gefallen, und Geschenke vom Himmel, die muß man doch annehmen?«
»So ein Unsinn!«
»Nein, das ist wahr! Ich hing am Gartentor und hatte die Straße genau im Blick. Da stand sie auf einmal hinter mir. Sie *muß* vom Himmel gefallen sein!«
»Sie hat sich in den Garten geschlichen. Vielleicht hat sie sogar Kunden gehabt!«
Nastinka schüttelte sich. Aber Oda wurde zuversichtlicher, denn sie wußte, daß sie das Recht auf ihrer Seite hatte. Die Sünde war gekommen, und die Sünde war seit langem ein guter Freund der Familie. Aber darüber wollte sie mit der Schwester nicht diskutieren. Im übrigen war jetzt auch Marie erschienen, und Mimi und Alexandra und Bokken. Mein Gott, sie stellten sich in respektvollem Abstand auf und glotzten, wie ein paar Idioten. Das fremde Mädchen merkte zum Glück nichts. Es stand nur da und schwankte, so wie viele schwankten, wenn in der Grønnegate gefeiert wurde. Oda erinnerte sich an damals, als sie noch ganz klein war und der Komponist Kjerulf wirklich geschwankt hatte. Nein, man mußte einfach die Sünde an der Hand nehmen und sie zu Mama bringen.
»Marie! Komm und hilf mir!«
Nastinkas Proteste waren nutzlos. Oda legte sich den einen Arm der Sünde über die Schulter, Marie nahm den anderen. Aus der Nähe merkte sie, wie schmutzig die Sünde war. Ein schwerer und seltsamer Geruch ging von der Sünde aus. So roch das Meer im Herbst, draußen bei Hvitsten. Dort roch es nach Miesmuscheln, Hummer und Seejungfrau.
Grønnegate 19 war ein gastfreundliches Haus. Das betonten sowohl die Gäste, die oft zu Besuch kamen, als auch viele von denen, die seltener da waren. Oda hörte, wie Nastinka hinter ihr schimpfte, und warf einen raschen Blick auf Marie. Arme Marie, sie wagte es nicht, nein zu sagen, und jetzt

war es ihr peinlich. Sie wußte natürlich nichts von der Moral und der Sünde, von dem verfaulenden Mann und dem blühenden Mädchen, beide so gute Freunde der Familie. Wenn sie spät abends kamen, waren die jüngeren Kinder schon im Bett. Aber einmal mußte das erste Mal sein. Im Gang zur Küche trafen sie Astrid, das neue Dienstmädchen. Sie stieß einen Schrei aus, als sie die Sünde erblickte. Ja, die Arme, sie war selber so blaß und wenig blühend. Oda öffnete die Küchentür und stellte fest, daß die Mutter und die andern damit beschäftigt waren, Brot zu backen.

»Hier kommt jemand, der mit der Familie befreundet ist, Mama. Sie sieht aus, als müßte sie sich dringend ausruhen.«

Alexandra von Munthe Morgenstierne, jetzt Frau Lasson, drehte sich um und sah das Gefolge, das da in ihre Küche eingedrungen war. Oda und eine peinlich berührte Marie mit der Sünde zwischen sich, die wütende Nastinka einige Schritt dahinter, danach der Rest, die erschreckten, sensationslüsternen Kleinen. Alexandra Lasson ließ sich Zeit und wusch sich die Hände. Alle warteten auf eine Reaktion von ihr, und sie wußte nicht, was sie sagen sollte. Sie sagte:

»Wieso glaubst du, daß sie zu denen gehört, die mit der Lasson-Familie befreundet sind, Ottilia?«

Oda schaute ihre Mutter verwundert an. »Aber Mama, siehst du denn nicht, daß sie die blühende Sünde ist, sie, von der Papa so oft spricht, wenn er spät abends nach Hause kommt?«

Einige Sekunden herrschte absolute Stille, nur unterbrochen von dem fast unmerklichen Schluckauf der Sünde. Dann kam das Lachen. Die Jüngsten konnten es kaum glauben, Marie und Alexandra auch nicht, ganz zu schweigen von Nastinka. Aber Alexandra Lasson lachte. Sie lachte, daß sie über ihre eigenen Beine stolperte. Sie lachte, daß der Hund im Nachbarhaus zu bellen anfing. Und Sekunden später begannen die jüngsten der Mädchen zu kichern, auch wenn sie nicht wußten, warum.

Nur die Sünde lachte nicht. Oda auch nicht. Sie wurden da in der Küche zu Verbündeten. Oda blickte sich um, schwindlig von dem Lachen, das ihr so roh und herzlos erschien. Die blühende Sünde stand unbeholfen da und schluckte, stand in einem Haus, in dem ihr Name seinen festen Platz hatte. Sie war allein auf der Welt. Nicht einmal die kranke und faulende Moral konnte sie aus dieser lachenden Hölle retten. Oda spürte eine tiefe Verzweiflung und merkte, wie ihr die Tränen in die Augen schossen. Deshalb drehte sie sich abrupt um und rannte davon, ins Schlafzimmer, wo zum Glück immer ein Bett stand und wo sie sich immer unter einer Decke verkriechen konnte. Sie warf sich hinein und ließ die Tränen kommen und wußte eigentlich nicht, was so schmerzhaft war, aber es war etwas Neues und Fremdes, das da an ihr Leben geklopft hatte, eine Warnung und ein Versprechen. Sie spürte, wie neue Hoffnungen und Träume in ihr aufkeimten. Es war, als läge sie am Grund eines Flusses und spürte mit der Strömung eine neue Angst kommen.

Die blühende Sünde wurde gut behandelt in der Grønnegate 19. Dort verstieß man niemanden. Oda hatte nur das Gefühl, daß ab und zu etwas verschwiegen wurde, und das mochte sie gar nicht. Zusammen mit Alexandra, die zwei Jahre jünger war als sie, überlegte sie oft, was das Oberhaupt der Familie, der Regierungsrat, wohl machte, wenn die Pferdedroschke vom Hegdehaugsveien Richtung Schloß abgebogen war. Sollte der König bei Verfassungsfragen ein Vetorecht haben? Solche Dinge wurden nur in den Rauchersalons diskutiert, ohne weibliche Teilnehmer. Damals verstand Oda zwar noch nicht, wie wichtig es war, solche Fragen zu erörtern. Aber Alexandra und Oda hatten schon lange das Gefühl, daß der Paradiesgarten in der Grønnegate zu klein geworden war. Für sie wäre es völlig normal gewesen, die Grønnegate weiterzugehen bis zur Karl-Johan, um vielleicht zu sehen, was sich dort ereignete. Da schüttelten

Herr und Frau Lasson besorgt den Kopf und sprachen von verborgenen Gefahren.
Aber verborgene Gefahren hatte es im Laufe der Zeit so viele gegeben, und nie waren sie so gefährlich gewesen, wie die Eltern gesagt hatten. Vom Ahornbaum herunterfallen, Blumen von einem Beet pflücken, sich auf die Feste der Erwachsenen schleichen ... das hatten sie alles überlebt. Schlimmer waren die offensichtlichen Gefahren, und die sahen die Eltern nicht: die Gespenster im Gang zum Hofplatz, die Wolfsaugen eines fremden Gastes.
Sie waren zehn Geschwister: Oda, Nastinka, Alexandra, Marie, Mimi, Bokken, Soffi, Betsy, Per und Christian. So groß der Altersunterschied auch war, hatten sie doch immer zusammengehalten und sich an der Welt orientiert. Jetzt kam die Pubertät und die Zeit der Jugend, und da zerbrach zwar nicht ihre Gemeinschaft, aber immerhin das vertraute Spiel mit Zeit und Ewigkeit in einem Garten mit Ahornbäumen und Fliederbüschen. Der Vater war ihnen fern, die Mutter nahe bis an die Grenze des Erträglichen, und abwechselnd fürchteten sie das Unausweichliche: den Tag, an dem die Mutter nicht mehr unter ihnen sein würde, den Tag, an dem die Laute aus Küche und Wohnstube verstummen würden.
Abwechselnd lernten die Mädchen den Haushalt zu besorgen. Im oberen Stock wohnte Großmutter Lasson. Dreizehn Zimmer und sechzehn Menschen. Das war ein ständiger Frühjahrsputz: Treppen putzen, Wände putzen, Decken putzen, Fußboden putzen, Fenster putzen, Bettdecken lüften, Sessel ausklopfen, Möbel polieren, Messing polieren, Silber polieren, Katzen füttern, Hunde füttern, für Menschen und bei Festlichkeiten kochen, Toddy und Absinth, wenn der Regierungsrat mit seinen prominenten Freunden auftauchte, um einen fröhlichen Abend zu veranstalten, und manchmal ein Streichquartett, so musikalisch, wie die Familie war. O nein, da hatte Frau Regierungsrat keine Kraft mehr, wenn der Abend kam und die Männer »Romanzen« hören woll-

ten. Dann wurde nach den ältesten Töchtern gerufen, nach Nastinka und Oda, die mit bezaubernder Anmut romantische Stimmungen mit Feen und Nachtigallen zaubern sollten. Dann ertönte das befriedigte Murmeln der Gesellschaft, und Frau Regierungsrat zwinkerte auf dem Weg zur Küche den Dienstmädchen zu, ein Zeichen für das Auftragen des Abendessens, das im Haushaltsgeld nicht vorgesehen war, was man aber an einem besonderem Abend wie diesem nicht umgehen konnte.

Diese besonderen Abende häuften sich, sie wurden zur Gewohnheit in den Kreisen, in denen sich Bürgertum, Konvention und Radikalismus in einem Brei aus Toddy und Sentimentalität mischten.

Und eines Tages starb Großmutter Lasson.

Die zehn Kinder hingen an ihrer Mutter mit seltener Zärtlichkeit. Im Innersten fühlten sie tiefes Mitleid mit ihr, denn sie merkten, wie viel ihre Mutter klaglos hinnahm, so viele Freuden, die ihr versagt blieben, so viele Mühen, die sie ertragen mußte. Aber richtig bewußt wurde ihnen das nie, sie kannten es nicht anders. Sehr genau wußten sie jedoch, daß sie zur privilegierten Klasse gehörten, daß sie mehr als berechtigt waren, auf der Karl-Johan zu promenieren, daß ihnen besseres Essen und feinere Kleidung zustand als jedem der respektablen höheren Beamten. Ihr Vater war kein versoffener Taugenichts, der Haus und Hof verspielte. Ihr Vater zählte zu den Vornehmsten der Gesellschaft, war enger Mitarbeiter der Regierung, ein Mann der Macht, ein Mann des Geistes. War es nicht ein Glücksgefühl, wenn er, dieser wichtige Mann, sich herabbeugte, ihnen einen flüchtigen Kuß gab und sie ermahnte, Mama zu helfen?

Sie liebten Mama, denn Mama war immer da. Sie liebten Mama, denn Mama kümmerte sich, wenn sie krank waren. Sie liebten Mama, weil sie klare Grenzen setzte, ohne mit strengen Strafen zu drohen. Sie liebten ihr feines, ruhiges Wesen, das plötzlich russisches Feuer zeigen konnte. Sie war die Urenkelin einer russischen Fürstin! Sie hatte ihnen allen

das Leben geschenkt, und keiner von ihnen ertrug es, sie weinen zu sehen.
Oda nahm sich fest vor, diese Liebe einmal zu vergelten. Einmal sollte Mutter Lasson *selbst* zu einem Fest eingeladen werden, ohne ängstlich an das Geld denken zu müssen. Es gab ein Restaurant in der Stadt, und Oda stellte sich vor, wie sie, sobald sie einmal reich war, das ganze Haus mieten würde, um dort das schönste Fest auszurichten. Sie und ihre Geschwister würden dann die Kellner scheuchen, und die Köche sollten mit dem Gewehr bis hinaus nach Asker und dort Vögel und edles Wild schießen. Und der Champagner würde fließen, und Frithjov Foss würde eine lange Rede halten zu Ehren der tüchtigsten Frau. Und danach gäbe es eine Schlittenfahrt durch die Stadt, einen Triumphzug durch den Schloßpark bis zum Haus in der Grønnegate, wo ihr Bruder Per eine grande sonate mit dem Titel »Für Mama« uraufführte. Das Elternhaus war ein mit Liebe überladenes Heim, das Schlagseite bekommen hatte. Als würden sich die Frauen mit der Ladung abquälen und dabei fast über Bord gehen. Die Männer hatten mehr als genug damit zu tun, Kurs zu halten, auf ein Ziel zuzusteuern, das wichtiger und abenteuerlicher erschien als die Küste, an der sie entlangschipperten.
Oda war der Sünde begegnet und vergaß sie nicht in den kommenden langen, einsamen Jahren. Wenn in dem großen Haus Kaskaden von Tönen erklangen, junge Musik in dem großen Haus, wenn Per Klavier übte. Durch seinen Vetter Halfdan Kjerulf wußte der Regierungsrat genau Bescheid über das Künstlerleben und dessen Bedingungen, so daß er eine derartige Betätigung als anständigen Lebensweg ablehnen konnte. Deshalb fiel es auch Oda nicht ein, an so etwas zu denken, wenn sie in der Wohnstube saß, die Augen schloß und Per Chopin spielen hörte. Sie *sah* Farben, ganz konkrete Landschaften, Erinnerungen an längst vergangene Sommer oder eine Straße, die sie noch nicht gegangen war. Die schweren Jahre der Verzweiflung, in denen der Körper zum Feind wurde, lagen hinter ihr. Sie hatte das Gefühl, als

sei sie davongekommen, als hätte sie ein Fluß mitgenommen und in einen Wasserfall geschickt. Zerschmettert und malträtiert war sie ans Ufer gekrochen und hatte nach Luft geschnappt. Würde sie überleben? Hatte sie noch einen heilen Knochen im Leib? Nicht nur Arme, Beine und Geschlecht waren nicht wiederzuerkennen. Auch das Gehirn schien eine Erschütterung durchgemacht zu haben. Sie lag am Flußufer und schaute geistesabwesend dem emsigen Leben der Insekten zu, während ihr Körper vor Schmerzen schrie. Sie selbst hatte die Stimme verloren. Nicht einmal die einfachsten Sätze konnte sie herausbringen. Als sie sich umdrehte, um ein Stück Himmel zu sehen, kam es ihr vor, als würde jemand mit Steinen nach ihr werfen. Wie nackt sie war! Wie gedemütigt! Nie geschah etwas Wunderbares ohne große Schmerzen.
Aber wie sie da lag, gleichsam innerlich erstarrt, fühlte sie sich gleichzeitig seltsam lebendig, und sie ertappte sich dabei, daß sie sich, kaum hatte sie einige Tage Ruhe, nach dem Schmerz sehnte.
So vergingen sie, die einsamen Jahre. Selbst wenn Menschen engen Kontakt mit ihr hatten, ihr entweder halfen oder in gedankenloser Eile auf sie traten, war es meilenweit bis zum nächsten Menschen, und keiner hatte solche Schmerzen erlebt wie sie. *Sie* war alleine, sie! *Sie* war zerschmettert, sie! O, warum kam nicht der Tod!
Auf das Meer achtete sie erst, als die Wellen gegen die Ufersteine klatschten. Sie glaubte, es sei der Wind, bis sie das Rauschen der Strömung vernahm, das warnende Poltern. Das konnte sie nicht erschrecken. Benommen erhob sie sich und merkte kaum, daß sie nicht mehr krank und häßlich war. Denn auf einmal sah sie andere Bilder, und sie holte tief Atem, so daß ihr die salzige Luft neue Kraft gab, und sie hob die Hände zum Kopf, als wolle sie etwas heraufbeschwören, für sich und für alles, was sie sah. Das kam so unerwartet. War sie dem Meer wirklich die ganze Zeit so nahe gewesen? War sie wirklich so blind gewesen? Jetzt spiegelte sie sich in den Wellen und lächelte sich begeistert zu. Die Nase war

gar nicht schief! Das Haar hing nicht in Strähnen! Sie hatte Brüste bekommen und brauchte sich ihrer nicht zu schämen. An ihrem Mund war nichts auszusetzen und die Proportionen des Gesichts ganz in Ordnung. Sie lebte! Die Knochen hingen zusammen! Sie hatte nur alles falsch gemacht. Sie hatte vergessen zu sehen, wahrzunehmen. Sie hatte nicht die Wahrheit gesucht, sondern sich eingelullt in Traumgesichter und Einbildungen. Sie schwor sich, nie mehr zu mißbrauchen, was sie bekommen hatte. Eines Tages im Jahre 1880 stellte Oda Lasson fest, daß sie eine Frau war.

Das bedeutete, daß sie sich nicht mehr nur hinsetzte, um Bruder Per Klavier spielen zu hören. Sie wollte *selbst* lernen, zu spielen. Ratlos nahm der Regierungsrat zur Kenntnis, daß seine große Tochter ungeniert dieselben Rechte verlangte wie ihr Bruder: Klavierstunden, Konzertbesuche, gleichberechtigt als Erwachsene. Besorgt sah er ihren Gang, wenn sie die Grønnegate hinuntermarschierte:

»Mußt du wirklich auf diese Art gehen?«

Sie warf ihm einen fragenden Blick zu. »Was meinst du, Papa?«

Der Regierungsrat räusperte sich und sah sich um. Niemand sollte ihr Gespräch mithören.

»Deine Art zu gehen, Ottilia.«

Oda lachte.

»Ja, ich setze die Füße nach vorne, wechselweise, rechts, links. Eins, zwei.«

»Du bist frech. Du weißt genau, was ich meine. Dir fehlt die Erziehung. Schau dich um, hier lauern so viele Gefahren.«

»Welche Gefahren?«

»Siehst du nicht, wie sich die Männer nach dir umdrehen? Du bist verdammt noch mal eine junge Dame. Soll ich noch direkter werden?«

Oda lachte. »Nein, Papa.«

Sie gingen schweigend weiter, aber der Regierungsrat hatte sich noch nicht beruhigt. Er schien nicht erfreut über das Lachen seiner Tochter. Umgekehrt schien sie nicht gesonnen, auf ihn zu hören. Der irritierende Hüftschwung wirkte einfach schockierend sexuell. Was brachte sie da ins Rollen, auch bei seinen Freunden? Es gab unter den Gästen in der Grønnegate genügend Junggesellen, die sich ziemlich freimütig über die Mädchen geäußert hatten, ohne Rücksicht auf deren entzückende Unschuld. Er mußte ihr zuvorkommen. So wie es jetzt aussah, würde sie innerhalb kurzer Zeit einen der Taugenichtse aus der radikalen Ecke anschleppen, der zufällig aus einer der besseren Familien stammte, so daß man ihm Odas Hand nicht gut verweigern konnte. Wer im Bekanntenkreis könnte für seine Lieblingstochter die passende Partie sein? Ja, sie war seine Lieblingstochter, vielleicht besonders deshalb, weil ihre unglaubliche Freundlichkeit, Hilfsbereitschaft und Selbstaufopferung nicht auf einfältiger Naivität beruhten. Er war davon überzeugt, daß sie eine ausgezeichnete Hausfrau abgeben würde. Und nicht nur das. Vielleicht engagierte sie sich für die großen Fragen der Zeit, wozu durchaus auch Frauen fähig sein mochten. Sie war ja künstlerisch begabt. Vielleicht könnte sie eine leidlich gute Pianistin werden, oder vielleicht würde sie in ihrer Freizeit ein geistvolles kleines Buch schreiben? Der Regierungsrat begrüßte es, wenn eine Frau viele Möglichkeiten hatte. Das war nicht wie früher, als Frauen noch keine Rechte hatten. Machte sie eine gute Partie, konnte sie in ihrer Freizeit vieles ausrichten. Es war einfach zu reizend, diese anmutigen Geschöpfe erblühen zu sehen. Man hielt sich auf diese Weise länger jung.

Aber wer war eine passende Partie für Ottilia? Soweit Regierungsrat Lasson mitbekommen hatte, äußerte sich Oda nicht über die Emanzipation der Frau. Demnächst war wieder einer seiner geselligen Abende geplant, und er überlegte, wen er dazu einladen sollte.

»Ich werde ein Fest veranstalten und möchte, daß du dabei bist.«

Der Regierungsrat hielt seinen Arm so väterlich um Oda,

daß Bokken eifersüchtig wurde und hochgehoben werden wollte. Während das erfolgte, musterte Oda ihren Vater mit wachsamen Augen. Dann schaute sie die Mutter an, die mit ihrem ausweichenden Blick signalisierte, daß diese Sache nicht in ihrer Macht stünde.

Ein Fest? Dagegen hatte sie doch nichts einzuwenden. Aber wie der Vater das sagte, wirkte es auf Oda so gezwungen und künstlich, als befürchte er, sie würde sich zu ihren Freundinnen absetzen. Er wußte doch genau, wie häuslich sie war. Schon vor Jahren hatte sie begriffen, daß sie und ihre Schwestern weit über die Grenzen der Stadt als Unterhaltungsobjekte begehrt waren. Und bei einer Familie mit so vielen Kindern war das kein Wunder. Daß Alexandra und Nastinka begannen, verführerische Reize zu entwickeln, und daß Marie, Bokken und Mimi, ganz zu schweigen von Soffi und Betsy, jede in ihrem Alter, reihenweise die Herzen brechen konnten, ließ sich nicht leugnen. Aber warum interessierte man sich nicht für Per und Christian? Per war bereits ein großer Musiker, Christian noch ein kleiner Junge. Warum nahmen sie *ihn* nie auf den Schoß? Süßigkeiten und süße Worte für die Mädchen. Hei Soffi! Willst du dem Onkel keinen Gutenachtkuß geben? Willst du nicht an seinem Bart zupfen und ein Liedchen singen? Und du, Alexandra, du bist ja schon eine gefährliche Verführerin! Aber ein Gutenachtküßchen auf die Wange bekommt der Onkel doch auch von dir? Erinnerst du dich noch, als du klein warst und ich dich im Wägelchen draußen am Holmen spazierenfuhr? Erinnerst du dich noch? Ja, ja, die Zeit vergeht, und ich möchte nicht wissen, was die jungen Männer um euretwillen leiden müssen. Ich bin beinahe froh, nicht jünger zu sein. Aber mir den Bart zupfen zu lassen, dafür bin ich nicht zu alt, oder …

Manchmal fand Oda das widerlich, aber in der Regel war es lustig. Je nachdem, wieviel sie getrunken hatten. Und ob sie zum politischen Milieu gehörten oder zum Kreis der Musiker. Die Künstler benahmen sich viel unbeholfener. Sie und Alexandra, wie gerne trieben sie ihren Spaß mit ihnen.

Die Mädchen quietschten entzückt, wenn sie aus der Tiefe von Beethovens Rasumowski-Quartetten die indirekten und schmachtenden Blicke spürten. Ein armer Bratschist kam völlig durcheinander, wenn sie und Alexandra ihn konzentriert anstarrten. Ganz zu schweigen von dem einfältigen Geiger, der so lange an seinem Instrument zupfte, bis die E-Saite riß.

Trotzdem beeindruckte sie die beneidenswerte Unnahbarkeit dieser jungen Männer, wenn sie über Leben und Tod, Kunst und Politik redeten. Wie verlockend wirkte dieses Stilleben aus Herren mit Gläsern, verteilt um den Salontisch! Das würde sie gerne einmal malen. Sie wußte genau, wen sie als überreife Frucht porträtieren würde, wer farbig im Vordergrund sein und wer im Dunkel des Hintergrunds verschwinden müßte. Es schockierte sie, wie zynisch sie die Menschen einteilte: in intelligent und dumm, in schön und häßlich. Sie hatte sich einmal geschworen, zu *sehen*, und in der Tat, jetzt beobachtete sie ihre Umwelt mit einer solchen analytischen Präzision, daß es beinahe unangenehm war. Doch für jemanden, der Gnade fand vor ihren Augen, war sie gerne bereit, den Bart zu zupfen und Kjerulfs Romanzen zu singen. Aber als der Regierungsrat sie jetzt so direkt zu einem geselligen Abend einlud, bekam sie doch einen Schreck.

»Wer kommt?« fragte sie mißtrauisch.

Die etwas reiferen Männer würden kommen. Beamte, die nicht allzuoft zu Gast waren, die meisten eher uninteressant. Ein langweiliger Kerl, seines Zeichens Ministerialrat und einer, der immerhin Geige spielen konnte. Außerdem ein Geschäftsmann mit Sinn für Künstler und die neue Zeit.

Oda, Alexandra und Nastinka saßen gespannt da und dachten mit Entsetzen an das, was an diesem Vormittag in der Küche geschehen war: Der Topf mit der Sauce war umgekippt, zur Freude des Hundes. Das war ein Kampf auf Leben und Tod, bis der Hund endlich draußen war und Mama Lasson schweigend und würdevoll verschwand, um hinter verschlossenen Türen zu weinen. Sie gaben ihr Bestes, um eine neue

Sauce herzustellen, aber wie sollten sie würzen? Oda hatte ihre Kenntnisse über Gewürze eingebracht, und das Ergebnis war gar nicht schlecht, auch wenn vom Wildgeschmack wenig zu merken war. O Mama Lasson, an jenem Abend haben drei Töchter an dich gedacht, haben dich geliebt und bewundert, während sie überall am Körper die verstohlenen, vorsichtigen Blicke der Männer spürten. Der Regierungsrat seinerseits war in Hochform und fällte vernichtende Urteile über Jaabæk und die Intelligenz der Linksradikalen. Voller Überzeugung wurden Motive und Absichten geäußert, doch das Establishment behauptete sich ausgezeichnet. Man hatte nichts auszusetzen an den verantwortlichen Volksvertretern. Verwirrte Dummköpfe waren das, die jetzt aus den Kloaken krochen. Bauern und Pöbel. Hohlköpfe, die leeres Stroh droschen. Um so wichtiger der Genuß des sechs Jahre alten Rotweins und die gepfefferte Sauce zum Hauptgericht.

Oda betrachtete ihren Vater, während er sprach. Sie stellte fest, wie er beinnahe sinnlich wurde in seinem Gebrauch der Wörter, wie die langen, wohlformulierten Sätze wie Eroberungen wirkten, die er in die Freiheit entließ. In den letzten Jahren hatte er sich ein Bäuchlein zugelegt. Das machte ihn gewissermaßen unnahbar. Seine jähen, hastigen Liebkosungen waren vorbei, bevor sie etwas davon gemerkt hatte. Physische Nähe bekam sie von der Mutter und den Dienstmädchen. Jetzt fiel ihr ein, wie lange das her war, daß sie jemand auf diese Weise umarmt hatte, ohne sexuelle Hintergedanken. Vielleicht würde es ihr einmal gelingen, das Miteinander in der Liebe ebenso zärtlich zu malen, wie sie es jetzt vermißte. Was würden ihr die nächsten Jahre bringen? Nachts sah sie Gespenster. Hände, die sie zu Boden drückten, Stiche von unerwarteten Schmerzen, Stöhnen wie von einem fremden Menschen und Scham, eine ewig quälende Scham, die sie tief hineintrieb in die Seele, so daß sie sich instinktiv zusammenkrümmte und wie ein Embryo unter der Decke lag, jammernd und allein.

Der langweilige Kerl von Ministerialrat hielt etwas, das einer

Rede glich, und brachte einen Toast auf die Frauen aus. Der kunstinteressierte Geschäftsmann fertigte ihn genervt ab und erklärte, daß er genug habe von derartigen Floskeln.
»Was meinen Sie?« sagte der Ministerialrat steif.
Jørgen Engelhart würdigte den Ministerialrat keines Blickes. Er sagte: »Ich meine nur, daß die Frauen allmählich genug haben von der übertriebenen Verehrung von Männern, die keinen Finger krumm machen für ihre Emanzipation.«
Der Ministerialrat schnaubte und hielt sich an seinem Glas fest. »Ich hatte nicht die Absicht, über Politik zu sprechen.«
»Nein, das hatten Sie nicht«, betonte Engelhart kühl. »Leute wie Sie weigern sich, Frauenpolitik ernst zu nehmen. Sie machen die Frau zu einem netten kleinen Anhängsel, das hier auf Erden ist, um verehrt zu werden. Eine unsympathische Art, die Frauen ungefährlich zu machen, wenn Sie mich fragen.«
»Gehen Sie nicht etwas zu weit?« Der Regierungsrat sah seinen Gast stirnrunzelnd an und wies ausdrücklich darauf hin, daß gesellschaftliche Konversation gewissen Regeln unterliege. Es müsse Grenzen geben im Angriff auf Gesprächsteilnehmer.
»Ich finde, der Ministerialrat geht zu weit«, sagte Engelhart schroff. »Er trinkt auf die Frauen mit den alten, unerträglichen Floskeln, und das im Beisein von drei jungen Damen, drei jungen Frauen, die selbst die neue Zeit vertreten sollen, erleben sollen, daß die Frau das Stimmrecht erhält und all die anderen gesellschaftlichen Rechte, um die sich die Regierung des Ministerialrats nicht im mindesten schert.«
Der letzte Satz ging unter in einem gemeinsamen Protestgeschrei des Regierungsrats, des Staatsrats und Nastinkas. Nur Oda, Alexandra und der, der angeblich Geige spielen konnte, schwiegen und hörten der Diskussion zu. Der Regierungsrat hob die Stimme:
»Sie sind so jung. Sie reden ohne Verstand. Ich verstehe zwar die Ungeduld der Jugend, aber sehen Sie denn nicht, was alles kommen wird? Wir hier in diesem Zimmer gehören alle

der neuen Zeit an. Wir haben keine Angst vor Reformen, vor kühnen Initiativen. Aber wir sind auch Menschen mit Verantwortung, und wir sehen, daß die Zeit noch nicht reif ist, unaufgeklärte Menschen zu überfordern. Sehen Sie nur die Auseinandersetzungen der Linken, ihre wahnsinnigen, revolutionären Ideen, mit denen diese Fanatiker unaufgeklärte Menschen überfallen. Ein Stimmrecht für Frauen würde zu einer Katastrophe für die Demokratie führen. Das Volk und nicht zuletzt die Frau würden Verführern der schlimmsten Sorte ausgeliefert sein. Vielleicht werden wir in drei Jahren tatsächlich eine linke Regierung im Parlament haben!«

Engelhart konnte sich ein Lächeln nicht verkneifen, und als er dem Regierungsrat antwortete, lächelte er Oda zu: »Was veranlaßt Sie zu der Vermutung, Frauen seien leicht zu verführen?«

Lasson hätte beinahe voller Zorn mit der Faust auf den Tisch geschlagen.

»Aber überlegen Sie doch, guter Mann. Die Frau hat sich mit den gesellschaftlichen Verhältnissen überhaupt nicht befaßt. Sie kennt nicht den Unterschied zwischen Debit und Kredit, zwischen den Rechten und den Linken, zwischen richtig und falsch!«

»Aber Papa!« unterbrach ihn Oda erheitert. »Von Rechten und Linken, richtig und falsch meine ich wahrhaftig schon einmal gehört zu haben.«

Lasson fertigte sie mit einer ungeduldigen Handbewegung ab. »Ja, *du* schon. Du kommst aus einem zivilisierten Elternhaus, einem privilegierten Elternhaus. Aber in diesem Land leben Hunderttausende ohne das geringste Grundwissen von einer Gesellschaftsordnung. Wahrscheinlich wissen sie nicht einmal, wie der Ministerpräsident heißt!«

Engelhart warf Oda einen amüsierten Blick zu. »Ein weiterer Beweis, daß die Regierung vermutlich nicht überzeugend ist und vielleicht ihre Politik überdenken sollte. Das ist es ja, was ich ausdrücken wollte. Zu viele Festreden. Zu viel Champagner.«

Oda und Alexandra lachten über Engelharts freche Art, Nastinka dagegen sah sich ängstlich um und war nicht sicher, was sie davon halten sollte. Der Regierungsrat merkte, daß zwei seiner Töchter nicht auf seiner Seite waren, und schlug einen milderen, versöhnlichen Ton an.

»Nun«, räusperte er sich, »das sieht so einfach aus, wenn man jung ist.«

»Nein«, unterbrach Engelhart unnachgiebig. »Das ist nicht einfach. Niemand glaubt daran. Aber es handelt sich um ein moralisches Problem, das sich hier abzeichnet: Was geschieht mit Menschen, die glauben, andere bevormunden zu können? Was geschieht, wenn jemand die Wahrheit, das Wissen, das Verstehen für sich beansprucht und seinen Mitmenschen aufzwingen will? Wann weiß man, daß man recht hat? Hat uns die Geschichte gelehrt, daß wir in der Lage sind, uns so klar einzuschätzen? Haben *wir*, die wir in der Gegenwart leben, einen ausreichenden Überblick, um uns hinsetzen und sagen zu können: *ich* habe das alles verstanden, die andern haben es mißverstanden, ergo muß ich mich zum Vormund aufschwingen, im Dienste der Menschheit?«

Der Regierungsrat umklammerte sein Glas, daß die Knöchel weiß wurden.

»So wie Sie reden, stellen Sie eine Bedrohung dar für die Demokratie.«

»Unsinn«, fertigte ihn Engelhart ab. »Die Vormünder sind es, die die Demokratie schwächen, sie verhindern mit dem Gerede vom ungebildeten Volk die nötigen gesellschaftlichen Reformen. Was *das* mit der Sache zu tun hat? Wenn das Volk von sich aus das Stimmrecht haben will, sollte man das nicht in Frage stellen. Führen Sie eine Volksabstimmung durch und gehen Sie dabei so diskret vor, daß die Frau eine faire Chance hat, den Stimmzettel in die Urne zu werfen, ohne dabei vom Ehemann beobachtet zu werden. Dann können wir Wetten abschließen, wie das Ergebnis aussehen wird. Seht ihr nicht, wer diese Vormünder sind? Es sind die Nihilisten dieser Zeit und zugleich die Pessimisten der neuen Zeit. Einerseits prei-

sen sie nichts höher als ihre eigene Vortrefflichkeit, und andererseits fehlt ihnen jeder Glaube an die Menschen. Eine gefährliche Kombination, wenn Sie mich fragen.«
Der Staatsrat warf sich in Positur. »Was Sie sagen, junger Mann, riecht nach Anarchie. Sie stellen den Staatsrat auf eine Stufe mit dem Bauern. Es ist nun mal so, daß sich die jahrelangen Erfahrungen eines Politikers besser dazu eignen, den Staat zu lenken, als wenn die primitiven Einfälle der Volksmassen regieren würden.«
Engelhart schlug sich an die Stirn. »Mit Ihnen zu reden ist zwecklos, Herr Staatsrat. Es ist sowieso zu spät.«
An diesem Punkt hielt es Lasson für richtig, darauf hinzuweisen, daß das Essen beendet sei. Jetzt sollte man doch übergehen zu Cognac und Musik. Per war eben von einem Konzert aus der Stadt nach Hause gekommen, glücklich und erfüllt von einer neuen Sinfonie aus der großen Welt. Unter Lachen und Klatschen wurde er ans Klavier dirigiert. Schluß mit Politik und derartigem Zeug. Nein, Musik und Versöhnung, Alkohol und Vergessen! Nur Engelhart beteiligte sich nicht am Lachen und Klatschen. Er hatte nur Augen für Oda, und Oda spürte es.
Später, in der Kammer im Bett, flüsterte Alexandra:
»Er ist in dich verliebt.«
»Vielleicht.«
»Findest du ihn dumm?«
»Nein. Etwas unbeherrscht und vorlaut vielleicht, aber was er gesagt hat ...«
Lachen.
»... war gar nicht dumm.«
»Ihm schien es ernst zu sein.«
»Das mit dem Stimmrecht?«
»Papa sah aus, als würde ihn der Schlag treffen. Warum hat er ihn eigentlich eingeladen?«
»Er ist ein erfolgreicher Geschäftsmann. Man spricht in der Stadt von ihm. Jetzt hat er jedenfalls seine Chancen hier im Haus verspielt.«

Oda schwieg eine Weile, bevor sie zögernd antwortete:
»Hat er das?«
»Ja, Papa wird ihn doch nie wieder einladen?«
»Nein, aber vielleicht mache *ich* das?«
Alexandra hörte auf zu lachen. »Du, Oda ...?«
»Ja?«
Aber mehr kam nicht. Zwei Augenpaare starrten mit weit geöffneten Pupillen in die Dunkelheit.

Es dauerte nicht lange, und Oda war mit Jørgen Engelhart verlobt. Worüber redeten sie in dieser Zeit, die sie mit Spaziergängen und züchtigem Beisammensein verbrachten? Der Regierungsrat betrachtete Engelhart mit neuen Augen, als er entdeckte, wieviel er verdiente. Der Mann mußte ein Geschäftsgenie sein, da er in so kurzer Zeit eine ganze Wohnung finanzieren konnte. Seine politische Unwissenheit konnte man ihm verzeihen, er war ja noch relativ jung. Mit Künstlern und in Kaffeehäusern verkehrte er auch. Kein Wunder, daß er einige der üblichen Redensarten der Radikalen übernommen hatte, um damit in Gesellschaftskreisen zu glänzen. Der Regierungsrat nahm das nicht so ernst. Außerdem gehörte der Staatsrat, den Engelhart beleidigt hatte, nicht gerade zu seinen ausgesprochenen Günstlingen. Im Grunde war es ganz amüsant, mitzuerleben, wie es dem Mann die Sprache verschlug.
Und Oda? Sie schrieb in ihrem Tagebuch vom großen Mysterium der Liebe, ohne eigentlich zu wissen, was das war. Wenn Engelhart sie küßte, wünschte sie sich etwas mehr Abstand, weil er sie dann meistens gegen einen Baum drückte. Aber wenn er nicht da war, sehnte sie sich nach ihm, den freundlichen, etwas abwesenden Augen, seinem rasch wechselnden Wesen, seiner geistreichen und flotten Art, sich auszudrükken. Sie freute sich, wenn sie beobachtete, daß Mama Lasson in seiner Anwesenheit errötete und sich von seinem weltgewandten Auftreten bezaubern ließ. Immer hatte er Geschenke für die Kinder bei sich, kiloweise Konfekt und Süßigkeiten.

Eigentlich begriff Oda nicht so recht, daß sie verlobt war. Das passierte einfach, so wie es auch bei Nastinka und Herrn Ingstad passiert war. Als würde eine Macht von außen eingreifen und sie ohne eigenen Willen dazu bringen, einander plötzlich und unerwartet die Frage zu stellen: »Sollen wir uns nicht verloben?« Als bildete eine gewisse Anzahl von gemeinsamen Spaziergängen die Quote, nach der die Gesellschaft Verpflichtungen festlegte. Als hungerte und schrie die gesellschaftliche Ordnung nach ehelichen Verbindungen, auf das alles so bleibe wie immer. Es geschah ja soviel Schreckliches, soviel Tod und Verderben. Verlobung und kirchliche Trauung waren das Rezept, ausgestellt von Gott weiß wem. Oda hatte das Gefühl, auf einer vom Himmel herabgelassenen Treppe zu gehen, der Treppe des Lebens, hoch wie die Turmspitze der Domkirche, breit wie die Stadt Kristiania. Man brauchte keine Angst vor der Zukunft zu haben, konnte getrost die Stufen betreten. Millionen hatten das vor ihr getan. Sie mußte nur ein uraltes Ritual imitieren. Das Finanzielle brauchte sie ebensowenig ängstigen wie das Sexuelle. Um das Finanzielle kümmerte sich der Mann, und das Sexuelle, ja, darum kümmerte sich auch der Mann. Sie konnte nur mitmachen, sich standesgemäß benehmen und bei jeder Stufe, die sie die Lebenstreppe hinaufstieg, den Kopf stolz in den Nacken werfen. Dann würde sie einem sicheren und zuverlässigen Tod entgegengehen. Man würde Psalmen singen und Blumen auf den Sarg werfen. Der Gemahl würde blutige Tränen der Trauer weinen. Und hinter dem Tal der Todesschatten wartete der Himmel! Mit Glanz und Pracht, Feuerwerk und bürgerlicher Achtung! Plötzlich wußte Oda, warum sie heiratete. Sie heiratete, um ihre Mutter in die eigene Wohnung einladen und ihr das servieren zu können, was sie am meisten schätzte: russischen Tee und geröstetes Brot.

In den Monaten vor der Hochzeit vernahm sie auch das Geräusch des Meeres, das sie aufgeweckt hatte, befreit hatte aus Schmerz und Gefangenschaft. Und eine neue Angst

durchzuckte sie, die Angst, daß alles was sie jetzt vor sich sah, aus Pappe bestand, nur Kulisse, Theater und Illusion war. Daß die Lebenstreppe von einer Gruppe gebrechlicher, alter Schreiner gezimmert worden war, daß sie keine kühne Konstruktion war. Sie ging zu ihrem Papa und fragte ihn um Rat, aber er mußte zu einer Regierungsversammlung und hatte keine Zeit. Da ging sie zu ihrer Mutter und sagte:
»Ich habe Angst.«
Aber Mama Lasson drückte Oda an sich und antwortete:
»So ist es immer. Das ist nichts Neues.«
Oda weinte. »Vielleicht habe ich gerade davor Angst, Mama. Daß es nichts Neues ist.«
»Wie meinst du das, mein Kind?«
»Daß es nur eine Wiederholung ist, ein Ritual, das nichts mit dem Leben zu tun hat. Daß sich die Liebe eigentlich woanders befindet und daß ich mich vielleicht nicht so schnell binden sollte ...«
»Liebst du ihn denn nicht?«
»Doch, ich mag ihn, da ist alles in Ordnung. Angst habe ich vor dem anderen, daß ich jetzt etwas darstellen muß, das ... Ach Herrgott, ich liebe dich ja so sehr, Mama. Ich werde dich ganz schrecklich vermissen. Wie soll ich es ohne dich schaffen? Du mußt mir versprechen, jeden Tag zu mir zu kommen. Versprichst du das? Ich werde dir Tee und geröstetes Brot servieren, und Jørgen muß Konfekt für dich besorgen.« Mama Lasson strich ihrer zweitältesten Tochter sanft übers Haar und sagte:
»So geht es allen. Das ist nichts Neues. Das vergeht. So geht es allen.«

Einige Monate danach, im Frühling 1881, wurde Mama Lasson, geborene von Munthe Morgenstierne, krank. Der Regierungsrat war außer sich. Wie konnte es geschehen, daß *sie*, seine prachtvolle, liebe kleine Frau, sich ins Bett legte? Zuerst wollte er es nicht wahrhaben und weigerte sich, Gesellschaften und Termine abzusagen. Dann kam Professor

Nicolaysen und stellte eine Lungenentzündung fest. Jetzt sah Oda Angst in den Augen des Vaters. Er hatte seine Zeit mit so vielen geteilt und so oft ohne sie gelebt. Aber sie war stets hinter ihm, mit ihm, bei ihm gewesen. *Sie* war die Familie gewesen. Ohne sie wäre alles zerfallen. Er hatte so viel zu tun gehabt, daß er die Kinder nur aus Versehen zeugte. Was half es jetzt, ihr zu sagen, daß er sie liebt, daß er sie verehrt? Sie hatte ihn nie um etwas gebeten, nie aufbegehrt gegen seine Lebensgewohnheiten. Nachsichtig und liebevoll hatte sie ihn empfangen, wenn er nach langen Abenden mit Besprechungen und gesellschaftlichem Beisammensein ins Schlafzimmer schwankte. Tausend kleine und große Dinge gab es, die er nie registrierte und die trotzdem Liebesgaben von ihr an ihn gewesen waren, einer Liebe, die blinder Vergötterung glich. Sie hatte eine liebevolle Umgangsform in der Familie eingeführt, die auch er gelernt hatte zu benutzen, obwohl er meist den Kopf voll anderer Gedanken hatte und gar nicht merkte, was er sagte. Wie sollte er jetzt in der Lage sein, sich vernünftig auszudrücken? Wie sollte er fähig sein, ihr zu zeigen, wieviel sie ihm bedeutete? Und danach?
Oda hatte Mitleid mit ihm. Gemeinsam mit Nastinka und Alexandra fing sie an, zu organisieren. Mimi, Soffi und Bokken mußten woanders untergebracht werden. Mit ihnen im Haus, das wurde zu aufreibend. Während Mama Lasson zum ersten Mal in ihrem Leben in einem großen Bett liegen konnte, ohne an Verantwortung und Verpflichtungen zu denken, merkte Oda, daß sie plötzlich mittendrin stand, und es war keine Zeit für Überlegungen und Ängste, ob sie der Aufgabe gewachsen sei. Sie wurde überall gebraucht, mußte die Dienstmädchen einteilen, die Mutter pflegen, dem Vater Mut zusprechen, die Geschwister trösten, Einkäufe erledigen. Engelhart war ihr in dieser Zeit eine große Stütze. Er kam jeden Tag und kümmerte sich um die Kinder.
Wo war die Panik geblieben, die sie gehabt hatte? Die Angst und der Schock? Befand sie sich in einem Schockzustand? Sie stellte fest, daß sie für mehr Dinge Zeit hatte, als sie sich das

je hätte vorstellen können. Jeden Abend schrieb sie Tagebuch über alles, was passierte. Sie rekapitulierte die Gespräche mit der Mutter und formulierte ihre eigenen Gedanken über das Sterben. Wenn Alexandra und Nastinka in Weinkrämpfen zusammenbrachen, tröstete Oda ihre Schwestern und setzte sich wieder an den Sekretär, sobald das Schlimmste vorbei war. Sie schrieb wie besessen, Seite um Seite. Dann ging sie hinein zu ihrer Mutter, um die Temperatur zu messen. Sie setzte sich an die Bettkante, spürte, wie die Ruhe der Mutter auf sie abfärbte.

»Mach dir keine Sorgen, ich habe keine Schmerzen.«

Die Mutter schnappte nach Luft. Die Gardinen waren nicht zugezogen. Sie wolle die Welt nicht aussperren, bevor sie dazu gezwungen sei. In regelmäßigen Abständen wurde nach Mimi, Soffi und Bokken geschickt. Sie wohnten bei Freunden der Familie und verstanden nichts von dem, was geschah. Nur den Ernst erfaßten sie, und wenn sie ins Sterbezimmer der Mutter gelassen wurden, stellten sie sich gehorsam direkt an der Tür auf und rührten sich nicht von der Stelle, bis die Mutter deutlich winkte. Oda überwachte das Ganze mit einem merkwürdigen Gefühl von Zeitlosigkeit, als würden in dem großen, sparsam möblierten Zimmer alle Stadien des Lebens zusammentreffen. Mama Lasson lag in einem riesigen Bett, und die Leidenschaft klopfte an, wenn der Regierungsrat eintrat, zerrissen von Schock und Angst, außerstande, die Situation zu meistern. Stundenlang konnte er dann am Bett sitzen, ihre Hand in seiner. Sie war nicht in der Lage, viel zu reden, und zeitweise schlummerte sie. Er saß da und wackelte mit dem Kopf, und die Gedanken waren weit weg, in der Vergangenheit, als sie ihm zum erstenmal auffiel und er sie lieben lernte. Manchmal wackelte er heftiger. Dann strich ihm Oda über den Kopf wie einem Kind. Sie zog ihn weg vom Bett ins Wohnzimmer, wo er hemmungslos zu weinen begann. Er war untröstlich. Und trotzdem gelang es Oda, ihn zu trösten, ihm die Frau zu ersetzen, die Kinder um sich zu scharen, so daß er das Gefühl bekam, daß das Leben wei-

terging, auch wenn da ein Körper zerfiel. Oda merkte, daß die Liebe keine Grenzen hatte. Sie wuchs über sich hinaus, und zugleich brach etwas in ihr, öffnete sich, wurde bodenlos. Keine Pflicht erschien zu schwer, keine Arbeit zu monoton, wenn sie nur jemandem eine Freude bereiten konnte in dieser schwierigen Zeit. Sie schlief nachts nur ein paar Stunden. Sie streifte den Sergé-Armreif über das Handgelenk der Mutter, denn sie wußte, daß die Mutter bis zuletzt gut aussehen wollte. Den Sergé-Armreif hatte die Mutter von ihrer Mutter bekommen, der russischen Fürstin Soltikov. Dieser Zweig der Familie war für Oda und die Geschwister etwas Geheimnisvolles. Sie waren nie in Rußland gewesen, und die Mutter hatte fast nur russische Gutenachtlieder gekannt. Aber der Sergé-Armreif war der konkrete Beweis einer verschwundenen Zeit, Romantik, Birkenwälder, Steppen, die Glocken von Kiew, Kaviar, Champagner und die flackernden Kerzen in den dunklen Gängen des Schlosses. Sergé hatte den Armreif aus Sibirien an Frau Soltikov geschickt, und die Steine auf dem Reif bildeten seinen Namen.
Dann starb die Mutter, in einem weißen Bett, um das alle Kinder und ihr Mann versammelt waren. So hatte sie ihre Lieben ein letztes Mal um sich, als ahnte sie, daß bald jeder seinem Schicksal folgend in eine andere Richtung gehen würde. Und Oda dachte, der Abschied müsse ihr schwerfallen nach einem Leben, das dazu bestimmt gewesen war, für andere da zu sein, zu beschützen, zu helfen, zu trösten. Jetzt standen sie an dem großen Bett, die älteren mit der Gewißheit, die kleinen mit dem Gefühl, etwas für immer verloren zu haben und einer für immer gewonnenen Erfahrung. Für einige Stunden bildeten sie das klassische Bild einer trauernden Familie, poetisch im Lichte der dreiarmigen Leuchter und des weißen Totenbettes. Die Geschwisterschar, zum letzten Mal um die Mutter versammelt.
Oda betrachtete die Gesichter der Kleinen und verspürte ein ängstliches Stechen. Die Verantwortung lag jetzt bei ihr. Zwar war Nastinka die Älteste und besaß genug mütterliche

Instinkte, um die Familie durch die schwere Zeit zu bringen, aber sie hatte nicht im selben Maße einen Bezug zu den Gedanken und Gefühlen der Geschwister. Und *das* war Odas zweifelhaftes Privileg: ihr Blick in die Gesichter der Geschwister reichte so tief, daß sie deren Bedürfnisse und Sehnsüchte erkannte, deren Seele.

Einige Stunden nach dem Tod der Mutter traf sie sich mit ihrem Verlobten. Er war von respektvoller Unsicherheit, zugleich tröstend und zurückhaltend. Sie weinte sich lange bei ihm aus, und er konnte sich dem physischen Kontakt, den sie brauchte, nicht entziehen. Sie schlug mit dem Kopf gegen seine Brust und sagte sich, daß sie ihn liebe, den Mann aus den Wäldern. Und er flüsterte von der Hochzeit und daß die Trauer ihre Zeit benötige und sie warten könnten.

Da schob Oda ihn erschrocken von sich weg. Warum sollte sie warten? Gehörte die Trauer nicht zur Freude? Sie hatte ein schönes Gedicht darüber gelesen. Erinnerte er sich nicht, daß sie es ihm rezitiert hatte? Doch, murmelnd erinnerte er sich. Sie hielten also fest an dem Termin, dem achtzehnten Juni, kurz vor dem Mittsommerfest. Zu Ehren der Mutter. Oda wollte etwas Schönes mit ihrem Leben anfangen. Die Mutter sollte wissen, daß die Tochter aus dieser Ehe eine Kathedrale machte, so hatte sie es schließlich gewollt. Damit versuchte sie auch den Vater auf andere Gedanken zu bringen. Eine Hochzeit und ein Fest. Er durfte nicht dasitzen und über ihre letzten Worte brüten. Jetzt war sie tot, konnte nicht mehr zu ihnen reden. Trotzdem hörte Oda ihre Stimme klar und deutlich, in der besonderen, tiefen Tonlage, mit dem leicht nasalen Klang, den die Kinder geerbt hatten und den die Männer so schön fanden.

Später begriff Oda, daß diese Wochen in erster Linie hektisch waren, ein Kampf, um die Auflösung der Familie zu verhindern. Das war wie Mathematik: Nastinka sollte in der Grønnegate mit Hilfe von Schwester Alexandra die Leitung übernehmen. Sie waren ja so praktisch, die zwei, bildeten ein Team in Küche und Haushalt. Sie hingegen sollte sich um die seelischen Belange kümmern, sollte ein Nest bauen, in dem sich die Geschwister geborgen fühlen sollten, wenn das Leben zu schwierig wurde. Für *sie* sollten der russische Tee und das geröstete Brot sein! Sie sollten das Gefühl bekommen, daß die Familie etwas war, das sich weitervererbte von Geschlecht zu Geschlecht. Oda sollte diesen Weg zeigen, sie sollte ihnen zeigen wie man sich einen Mann auswählt und eine Ehe eingeht, wie man liebt und wie man Kinder zur Welt bringt. Ihr Trost und ihr Verständnis sollte ihnen über alle Schwierigkeiten hinweghelfen. Es war eine fieberhafte Zärtlichkeit in ihr. Sie war in diesen Tagen so erfüllt von ihrer Fürsorge, daß sie die Erschöpfung erst merkte, als sie plötzlich von heftigen Weinkrämpfen geschüttelt wurde. Nun war Jørgen Engelhart an der Reihe, zu trösten:

»Du denkst zu viel an die Familie, Oda.«

»Woran sonst soll ich denken?«

Engelhart zögerte einen Augenblick. »Familie ... damit verbindet ihr Lassons etwas so Großes.«

»Sollte das nicht für jeden etwas Großes sein?«

»Sie schaffen das schon, dein Vater und deine Geschwister. Ihr dürft euch nicht so aneinanderklammern. Das macht euch schwach.«

Da schrie sie ihn hysterisch an: »Dann bleib mir vom Leibe, wenn du mein Klammern nicht magst!«

Zum fünften Mal an diesem Tag brach sie in Tränen aus, wollte keinen Trost, zuerst mußte er über eine Stunde an ihrer Türe scharren und ihr versichern, daß er sie liebe, daß Aneinanderklammern ein vollwertiger Beweis für eine lebendige Liebe sei, daß der Mensch dadurch stärker würde und daß eine Familie anders nie bestehen könne.

Das akzeptierte sie. Am nächsten Tag war alles vergessen. Sie hatten an so vieles zu denken. Engelhart hatte eine herrliche Wohnung für sie gekauft.

Ottilia Pauline Christine Lasson sagte in der Dreifaltigkeitskirche Ja zu Jørgen Marianus Flood Engelhart, und der Regierungsrat brach in Schluchzen aus. Das Licht flutete durch die Fenster, und Oda fühlte, daß der Augenblick heilig war, daß ihre Mutter oben unter der Kuppel schwebte und die Feier mit milder Hand dirigierte. Viele Bürger der Stadt waren gekommen, um der Verbindung zwischen einer attraktiven Tochter Kristianias und einem erfolgreichen Holzhändler aus Vinger mit den Examensnoten laud und haud illaud beizuwohnen. Oda hatte geglaubt, haud illaud sei etwas viel besseres als laud. Es klang wie Lamm mit Kohl statt Spiegeleier mit Bratkartoffeln. Lamm und Spiegeleier waren besser als Kohl und Bratkartoffeln. Deshalb mußte haud besser sein als laud. Und haud illaud klang so überragend, daß sie darüber vor den Geschwistern geprahlt hatte, bis Nastinka nüchtern darauf hinwies, daß haud illaudibilis ›nicht unlobenswert‹ bedeutete, während laudabilis ›lobenswert‹ bedeutete. Diesen feinen Unterschied zu begreifen fiel ihr schwer. »Nicht unlobenswert« war weit entfernt von jeder klaren Ausdrucksweise, und Oda hatte von ihrem Vater das präzise Formulieren geerbt, ohne daß ihr deshalb ein Sinn für Poesie gefehlt hätte.
Ein klares und deutliches Ja erfüllte an diesem Sommertag die Dreifaltigkeitskirche, und Jørgen Marianus Flood Engelhart steckte die Ringe auf die Finger, und sie gelobten einander so manches in Gottes Namen.
Danach fand die Feier statt, nicht zu aufwendig, auch die Trauer sollte ihren Platz bekommen. Oda küßte ihren Mann und empfand plötzlich seinen Körper so schmerzlich fremd, wenn sie daran dachte, was später noch geschehen sollte. Von jetzt an würde sie in einer Wohnung schlafen, die sie nur schwer als ein Heim bezeichnen konnte. Und die Liebe? In dieser Nacht würde sie kommen. Groß und schwer und süß. Alles würde sich ändern, würde neue Dimensionen bekommen, und sie würde sich nicht wiedererkennen.

Sie stand zeitig auf und machte sich eine Tasse Tee. Aus dem Schlafzimmer hörte sie, wie tief Jørgen schlief. Sie war jetzt eine Hausfrau, hatte Dienstboten, die sie anweisen mußte. Es erschien ihr so merkwürdig, daß dieser hilflose, kleine Junge, den sie geheiratet hatte, so reich war, es so weit gebracht hatte, so geachtet war. Er war neunundzwanzig Jahre alt, und sie hatte ihn wimmern hören, und danach hatte er sie gewaschen, wie ein Verrückter gewaschen und frische Laken geholt. Zuerst hatte sie nicht geglaubt, daß Männer sich so benehmen können. Sie schob ihn behutsam weg von sich und erkannte, daß es wirklich so war. Da überkam sie ein heftiges Muttergefühl. Sie hätte alles für ihn tun können. An diesem Morgen, allein mit der Teetasse, begriff sie, daß sich tatsächlich alles verändert, alles neue Dimensionen hatte und sie sich nicht wiedererkannte. Sie begriff, daß er es war, der am lautesten nach Geborgenheit rief, nicht sie. Demnach waren alle diese selbstsicheren Männer, die in der Grønnegate aus und ein gingen, eigentlich nur liebe, kümmerliche Bürschchen, die Sympathie und Zuneigung brauchten. Sie hörte die Stimme ihrer Mutter: Familie ist nicht etwas, das du bekommst, Ottilia. Du mußt sie dir schaffen, weil du eine Frau bist, weil nur *du* diese Fähigkeit hast, zu geben, immer und unablässig. Hattest du wirklich geglaubt, es sei umgekehrt?

Sie wußte nicht, was sie geglaubt hatte. Mit dem Licht geschah etwas, stellte sie plötzlich fest, wie es auf die Hauswand an der anderen Straßenseite fiel, wie die Fensterscheiben schwarz wurden, obwohl sicher dahinter Zimmer waren. Und sie bemerkte die Schatten, die ihr die Tageszeit anzeigten. Und sie bemerkte den großen braunen Hund, der alleine durch die verlassene Straße streunte, und sie dachte, daß sie diese Stimmung gerne festhalten würde, weil sich hier die Wahrheit ihrer Seele spiegelte; verlassen, ängstlich, hündisch gehorsam, obwohl sie alles durchschaute.

Sie hatte das Gefühl, drei Monate so am Fenster gesessen zu sein, in dieser Stimmung. Dann wurde sie schwanger.

Die Zeit zur Beobachtung des Lichts wurde weniger. Jørgen Engelhart war ein weltoffener Mensch. Er kaufte Bäume und verkaufte sie weiter. Der Mann aus den Wäldern war wieder in seinem Element. Jetzt kamen Kiefern und Fichten, zurechtgeschnitten, auf Schiffen und Fuhrwerken. Das, worauf er einst so rücksichtslos gesetzt hatte, erwies sich als Goldgrube. Während seines Studiums an der Universität lernte er ein Zauberwort kennen: Industrie.

Schon lange vor seiner Eheschließung hatte er die sozialen Kontakte geknüpft, die für diese moderne Form des Geschäfts erforderlich waren. Oda empfand das wie ein Schauspiel und hatte nichts dagegen. Ihr Vater war Mitglied in der Direktion des Christiania Theaters. Das Schauspiel war eine durchaus vertraute Form der Darstellung zu Hause in der Grønnegate. Doch bei ihrer Konversation benutzten Geschäftsleute nicht den Blankvers. Manchmal gab es heftige Diskussionen. Oda stellte fest, daß ihr Mann in der Regel ziemlich radikal auftrat. Er zeichnete sich durch einen ungeheuren Glauben an das Neue aus, dazu kam seine Neigung für alle Arten von Kunst. In diesem Milieu fühlte sich Oda zunehmend wohl. Sie sehnte sich förmlich danach, in diese Künstlerkreise mitgenommen zu werden. Allerdings war es nicht immer passend, daß die Frauen mitkamen. Jørgen Engelhart ging auch in Restaurants, ja ab und zu sogar ins Kaffeehaus. Dann blieb Oda zu Hause und lud ihre Geschwister zum Baden ein. Ein Badezimmer war ein fast übertriebener Luxus, und sie genoß es, Mimi, Betsy, Bokken und Soffi in die Wanne zu stecken. Ihre kleinen Geschwister meinten, in einem Schloß zu sein. Jørgen Engelhart mußte zumindest ein Kleinkönig sein, so wie er sie mit Konfekt überschüttete. Oda stand in der Tür und beobachtete sie, wusch ihnen den Rücken, spürte die zarten Mädchenkörper, und in ihrem Körper wuchs ein noch zarteres Leben. So vieles gab es zu beachten, um so vieles mußte man sich kümmern. Manchmal brach sie noch in Tränen aus, aber sie hatte sich angewöhnt, statt dessen Lieder zu singen. Das

half. Und die kleinen Geschwister trösteten sie mit ihrer Anwesenheit. Oda freute sich, wenn sie auf den mit Stikkereien verzierten Ohrensessel kletterten oder sich über die mit Damast bezogenen Salonmöbel begeisterten. Sie hatten auch den Sinn für Laute, schöne Vokale und übermütige Konsonanten geerbt: Damast.
Nastinka heiratete im Januar 1882 Hans Ingstad. Einige Monate darauf preßte Oda ihr Gesicht in ein Kissen und brachte eine Tochter zur Welt.

Alle kamen sie zu Besuch, um Sacha zu begrüßen und zu baden. An dem Tag, als Per kam, hatte sie das Gefühl, daß alles geschafft war, daß das Leben wieder einen Sinn hatte. Die Trauer würde nie vorbei sein, aber jetzt war sie ihr vertraut, würde sich nicht mehr unvermittelt und rücksichtslos auf sie werfen und innerlich zerreißen.
Oda liebte ihren Bruder, liebte die feinen Züge in seinem Gesicht, sein tiefes Gefühl, das die Musik in die Finger zwang, daß sie in glückseliger Verrücktheit über die Klaviertasten stoben. Jetzt hielt er seine kleine Nichte auf dem Arm und sang ihr sinnlosen Quatsch vor. Sacha wußte noch nicht, was Lachen war, aber das machte nichts. Als Per zu singen aufhörte, vermutete Oda, er tue das, weil er von dem Kind keine Reaktion bekomme. Lachend erklärte sie ihm die ersten Monate im Leben eines Kindes und daß einige Zeit vergehen müsse, ehe man lesen und schreiben, lachen und jubeln könne.
»Das weiß ich«, sagte Per mit einem schiefen Lächeln.
»Dann sing weiter«, forderte ihn Oda auf. »Mir gefällt es, wenn du singst und ich weiß, daß es Sacha auch gefällt.«
Per legte das Kind weg und seufzte. »Ich kann nicht mehr«, entschuldigte er sich.
»Red keinen Unsinn.«
»Mit mir stimmt etwas nicht, Ottilia.«
Oda merkte sofort, wie sich das Licht veränderte, wie ein Zusammenhang bestand zwischen dem Konkreten außer-

halb von ihr und ihrem Gefühl. Wie sie über Sonne und Regen gebieten konnte, wie sich das Licht auf einmal ganz grau färbte, obwohl keine Wolke am Himmel war. Sie wollte plötzlich, daß er geht, daß er nicht erzählt, was es war, daß er es mit einem Spaß abtue und daß das, was nicht stimmte, mit mangelnder Musikalität oder schlechten Grammatikkenntnissen zu tun hätte. Aber sie wußte, daß das nicht zutraf. Sie wußte es, weil die Zukunft erbarmungslos an die Tür pochte und sie erkannte das Licht wieder, das öde Morgenlicht nach der Hochzeitsnacht, und sie erinnerte sich an den großen braunen Hund, der alleine durch die Straßen lief.

»Was fehlt dir, Per?«

Sie zwang sich, ihm in die Augen zu schauen, zu ihm zu gehen, ihn in den Arm zu nehmen, denn sie spürte instinktiv: Auch er ist ein kleiner Junge, der wimmert, und nur sie konnte ihn trösten.

»Ich habe solche Schmerzen im Mund, Ottilia.«

»Im Mund?«

»Ja. Ich kann eigentlich nicht mehr schlucken. Da steckt etwas drin.«

»Etwas?«

»Ja, im Gaumen. Ein dicker Klumpen.«

»Ich liebe dich, Per. Weißt du, daß ich dich liebe?«

Einige Tage später wurde er operiert. Professor Nikolaysen, der Freund der Familie, schnitt ohne Betäubung. Oda spürte das Messer und den Schmerz wie im eigenen Mund und spuckte Blut.

Für einsame Erlebnisse mit Licht und Schatten war keine Zeit mehr. Oda besuchte Per täglich im Krankenhaus. Sie organisierte die Schar der Geschwister und teilte die Besuchszeit ein, damit er nicht überfordert wurde. Sie ging den kurzen Weg von der Wohnung zum Krankenhaus und weiter in die Grønnegate, ohne zu sehen, daß der Flieder blühte und die Gärten und Hinterhöfe Kristianias voll süßer Düfte waren. Als sei tief in ihr eine Krankheit, eine Angst, die noch wirk-

licher war als das Gefühl am Sterbebett der Mutter. Per, geliebter Per. Auf seinen Schultern ruhte schließlich die Zukunft. Er war der Liebling aller, vielleicht, weil er so offensichtlich das Leben in Besitz nahm, wie ein großer Eroberer. Per, der heftige, der begeisterte, der geduldige, der seine kichernden Schwestern hoch in die Luft warf. Sogar Nastinka und die große Alexandra riß er mit, wenn er entdeckte, daß Brahms eine neue Sinfonie geschrieben hatte oder daß ein gutes Orchester in der Stadt war. Er war so anders als Christian, der blasse kleine Bruder. Per rettete alle Träume der Familie von Erfolg, Eroberung und künstlerischer Leidenschaft. Und er wurde der beste Freund des Regierungsrates.
Eines Tages besuchte Oda ihren Mann in seinem Büro. Engelhart empfing sie voller Freude und sorgte dafür, daß die Buchhalter Gelegenheit bekamen, sie in Augenschein zu nehmen, bevor er sie in sein Büro führte. Sie war noch nie hier gewesen. Das Geschäft gehörte nicht zu ihrem Leben. Dorthin ging der Mann, wenn er die Wohnung verließ, dorthin verschwand er, wenn sie ihn vom Fenster aus auf der Straße nicht mehr sehen konnte. Schnittholz war ein Wort, das sie in der Zeitung gelesen hatte, das aber nie zwischen ihnen erwähnt wurde. Jetzt betrachtete sie neugierig die schweren Eichenmöbel und stellte fest, daß das ein Teil seines Alltags war, daß er sich hier offenbar wohlfühlte, in diesem mit persönlichen Dingen gefüllten Bürozimmer, das gesättigt war vom süßlichen Geruch seiner Pfeife.
Jørgen Engelhart sah seine Frau ernst an.
»Wie steht es mit Per?«
Oda setzte sich auf den Schreibtischstuhl und legte die Hände an die Stirn.
»Besser«, sagte sie.
»Das freut mich. Ich werde heute nachmittag Blumen schikken.«
»Nein, tu das nicht. Du hast ihm bereits zweihundertdreißig geschickt. Das sollte genug sein.«
»Hast du sie wirklich gezählt?«

»Es gibt etwas Wichtiges, Jørgen. Ich bin mir nicht sicher, ob du es verstehst, aber ich muß zurück in die Grønnegate.«

»Wegen deines Vaters?«

»Ja. Nur für ein paar Tage. Aber er braucht mich. Du weißt, Nastinka und Alexandra ...«

»Ja?«

»Darüber brauchen wir nicht zu reden.«

»Du versuchst dich unentbehrlich zu machen.«

»Ich versuche ein Minimum an Fürsorge zu zeigen.«

»Deine Familie ist wirklich zum Verrücktwerden. Kannibalen sind das, gefühlsmäßige Kannibalen.«

Oda hatte Tränen in den Augen. »Aber ich will es so, Jørgen. Du kennst das nicht. Es sind sehr starke Bande, die uns verbinden.«

»Bande? Das sind Hanfseile, Taue, Ketten. Rasselnde Ketten, Oda, und du bist wirklich keine Frau der neuen Zeit.«

»Was meinst du damit?«

»Du läßt dich binden an Händen und Füßen, läßt dich von ihnen benutzen, ausbeuten.«

Oda erhob sich mit einer Heftigkeit, die ihr selbst ungewohnt war. »Was beuten sie aus?« flüsterte sie.

»Deine Gastfreundschaft, dein Verständnis, deine Liebe.«

Sie drehte ihm den Rücken zu.

»Du wirst nie verstehen, wie das ist.«

»Nein.«

Sie ging, ohne sich zu verabschieden. Zu Hause in der Wohnung gab sie dem Mädchen Anweisungen, besann sich aber im letzten Augenblick und nahm Sacha mit. In der Grønnegate stand der Regierungsrat an der Tür und begrüßte sie mit Tränen in den Augen.

»Ich habe ihn doch so gern, Oda«, flüsterte er. »Er darf uns nie verlassen.«

»Er wird uns nie verlassen, Papa. Wir haben ihn ja bei uns, wo immer wir sind, in unseren Herzen.«

Nach dem Krankenhausaufenthalt wurde Per Lasson nach Larvik geschickt, zu Kammerherr Treschow. Er wohnte im Fritzøehus, und Oda mußte alle Überredungskunst aufbieten, um ihren Vater daran zu hindern, sich ständig dort aufzuhalten.

»Er braucht Zerstreuung, Papa. Du bist jetzt für ihn ein zu trister und ängstlicher Umgang.«

Der Regierungsrat lief ruhelos in der Wohnstube in der Grønnegate auf und ab. »Aber welche Zerstreuung können *die* ihm bieten?«

»Musik. Das schreibt er doch. Seit die Brigademusik den ›Grisemarch‹ aufgeführt hat, ist er überall bekannt. Man drängt sich danach, mit ihm zu spielen, man verehrt ihn, hört auf ihn.«

Der Regierungsrat ließ sich beruhigen. Er wußte, was öffentliche Anerkennung für einen Mann bedeutete. Oda zog wieder nach Hause, wo Jørgen Engelhart sie mit Champagner empfing.

»Du kannst dir nicht vorstellen, wie sehr ich dich vermißt habe«, schluchzte er.

Sie strich ihm über den Kopf und lachte. »Aber ich bin doch jeden Tag ein paar Stunden hier gewesen.«

Engelhart schaute sie leidend an. »In den Nächten hast du mir gefehlt, verstehst du das nicht?«

»Ach Jørgen, sei nicht eifersüchtig auf meinen Papa. Er ist wie ein angeschossener Vogel. Er braucht so viel Zuwendung, so viel liebe Worte. Er hat zwar die anderen Mädchen, aber die sind noch zu klein und unbedarft. Er braucht Menschen, die ihn verstehen. Per und ich, wir verstehen ihn. Wir bilden eine Dreieinigkeit. Wir sind unzertrennlich, so als fühlte der eine, was der andere denkt, auch wenn wir nicht zusammen sind. Was wäre ich ohne meinen Papa? Und was ohne Per? Sie werden mich immer verstehen.«

»Ich liebe dich, Oda«, flüsterte Jørgen Engelhart und zog sie aus. Sie redete weiter:

»Pers Musik ist wie ein Reflex meiner Gedanken, Träume

und Gefühle. Er weiß, wie ich im Innersten bin. Deshalb kann ich ihn nie im Stich lassen. Ach Jørgen, jetzt sehe ich das Licht wieder. Erkennst du es? Draußen auf der Straße? Die Sommernacht läßt alles so blau erscheinen, wie feines Porzellan, wie ein schönes Bild.«

Aber Jørgen Engelhart hörte nicht mehr zu. Er war irgendwo außerhalb ihres Körpers, ruhelos, mit dem verzweifelten Wunsch, eins mit ihr zu werden. Und er wimmerte, wie alle Männer wimmerten, wenn sie sich ungesehen glaubten, wenn sie sich nicht verstellen mußten.

»Ich liebe dich«, stöhnte er noch einmal.

»Das blaue Licht«, sagte Oda nachdenklich. »Es ist wie Musik. Es erinnert mich an Per, wenn er Klavier spielt.«

Aber er hörte nicht zu. Er wusch nur sie und sich und wechselte danach das Laken.

Spätabends läutete Regierungsrat Lasson an der Tür von Ottilia und Jørgen Engelhart. Engelhart öffnete und ließ seinen Schwiegervater herein. Das Verhältnis zwischen ihnen war von jeher kühl und reserviert. Der Regierungsrat benahm sich so, als sei Oda eigentlich nicht verheiratet. Er rief nach ihr, als sei sie die Tochter in seinem eigenen Haus, und wenn über Familienangelegenheiten oder andere persönliche Dinge geredet wurde, übersah er Engelhart völlig.

»Es ist ein Sarkom«, sagte er sofort, als Oda aus dem Schlafzimmer kam. Vater und Tochter stürzten aufeinander zu, und der Regierungsrat brach in Tränen aus. Oda fragte:

»Was ist ein Sarkom, Papa?«

Der Regierungsrat nahm den Toddy, den ihm Engelhart reichte, und sagte mit versagender Stimme: »Das ist ein bösartiges Geschwür. Es kommt immer wieder. Professor Nikolaysen hat ihn heute abend operiert. Er hat ein großes Stück des Oberkiefers weggeschabt, meint aber, daß die Chancen schlecht stehen. Wir haben deshalb beschlossen, ihn zu einem berühmten Chirurgen in Halle zu schicken, zu Professor Volkmann. Er ist offenbar ein Spezialist für diese Art ...

Sarkome. Du mußt ihn begleiten, Ottilia. Das dauert jetzt fast ein halbes Jahr, und ich bin mit meiner Kraft am Ende. Man hat mich gebeten, Selmer vor Gericht zu verteidigen, aber ich habe abgelehnt. Ich kann schließlich nicht an das Wohl und Wehe Norwegens denken, während Per vor meinen Augen stirbt. Wenn ich könnte, würde ich mit Per nach Halle fahren, aber wie du weißt, sieht unsere finanzielle Situation nicht so rosig aus, und ich muß auch an Christian und die Mädchen denken.«

»Ich fahre, Papa. Natürlich fahre ich. Denk nicht mehr daran.«

Der Regierungsrat ließ sich beruhigen. Er begab sich nach Hause, um alles für die Reise vorzubereiten, wie er sagte. Oda brachte ihn zur Tür. Wieder im Schlafzimmer, erwartete sie eine große Stille. Sie schaute lange ihren Mann an, der zu schlafen vorgab.

»Du weißt, daß ich fahren muß, Jørgen. Mir bleibt keine Wahl.«

Engelhart öffnete die Augen und sagte langsam: »Das ist es nicht. Natürlich mußt du fahren. Ich bin nur ziemlich erschöpft. Zur Zeit gibt es im Geschäft viel Ärger.«

»Ach, armer Jørgen. Daß ich dir das antun muß. Ich verspreche dir, eines Tages wirst du es zehnfach vergolten bekommen. Wenn wir das überstehen, wird alles gut, das weiß ich.«

»Ja. Mach dir darüber keine Gedanken. Jetzt geht es nur um Per. Außerdem habe ich hier zu Hause genug zu tun. Das Geschäft, und Sacha, nehme ich an?«

»Ja, die kleine Sacha wird bei dir bleiben. So schwer es mir fällt, sie zu verlassen.«

In dieser Nacht schlief keiner der beiden. Oda hatte zwar gedacht, Engelhart wolle bei ihr sein, doch dann zog er sich zu ihrer Verwunderung den Schlafrock über und ging ins Wohnzimmer. In regelmäßigen Abständen vernahm sie das Klirren seines Glases, wenn er es absetzte. In ihren Gedanken spielte sie mit dem Wort Sarkom, so wie sie es als Kind mit anderen seltsamen Wörtern gemacht hatte.

Im September 1882 reisten Professor Nicolaysen, Oda Engelhart und Per Lasson südwärts. Sie waren unterwegs zu dem Künstler, Dichter und Schöngeist Volkmann, der in Halle residierte. Sie fuhren über Kopenhagen und Kiel, und während stürmische Wellen das Schiff schüttelten, ließ sich Per im Salon von seiner exklusiven Reisebegleitung unterhalten. Er war ein junger Mann von 23 Jahren, der seine Mitmenschen mit Lachen und plötzlicher Melancholie einzunehmen pflegte. Im Moment, so stellte Oda fest, war er in bester Laune, und Nicolaysen erzählte von dem deutschen Übermenschen Volkmann, geistesverwandt mit Goethe, der Gedichte verfaßte und Kiefer amputierte.
»Einfach großartig«, sagte Nicolaysen, vom Alkohol leicht erhitzt. »Ich stelle mir einen Schnitt an der Nase vor, damit das Messer ohne großen Umweg ans Ziel gelangt. Volkmann ist ein Künstler mit dem Messer. Er hat Könige und adlige Fräulein operiert.«
Per lachte laut. »Ausgezeichnet, das gefällt mir. Ach Ottilia, du weißt gar nicht, was mir deine Begleitung bedeutet. Ich habe vor nichts Angst. Ich will Wein trinken!«
Sie redeten über Kunst, Literatur und Musik, wie sie es an manchen Abenden in der Grønnegate getan hatten. Nicolaysen gehörte zu den Vertrauten der Familie. Per und Oda hatten vor ihm keine Geheimnisse. Wie glückliche Kinder saßen sie da, voller Lebensmut und Hoffnung.
»Sieh nur, Ottilia, der Leuchtturm Færder«, rief Per. »Da steht er und zwinkert uns zu. Jetzt geht es endlich hinaus aufs wilde Meer! Oder hättest du lieber klammen, herbstlichen Nebel, Windstille und bleiernes Wasser?«
Aus Kopenhagen schrieb Oda an ihren Vater: »Ich ertrage es kaum, wenn Per sich so ausgelassen benimmt. Ist es möglich, so gesund zu erscheinen und trotzdem den Tod in sich zu tragen? Du solltest nur sehen, was für einen Appetit er hat ...«
Oda und Per auf dem Schiff, Oda und Per in Kopenhagen. Professor Nicolaysen hatte vieles zu erledigen, und die Ge-

schwister waren auf neue und erregende Weise miteinander alleine, fast wie frisch verliebt, fast wie frisch verheiratet. Und vielleicht *war* Oda frisch verliebt in ihren Bruder, so grenzenlos geistreich, herzlich und gefühlvoll, wie er sich benahm. In Kopenhagen besuchten sie die Galerien, sie sahen Landschaften, die sie an glückliche Sommer in Hvitsten erinnerten. Sie gingen Arm in Arm und redeten von ihrer Mutter, als sei sie noch am Leben. Sie hörten die Musik in den Straßen und improvisierten Märsche. Sie setzten sich in die Parks und priesen den Herbst wegen seiner stürmischen Tage. Und wenn sie gegen Abend Professor Nicolaysen wiedertrafen, redeten sie über den Künstler, Dichter und Schöngeist Volkmann, der am Tor zur Straße des Lebens stand und so sauber in menschliches Fleisch zu schneiden verstand, daß ihn Patienten aus der ganzen Welt konsultierten.
Die Reise ging mit dem Dampfschiff nach Kiel und weiter mit der Eisenbahn nach Magdeburg. Professor Nicolaysen schrieb an seinen Freund, den Regierungsrat: »Lieber Kristian. Wir sind gestern um 5:30 Uhr hier angelangt. Ich rief sogleich Geheimrath Volkmann an, aber wir konnten ihn erst heute um 8 Uhr antreffen. Wir kommen gerade von ihm. Ich lege die von Volkmann getroffene Entscheidung und Begründung im Wortlaut bei. Per hat das Urteil nicht gesehen, da dieser es nicht wollte. Du siehst, daß Volkmann und ich in allem übereinstimmen, aber ich bin froh, daß es mir erspart bleibt, die Operation durchzuführen. Für Volkmann war es sehr wichtig, daß Per gesund und kräftig wirkte. Volkmann hat zu Per gesagt, daß eine kleine Narbe entlang der Nase zurückbleiben wird, da an dieser Stelle Platz für den Eingriff geschaffen werden müsse, doch diese Narbe würde kaum sichtbar werden, wenn der Bart wieder darüber wächst. Per ist in guter Verfassung und bester Laune und fürchtet sich nicht vor der Operation, da Volkmann ihn chloroformieren wird.«

Volkmanns Praxis war für Oda und Per eine Offenbarung. Das Haus lag in einem herrlichen Garten, mit Blumen an den Zufahrten und Dienern, die überall umherliefen. Im Arbeitszimmer des Genies hingen bedeutende Kunstwerke, es gab eine große Bibliothek mit den neuesten Veröffentlichungen, kurz eine in jeder Hinsicht beruhigende Umgebung. Als der Meister persönlich erschien, dachte Oda, daß er nicht gerade schön sei, aber immerhin entgegenkommend und vertrauenerweckend. Er legte eine Hand auf Pers Wange und sagte: »Sie werden hier einen kleinen Schmiß bekommen, aber den hat so mancher schöne junge Mann ohnehin.« Oda schrieb später in einem Brief an ihren Vater, daß er »die Liebenswürdigkeit und Freundlichkeit in Person ist. Unser Geld nimmt er in Verwahrung, wir können von dort aus darüber verfügen und brauchen es nicht zu einer Bank bringen.«

Was dachten sie am Abend vor dem Tag der Operation, Samstag, dem 30. September? In Kristiania bekam der Regierungsrat täglich tröstende Briefe. War Oda bis zum Äußersten angespannt, oder war sie tatsächlich so stark, wie es die Briefe vermuten lassen? Die zwei Geschwister in einem Zimmer. Per Lasson muß zu dieser Zeit von fieberhaftem Lebenswillen ohne wirkliche Grundlage erfüllt gewesen sein. Vielleicht redeten sie über Musik. Per befand sich in Deutschland, der Wiege von Kultur und Musik. Hier waren sie alle, die Schöngeister seines wirklichen Lebens ebenso wie die seiner Phantasie und seiner Träume. Ein Klaviersatz von Brahms, genug, um sich ein Jahr damit zu beschäftigen? Ich sehe Oda, wie sie ihm zuhört, geduldig, freundlich, während sie überlegt, was sie ihrem Mann schreiben soll, der bei ihrer Abreise so unglücklich aussah. Oda muß ein Wunder an Loyalität gewesen sein. Sie war so sehr ein Kind ihres Vaters, eine Tochter, Lieblingskind, Haltepunkt. Und es fiel ihr nicht schwer, daran festzuhalten, denn sie war, was sie am liebsten sein wollte: ein Mensch, der sich geliebt weiß, ein Mensch, der sich gebraucht weiß. Und vielleicht achtete sie überhaupt

nicht auf das blaue Licht, oder vielleicht blieb sie so lange am Fenster sitzen, bis Per sich hingelegt hatte, und betrachtete den Regen dieser letzten Nacht im September und stellte sich vor, wie wohl Pers Gesicht in ein paar Stunden aussehen würde. Sie muß diese Gesichtszüge geliebt haben, ihre Kraft und Symmetrie, und vielleicht hat sie für ihn gebetet, ein einfaches Kindergebet an einen einfachen Kindergott, und gleichzeitig ist sie zur erwachsenen, ernsten Frau gereift.
In dieser Nacht hat sie gewiß ihr Gesicht an die Fensterscheibe gepreßt und gespürt, wie das kühle Glas allmählich wärmer wurde.

Im Wartezimmer bekam Per Lasson Chloroform. Oda wußte wenig darüber, aber sie hörte Volkmann und Nicolaysen in wissenschaftlicher Begeisterung darüber reden. Volkmann wollte Per in halb sitzender Stellung operieren, deshalb konnte er ihn nicht völlig betäuben.
»Darf nicht ich ihn halten?« fragte Oda.
Volkmann schüttelte den Kopf. Er wollte keine Unbefugten im Operationsraum haben. Und Oda wurde plötzlich die Wahrheit in all ihrem Grauen bewußt:
»Sie meinen ... er wird es merken, wenn Sie ihm unter der Nase in den Kiefer schneiden?«
Nicolaysen antwortete an Volkmanns Stelle, der mit den Vorbereitungen zur Operation beschäftigt war und Per in den Operationsraum schob.
»Per ist ein sehr tapferer Junge«, sagte er. »Vergiß nicht, ich habe ihn schon einmal ohne Betäubung operiert.«
»Eben deshalb!«
Oda hatte das Gefühl, gleich ohnmächtig zu werden.
»Volkmann versteht seine Sache«, sagte Nicolaysen. »Er ist ein Genie.«
Dann erhob er sich und ging in den Operationsraum. Oda empfand plötzlich eine solche Verbitterung diesen zwei Männern gegenüber, die so gefühllos waren, die nicht spürten, was zwei Geschwister verband, die nicht einsahen, daß *sie*

jetzt im Operationszimmer sein müßte und nicht ein neugieriger Professor. Hatten sie denn keinen Instinkt mehr? Begriffen sie nicht, daß sie, Oda, ihren Bruder durch ihre bloße Anwesenheit zu betäuben vermochte?

Ihr kam es vor, als würde sie tausend Jahre warten. Jeder Laut, der von drinnen zu ihr drang, war wie ein Stich mit dem Messer. Dreimal stöhnte er, aber sie hörte keinen Schrei, nur die leise, auf deutsch geführte Unterhaltung zwischen Volkmann und Nicolaysen. Hätte sie nicht befürchtet, Volkmann würde vor Schreck danebenschneiden, wäre sie hineingerannt und hätte ihrem Bruder versichert, daß sie bei ihm sei und ihn liebe und daß kein Schmerz der Welt sie trennen könne.
Im Wartezimmer hing ein scharfer Geruch. Ihr war übel, sie fühlte Brechreiz. Ab und zu kamen weißgekleidete Personen mit kleinen Instrumenten und brachten sie in den Operationsraum. Draußen hörte der Wind auf. Sie sah, wie die Bäume ihre Kraft verloren, die Natur resignierte vor ihren Augen, unwiderruflich und hilflos. Sie empfand es wie eine Prophezeiung. Volkmann, Trollmann, Dolchmann. Jetzt spielte sie wieder mit Namen. Nicolaysen, Sticholaysen, Blikkolaysen. Da fuhren sie ihn heraus, blutig, aufgeschnitten und entkräftet. Und was hatten sie mit seinem Mund gemacht? Wie Schlachtvieh, dachte sie und lief zu ihm, nahm die schlaffe Hand und begegnete seinem Blick. Jetzt sah sie seine Angst. Das waren Augen, die nicht verstanden, die nur ahnten, daß etwas schrecklich schiefgegangen war. Volkmann und Nicolaysen lächelten beide. Eine geglückte Operation, hörte sie, auch wenn ihre Stimmen von weit weg zu ihr drangen. »Rechter Oberkiefer entfernt. Und etwa ebensoviel vom linken Oberkiefer, wie bereits beim ersten Mal entfernt wurde. Die Zähne und ein Teil der Nase entfernt. Leider, unumgänglich …«
Wilder Zorn auf diese Männer, die das ohne ihr Beisein geschehen ließen, erfaßte sie. Ihr lieber Junge.

»Was habt ihr getan?!« schrie sie. »Soll denn nichts mehr von ihm übrigbleiben?«
Volkmann lächelte bedauernd, etwas verlegen. Dann winkte er einem Pfleger, der den Patienten zu seinem Bett fahren sollte.

Brief von Oda an den Regierungsrat, Samstag, 30. September 82.
»Mein lieber Papa. Jetzt ist es überstanden, und Nicolaysen ist sehr zufrieden mit der Operation, und er meint auch nicht, daß er verändert aussieht, doch ich finde, es ist ein schlimmer Anblick; aber Nicolaysen meint, es sei besser als vorher, und Volkmann erscheint es nicht so schlimm wie befürchtet. Er kann so reden, daß wir ihn verstehen. Er hat nicht den ganzen Kieferknochen auf der anderen Seite entfernt und auch nicht ganz hinten im Mund. Die vier hintersten Zähne sind noch vorhanden, und darüber ist Nicolaysen froh, denn sie würden eine gute Stütze für den Mund sein. Er hat eine kleine Narbe an der Nase und Richtung Wange, aber die kann man fast nicht sehen, weil sie wieder zugenäht wurde, und später wird überhaupt nichts mehr zu sehen sein. Er wird dieses Mal sicher nicht so viel brechen müssen, weil er nicht so lange und so stark chloroformiert worden ist. Er schläft jetzt, und ich sitze bei ihm. Ach Papa, ich bin so froh, daß ich bei ihm sein kann. Ich verstehe so gut, wenn er redet, und er ist auch froh über mein Hiersein. Mein armer Junge, er ist so lieb und geduldig. Er bat mich, dich zu grüßen und zu sagen, daß er zufrieden ist. Ich werde sehen, ob ich morgen einen richtigen, zusammenhängenden Brief schreiben kann, jetzt muß ich mich ständig um Per kümmern. Wir werden nicht lange hierbleiben ...«

Oda saß in den ersten Tagen nach der Operation ständig am Bett ihres Bruders. Sie entschuldigte sich für ihren Wutausbruch und fand, daß Nicolaysen und Volkmann große Nachsicht zeigten. Die abgeschiedene Lage der Klinik half ihr, trotz allem zur Ruhe zu kommen. Anfangs hatte sie geglaubt, den Anblick ihres Bruders nicht längere Zeit ertragen zu können. Das Gesicht war völlig zerstört und schwoll jetzt so an, daß er fast nichts mehr sehen konnte. Aber sie begegnete seinem Blick und wich keine Sekunde aus, auch dann nicht, als er hilflos schluchzte und die Wunde zu bluten anfing.

Sie tröstete ihn, drückte fest und beruhigend seine Hand. »Volkmann sagt, du wirst wieder ganz gesund, und Nicolaysen meint, du bist ein Held. Mein lieber Junge.«

Ein Gespräch war nicht möglich, Per konnte fast nicht reden, und die Schwellungen wurden so stark, daß das ganze Gesicht regelrecht zu platzen drohte. Sie fragte Volkmann, ob man nichts tun könne. Er gab eine Spritze und lächelte beruhigend. Oda fühlte sich beobachtet, als halte man sie nach ihrem Wutausbruch für ein seltsames Tier. Sie wußte nicht recht, ob ihr Volkmann sympathisch war. Er ging von Krankenbett zu Krankenbett und ließ sich von Menschen, die er verstümmelt hatte, vergöttern. Der Gedanke, daß Per bei der Operation unnötig gelitten hatte, ließ sie nicht los. Volkmann hätte mehr Chloroform verwenden können.

Für Per schien das allerdings keine Rolle zu spielen. Er schlief stundenlang. Dann erwachte er fast ruckhaft, und sie versuchte, in seine großen, verängstigten Augen zu schauen, obwohl sie wußte, daß er jedesmal, wenn er sie erblickte, zu weinen anfing.

Zwischen all den Briefen, die sie an ihren Mann, ihren Vater und an die Geschwister nach Hause schrieb, hatte sie viel Zeit zum Nachdenken. Aber die Gedanken liefen immer wieder zur gleichen Stelle: das blaue Licht im Krankenzimmer, die hohen Fenster und die kalten Fliesen. Dieses Motiv müßte man doch malen können? Und während die Frage noch in ihrem Kopf kreiste, fiel ihr ein, daß sie nicht so denken dürfe, denn es gab so viele, die ihrer Fürsorge bedurften, und dieser Druck ließ sie nicht los.

Professor Nicolaysen blieb zu Odas Trost noch in Halle.

So viele interessante Dinge konnte er mit Volkmann erörtern, Chloroform und Amputationen, Haarausfall und Geschlechtskrankheiten. Alle Patienten dieser Welt mit allen denkbaren Leiden hatten sie zur Verfügung. Jeden Tag kamen neue Fälle, die neue Erkenntnisse erforderten, neuen Mut verlangten. Wie schneidet man am besten, um zur Leber eines jungen Mädchens zu gelangen? Wie entfernt man am günstigsten die Hoden eines alten Mannes? Und am Abend lasen sie sich Gedichte vor. »Süße Augen, klare Bronnen! / Meine Qual und Seligkeit, / ist fürwahr aus euch gewonnen, / Und mein Dichten euch geweiht.« Diese Begeisterung für Kunst und Kultur färbte ab auf das Krankenbett, und eines Tages sagte Per laut und deutlich zu Oda:

»Dresden.«

Er wollte so gerne nach Dresden, um Musik zu hören und Theater zu sehen. Er versuchte Liszt zu summen, brach aber statt dessen in Tränen aus. Professor Nicolaysen meinte, Oda und Per könnten nach der Rekonvaleszenz in Halle durchaus nach Dresden fahren. Per würde die Zerstreuung guttun, er käme auf andere Gedanken. Oda konnte sich anfangs nicht vorstellen, daß Per soweit wiederhergestellt sein würde, um auch nur einen zusammenhängenden Satz zu sprechen. Die Schwellungen waren schlimmer als je zuvor, die Augen bestanden nur aus zwei Schlitzen. Er war praktisch blind. Nach wenigen Tagen aber war es, als sei ein Wunder geschehen, und Oda schrieb an ihren Vater:

»Liebster Papa. Bis heute habe ich keine Zeit gefunden, zu schreiben, und ob dieser Brief noch am Abend wegkommt, weiß ich nicht. Ich saß nämlich den ganze Tag bei Per, habe ihm vorgelesen und ihn unterhalten. Er konnte erst heute aufstehen, bisher waren seine Augen so zugeschwollen. Aber jetzt ist das zum Glück fast vorbei. Es ist nicht mehr schmerzhaft, nur sehr unangenehm. Er ist den ganzen Tag guter Laune gewesen, und er sagt, er fühle sich gesund. Er ist nicht mehr so schlapp. Ich dachte, er würde nicht stehen können, aber er ging im Zimmer umher und fühlte sich sehr gut. Er möchte fürchterlich gerne nach Dresden, davon redet er den ganzen Tag.«

Damit begann für die Geschwister eine neue Zeit. Die Heilungsfortschritte des Bruders erfüllten Oda mit Freude. Er wurde zwar schnell müde, aber er konnte reden und Witze reißen, und er weinte nicht mehr so oft. Die Zukunftspläne packten ihn mit neuer Kraft. Dresden. Nur das hatte er im Kopf. Die Gemälde, Skulpturen, das Sinfonieorchester, die Oper, die Theater. In seinem Kopf war Musik, und Oda fand sich plötzlich Arm in Arm mit ihrem Bruder auf dem Korridor der Klinik. Er wollte ins Bad, ein neuer und wichtiger Schritt auf dem Weg zu einem normalen Leben. Sie begleitete ihn zur Tür und wartete draußen, noch ganz verwirrt, wie schnell er sich erholt hatte. Volkmann war offenbar doch eine Art Wunderheiler! Und Professor Nicolaysen! Sie könnte ihn vor Freude küssen! Auf einmal wurde alles heller, der dunkle Krankenhausgang wirkte größer und luftiger. Sie registrierte die Sonne am Himmel und die Länge der Schatten, als Per aus dem Badezimmer kam, leichenblaß, ernst und still.
»Aber Per, was ist denn?«
Sie rief hinter ihm her. Er beachtete sie nicht, ging mit schnellen, stolpernden Schritten zurück ins Krankenzimmer, wo er sich so ungestüm aufs Bett warf, daß ihm ein kurzer Schmerzensschrei entfuhr, als die Wunde an der Nase aufplatzte und zu bluten anfing. Oda holte ein Handtuch, schwindlig vor Entsetzen.
»Aber Per, lieber Junge, warum weinst du? Sag es mir, bevor mir übel wird.«
»Die Nase«, schluchzte er. »Sie haben mir eine andere Nase eingesetzt!«
»Was redest du denn da?«
»Doch, ich weiß es. Widersprich mir nicht. Sie haben meine Nase ausgetauscht.«
»Aber das stimmt nicht!«
Per hörte sie nicht.

»Du glaubst wohl, ich kenne meine eigene Nase nicht? Du glaubst wohl, ich weiß nicht, warum ihr alle Spiegel vor mir versteckt habt? Ihr habt gehofft, ich würde meine alte Nase vergessen. Ihr dachtet, ich wäre so benebelt und würde die neue ohne Proteste akzeptieren. Ihr meint, ihr könnt mit mir machen, was ihr wollt. Ich bin nur ein Versuchskaninchen, mit dem ihr eure Experimente anstellen könnt.«

Oda war wie betäubt.

»Das ist kein ... Komplott, lieber Per. Niemand hat deine Nase ausgetauscht. Ich war zwar nicht dabei, weil sie mich nicht ließen, aber ich weiß, daß es deine alte Nase ist. Meinst du nicht, ich kann dein Aussehen beurteilen? Ich, deine alte Schwester? Glaubst du, ich würde dich jemals belügen? Ach Per, du mußt es mir glauben, ich *schwöre*, daß es deine alte Nase ist.«

Aber Per war nicht zu beruhigen. »Diese Nase ist nicht meine. Ich weiß, daß sie es getan haben. Ich erinnere mich daran ... ein unerträglicher Schmerz, als sie abgeschnitten wurde. Sie hätten mir genausogut mein Geschlecht abschneiden können. Wie soll ich mich so in der Öffentlichkeit zeigen? Ich sehe unmöglich aus, verstehst du das nicht? Ich bin *fertig*, Ottilia.«

Einige Tage später schrieb Per an seinen Vater: »Liebster Papa! Heute nur ein paar Worte, weil ich nach unserem Ausflug, von dem ich eben zurückkam, müde bin. Zum erstenmal draußen, bei herrlichem Sonnenwetter im Staubmantel – hier ist nämlich noch richtiger Sommer, und die Luft ist lau. Wir waren in einem netten Ort an der Saale, in Bad Wittenberg, dort halten sich die Leute aus der Stadt im Sommer auf, es liegt eine halbe Stunde von Halle entfernt. Der Ort wird als Sonnenbad bezeichnet und ist mit dem Fluß auf der einen und der Festung auf der anderen Seite von hinreißender Schönheit. Dann sind wir durch die Stadt gefahren, die an vielen Stellen richtig schön ist, besonders das Villenviertel. Sie bauen dort alles mit schönen rotgelben Ziegeln, Häu-

ser, Treppen, Säulen usw. Straßenbahnen wurden kürzlich eingeführt, und jedesmal, wenn eine vorbeifährt, jubeln und kreischen die Kinder. Die Wagen sind wie bei uns, aber zierlicher und eleganter, nur eingeschossig, aber mit zwei Pferden. Was die Fahrten hier so lebendig macht, ist, daß sie an jeder Straßenecke mit einer großen Glocke bimmeln.
Ottilia und ich sind uns wegen meiner Nase nicht einig; ich finde, es ist nicht meine, die sie mir eingesetzt haben, sondern eine andere, ziemlich respektable Nase; meine war schmal, mit deutlichen Nasenlöchern; die, die ich jetzt habe, ist dick und ohne klare Flügel. Aber sie sagt nein. Wie auch immer, ich werde jedenfalls jeden Tag vor dem Spiegel ein kleines Problem haben ...«

Dann fuhren sie nach Dresden. Per schrieb einen letzten Brief von Halle aus an den Vater. »Lieber Papa! Diesmal nur zwei Worte, um zu sagen, daß ich erschrocken bin über das viele Geld, das meine Krankheit bisher hier in Halle gekostet hat. Honorare, Chloroform, Apotheke und Gott weiß was. Das ist fürchterlich. Im übrigen geht es uns gut, und morgen reisen wir nach Dresden. Ich freue mich sehr, Halle mit seinem Medizingeruch zu verlassen. In dieser Stadt will jeder Geld haben.«
Leb wohl Volkmann! Künstler, Dichter und Schöngeist. Oda empfand es wie eine Befreiung. Das Genie hatte bedeutend an Glanz verloren, seit Professor Nikolaysen mit seinem Enthusiasmus nach Norwegen zurückgekehrt war. Jetzt war Oda endlich allein mit dem Bruder, und nichts Böses sollte zwischen ihnen geschehen, nur Feste und Wagner und schöne Gemälde.
Sie verlebten einige sorglose Tage in der Pension des Barons von Biedermann, wo sie durch Zufall Odas Schwägerin trafen, die Frau von Jørgen Engelharts Bruder. Per war zeitweise ziemlich schlapp und fühlte sich unwohl, aber er hatte keine Zwangsvorstellungen mehr und wagte sich ohne Bedenken auf die Straße.

Was geht in Oda Engelhart vor? Ihre Fürsorglichkeit ist unermeßlich. Sie ist Schwester und Tochter und Hausfrau und Mutter. In langen, einfühlsamen Briefen drückt sie ihre innige Liebe zu allen aus, oder sie geht Arm in Arm mit dem Bruder die Lüttichaustraße hinunter, hört ihm zu, was er über Wagner und Verdi und Beethoven erzählt, warum Svendsen der größte Dirigent der Welt ist, warum die Tonfolgen Chopins seine Klaviermusik so leidenschaftlich machen. Und vielleicht stutzt sie etwas bei dem Wort Leidenschaft. Es weckt ein Gefühl in ihr, dasselbe Gefühl, das sie an dem ersten Morgen in ihrer neuen Wohnung hatte, als ein herrenloser Hund die Straße hinunterlief, ein Gefühl von nicht Verwirklichtem, von etwas Leerem, das irgendwann ausgefüllt werden wollte. Und sie empfindet auf einmal ein kaum zu verbergendes, heftiges Verlangen nach ihrem Mann, eine Sehnsucht, seine Hingabe zu spüren, um wieder die Verwunderung und den tiefen, seltsamen Schmerz zu fühlen, daß *ihr* Körper das bewirkt, daß sie ihm allein durch ihre ruhige Anwesenheit etwas Gutes gibt, das er als fast unerträglich erlebt. Nennt man das lieben? Ein qualvoll verzerrtes Gesicht betrachten? Ohne eigene Erregung?
Beim Anblick der sichtbaren Armut in den Straßen der Stadt wird ihr bewußt, wie dankbar sie Jørgen sein kann, seiner Verläßlichkeit, seiner Geschicklichkeit im Umgang mit Geld, wodurch sie hier sorglos flanieren und an Weihnachtsgeschenke denken kann. Sie empfindet auf einmal eine Sehnsucht nach der Wohnung zu Hause, deren exklusiver Ruhe und Schönheit, dem luxuriösen Badezimmer, das ihre kleinen Geschwister so lieben, und nach Sacha, vor allem nach der kleinen Sacha, die gottlob gut versorgt ist. So müssen sie ausgesehen haben, ihre glücklichen, sehnsüchtigen Gedanken, als sie eines Tages den Brief erhält, der ihr mitteilt, daß ihr Mann, Jørgen Engelhart, in Konkurs gegangen ist.

Per schrieb sofort an seinen Vater: »Mein lieber Papa! Eben erhielt ich den Brief, der mich so ungeheuer traurig machte um Ottilias willen. Das ganze ist mir völlig unerklärlich. Warum hat Jørgen denn geheiratet, und warum hat er nicht bescheidener gelebt? Er hat wohl gedacht, das würde vorbeigehen, aber es ist einfach unverantwortlich und leichtsinnig. Man soll ja andere nicht verurteilen, und ich sage auch nichts mehr, er muß das selbst klären. Aber meine liebe Ottilia, was machen wir mit ihr? Sie hat viel mit mir darüber geredet und fest behauptet, daß er bei ihrer Abreise keine Ahnung davon hatte. Das müsse sehr plötzlich gekommen sein, während wir in Halle waren. Ich konnte ihr ja nur sagen, daß so etwas nicht plötzlich kommt – er muß es schon einige Zeit gewußt haben, und diese Vorstellung und daß er sie in Unwissenheit gehalten, ihr vorgegaukelt hat, wohlhabend zu sein, das erstaunte und quälte sie. Sie wollte es nicht glauben. Sie weinte jeden Tag und beruhigte sich nur langsam. Einmal schlang sie die Arme um meinen Hals und sagte: Per, ich liebe Papa, dich und alle zu Hause, aber sonst niemanden – schon gar nicht Jørgen. Er hat mich hintergangen – und das sagte sie langsam und ernst, als Ergebnis langen Nachdenkens und so bestimmt, wie wir das von ihr kennen.«

Alles in ihr schreit danach, heimzukommen, aber sie kann sich erst losreißen, als die letzte Schwellung an Pers Mund abklingt, als er in der Lage ist, ohne Saugrohr zu trinken. Da setzt sie sich in den Zug, will aber keinen Trost, obwohl sie maßlos gekränkt ist. Per soll sich *ihretwegen* keine Sorgen machen müssen. Deshalb lächelt sie und winkt aus dem geöffneten Abteilfenster, sieht, wie Per kleiner und kleiner wird. Oda Engelhart ist allein in einem Zug nach Norden, ohne sich eigentlich zerrissen zu fühlen zwischen den Welten, die sie beanspruchen, ist nicht einmal erschöpft, denn sie ist zweiundzwanzig Jahre alt und hat Liebe genug für hundert Konkurse, hätte sie sich nicht hintergangen gefühlt. Nicht den Verlust des Badezimmers fürchtet sie, sondern den ihres Ansehens. Sie ist erzogen als eine Lasson, erzogen, ein Ideal, ein Eroberer, eine Göttin zu sein. Ihre

Religion ist die Wahrheit, und jetzt hat Jørgen Engelhart gelogen.
Sie ist voller Zorn, und gleichzeitig erwacht ihr Mitleid, während draußen Bäume, Städte und flache Landschaften vorüberfliegen.

Der Regierungsrat holt sie vom Schiff ab, geleitet sie an Land und setzt sie in die Pferdedroschke. Sie fahren in die Grønnegate, wo die Geschwister warten, etwas verlegen, außer Christian, der in Tromsø ist, um zu studieren. Sie umarmt einen nach dem andern, und es gelingt ihr wunderbarerweise, für jeden ein aufmunterndes Wort zu finden. Danach nimmt sie der Regierungsrat mit in sein Arbeitszimmer und fragt nach Per. Sie akzeptiert das, obwohl sie im Moment am liebsten über Jørgen sprechen würde. Sie weiß ja fast nichts und sehnt sich so schrecklich danach, ihn zu sehen. Aber der Regierungsrat zerpflückt jeden einzelnen der Briefe, die Per geschickt hat, und bohrt hartnäckig nach, ob er die volle Wahrheit schreibt. Erst am Spätnachmittag läßt er sie gehen, und sie fährt zu ihrer Wohnung, wo Sacha schläft und Jørgen Engelhart bleich am Fenster steht, müde und älter und fülliger, mit flackernden Augen, die um Verzeihung bitten. Aber sie ist verletzt und bleibt kalt, bis Sacha erwacht und sie den zarten Mädchenkörper an der Brust spürt, den sanften Kinderatem am Hals. Da läßt sie der Sehnsucht, dem Schock und der Sorge freien Lauf. Sie hatte nicht gedacht, daß so viel auf sie einstürmt, und Jørgen Engelhart schmiegt sich enger an sie. Unglücklich und verzweifelt wartet er auf ein Wort von ihr, ein einziges Wort, das schließlich kommt, denn keiner von beiden hält es länger aus. Aber seine Arme sind so fremd und sein Atem so kurz, und es sind tausend Dinge, die sie mit ihm bereden möchte, bevor *das da* geschieht, und trotzdem geschieht es, in einem kalten Bett. Und danach wäscht er sie und sich selbst. Sie schließt die Augen, sucht nach einem Bild, das sie trösten könnte, aber sie sieht nur den herrenlosen Hund in der verlassenen Straße, und es durchfährt sie wie ein Stich und sie spürt, daß sie jetzt, in diesem Augenblick, wieder schwanger wird.

Am 7. November 1882 schrieb Per aus Dresden an seinen Vater: »Es wäre traurig, wenn das gute Verhältnis zwischen Dir und Jørgen beendet sein sollte, lieber Papa, aber ich kann deine Position bei seinem höchst seltsamen Verhalten gut verstehen.

Entweder ist er von übersteigertem Optimismus und Leichtsinn geprägt, oder es fehlen ihm jede Moral und jedes Gefühl, falls er es geahnt und gewußt hat. Jørgen ist herzensgut, daran besteht kein Zweifel, die einzige Erklärung ist deshalb für mich, daß ein unglaubliches Maß an Sanguinismus ihn trug und ihn in dem guten Glauben ließ, alles würde schon laufen. Daß dich sein Verhalten kaltläßt, verstehe ich gut, auch ich habe ihn ja anfangs in aller Härte verurteilt. Aber bei näherem Nachdenken bin ich auf etwas anderes gekommen. Nina hat ihm ihr Geld (5 000 Speziestaler) angeboten, und heute erhielt sie einen unglücklichen Brief von ihm, in dem er ihr dankt und schreibt, daß Thomas 30 000 Speziestaler besitzt, ihm aber von vornherein mitteilt, daß er ihm nicht helfen will und daß Ninas Geld, das er verwaltet, ihm auch nicht zur Verfügung stehe. Die alte Frau Engelhart hat Geldprobleme, obwohl sie über ein Beamtengehalt verfügt und dazu den Zinsertrag der Mädchen (je 300 Speziestaler). Niemand will ihm helfen außer Nina, und er bedankt sich so rührend herzlich für ihre Treue. Ihm geht es sicher schlecht, dem Armen, und Thomas ist hart und herzlos. Wenn Jørgen wieder auf die Beine käme, würde er ihm schon helfen. Er ist schließlich sein Bruder.«

Für Oda war es am schwersten, die Feindschaft zwischen Jørgen und ihrem Vater zu sehen. Ein gemeinsamer Umgang war nicht mehr möglich, und der Regierungsrat brauchte so viel Aufmerksamkeit, daß sie täglich viele Stunden im Elternhaus verbrachte. Daß Jørgen jetzt, nachdem der schlimmste

Schock vorüber war, nicht mitkommen konnte, schmerzte sie. Jørgen tat ihr leid. Fieberhaft bemühte er sich, wieder auf die Beine zu kommen. Aber 1882 war ein Konkurs sowohl ein Skandal als auch eine persönliche Tragödie, und es gab keinen Weg zurück zur Familie Lasson.

Aus Dresden erreichten sie beunruhigende Briefe. Per bekam plötzlich eine Schwellung, und einer der Assistenten Volkmanns wollte operieren, aber Volkmann persönlich wurde konsultiert und beruhigte die Gemüter. Oda sehnte sich so sehr nach dem Bruder, denn jetzt, da Jørgen und ihr Vater Feinde waren, hatte sie mit keinem mehr ein vertrautes Verhältnis. Sie befand sich gefühlsmäßig in einem Vakuum, in dem ihr nur Sacha, Per und die kleinen Geschwister Halt gaben.

Dann kam Per endlich nach Hause, zwei Tage vor Weihnachten. Nur Oda und der Regierungsrat durften ihn vom Schiff abholen. Volkmann hatte ihn für geheilt erklärt, aber Oda sah einen alten und von Sorgen gebeugten Mann, der seinen ältesten, teuren Sohn begrüßte, dessen Gesicht fremd, bleich, eingesunken und verzerrt auf sie wirkte.

Trotzdem erinnert sich die damals elfjährige Bokken an ein festliches Weihnachten 1882. Per war in einer Premiere von Wagners *Walküre* gewesen und erzählte, daß ganz Dresden Kopf gestanden habe. Jetzt erfüllte er das Haus mit Musik und Begeisterung. Sie war zu klein, um zu merken, daß das Geschwür wiederkam, daß der Bruder längst zum Tode verurteilt war. Das begriffen nur Oda und der Regierungsrat.

Jørgen Engelhart verlangte in dieser Zeit von seiner Frau wenig oder gar nichts. Ihr kam es vor, als hätten sie einander verloren, auch wenn sie unter demselben Dach schliefen und wie immer miteinander redeten. Daß unter solchen Umständen in ihr ein Kind wuchs, war seltsamer als beim ersten Mal.

Per forderte alle Aufmerksamkeit. Pers Lachen, Pers Freude, Pers Hoffnung, Pers Sorge. Sie lebten von einem Tag zum nächsten und hatten im Innersten die Hoffnung auf ein Wunder noch nicht aufgegeben. Sie lud ihn zu einem Bad in ihre Wohnung ein, aber er lehnte ab. Eines Tages kam Jørgen Engelhart spät von einer Versammlung zurück:

»Was würdest du sagen, wenn wir hier ausziehen müßten, Oda?«

Oda stutzte einen Augenblick. Dann sagte sie:

»Du behandelst mich wie ein Kind, Jørgen. Du versuchst mich zu beschützen, und das nach all dem, was passiert ist. Hast du noch nicht verstanden, daß ich alles andere als geschont werden will? Ich möchte die Wahrheit wissen.«

»Ich weiß es noch nicht«, sagte Engelhart. »Aber es könnte sein. Niemand vertraut mir, niemand will mir noch einmal helfen. Wenn ich kein Kapital erhalte, müssen wir raus aus der Wohnung.«

Manchmal wurde er wütend. Er war sehr unberechenbar und hielt sich mehr denn je in Kaffeehäusern auf. Dort traf er Leute mit Ideen. Oda hatte das Gefühl, daß er den Konkurs noch nicht in seiner vollen Tragweite begriffen hatte. Er sprach von den Geldmitteln anderer, als habe er ein Recht darauf. Er wollte weiterleben und ließ sich von einer einzelnen Niederlage nicht unterkriegen. Unerschütterlich wie ein Berg, dachte sie.

Regierungsrat Lasson klopfte nicht mehr an die Tür der Engelharts, und Oda erfuhr die Neuigkeit in der Grønnegate: Sie und Per sollten wieder ins Ausland fahren, diesmal nach Bad Kreuznach. Man hoffte auf die heilende Wirkung einer Badekur. Obwohl man eigentlich nicht zu hoffen wagte, aber der Regierungsrat hatte Professor Nicolaysen angefleht, irgend etwas zu unternehmen.

Als Oda an diesem Abend nach Hause kam und ihrem Mann die Neuigkeit erzählte, reagierte er mit heftiger Verzweiflung. Auf einmal sah Oda ganz klar, daß sie im Grunde auch *sein* einziger Halt war, daß er sich ständig an ihrer Fürsorge genährt hatte. Sie hatte es nur nicht bemerkt. Wenn der

Name des Regierungsrats genannt wurde, zeigte sich Haß in seinen Augen. Sie erinnerte sich an das erste Gespräch der beiden, Jørgen als begeisterter Vertreter der neuen Zeit und der Regierungsrat fest überzeugt von der alten. Aber was halfen jetzt Ideen? Über sie als Frau hatte man gesprochen, als handle es sich um eine politische Partei. Jetzt zerrten und rissen sie an ihrem Kleid, jeder tierisch eifersüchtig darauf bedacht, nicht übersehen zu werden. Die Rivalität zwischen ihrem Mann und ihrem Vater strengte sie so an, daß sie sich auf die Vertrautheit mit Per freute.

Aus Kopenhagen schickte Per eine Briefkarte an seinen Vater:
»Mit der Dronning Louise kommen zwei prächtige Rosen: Gloire de Dijon und Queen Victoria. Suche Dir eine aus. Wir haben die ganze Zeit herrliches Wetter – hörten *den Stummen* mit hervorragendem Chor und Orchester, haben Kielland (neuer Roman fertig, heißt *Heiraten*) und Brandes gesehen. Gads von überströmender Herzlichkeit. Gemeinsames Essen bei Frau Gad. Gute Laune schlechter Schlaf. Leb wohl. Per.«

Oda an den Regierungsrat, Hamburg, 3. Mai: »Lieber Papa! Wie du siehst, sind wir noch in Hamburg. Wir kamen gestern Vormittag hier an und gedachten heute weiterzureisen, aber dann wollte Per gerne *Faust* sehen, der heute abend gegeben wird. Gestern abend waren wir im Theater und sahen *Phädra*, ein schreckliches Stück und noch schrecklicher, wenn es von Deutschen gespielt wird.
Gestern wurde uns der Tag ziemlich lang. Per war müde von der Reise, und wir saßen die ganze Zeit in unseren Zimmern und schauten auf die Alster, die zwar hübsch, aber auf die Dauer langweilig ist mit all den kleinen Dampfschiffen, sicher zehn in der Stunde. Ansonsten haben wir eigentlich nichts zu berichten. Per ist heute frischer und besser aufgelegt. Wir waren heute im Zoologischen Garten, der natürlich

großartig ist, und dann haben wir ein Gemälde gesehen, das die *Schlacht bei Wörth* darstellt, ganz hervorragend gemalt, so lebendig. Im Vordergrund Erde, Lehm, Militärmützen, Jacken usw., ganz wirklichkeitsgetreu, an vielen Stellen muß man genau hinschauen, um zu merken, was Gemälde ist und was Wirklichkeit, z. B. an einer Stelle eine Mauer aus großen Steinen, es war fast nicht zu erkennen, wo sie in Malerei überging.

Ich soll dich von Per vielmals grüßen, der sich vor dem Theater noch etwas ausruht. Grüße an alle von mir. Deine ergebene Ottilia.«

Per am 5. Mai an den Regierungsrat: »Lieber Papa! Ich fasse mich diesmal kurz, da ich nach der Reise müde und indisponiert bin. Wir sind endlich in Kreuznach und befinden uns in unserem Zimmer im Berliner Hof. Die Fahrt von Köln, wo wir übernachten mußten, ist anstrengend gewesen, es gab eine solche Menge an Reisenden, daß wir uns nicht ausruhen konnten.

Je weiter südlich wir kommen, desto näher kommt der Sommer, man merkt es deutlich an der Luft und der Vegetation. Hier ist es grün, und die Blumen und Bäume schlagen teilweise schon aus. Aber sobald die Sonne untergegangen ist, wird es kalt und wir sitzen in Mantel und Schal.

Morgen gehen wir zu Herrn Stahl und wählen unser Logis. Bei Sahler war bereits geschlossen, als wir ankamen. Heute ist hier in Kreuznach ein großes Fest mit Ehrenportalen, ständigen Böllerschüssen, alle Häuser beflaggt, Fackelzug, Musik, Umzug katholischer Priester mit Chorknaben, weil der Erzbischof um 5 Uhr etwas einweihen will.

Ich verfluche die Deutschen – sie sind so unglaublich geldgierig.

Grüße mir alle. Wenn wir uns eingerichtet und mit Stahl gesprochen haben, schreibe ich wieder.

Ich war sehr enttäuscht, daß ich bei meiner Ankunft keinen Brief an mich vorfand; für Ottilia waren zwei da. Leb wohl, lieber Papa, und schreibe bald ein paar Worte an deinen ergebenen Sohn Per.«

Oda am 6. Mai an den Regierungsrat: »Lieber Papa! Heute Nachmittag waren wir beim Doktor, und morgen wird Per mit der Kur anfangen. Der Doktor sagte, er müsse mindestens 40 Bäder bekommen und möglicherweise acht Wochen hierbleiben. Er muß um sieben Uhr morgens aufstehen, Wasser trinken, eine Stunde spazierengehen, dann frühstücken und ein Bad nehmen, dann muß er sich wieder eine Stunde hinlegen. Am Abend muß er wieder Wasser trinken. Die Quelle ist oben im Kurgarten, einer schönen Grünanlage.
Hier im Berliner Hof ist es nicht besonders angenehm. Kaffee und Tee schmecken salzig und sind nicht trinkbar – alles ist salzig außer der Butter. Ich wünschte, wir könnten bei Fräulein Presber wohnen, dort war ich heute vormittag mit einem Briefchen von Tante Marie, sie ist eine sehr freundliche und nette Dame, aber der Doktor will, daß Per in einem Hotel ißt, weil er vom Baden müde und matt wird und seine Nahrung so kräftigend wie möglich sein muß, und das bekommt man in einer privaten Pension nicht. In einem Hotel hat man mehr Auswahl und kann zu jeder Zeit essen. Hier ist es nicht sehr angenehm. Die Kirche liegt direkt gegenüber, und es läutet jede Viertelstunde, Tag und Nacht. Per geht es zeitweise sehr schlecht, dem Armen, besonders nachts, und ich und er schlafen nur wenig, aber das wird sich wohl bessern, wenn er Wasser trinkt und Spaziergänge macht. Er hat nicht viel Lust dazu, aber wir gewöhnen uns an die Umstände, es wird schon gehen. Die Zeit wird lang, und wir müssen sehen, uns einzurichten.
Er darf ein Klavier benutzen und spielen und ein bißchen an seinen Kompositionen schreiben, da hat er wenigstens etwas zu tun. Er hätte so gerne, daß du hier bist. Ich bin froh, daß er nicht allein auf dieser Reise ist. Das wäre zu trostlos und betrüblich für ihn.
Lieber Papa, sorge doch dafür, daß wir viele Briefe bekom-

men, besonders Per, er ist so enttäuscht, wenn kein Brief an ihn kommt, sondern nur an mich.
Die Schwester von Frau Doktor Stabell kommt in einigen Tagen, sie wird bei Frau Presber wohnen, hoffentlich kommen noch mehr nette Menschen, die wir kennen. Grüße alle vielmals von uns beiden. Deine ergebene Ottilia.
P. S. an Marie: Liebe Marie! Sei doch bitte so nett und suche die Blätter, auf denen Per angefangen hat, das *Lied des Vogels* zu schreiben, und hole aus dem schwarzen Notenbuch die Bogen, auf denen *Über die hohen Berge* steht, und schicke sie.«

Per am 8. Mai an den Regierungsrat: »Lieber Papa! Gott sei Dank sind wir aus dem Hotel Berliner Hof ausgezogen in eine friedliche Pension in der Elisabethstraße 5 bei Fräulein Presber. Ich habe es so satt, diese Hotels und Kellner, das Essen und alles. Und trotzdem wäre ich sicher dort geblieben, wenn Ottilia nicht plötzlich und resolut zusammengepackt, bezahlt und uns hier untergebracht hätte. Der Doktor will nämlich, daß ich viel esse und so gut wie möglich, weil meine Kur so streng ist.
Nachts schlafe ich schlecht, und meine Stimmung ist nicht die beste. Ich trinke Wasser und bade in etwas, das aussieht wie eine kräftige Bouillon mit Ei, jedesmal eine halbe Stunde.
Unsere Zimmer hier sind sehr angenehm, eines mit kleinem Balkon hinaus ins Grüne, wo immer Sommer ist. Der Flieder blüht und duftet herrlich – besonders im Kurpark, wo man trinkt und promeniert, ist es jetzt schön, und das Orchester ist groß! Es spielt zweifellos auch gut; ich habe es erst heute gehört.
Ich bin sehr müde und weiß dir diesmal auch nicht mehr zu berichten, nur daß ich mich sehr nach euch sehne und in jedem Augenblick an die zu Hause denke, die ich liebe. Ja, wenn man unter fremden, uninteressierten, gleichgültigen Menschen ist, und wenn man krank ist und unglücklich wie ich, da vermißt man sein liebes Zuhause, die teilnehmenden Gesichter und all die Liebe ganz schrecklich.

Aber ich habe ja Ottilia, meine liebe Ottilia, die sich um uns alle so selbstlos kümmert. Ja, wir haben immerhin den Glauben, daß da einer ist, der über uns bestimmt und mit uns macht, was er für richtig hält, sonst wäre das nicht auszuhalten.
Leb wohl, lieber Papa, grüße alle zu Hause und sei versichert, daß ich dir jetzt und immer innig zugetan bin. Gott sei mit dir und uns allen. Dein ergebener Sohn Per.«

Ottilia am 11. Mai an den Regierungsrat: »Lieber Papa! Heute haben wir hier richtig scheußliches Wetter, Regen und Wind. Der arme Per ist auch so müde und hat eine schlimme Nacht hinter sich, es ist so schlimm, daß immer am Abend die Schmerzen kommen und nachts lange anhalten. Der Doktor meint, er müsse mindestens 40 Bäder haben, wenn ihm das nur nicht zuviel wird, man ist so erledigt nach diesen Bädern.
Die Zeit wird Per lang, glaube ich, er ist viel zu erschöpft, um sich etwas vorzunehmen, er hat jetzt ein Klavier bekommen, aber nur, weil ich ihn darum gebeten habe, er hat keine Lust zu spielen, und das ist ja verständlich, wenn man nachts so wenig schläft und dazu Schmerzen hat. Das mit der Müdigkeit wird wohl besser, sobald er sich mehr an die Luft und das Wasser gewöhnt hat.
Wir lesen laut in dem Buch *Das Wesen des Aberglaubens*, ein ausgezeichnetes Buch, klar und verständlich geschrieben.
Wenn Per nur eine Nacht ruhig schlafen könnte, würde er sich, glaube ich, viel besser fühlen, es ist so schlimm, nichts für ihn tun zu können, aber uns bleibt nichts anderes übrig, als geduldig zu sein.
Hier sind noch fast keine Menschen, das wird sich im Juni ändern. Ich bin so froh, daß wir bei Fräulein Presber sind, im ›Berliner Hof‹ war es unmöglich, von dem Preis, den der Doktor nannte, war nicht die Rede, das Zimmer unterm Dach war dunkel und im Hotel bis in die Nacht hinein viel Lärm.

Grüße alle ganz herzlich und bitte sie, zu schreiben. Per bittet mich auch, zu grüßen. Deine ergebene Ottilia.«

Ottilia am 15. Mai an den Regierungsrat: »Lieber Papa! Vielen Dank für den Brief, den Per heute erhielt, ob er oder ich einen Brief bekommen, ist egal.
In diesen vier Tagen war Per überhaupt nicht frisch, er hat den ganzen Tag auf dem Sofa gelegen und nichts gegessen, aber das kommt sicher daher, daß sein Magen nicht in Ordnung ist, und sobald sich das ändert, wird es, hoffe ich, besser. So wie es jetzt ist, hat er nichts von der guten Luft, es ist übrigens ziemlich warm. Trotzdem badet er jeden Tag, inzwischen hat er neun Mal hinter sich, das ist nicht viel bei 40, die er braucht, und das geht nur, wenn er nicht zu erschöpft ist. Er schläft schlecht und hat Schmerzen, da muß er erschöpft sein, und wenn er dabei so viele Tage nichts zu sich nimmt, verwundert es nicht, daß er matt ist.
Hier sind erst wenige Badegäste. Wenn Per nur etwas kräftiger wäre, könnte man so schöne Wanderungen machen. Aber das mag er gar nicht. So sind wir meistens in Pers Zimmer gesessen und haben die Musik im Kurpark nicht gehört.
Er wollte dir heute eigentlich selbst schreiben, ist aber zu müde. Deshalb soll ich grüßen und für den Brief danken. Bitte Marie und Alexandra, öfter zu schreiben, das ist die einzige Aufmunterung, die er hat, es macht nichts, wenn sie nichts Neues erzählen können. Zu Hause dürfte jetzt auch bald Sommer sein, wenn auch nicht so warm wie hier, heute 21 Grad im Schatten, und Fräulein Presber meint, das sei nicht viel.
Armer Christian mit seinen Augenschmerzen, hoffentlich nichts Schlimmes.
Grüße alle miteinander … hoffentlich kann ich bald einen besseren Brief schreiben, aber ich muß doch alles schreiben, wie es ist, nicht wahr? Deine ergebene Ottilia.«

Oda am 17. Mai an den Regierungsrat: »Lieber Papa! Heute muß ich Dir ausführlich und genau schreiben und dir berichten, wie es um Per steht. Schon seit Freitag dem elften geht es ihm schlecht, er hat nichts gegessen, ist schlapp und müde und liegt den ganzen Tag entweder im Bett oder auf dem Sofa und ist nicht vor die Tür gekommen. Und nachts leidet er so sehr. Sein Magen ist in Unordnung gewesen, dann hat er eine Menge Wasser getrunken, was wohl auch dazu beitrug, ihn zu zermürben. Er behält immer noch nichts bei sich. Ich habe von all dem bisher nichts geschrieben, weil ich zuerst hören wollte, was der Doktor dazu sagt, ich meine nämlich, daß er unmöglich hier bleiben kann, wenn es ihm so schlecht geht und er nur den ganzen Tag liegt und nicht einmal bis zum Kurpark kommt, wo die Quelle ist.
Jetzt war der Doktor über Pfingsten weg und kam erst gestern zurück und kam sogleich herauf, als er meine Karte fand, die ich ihm hinterlegt hatte. Er sprach mit Per, aber ich ging danach doch zu ihm, um ihm genau zu erklären, wie es Per geht, Per fällt es schwer, das auszudrücken. Er sagte dann, er hätte gedacht, Per sei kräftiger, als er Nicolaysen schrieb, er müsse 40 Bäder haben, und daß er jetzt die Zahl etwas verringern werde.
Heute früh suchte ich ihn noch einmal auf, weil es Per in der Nacht so schlecht ging. So schreckliche Kopfschmerzen, daß er laut jammert und ständig erbricht. Das sagte ich ihm heute früh und bat ihn, zu bedenken, daß wir eine lange und anstrengende Heimreise vor uns hätten und ob er einen längeren Aufenthalt für sinnvoll hielte. Da sagte er, daß er es nicht übers Herz bringen würde, einem jungen Mann zu sagen, Ihnen hilft das alles nichts, fahren Sie nach Hause, so schnell Sie können. Er wolle ihm nicht allen Mut nehmen, und es sei besser, es mit einer leichten Kur zu versuchen, also Bäder, aber nicht jeden Tag und keine starken Bäder, alles in allem so schonend wie möglich. Dazu wolle er ihm abends leichte Morphiumspritzen geben, damit er schlafen kann und keine Schmerzen hat.

Der Doktor ist ein sehr, sehr netter Mann, und ich stimme ihm zu, es noch einmal zu versuchen, obwohl kein Zweifel besteht, daß es Per zu Hause besser hätte. Wenn er aber nicht kräftiger, sondern schwächer wird, so kommen wir doch heim, Papa, denn ich kann mir nicht mehr vorstellen, wie wir reisen sollen, so erschöpft wie er ist. Aber wir wollen alles in Gottes Hände legen.

Mein armer Papa, wie gerne würde ich Dich ein bißchen trösten, statt Dir einen so traurigen Brief zu schreiben, aber ich traue mich nicht, auf eigene Faust zu handeln, ohne daß du völlig Bescheid weißt. Wenn er nur etwas bei sich behalten würde, man muß ja elend werden, wenn man nichts ißt, 7 Tage hat er nur ab und zu einen Tropfen Milch zu sich genommen. Wenn er aber mehr ißt, kommt alles wieder hoch. Diesen Brief wirst du erst Montag haben, aber du brauchst keine Angst haben, nicht über alles unterrichtet zu werden, wir haben ja den Telegrafen.

Es ist eine große Hilfe – das heißt, Freude für mich, Frau Schüren hier zu haben, sie ist Norwegerin, sonst fühlt man sich so verlassen.

Adieu Papa. Es wird jedenfalls nicht sehr lange dauern, bis wir uns wiedersehen, länger als 4 Wochen werden wir, glaube ich, nicht mehr bleiben. Deine ergebene Ottilia.«

Oda an den Regierungsrat am 19. Mai: »Lieber Papa! Per liegt jetzt seit drei Tagen im Bett, es geht ihm ziemlich schlecht, dem Armen, Tag und Nacht spuckt er Galle und hat natürlich nichts gegessen, seit Freitag, dem elften, hat er nichts zu sich genommen. Ich finde, er ist so ausgezehrt und erschöpft, und gestern fragte ich den Doktor, ob ich dir telegrafieren soll, damit wir ihn, wenn du herkommen kannst, nach Hause bringen, aber das lehnte er kategorisch ab, weil all das angeblich nichts mit der eigentlichen Krankheit zu tun habe und bald vorübergehen werde. Das ist immerhin ein kleiner Trost.

Sobald Per wieder auf den Beinen ist, soll er, so meint der

Doktor, wieder mit den Bädern beginnen, wenn auch keine starken, und dann hoffe ich, er läßt uns baldmöglichst nach Hause, du weißt, ich habe Angst, daß er zu schwach ist, und die Reise ist lang und anstrengend. Heute geht es ihm, glaube ich, etwas besser, er hat nicht so oft gespuckt, aber schwach ist er. Der Doktor spritzt ihm abends etwas Morphium, damit er die Nacht einigermaßen übersteht, es geht ihm auch ziemlich gut, obwohl er nicht viel schläft, den ganzen Tag nur liegt und döst. Schreibe mir, was Du und Nicolaysen dazu meinen, vielleicht könnt ihr gar nicht sagen, wie lange wir bleiben sollen, das hängt wahrscheinlich davon ab, was der Doktor von Pers Zustand hält.
Jeden Nachmittag muß ich einen kleinen Spaziergang machen, aber es fällt schwer, von ihm wegzugehen. Es ist nicht gut, weg zu sein, wenn jemand krank ist, es gibt so viele Kleinigkeiten, auf die man nicht achtet, wenn man da ist, z. B. Eis, das er in kleinen Stücken lutschen soll, das gibt es nicht im Haus, es muß jedesmal geholt werden und schmilzt so schnell, weil es hier so warm ist – oder es muß etwas aus der Apotheke besorgt werden, und ich kann es ja nicht selbst holen, ohne ihn zu verlassen, verstehst du, aber das sind nur Kleinigkeiten, die nicht der Erwähnung wert sind.
Er ist sehr nervös, und hier in Kreuznach ist es nicht sehr ruhig. Überall wird gesungen und gespielt. Ich veranlaßte Fräulein Presber, ins Haus gegenüber zu gehen, wo den ganzen Tag bis in den Abend hinein gespielt und gesungen wird. Sie sollte darum bitten, nach 9 Uhr abends nur bei geschlossenen Fenstern zu spielen, Du kannst Dir vorstellen, wie ihn das stört. Im übrigen sind alle freundlich und nett, aber alles ist sehr teuer, und die vielen Kleinigkeiten für Per muß ich extra bezahlen.
Wir haben 200 Mark abgehoben, und heute müssen wir wieder 200 abheben, aber damit kommen wir, glaube ich, bis zum Ende des Monats aus. Geld darf ich Per gegenüber nicht erwähnen, und wenn er mich manchmal fragt, wird er so unglücklich, wenn er hört, was ich bezahlt habe.

Nun sollst du nicht allzu betrübt sein, lieber Papa, und es hat mich getröstet, daß der Doktor sagte, wenn er jetzt krank ist, hat das nichts mit der Krankheit zu tun. Dann wird er sich wohl bald erholen. Danke allen für die Briefe, und danke für die Zeitung. Grüße vielmals. Deine ergebene Ottilia. Du kannst sicher sein, daß ich telegrafiere, wenn etwas ist.«

Oda an den Regierungsrat am 20. Mai: »Lieber Papa. Heute nur wenige Zeilen, denn der Brief muß bis 1 Uhr im Briefkasten sein. Per liegt immer noch, aber ich glaube, es geht ihm ein bißchen besser, er hat nicht mehr als einmal gebrochen, kann aber nichts zu sich nehmen. Was mir Angst macht, ist, daß er so viel hustet und voller Schleim ist, was der Doktor aber auf eine Erkältung zurückführt. Er redet so viel, daß ich ihm nicht mehr so recht glaube. Er meint ständig, Per solle aufstehen und Sardellen essen, aber der Arme ist doch so erschöpft, und von Aufstehen kann gar nicht die Rede sein. Ich weiß nicht, ob es nicht besser für ihn wäre, nach Hause zu kommen, sobald er soweit ist, reisen zu können, obwohl der Doktor hier meint, wir sollten nichts übereilen. Frage doch Nicolaysen, was es mit dem Husten auf sich hat und dem vielen Schleim in seiner Brust.
Per erhielt heute einen furchtbar freundlichen Brief von Warmuth, aber er konnte ihn nicht selbst lesen, ich mußte ihn vorlesen. Deine ergebene Ottilia.«

Zwei Notizen von Per Lasson, geschrieben mit Bleistift: »Nicolaysen sagte, daß es vermutlich in die Lunge gehen würde. Deshalb sollte ich sofort abreisen. Zwei Monate ohne jede Besserung. Wenn es jetzt bereits in der Lunge sitzt, bin ich bereit, die Hoffnung aufzugehen und heimzureisen. Sollte es nur eine gewöhnliche Erkältung sein, würde sie nicht so lange dauern (jetzt im ganzen 3 Wochen), und dann kann ich sie genausogut zu Hause kurieren.«

»Er kann sicher auch nichts machen. Wenn ich nur den Durst loshätte. Trinken. Zu Hause ordentlich trinken.
Ich kann gut reisen, aber Nicolaysen kann auch nicht mehr, verstehst du.«

In der Nacht zum siebten Juni hielt die Dronning Louise Kurs auf die norwegische Küste, mit Oda und Per an Bord. Sie war mit ihm durch halb Europa gereist. Er war sehr krank. Sie hatte sich so verloren gefühlt, als sie ihn von Zugabteil zu Zugabteil schleppte und die Mitreisenden um Geduld und Verständnis bitten mußte. Sie hatte nur den einen Gedanken, daß er heim müsse zu seinem Vater, damit die beiden voneinander Abschied nehmen konnten. Aber sie befürchtete, daß er es nicht schaffen würde. Eine andere Welt hatte von ihm Besitz ergriffen, und er war nur kurzzeitig bei ihr. Die Augen starrten fiebernd in die Luft, als erwarte er, daß ihm etwas Schreckliches mitgeteilt würde. Dann glitt er in eine Welt, in der Wagner, Mama, Papa, Ottilia und Johan Svendsen gleichwertige Größen darstellten. Er warf Wagner vor, ihn zu erschrecken. Die Musik dürfe nicht so wahrhaftig sein. Dann streckte er die Hände aus, aber es war gewiß nicht Wagner, den er begrüßte, es waren all die Melodien, die in seinem Kopf kreisten, in seinem eigenen, seltsamen Sonnensystem. Er begrüßte Romanzen von Kjerulf und Schubert, Schlußsätze von Verdis Opern, sein eigenes Crescendo und seinen Grisemarch. Oda wußte, daß es das Ende war, daß sie nichts mehr für ihn tun konnte, daß Angst und Tränen verschwinden würden, aber auch die intensiven Zärtlichkeiten zwischen ihnen und die vertraulichen Gespräche. Jetzt, die letzten Minuten seines Lebens, war Per Lasson ein unverhüllt erotischer und sinnlicher Mensch. Er suchte in jedem Bild, das in ihm aufstieg, das Leben. Und in plötzlicher Klarheit sagte er:
»Ach Ottilia, all das darf ich ja nicht leben.«
Sie strich ihm über die schweißnasse Stirn. »Du *hast* es bereits gelebt, mein lieber Junge. In deiner Musik.«

Aber das akzeptierte er nicht. »Sie war eine Prophezeiung«, flüsterte er. »Enthielt all meine Erwartungen. Ich dachte, ich würde sie einmal leben.«
»Ach Per, machen uns nicht die Gedanken und Gefühle erst zu Menschen?«
Er wartete mit der Antwort. Sie glaubte, er würde wieder in Wagner versinken, aber er sagte: »Am meisten wünsche ich mir, eine Frau lieben zu dürfen. Verstehst du das?«
»Ja.«
»So wie ich dich liebe.«
»Dann stelle dir vor, wir seien ein Liebespaar, mein lieber Junge. Wir wissen ja, daß sich Geschwister so lieben können. Ich liebe dich so.«
Er nahm ihre Hände. »Willst du wirklich so an mich denken, wenn ich tot bin?«
»Ja Per. Ich möchte so an dich denken, wie eine Frau an ihren Mann denkt.«
»Wirst du mein zerstörtes Gesicht vergessen und den fauligen Geruch?«
»Warum sollte ich? Denk an den Herbst, an den Geruch des Laubes. Ich liebe Laub.«
»Du darfst mich nicht anlügen, Ottilia. Das ertrage ich nicht.«
»Das weiß ich.«
»Und wenn wir heimkommen, gehen wir zusammen ins Theater, nicht wahr?«
»Wir werden uns Ibsen und Bjørnson anschauen, das verspreche ich dir.«
»Und vielleicht spielt die Brigademusik noch einmal meinen Grisemarsch, daß ich ihn auch hören kann?«
»Das tun sie ganz sicher, lieber Per.«
»Ich möchte all das mit dir machen, Ottilia. Ich möchte nicht, daß du einem andern gehörst. Du gehörst doch mir? Dann fahren wir nach Paris, gehen in die Oper und schauen uns die neuesten Bilder an. Meinst du nicht, daß Papa das gefallen würde?«

»Er würde sehr froh sein.«
»Du wirst malen, und ich werde spielen. Ich weiß, daß du malen kannst, Ottilia. Du hast einen Blick für Bilder. Und am Abend laden wir alle unsere Freunde ein und unterhalten sie.«
»Das werden wir tun. Ach Per, da sehe ich den Leuchtturm Færder. Er blinkt so schön im Morgenlicht. Ich sehe ein Fischerboot hinausfahren und ein Segelschiff hereinkommen. Endlich sind wir zu Hause!«
»Ja, und ich sterbe jetzt, Ottilia. Ich fühle es. Du mußt mir versprechen, all das zu leben, worüber wir geredet haben. Du mußt wahrhaftig sein in deinen Gefühlen. Wenn du einen Mann findest, den du lieben kannst, versprichst du mir, mich in ihm zu lieben?«
Sie antwortete nicht, denn es überraschte sie, daß er sie so genau kannte und mit Jørgen Engelhart nicht mehr rechnete. In dem Augenblick spürte sie das Kind, das in ihr strampelte. Er merkte nicht, daß sie nicht antwortete, denn er sagte:
»Du mußt alles für mich leben, Ottilia. Das wird eine schwere Last, denn ich hatte noch kaum etwas verwirklicht.«
Sie stellte fest, daß er von sich in der Vergangenheit sprach. Er schenkte ihr ein wunderbares, flüchtiges Lächeln. Dann kam ein schlimmer Anfall von Schmerzen, und sie wühlte in ihrer Tasche nach Morphium.

2
Krohg

Nach dem Begräbnis blieb Oda in der Grønnegate wohnen. Für den Regierungsrat war das selbstverständlich, für Oda war es nur eine natürliche Konsequenz aus der Situation. Jørgen Engelhart versackte in Kaffeehäusern und Verzweiflung. Oda forderte ihn auf, lieber Holz zu hacken. Sie konnte Menschen nicht ausstehen, die wenig tun und viel reden. Sie war am Ende ihrer Kräfte, hatte es satt, ständig für alle und jeden dasein zu müssen. Als sie feststellte, daß Alexandra den Haushalt gut im Griff hatte, überließ sie ihr diesen Bereich. Oda hatte keine häuslichen Ambitionen. Der Flieder blühte wieder im Garten, und Alexandra öffnete die Fenster weit für die Sommersonne. Den ganzen Juli saß Oda mit Sacha in ihrem Zimmer. Die zweiundzwanzigjährige Mutter zeichnete Skizzen von den Laubbäumen und den Dächern der Pilestrede, während die einjährige Sacha Kringel in die Luft malte.
Dann bekam Oda Lasson ihr zweites Kind. Es war ein kräftiger Bursche mit rundem, erstauntem Gesicht, genau wie sein Vater. Nur der Bart fehlte. Daß in dieser Situation ein weiteres Kind zur Welt kam, erschien Oda völlig absurd, und jedesmal wenn ihr jemand gratulierte, brach sie in Tränen aus. Aber als sie hörte, daß Jørgen vor der Tür stand und der Regierungsrat ihm den Eintritt verwehrte, überkam sie eine eisige Ruhe, und sie ließ Alexandra ausrichten, daß Jørgen natürlich eingelassen werde.
Kurz darauf saß er an ihrem Bett. Er war ein sentimentaler Mann, und vielleicht wurde ihr in diesem Moment zum ersten Mal bewußt, was später ihr selbst und ihren Liebhabern

so viel Schmerz bereiten sollte, daß es nämlich zwecklos ist, auf Sentimentalität mit echten Gefühlen zu antworten. Sentimentalität argumentiert und verdrängt, verfälscht und vereinfacht. Oda erkannte, daß sie mit Sentimentalität nichts mehr anfangen konnte. Pers Todeskampf wurde zum Maßstab für alles, was sie später empfinden sollte. Deshalb hatte sie auch nicht mehr dasselbe Verhältnis zu ihrem Vater. Seine Tränen während des Begräbnisses waren die eines sentimentalen Menschen. Ihr toter Bruder hatte gegen ihn eigentlich nie eine Chance gehabt. In der weiten, schweren und gefühlsbeladenen Welt des Regierungsrats gab es nur für einen Menschen Platz: für ihn selbst.

Und mit dem kleinen Ba im Arm ließ sie Jørgen Engelhart so lange heulen und bitten, bis er sich verwundert die Tränen abwischte und ungläubig murmelte:

»So grausam bist du? So kalt?«

Sie versuchte eine Antwort, merkte aber, daß es in einer solchen Situation keine Argumente gab. Sie würde niedergewalzt, ausradiert werden, wenn sie jetzt versuchte, auf ihn einzugehen. Es würde ein Zusammenleben nach seinen Vorstellungen werden.

»Wir sind fertig miteinander, Jørgen.«

Sie sagte das ohne Gefühl, ohne Feindschaft oder Mitleid. Er sah aus, als würde er verstehen, aber er sagte:

»Du kannst mir doch nicht meine Kinder wegnehmen.«

Da antwortete sie:

»Ich kann sie niemandem wegnehmen, denn sie gehören nur sich selbst.«

Er stand verwirrt vom Bett auf.

»Das«, sagte er, »das klingt ja wie einer der wirren Aussprüche von Hans Jæger. Ist das auch eine der Ansichten der neuen Zeit?«

»Die Ansichten der neuen Zeit hast immer du dahergebracht, Jørgen. Erinnerst du dich nicht? Begeistert hast du mir Auszüge aus Jægers Vorträgen vorgelesen. Du konntest leicht für die freie Liebe eintreten, denn du hattest ja deine

Schäfchen im Trockenen. Ich habe nie gemerkt, daß du aus den neuen Gedanken irgendwelche Konsequenzen gezogen hast. Jetzt hast du die Möglichkeit dazu, Jørgen. Ich halte dich nicht zurück. Geh zu den Mädchen in Vika oder sonstwo. Mich kränkst du damit nicht. Zwischen uns gibt es nur noch Formalitäten.«

Sie zweifelte nicht an dem, was sie tat. Auch später nicht, nachdem er gegangen und sie mit ihren Gedanken allein war. Alexandra brachte ihr Tee nach oben, stolz, russisch und selbstbewußt. Oda hatte immer das Gefühl gehabt, Alexandra sei die ältere. Sie stellte fest, daß die zwei Jahre jüngere Schwester ihrem Leben bereits eine klare Richtung gegeben hatte. Der Regierungsrat besaß nie dieselbe Macht über sie. Alexandra verfolgte stets den eigenen Weg. Es war nur eine Frage der Zeit, wann sie gehen würde. Oda sah, daß sich der Regierungsrat vor ihr fürchtete. Er hätte Engelhart nicht ins Haus gelassen, wenn es nicht Alexandra gewesen wäre, die Odas Wunsch überbrachte. Oda nahm die Hand ihrer Schwester und sagte:

»Ich will mich von Jørgen scheiden lassen.«

»Natürlich.«

»Das überrascht dich nicht?«

»Mich hat nur gewundert, daß es so lange gedauert hat, bis du es sagst.«

»Was wird Papa sagen?«

»Er wird außer sich geraten.«

»Obwohl er Jørgen nicht ausstehen kann? Und mit voller Absicht unser Heim zerstört hat?«

»Das machte er nur, um dich zurückzuholen.«

»Du hast recht. Ich muß ausziehen.«

»Natürlich mußt du das. Hier wirst du nur vereinnahmt.«

Sie lachten beide. Dann umarmten sie sich, etwas verwundert, wie zwei sehr vertraute Freundinnen.

Die letzte Zeit in der Grønnegate empfand Oda als ebenso wehmütig wie befreiend. Das Wehmütige bestand darin,

daß sie sich zum letzten Mal als fester Punkt in einer großen Geschwisterschar erlebte. Sie hatten Per verloren, aber sein Tod hatte alle eng verbunden, sogar Nastinka, die doch sehr verheiratet war, gehörte dazu. In diesem letzten Herbst zu Hause beobachtete Oda, daß ihre Schwestern auf attraktive Weise das Stadtbild ergänzten. Sobald sie auf der Karl-Johan promenierten, hatten sie einen Schwarm junger Männer hinter sich, die sie nach Hause begleiteten. Alexandra und Marie genossen das in vollen Zügen, Nastinka schnaubte und Mimi, Bokken, Soffi und Betsy kicherten entzückt. Oda sah deutlich, daß Kristiania eine kleine Stadt war, trotz der hunderttausend Einwohner. Sie hatte den Eindruck, daß der Bruch zwischen ihr und Jørgen und die Verhältnisse in der Grønnegate mit dem alten und äußerst schwierigen Regierungsrat allgemein bekannt waren.
Sie hatte beschlossen auszuziehen, und sagte es ihrem Vater. Er weigerte sich, sie anzuhören, und sagte, ihr Zuhause sei in der Grønnegate. Und Oda merkte verwundert, daß ihr in dieser Situation die Argumente fehlten.
»Du bist viel zu selbstbezogen, um die Kinder allein aufziehen zu können«, sagte er.
Sie biß die Zähne zusammen und dachte: Er weiß nicht, was er sagt. Egal was sie unternahm, Per war immer gegenwärtig, seit sie sich in Deutschland um ihn gekümmert hatte. Sie hob den Kopf und sagte, wobei sie ihrem Vater fest in die Augen sah:
»Ich habe zwei Zimmer bekommen, nicht weit von hier. Ich ziehe morgen aus.«

Er konnte sie nicht aufhalten, weder mit Tränen noch mit geballten Fäusten. Als er bei Alexandra Unterstützung suchte, schüttelte die nur den Kopf und wandte den Blick ab. Da schickte der Regierungsrat nach seiner ältesten Tochter Nastinka. Sie kam sofort und sagte:
»Das ist ein Skandal.«
Oda betrachtet gelassen ihre Schwester und antwortete:

»Ja, in der Tat. Und ich ziehe die Konsequenzen daraus.«
Aber Nastinka ließ sich nicht beirren: »In diesen Zeiten, liebe Ottilia, mit all der schrecklichen Freidenkerei und der Frauenemanzipation, ist das ein gefährlicher Schritt. Man könnte dein Handeln als bewußte Entscheidung auffassen, und das würde Papas Ruf schaden.«
Oda spürte Wut in sich aufsteigen: »Wenn bewußte Entscheidungen für Papa eine Bedrohung sind, muß er auch gefährlich leben.«
Der Regierungsrat war nicht Zeuge dieses Gesprächs, und das ermöglichte es ihm, noch zehn Jahre zu leben. Und Nastinka kehrte unverrichteter Dinge in ihre Ehe zurück.
»Womit willst du dich jetzt beschäftigen«, fragte der Regierungsrat düster, als er am folgenden Tag die zugigen Fenster in Odas neuer Wohnung überprüfte.
»Ich will malen«, antwortete sie.
Die Kunst war dem Regierungsrat keineswegs fremd, und er zuckte die Schultern. »Eine unterhaltsame Beschäftigung. Vielleicht könnte ich einen geeigneten Lehrer für dich finden, oder bist du so von dir überzeugt, daß du keiner Unterweisung bedarfst?«
Sein Tonfall verletzte Oda. Für beide war es neu, auf Kollisionskurs zu sein. Ihre grenzenlose Loyalität hatte nie irgendwelche Zwistigkeiten zugelassen.
»Natürlich brauche ich eine Unterweisung, Papa«, sagte sie und legte versöhnlich den Arm um ihn. »Ich habe in der Zeitung gelesen, daß Christian Krohg von Skagen zurückgekommen ist und Schüler in seine Malschule aufnimmt.«
Der Regierungsrat befreite sich aus dem Griff der Tochter. »Krohg? Dieser Rebell, Ottilia. Er und Thaulow und die ganze Bande haben sich doch vergangenes Jahr mit dem Kunstverein überworfen. Erinnerst du dich nicht?«
»Doch.«
»Sie forderten eine Jury aus Künstlern.«
»Ja.«
»Hast du wirklich sonst nichts zu sagen? Nun, ich habe ihn

nie persönlich kennengelernt und muß ihm wohl eine Chance geben.«
»Ist dir noch gar nicht eingefallen, daß das allein *mein* Entschluß ist und nicht deiner?«
Der Regierungsrat überhörte das.
»Krohg«, sagte er nachdenklich und lutschte den Namen wie ein Bonbon, nicht imstande, zu entscheiden, ob es süß oder bitter schmeckt. »Ich glaube, er hat enge Beziehungen zu Ola Thommessen ...«
»Dem Redakteur von Verdens Gang?«
»Sieh mal an, so etwas weißt du?«
»Aber Papa ... «
Wieder nahm sie seinen Arm. Ihr wurde bewußt, daß sein Gepolter in wenigen Jahren zu leerem, hilflosen Geklapper werden würde. Sein Umgang mit Regierungsvertretern und anderen Erzkonservativen verstellte ihm den Blick auf das, was wirklich geschah. Sie wußte, daß er eigentlich nicht so war, so verstockt und unzugänglich. Aber sie hatte den Eindruck, daß die 80er Jahre eher ihr Jahrzehnt sein würden als seines. *Er* hatte seine Zeit einige Jahrzehnte früher gehabt, als er mit Kjerulf musizierte, als er humorvolle Gedichte schrieb, als er im Vorstand des Christiania Theaters saß und sich für die Aufführung der vielen harmlosen, unkomplizierten Stücke einsetzte. Und jetzt begannen kompliziertere Zeiten für ihn!

Oda besuchte Krohg in der Wohnung der Familie Krohg in der Pilestrede. Erzogen als echte Lasson, hatte sie vor einem solchen Treffen keine weiteren Hemmungen. Die größten Künstler des Landes waren zu Hause in der Grønnegate aus und ein gegangen. Trotzdem war sie aufgeregt, denn es war das erste Mal, daß sie einem der »Anderen«, der »Jungen« und der »Verruchten« gegenüberstand.
Was hatte sie erwartet? Er empfing sie mit Umgangsformen, die denen ihres Vaters in nichts nachstanden. Sie mochte sein Äußeres, das Gesicht mit den offenen, interessierten Augen,

den nachlässigen Bart, das Fehlen jeder Unterwürfigkeit, ein Zeichen dafür, daß neue Gedanken nicht nur ausgesprochen, sondern auch gelebt werden mußten. Sie stellte sich als Ottilia Engelhart vor und war überrascht, daß er ihren Mann kannte. Ihm fiel ihr Erstaunen auf, und er machte eine unbestimmte Handbewegung, wollte nichts Falsches gesagt haben:

»Eine zufällige Kaffeehausbekanntschaft. Weder oft noch unanständig.«

Sie lachten beide.

»Es hätte mir nichts weiter ausgemacht«, sagte Oda. »Mein Mann und ich sind gerade dabei, uns zu trennen.«

Sie bemühte sich, das ohne Verbitterung zu sagen, er sollte wissen, daß die Initiative bei ihr lag. Er musterte sie anerkennend:

»Das ist aber mutig ... Ich hoffe, es liegt nicht nur am Konkurs ...«

Sie schüttelte den Kopf. »Wir wollen nicht weiter darüber reden. Ich habe einige Skizzen mitgebracht.«

Sie reichte ihm den Block und errötete leicht, denn es waren beileibe keine Skizzen, sondern sorgfältig ausgeführte Zeichnungen. Er sah das sofort und lachte:

»Muß schon sagen, Sie haben eine verflucht sichere Strichführung.«

»Ich will wissen, ob Sie bereit sind, mich als Schülerin anzunehmen.«

Er prüfte die Zeichnungen genau, und sie fügte etwas nervös hinzu: »Mir ist Ihr Standpunkt als Fachmann wichtig, ich meine, Sie sollen keine Rücksicht nehmen auf mein Geschlecht, auf meine schwierige Situation, kurz ...«

Er warf ihr einen scharfen Blick zu und antwortete: »Dachten Sie, ich würde eher Rücksicht nehmen auf Ihre Brüste?«

Sie wurde so verlegen, so sprachlos, daß Krohg zu lachen anfing:

»Nur keine Aufregung. Sie sind sehr talentiert«, sagte er. »Ich freue mich, mit Ihnen zu arbeiten. Aber eines muß klar

sein: Das, was ich Ihnen beibringe, beruht auf meiner Auffassung von Kunst, und die stimmt nicht mit der Ihres Vaters überein.«
Oda warf den Kopf in den Nacken. »Ich sehe keine Veranlassung, über Regierungsrat Lasson zu reden.«
Etwas pikiert verließ sie die Wohnung der Krohgs, doch dann lächelte sie den ganzen Heimweg über.

Die Stunden bei Christian Krohg wurden schnell Höhepunkte in Odas Alltag, in den jetzt Ruhe einkehrte durch den gleichmäßigen Rhythmus mit Malen und Sacha und Klein-Ba als gleichwertigen Faktoren. Die Grønnegate kam an zweiter Stelle. Trotzdem ertrug sie keine allzulange Trennung von den kleinen Geschwistern und dem Regierungsrat. Die Jüngsten hatten plötzlich das Gefühl, eine interessante große Schwester zu haben, und Alexandra und Mimi besuchten Oda in ihrer Wohnung, als seien sie Busenfreundinnen.
Sie registrierten die Stimmung im Verhältnis zwischen dem Regierungsrat und Oda mit der Empfindlichkeit eines Fieberthermometers. Odas Aufbruch fiel zusammen mit dem Niedergang der alten Politik. Die Geschwister sahen einen Zusammenhang, für den Oda noch blind war. Sie handelte ja ausschließlich aus persönlichen Motiven. Die Ehe mit Engelhart und die aufreibende Krankenpflege von Per hatten ihr nicht wie den Geschwistern Zeit gelassen, über die neuen, freien Ideen nachzudenken.
Das Malen absorbierte sie völlig. Sie wollte sich ganz präzise ausdrücken. Stimmungen und Gefühle, die sie bislang in sich hatte fließen lassen, kehrten mit neuer Kraft zurück und verlangten nach Farben, nicht irgendwelchen, sondern das der Logik und Genauigkeit adäquateste Kolorit. Wie sollte sie das erreichen? Wie sollte sie es angehen? Christian Krohg machte ihr Mut. Sie müsse sich eins nach dem andern vornehmen, Motiv, Perspektive, Tiefe, Strichführung und Farbe, jedes für sich wunderbare Möglichkeiten der Entfaltung, aber sobald sie sich entschied, sei sie gefangen. Wo wollte sie

hin? Was wollte sie ausdrücken? Er zeigte ihr die Logik, und die Logik mußte aufgebrochen werden, denn genau *das* war logisch. Aber ehe sie so weit kam, mußte sie lernen, ausprobieren und verwerfen. Diese Art von Strenge verstand sie. Sie mußte sich kunstgeschichtliches Wissen verschaffen, in Galerien gehen, um etwas zu lernen, durfte sich nicht zufriedengeben mit artigen Gemälden. Die Bilder, die in ihrem Elternhaus hingen, hatte sie akzeptiert wie Naturgesetzlichkeiten. Jetzt betrachtete sie diese Werke mit einer Skepsis, die den Regierungsrat äußerst irritierte. Für was halte sie sich denn, und all das Gerede über die Düsseldorfer, gefielen ihr die nicht? Oda lachte und setzte ihre kritische Musterung fort. Sie machte sich Notizen und fragte jeden, der etwas von Kunst verstand, was er meine und warum. Dann ging sie zu Krohg und schwieg respektvoll. Über jeden Namen, den er nannte, zog sie Erkundigungen ein. Jede Galerie, auf die er hinwies, schrieb sie sich auf. Das Leben hatte einen Sinn! Sie sah einen Weg und eine Zukunft.

Da kam Jørgen Engelhart in ihre Wohnung und wollte sie haben. Er fiel über sie her, umschlang sie mit Gewalt und hörte erst auf, als sie ihm in die Hand biß.

»Ach Jørgen«, flüsterte sie. »Daß du so dumm sein kannst.«

Trotzdem gab sie sich ihm hin. Danach. Nachdem sie ausführlich über die Kinder, das Geld und über Christian Krohg gesprochen hatten. Engelhart verkehrte ja im Kaffeehaus mit Krohg und den andern Künstlern, das dürfte ihr doch klar sein. Und er werde durchaus anerkannt in dieser Runde. Daran brauche sie nicht zu zweifeln. Aber was sagt ein Ehemann, wenn der Lehrer seiner Frau plötzlich erklärt, sie sei eine wunderbare Frau und er sei in sie verliebt? Ja, wenn er direkt prahlt mit ihr, seiner außerordentlich interessierten und begabten Schülerin? Ein gebrochener Jørgen Engelhart zog seine Schlußfolgerungen und bat seine Frau inständig, auf die Scheidung zu verzichten. Sie hörte ihm zu, verwirrt über den höchst unerwarteten Klatsch, den er mitbrachte. Und dann gab sie sich ihm hin, vielleicht, weil dieser Aspekt des Lebens für sie im Moment ziemlich gleichgültig war, vielleicht, weil sie ihren Mann eigentlich nie als Liebhaber gesehen hatte. Das ganze war ohne Belang für sie und kostete sie nichts. Sie sah sein vor Angst, Eifersucht und Begierde verzerrtes Gesicht über sich und dachte, daraus ließe sich vielleicht ein Bild machen.

Am nächsten Tag ging sie zu Christian Krohg und hielt sich nicht mit Höflichkeitsfloskeln auf.
»Sie reden über mich in den Kaffeehäusern?«
Ihre Hände steckten in einem Muff, aber sie hatte nicht die Absicht, aufzutauen. Krohg schaute sie mit einem seltsamen Glänzen in den Augen an.
»Selbstverständlich. Warum zum Teufel sollte ich das nicht tun?«
»Dann sind Sie genauso geschwätzig wie alle andern. Ich hatte mehr von Ihnen gehalten.«
»Ich kann mich nicht danach richten, was Sie von mir halten wollen«, sagte Krohg und hob die Stimme ein wenig. »Ich rede über das, was mich beschäftigt. Und Sie beschäftigen mich verdammt viel. Das dürften Sie doch gemerkt haben.«
Sie starrten einander an wie Feinde. Zu ihrer Überraschung fühlte sich Oda gleichwertig mit Christian Krohg. Er sprach anders mit ihr als die anderen Männer, die sie kannte, ehrlicher, unmittelbar engagiert, ohne entwürdigende Kosewörter, als sei sie ein kleines Mädchen.
»Freut mich, wenn ich Sie beschäftige«, sagte Oda schnell.
Krohg schaute sie leicht ironisch an.
»Dann habe ich die Erlaubnis, im Kaffeehaus über Sie zu reden?«
Sie sah ihn streng an und sagte: »Nur in Verbindung mit meiner Malerei.«
»Natürlich«, sagte Krohg und hielt ihr die Hand hin.
Sie ging und wünschte sich, daß er etwas weniger entgegenkommend gewesen wäre.

Das Jahr 1884 begann, sie hielten es für einen Meilenstein, den Anfang einer neuen Zeitrechnung: das Jahr, in dem in Norwegen die Linken an die Macht gelangten. Bis dahin war die Atmosphäre sehr angespannt. Für Oda bestand im Grunde keine Verbindung mehr zwischen dem Regierungsrat in der Grønnegate und Christian Krohgs in jeder Hinsicht frisch gelüftetem Atelier. Das verwirrte sie. Krohg stammte schließlich auch aus einer der besseren Familien. Mit seiner Begabung und seinem Bildungsstand würde er alle Möglichkeiten haben, sich bei dem bürgerlichen und kaufkräftigen Kunstpublikum eine einzigartige Position zu erobern. Aber es sah fast so aus, als würde er sich selbst im Weg stehen. Um jeden Preis schien er die Anerkennung des Bürgertums vermeiden zu wollen. Für Oda war dieses Milieu immer gleichbedeutend gewesen mit Toleranz, Fortschrittlichkeit und gesellschaftlichem Engagement. Was waren das für lebhafte Diskussionen zu Hause im Wohnzimmer der Grønnegate! Mit welcher Besorgtheit hatte der Regierungsrat mit seinen Gesinnungsgenossen über das Wohl und Wehe des Landes debattiert! Wenn jemand gesellschaftlich engagiert war, dann doch ihr Vater, dachte Oda.

Mit Christian Krohg erlebte sie zum ersten Mal bewußte Opposition, erlebte das, was sie als »links« kannte, aus nächster Nähe. Engelharts Floskeln hatte sie immer nur als Gesellschaftsspiel angesehen. Aber Krohg meinte es ernst. Eines Tages, als sie ins Atelier kam, war er besonders zum Reden aufgelegt. Sie zeigte ihm ein Stilleben, und er meinte voller Begeisterung, daß sie bald für eine Ausstellung reif sei.

»Aber«, fügte er hinzu, »wie soll eine Frau sich künstlerisch durchsetzen, wenn ihr Platz am Herd ist? Der Platz der *Kunst* ist ganz woanders. Kunst gedeiht jedenfalls nicht in der dumpfen Schwüle einer Ehe, in der Sexualität und Emotionalität endgültig zum Tode verurteilt sind. Sie gedeiht nicht mit Tabus und Putzlumpen. Kunst will hinaus auf die Straße, unter Menschen, will sowohl Männer wie Frauen in Unruhe versetzen. *Sie*, Oda Engelhart, Sie haben verdammt noch mal eine historische Chance, die Vorurteile der Gesellschaft aufzubrechen, wegweisend zu wirken mit Ihren Bildern und Ihrem Auftreten.«

Oda lächelte und schüttelte den Kopf. »Ich habe zwei Kinder, lieber Krohg. Auch für *sie* fühle ich eine gewisse Verantwortung.«

»Richtig! Sie haben eine Verantwortung als Frau und Mutter. Die Frage ist nur: Was wollen Sie sein? Eine schwache und unglückliche Person, dazu erzogen, alles schweigend zu ertragen, einverstanden zu sein, nie sich selbst und das Meer an Möglichkeiten, das in einer Menschenseele verborgen liegt, zu erforschen, oder eine starke und emanzipierte Frau, ein leuchtendes Beispiel für andere: mutig in der Liebe, mutig in der Kunst, kurz, in allem, was mit dem Leben und den Menschen zu tun hat?«

Oda packte ihre Sachen zusammen.

»Aus Ihrem Munde klingt das so einfach«, sagte sie. »Vielleicht, weil Sie ein Mann sind, weil Sie gewohnt sind, in Systemen und Abstraktionen zu denken. Als Frau bin ich dazu erzogen, in Personen und Gefühlen zu denken.«

Krohg schaute sie mit einem schelmischen Blick an. »Aber liebe Frau Engelhart, könnten Sie sich nicht vorstellen, an *andere* Personen und *andere* Gefühle zu denken als die, die bisher Ihre Aufmerksamkeit in Anspruch genommen haben?«

Sie konnte nicht verhindern, etwas zu erröten, als sie mit dem Bild unter dem Arm zur Tür ging. »Ich werde darüber nachdenken«, flüsterte sie und war nicht sicher, ob er es gehört hatte.

Als der Frühling kam, nahm sie die Staffelei und die Kinder mit in die Grønnegate, um dort Gartenmotive zu malen. Im Haus marschierte der Regierungsrat in deprimierter Standhaftigkeit auf und ab. Ministerpräsident Selmer war am 27. Februar vor Gericht wegen belastender Beweise verurteilt worden. Alles befand sich in Auflösung. Und dazu seine eigene Tochter als Schülerin Christian Krohgs. Da würde es sicher nicht lange dauern, bis auch *sie* anfing, Scheunen und Kohläcker zu malen und blaue Skispuren in weißem Schnee.

Aber Oda interessierte sich mehr für das Licht. Sie studierte die tiefe und intensive Farbe des Flieders, die in einem braunen Geschmiere nie zur Wirkung kommen würde. Sie erinnerte sich an die Gespräche mit Krohg, und ihr wurde klar, daß er recht hatte mit seiner Auffassung von der Wahrheit eines Bildes. Sie hatte die Welt noch nie in einem Braunschleier gesehen. Warum sollte sie dann ihre Eindrücke auf diese Weise wiedergeben?

Deshalb behielt sie diesen Frühling ganz besonders in Erinnerung, die dramatischen Veränderungen von Licht und Farbe, die jeden Tag zu einer neuen Eroberung machten. Sie hatte das Gefühl, nicht schnell genug malen zu können. Außerdem wurde sie ständig von den Schwestern gestört, die sich neben sie setzten und ihr zujubelten wie bei einer sportlichen Leistung.

Vielleicht war es das auch. Mit Sacha und Ba noch dazu, war sie am Ende eines Tages fast bewußtlos vor Müdigkeit. Sie schrieb lange, verzweifelte Briefe an Jørgen Engelhart, in denen sie um die Scheidung bat. Er antwortete ihr mit ebenso verzweifelten Liebesbriefen.

Alexandra hatte sich eng an ihre ältere Schwester angeschlossen und lockerte ihren Griff nicht um alles in der Welt. Oda sah eine reife, erwachsene Frau vor sich, die es satt hatte, das brave Mädchen aus der Grønnegate zu sein, die die Moralpredigten und Ermahnungen satt hatte, die Erinnerungen und die Familienbande. Daß der Regierungsrat mit zunehmender Mißbilligung Odas Maltätigkeit verfolgte, betrachtete Alexandra als Beweis für die Lebenskraft des Bildes. Sie ermunterte Oda, weiterzumachen, ein Flaggschiff zu sein, in dessen Kielwasser die andern getrost folgen konnten. Oda sollte nicht in einer Zweizimmerwohnung verschimmeln. Sie mußte hinaus und sich zeigen, neue Bekanntschaften schließen, sich den Wind um die Ohren wehen lassen!

Oda und Alexandra promenierten auf der Karl-Johan, zur anständigen Zeit, um zwei Uhr nachmittags. Höflich unterhielten sie sich mit alten Freunden der Familie und warfen dabei ungenierte und neugierige Blicke nach allen Seiten. Ihrer Aufmerksamkeit sollte nichts entgehen. Sogar dem Schrecken der Stadt, dem Frauenverführer Hans Jæger, wollten sie furchtlos in die Augen schauen, falls er es wagen sollte, sie anzusehen.

»Papa würde das nicht gefallen«, sagte Alexandra.

Oda schien unbeeindruckt.

»Warum nicht?«

»Hier sind so viele dieser neuen, gefährlichen Personen.«

»Aber sind nicht gerade sie der Grund, warum wir hier gehen?«

Alexandra errötete.

»Ach Oda, ich bin doch deinetwegen hier!«

»Und ich deinetwegen!«

Sie lachten. Es war ein wunderschöner Tag. Die Brigademusik spielte Ouvertüren, und der Regierungsrat lag mit einer starken Erkältung im Bett. Die Luft war nördlich und frisch, und ihnen direkt entgegen kam Christian Krohg, mit schimmerndem Bart und vom Alkohol glänzenden Augen.

»Frau Engelhart, lerne ich jetzt endlich eine Ihrer berühmten Schwestern kennen?«

Oda lächelte. »Berühmt sind wir nun nicht gerade.«

Krohg drückte den Damen die Hand und schaute Alexandra bewundernd an.

»Sie sind doch auch ganz außerordentlich ... Verzeihung ... weiblich schön. Sollte ich einmal Gelegenheit haben, Sie zu malen, würde ich mich sehr vor dem Banalen hüten: Ich würde Sie malen in Habtachtstellung, als russische Adlige. Nein, ich glaube, ich würde Sie sitzend malen, lachend und mit einer Zigarette in der Hand!«

Oda merkte, daß die Schwester strahlte wie bei einem ersehnten Kompliment, auch wenn sie den Kopf in den Nacken warf und sagte:
»Ich rauche nun wirklich keine Zigaretten.«
Krohg betrachtete sie amüsiert.
»Dann versäumen Sie wirklich etwas, liebes Fräulein. Der Zigarettenrauch kräftigt die Lunge und nicht zuletzt: Er kräftigt die Seele.«
»Da könnten wir wohl beide einige Züge brauchen«, lachte Oda.
Krohg warf ihr einen erstaunten Blick zu.
»Aber Frau Engelhart, ich hätte verdammt noch mal nicht gedacht, daß *Sie* es wagen würden, für etwas so Unanständiges einzutreten?«
»Weil Sie sich vielleicht ständig in mir irren, Herr Krohg.«
»Tue ich das wirklich? Hol mich der Teufel. Dann wage ich es, die Damen zu fragen, ob sie mit mir ein Gläschen im Grand trinken wollen, nachdem wir ohnehin gerade davor stehen.«
Odas Herz schlug schneller, ihr schwindelte. Ins Kaffeehaus gehen, das war wie der Sprung in den Abgrund. Nein, das war es nicht. Es war nur, einige Stufen der Treppe hinaufsteigen. Sie sah von der Seite den flackernden Blick der Schwester. Beide hatten sie sich danach gesehnt, ein für allemal zu zeigen, wo sie standen, vor aller Welt auszurufen: ich bin eine Frau auf dem Weg zur Freiheit, und niemand wird mich aufhalten können!
Ja, sie sieht, daß sich Alexandra genau das gewünscht haben muß. Selbst erinnert sie sich nicht mehr, wovon sie träumte. Vielleicht träumt sie jetzt, an diesem Sonnentag auf der Karl-Johan, mit schwarzen, zugeknöpften Männern an allen Ecken, mit scharfen Schatten, harten Übergängen wie richtig und falsch, weiß und schwarz, Lüge und Wahrheit, rot und blau, Mann und Frau. Dann sieht sie plötzlich das fertige Bild von Alexandra: lässig auf einer Chaiselongue, lachend, eine Zigarette zwischen den Fingern. Und vielleicht sieht sie

alle ihre Schwestern, außer Nastinka, entspannt, lachend, in kräftigen Farben und einer klaren Pinselführung. Und sie weiß, daß sie es nicht denken darf, das Unausweichliche: die Konfrontation mit ihrem Vater, die vielsagenden Blicke all der zugeknöpften Herrn, die noch nicht begriffen haben, daß *sie* es sind, die sich kompromittieren. Nein, das darf sie nicht denken, auch wenn sie sich wünscht, daß da wenigstens eine Frau wäre, die vor ihr geht, die ihr Halt gibt, so wie sich jetzt Alexandra vertrauensvoll auf sie verläßt. Aber da sind nirgends Frauen, weder auf den Straßen noch in den Kaffeehäusern. Sie sieht nur verheiratete Frauen, die jetzt auf dem Heimweg sind, denn die Zeit des Promenierens ist gleich vorbei, und das Gesetz ist klar und eindeutig; wenn sich ein junges Mädchen *jetzt* auf der Straße zeigt, wird sich die Polizei ihr Gesicht ins Gedächtnis einprägen, und dann beginnt eine Verfolgung, die im Wartezimmer des Polizeiarztes endet, im Verzeichnis der Prostituierten. Denn wir schreiben 1884, und die wirklich freie Frau gibt es noch nicht, nur verheiratete Frauen und Huren und die jungen Mädchen, die das große Privileg genießen, junge Mädchen zu sein, bis auch sie wählen müssen, was sie sein wollen: Hausfrau oder Hure?
Oda spürt Krohgs Blick. Er sagt nichts. Sie begreift, er will sie weder zwingen noch beeinflussen. Die Entscheidung liegt bei ihr. Nur *sie* kann wissen, ob sie stark genug ist, eine neue Wahlmöglichkeit zu schaffen. Sie weiß es nicht, aber sie sieht Alexandras flackernde Augen und weiß, jetzt oder nie muß der Schritt getan werden. Eines hat sie von ihrem Vater gelernt und ist froh darüber: den Menschen in die Augen zu schauen, wenn etwas Wichtiges gesagt wird.

Sie stiegen die Treppe hinauf und öffneten die Tür, und die Spuren ließen sich nicht mehr verwischen. Die Luft im Innern stand vor Rauch. Ein Kellner ließ ein Tablett mit Schnapsgläsern fallen, ein verwirrter Gast kippte sich den Inhalt seines Glases übers Hemd. Ein aufgeregtes Murmeln begann

drüben an der Tür und verbreitete sich wie ein Buschfeuer, wie Ringe im Wasser, wie Licht im Weltraum. Einige Sekunden danach wußte es die ganze Welt, so als sei das Fernsehen bereits erfunden: zwei der Lasson-Schwestern hatten ihren Einzug ins Grand gehalten.
Und Krohg, stolz wie ein Hahn, führte sie in das Lokal, nickte nach rechts und links, schnippte nach dem Kellner und konversierte dabei ständig mit seiner weiblichen Begleitung, als handelte es sich um eine ganz alltägliche Angelegenheit. Dann entdeckte er an einem Tisch seinen Freund Frits.
»Mein lieber Freund«, sagte Krohg. »Hier stelle ich dir meine berühmte Schülerin Frau Engelhart vor und ihre Schwester Alexandra Lasson.«
Frits Thaulow stand auf und verbeugte sich höflich. Oda erschien es unfaßbar, daß zwei Freunde so ähnlich sein konnten, stattlich, groß und selbstbewußt und von so knisternder Lebendigkeit, lebensgefährlich liebenswürdig. Hier hatte sie nun den Skandal leibhaftig vor sich, die erbittertsten Feinde des Kunstvereins. Oda setzte sich an den Tisch mit einem Gefühl, heimzukommen. Da gab es plötzlich so vieles, was sie mit diesen Männern bereden wollte. Sie fühlte sich völlig sicher. Deshalb ließ sie sich von den Blicken der Nachbartische nicht beirren, die schwere, verräucherte und verkaterte Begierde, die schamlos in den Augen dieser einsamen, tragischen Männer aufblitzte. Diese Blicke versuchten sie zur Hure zu machen, aber das würde nie gelingen.

Sie blieben lange. Thaulow und Krohg bestellten einen Whisky nach dem anderen und ab und zu ein Glas Wein für die Damen. Keiner dachte mehr daran, wie außergewöhnlich die Situation war. Für die vier war sie bereits selbstverständlich und alltäglich geworden. Thaulow erzählte von Modum und den Malern dort. Bekannte Namen wurden genannt wie Werenskiold, Heyerdal, Peterssen und Munthe, Skramstad und Diriks. Und kaum hatte man von ihnen gesprochen, standen sie schon da, setzten sich einen Augenblick

an den Tisch und mischten sich ins Gespräch. Oda war erstaunt, wie mutig Alexandra war. Voll informiert und ganz selbstbewußt erläuterte sie ihre Ansichten über Politik und Kunst. Oda dachte: Jetzt verliebt sich Frits Thaulow in sie. War das ein besonderer Tag, oder trafen sie sich hier immer alle? Gunnar Heiberg tauchte auf, unterwegs nach Bergen und mit seinem ersten Stück *Tante Ulrikke* unter dem Arm. Wie hielten sie das nur aus, jeden Tag im Kaffeehaus? Viel zu viele Gespräche, Hallos, Adieus und fremde Gesichter. Krohg muß es gemerkt haben, denn er bot an, die Damen nach Hause zu bringen. Frits erhob sich:
»Wir kommen beide mit.«
Sie waren eben vom Tisch aufgestanden, als Jørgen Engelhart das Lokal betrat. Oda erkannte ihn fast nicht wieder. Er wirkte aufgedunsen und erschöpft. Bei ihrem Anblick erstarrte er. Sie glaubte, er hätte einen Hexenschuß, denn er rührte sich nicht vom Fleck. Er wartete darauf, daß sie beim Hinausgehen an ihm vorbeimußten.
»Guten Abend, lieber Engelhart«, sagte Krohg höflich.
Engelhart schaute von einem zum andern, als könne er nicht glauben, was er sah.
»Was tun Sie da?« fragte er Krohg heiser.
»Wir begleiten die Damen nach Hause«, antwortete Krohg ohne Triumph oder Provokation in der Stimme.
Engelhart schaute unglücklich Oda an, sprach aber mit Krohg. »Das ist doch meine Frau!«
Krohg antwortete nichts. Was sollte er sagen? Er verließ taktvoll das Lokal. Die anderen folgten dicht hinter ihm. Engelhart blieb allein zurück. Er starrte vor sich hin. Oda sah ihn von der Straße aus durchs Fenster. Sie hatte ihm nie weh tun wollen. Jetzt erinnerte er sie an einen Mann, der zurückblieb auf dem Bahnsteig, der knapp den Zug verpaßt hatte und nun den letzten Wagen mit den Augen verfolgte, bis dieser verschwunden war.

Im Hegdehaugsveien hatten sie sich von Alexandra und Thaulow verabschiedet. Es war schon spätabends, und die Stadt lag in tiefem Blau.
»Jetzt müßte Thaulow doch glücklich sein«, sagte Oda und versuchte, unbeschwert auszusehen.
»Wer zum Teufel paßt denn auf Ihre Kinder auf, wenn Sie so ausgehen?« fragte Krohg.
Sie lachte. »Zum einen bin ich bis jetzt nicht ›so‹ ausgegangen. Zum zweiten müssen Sie sich darum eigentlich nicht kümmern. Zum dritten gibt es in der Grønnegate hilfsbereite Schwestern, oder eins von den Dienstmädchen paßt auf. Außerdem habe ich eine Amme.«
»Ich liebe Sie«, sagte Krohg.
Sie wußte nicht recht, wie sie darauf reagieren sollte. Sie hatte es erwartet und zugleicht gehofft, es möge nicht geschehen. Alles würde jetzt viel schwieriger werden.
Sie waren vor dem Haus, in dem Oda wohnte, stehengeblieben.
»Haben Sie gehört, was ich sagte?«
Sie nickte. »Habe ich. Und was soll ich darauf sagen?«
»Nichts, wenn Sie nicht wollen. Ich hatte nur das Bedürfnis, es auszusprechen.«
»Vielleicht hätten Sie ... einen anderen Zeitpunkt wählen sollen?«
Sie verspürte einen idiotischen Drang, zu weinen.
»Die Liebe wählt nun mal nie den richtigen Zeitpunkt, Frau Engelhart.«
Sie nahm seine Hand. Er küßte sie.
»Ich muß Ihnen etwas gestehen«, sagte er mit ungewohnt rauher Stimme. »Ich habe das jetzt gesagt, weil ich feige bin.«
»Wie meinen Sie das?«
»Wissen Sie, da im Kaffeehaus ... Das war so mutig von Ihnen, und Sie waren schön. Von nun an wird es viele geben, die alles daransetzen, Sie zu bekommen. In anderen Bereichen des Lebens habe ich verdammt noch mal keine Angst vor Konkurrenz. Aber in dieser Angelegenheit ...«

»Psst. Kein Wort mehr. Ich verstehe Sie und kann Sie beruhigen, lieber Krohg. Ich halte nicht Ausschau nach anderen Männern. Sie dürfen nicht vergessen, daß ich nach wie vor Frau Engelhart heiße. Aber Sie sind freundlich zu mir, und ich kann Ihnen sagen, daß ich Sie sehr schätze. Ich will mit Ihren Gefühlen nicht spielen. Sie sind vermutlich der interessanteste und attraktivste Mann, dem ich begegnet bin, aber Sie müssen mir Zeit geben.«

»Ich gebe Ihnen wenn nötig so viele Jahre, wie ich noch lebe. Minus eine Nacht.«

Sie lachten beide. Dann wünschten sie sich eine gute Nacht. Oda betrat die Wohnung und hörte, daß Sacha und Ba wach waren.

Es vergingen nur wenige Wochen, und Oda war klar, daß ihre Bitte um Zeit naiv war. Alles hatte sich verändert. Sie und Alexandra hatten die Maske der Wohlanständigkeit fallen lassen, und jetzt erschienen die merkwürdigsten Männer auf der Bildfläche, mit neuer Barttracht und blitzenden Augen.

Oda beobachtete ihre jüngere Schwester und stellte fast, daß ihr das gefiel.

»Wann gehen wir das nächste Mal aus?« fragte sie schon am Tag danach.

Oda schaute sie streng an. »Das Grand ist wirklich kein Ort für Damen, Alex.«

»Ich habe mich nirgends wohler gefühlt.«

»Du romantisierst. Du hast dich schlicht und einfach in Frits Thaulow verliebt.«

Baß erstaunt starrte Alexandra ihre Schwester an. »Das hast du tatsächlich gemerkt?«

Oda lachte. »Besonders schwierig war das ja nicht. Du hast gar keine anderen Männer gesehen, obwohl es viele gab.«

»Ich kann ihn schließlich nicht mitbringen in die Grønnegate«, sagte Alexandra sachlich. »Deshalb müssen wir wieder ins Grand.«

»Was sagt Mimi dazu?«

»Sie ist ganz verrückt danach, mitzukommen.«
»Und Nastinka?«
»Ihr habe ich natürlich nichts davon erzählt.«
Oda war sehr beunruhigt. Es würde den Regierungsrat hart treffen, wenn er davon erführe. Oda wollte ihm nicht weh tun. Zugleich wußte sie, daß der von ihr eingeschlagene Weg unweigerlich zur Kollision führen mußte. Sollte sie eine sofortige Konfrontation wagen und alles hinter sich bringen? Nein. Er wurde nie mit etwas fertig. Diesen Konflikt würde er sein Leben lang nicht überwinden. Sie konnte ihren Gefühlen nicht treu sein, ohne jemanden zu verletzen.

Zunächst ging sie dem Regierungsrat aus dem Weg. Ein Gedanke ließ sie nicht los. Krohg verhielt sich zwar abwartend, ja beinahe zurückhaltend, und drängte in keiner Weise. Aber sie wußte intuitiv, daß er ein künstlerisches Programm verfolgte und daß sie gewissermaßen dazugehörte.
Der Unterricht war sachlich und konzentriert. Die Episode vor ihrer Wohnung hatte die nüchternen Gespräche über Bilder nicht beeinträchtigt.
»Malen Sie, was Sie sehen, genauso, wie Sie es sehen«, sagte Krohg. Die Herbstausstellung war in vollem Gange, und Krohg engagierte sich überall voller Begeisterung. Oda merkte aber, daß er, sobald sie in der Nähe war, für andere kaum mehr Interesse zeigte. Das Gespräch mit seinen Freunden diente dann ausschließlich dazu, sie zu unterhalten.
Oda fühlte sich von dieser Männerwelt stark angezogen. Sie mochte die Umgangsformen im Kaffeehaus, die vielen Flüche, die sie anfangs etwas abgestoßen hatten, die sie aber inzwischen als kräftigen Ausdruck für Vertraulichkeit durchschaute. Deshalb kamen Oda und Alexandra wieder ins Grand, nicht oft, aber regelmäßig, als wollten sie zeigen, daß sie dazugehörten.
Wenn jemand an Krohgs Tisch kam, um ihm ein Bild zu zeigen, musterte er es interessiert und sagte dann beispielsweise: »Soll mich der Teufel holen, das sieht ja ziemlich widerlich

aus. Die Kleine ist übrigens vortrefflich. Traurige Stimmung, schöne Farben und verflucht lustig, aber der Junge ist erbärmlich, wenn auch farblich grauenhaft gut.«
Oda begleitete Krohg zu Atelierbesuchen bei allen möglichen Malern.
»Sie müssen sich ansehen, wie die vorgehen, dann verstehen Sie, wie sie mit dem Stoff, mit dem Licht arbeiten. Es gibt zur Zeit so verdammt viele Talente in der Stadt.«
Oda schaute ihn spöttisch an. »Warum sprechen Sie mit mir anders? Zu den Männern sagen Sie immer zum Teufel noch mal, zu mir sagen Sie nur verdammt.«
Grinsend erwiderte er ihren Blick. »Ich bin zum Teufel froh, daß Sie das sagen, Frau Engelhart. Ich fragte mich schon länger, ob Sie es überhaupt bemerken würden.«
»Dann treiben Sie mich also an, stellen mich auf die Probe?«
Sie fuhren zu Kalle Løchens Atelier in der Søgate in Vika. Oda konnte sich nicht erinnern, jemals in diesem verbotenen Stadtteil gewesen zu sein. Von frühester Jugend an hatte sie diese Gegend mit der spannenden und blühenden Sünde verbunden, von der der Regierungsrat sprach, und hatte zeitweise den heftigen Wunsch gehabt, dorthin zu kommen.
»Die Verhältnisse hier sind verdammt übel, Frau Engelhart«, sagte Krohg und schüttelte den Kopf. »Ich weiß nicht, ob Sie es verstehen, aber viele dieser Mädels sind prächtige Freundinnen. Ich rede mit ihnen, und ich glaube, ich kenne sie, und ich werde mal ein Buch über sie schreiben, denn es ist verflucht schlimm, wie man sie hereinlegt.«
»Was meinen Sie damit?«
»Nun, die Mädels kommen ja vom Land. Sie haben gehört, daß es in der großen Stadt Arbeit gibt. Sie könnten sich dort mit Nähen und als Dienstmädchen den Lebensunterhalt verdienen. Alles verdammte Lügen und Märchen. Die Polizisten warten schon, schnappen sie wie die Vogelfänger, denn Prostitution wollen alle. Und die Polizei sorgt für sich und die ihren, und keiner steckt sich an.«

»Sagen Sie, Krohg, gehen *alle* Männer zu Dirnen?«
Er begegnete ihrem Blick so ruhig, wie sie gefragt hatte. »Das ist tatsächlich der Fall, Frau Engelhart. Wenn sie wohlgemerkt nicht in einer freien und offenen Liebesbeziehung leben, zu der diese Art Erotik und Leidenschaft nicht paßt.«
Seit Per hatte Oda nicht mehr so vertraut mit einem Mann geredet. Der Gedanke an Per brachte sie dazu, die beiden Männer miteinander zu vergleichen. Sie ähnelten sich. Sie erkannte wieder den mutigen, etwas gewaltsamen Lebensappetit. Die Bilder vermischten sich. Ein entstelltes Gesicht, Jørgen Engelhart, der in ihr kommt. Der Leuchtturm von Færder und der braune Hund auf der öden Straße. Sie fühlte sich angeregt und doch unruhig.

Bei Kalle Løchen bekamen sie Wein. Oda mochte den blutjungen, eleganten Mann, für den alle schwärmten. Er arbeitete an einem Porträt von Cecilie Thoresen Krog, der ersten norwegischen Frau, die die Universität besucht hatte. Krohg meinte, er sei zum Teufel noch mal nicht sehr begeistert über das Motiv, auch wenn eine solche Frau es bei Gott verdiene, beachtet zu werden. Aber warum so blaß und am Fenster sitzend? Eine solche Frau sollte aufrecht stehen, auf den Barrikaden!
Løchen lehnte es ab, dergleichen mit seinem Meister zu diskutieren.
»Du sagst, man muß so malen, wie man es sieht, und ich sehe Frau Thoresen Krog genau so.«
»Dann hast du einen verdammt schlechten Blick, lieber Løchen«, sagte Krohg jovial und trank einen Schluck. Weitere Menschen kamen ins Atelier, der junge Munch und Sigurd Bødtker sowie einige fanatische Maler von der Freiluftakademie in Modum. Später kamen Alexandra und Frits Thaulow, Hand in Hand und miteinander tuschelnd. Der Abend war außergewöhnlich. Etwas Wunderbares sollte geschehen. Oda war unter Freunden, nur Freunde. Und sie hob das Glas und trank mit allen, meistens aber mit Krohg. Das gehörte sicher

auch zur Sünde von Vika, dachte Oda einen Augenblick verwirrt. Denn obwohl sie erkannte, daß der Regierungsrat auf keinen Fall hierherpaßte, waren die Diskussion, das Feuer und die Begeisterung dem nicht unähnlich, was sie als kleines Mädchen an der spaltbreit geöffneten Tür des Schlafzimmers belauscht hatte. Einen wesentlichen Unterschied erkannte sie aber: Diese Menschen hier besaßen die Welt. Ohne Geld und nennenswerte Ausbildung sprachen sie mit einer Selbstverständlichkeit über Personen, Orte und Ereignisse, als hätten sie über all das die Verfügungsgewalt. Und Oda, die außer mit ihrem Vater mit keinem Mann geflirtet hatte, merkte, wie ein neuer Funke in ihr entzündet wurde. Vielleicht lag es am Wein, vielleicht an den jungen, schönen Gesichtern mit den wirren Ideen und den sanften Augen. Wenn jetzt bloß nicht Jørgen Engelhart auftaucht, wie ein brauner Hund in einer öden Straße. Sie hätte es nicht ertragen.
Er kam nicht. Christian Krohg setzte sich neben sie und flüsterte ihr Koseworte ins Ohr, erklärte ihr, wer was gemalt hatte, wie sie hießen, welche Pläne und was für verdammte Begabungen sie alle hatten.
Das war im Herbst 1884, und die Gruppe, die sich die Boheme nennen sollte, nahm Form an.

Alexandra war bereit, weiter zu gehen als sie. Oda sah, daß die Schwester es ernst meinte. Oda Engelhart in Kalle Løchens Atelier an einem Herbstabend 1884. Was denkt sie auf ihrem Sofa? Um sie herum angeregte Gespräche, Rauch, der in langsamen Schwaden vorbeitreibt, Krohg, der sich vertraulich an sie lehnt und erzählt, daß er über ein Jahr an *Albertine* gearbeitet hat, daß Albertine die Freundin eines Modells ist, das er kennt, und daß er ihr so schrecklich gerne seine Arbeiten zeigen möchte. Sie ist eine Frau und hat sich lange nach der Vertrautheit unter Menschen gesehnt. Jetzt drückt sie die Hand ihres Lehrmeisters und sieht, wie er jünger wird, wenn er mit Kollegen über Kunst spricht. Sie weiß, daß sich schlagartig eine Menge ändern wird, wenn sie einwilligt, dieses Bild zu sehen, von dem er schon so lange spricht. Sie dreht sich um zu Alexandra, will sie fragen, was sie ihr rät. Da merkt sie, daß sie keine Schwestern mehr sind, nicht mehr auf die alte Weise mit Verantwortung für das Handeln der anderen. Oda merkt, daß Alexandra bereits frei ist, jedenfalls vom Regierungsrat. Mißtrauische Fragen können sie nicht mehr treffen. Sie muß auf niemand Rücksicht nehmen. Oda steht auf und führt Christian Krohg zur Tür. Dort legt sie die Arme um seinen Hals und sagt:

»Ja, ich will sehr gerne Ihre Bilder sehen.«

Demonstrativ küßte sie ihn vor aller Augen, vielleicht aus Angst, sie könnte wankelmütig werden und plötzlich den Rückzug antreten. Jetzt gab es keinen Weg zurück. Arm in Arm ging sie mit Christian Krohg durch Vika zu seinem Atelier im Pultosten an der Karl-Johan. Es war schon spät. Trotzdem schlief die Stadt noch nicht. In jedem Hauseingang standen Prostituierte und verhandelten mit dem nächsten Kunden. Gesichter strichen wie Schatten an ihr vorüber, leichenblaß im Licht der Gaslampen. Sie hatte gewußt, aber nie gedacht, daß es wirklich so war, so plump, so gnadenlos, so ohne Würde. Und Krohg ging neben ihr wie ein verläßlicher Lotse, nickte den Frauen zu, die mit leeren Augen den Gruß beantworteten. Ein Lachen schnitt wie ein Messer durch die Luft. Vom Hafen hörte man das Geräusch flatternder Segel. Ein Schiff fuhr hinaus. Wie ich, dachte Oda und versteckte sich etwas in Krohgs Arm. Zuerst sah sie nur die Frauen, jetzt starrte sie auch auf die, die ihre Gesichter verbargen. Wie ordentlich gekleidet sie waren! Als wollten sie zu einem Fest beim Regierungsrat. Und sie hatte gedacht, nur Seeleute und Werftarbeiter würden sich nachts hier herumtreiben.

»Was ist?« fragte Krohg. Er muß ihr plötzliches Zusammenzucken gespürt haben.

»Ach nichts«, antwortete sie und errötete vor Scham über das, was sie gesehen hatte. Aber Krohg ließ sich nicht täuschen.

»Wer war das?«

»Grossist Pettersen, einer von Papas guten Freunden.«
Krohg seufzte. »Ich könnte Ihnen so viele Namen nennen, Frau Engelhart. Aber ich mag nicht.«
»An der nächsten Straßenecke will ich, daß Sie mich küssen.«
»Auf offener Straße?«
Sie nickte.
»Ich will, daß die Stadt sieht, wie man unter Menschen auch etwas ganz umsonst bekommt.«

Dann stiegen sie die Treppen hinauf zu Christian Krohgs Atelier. Sie war dort schon so oft gewesen. Aus einem anderen Atelier drangen fröhliche Stimmen. Sie unterstrichen nur die Stille zwischen ihr und Krohg. Oda wußte, daß er sie liebte. Das hier war nicht nur ein spontanes Begehren. Und sie umarmte ihn mit der süßen Sehnsucht nach Vertrautheit. So groß war die Liebe, eine Feuersäule durch ihre Gedanken. Und das Lächeln, das Krohg ihr schenkte, war das gleiche wie Pers Lächeln auf dem Sterbebett. Die Liebe und der Tod als Geschwister. Per war jetzt bei ihr. Jetzt wollte sie anfangen, für ihn zu leben. Wie hatte sie das vergessen können? Sie hatte keine Zeit zu verlieren.
Sie befreite sich von dem Hund auf der öden Straße. Hunde sind feige. Hunde sind unterwürfig. Sie wollte eine Tigerin sein, im Lauf über die Steppe. Während Krohg sich erregt an ihrem Kleid zu schaffen machte, ließ sich Oda auf ein Bett der Träume sinken. Sie war eine Sternschnuppe, die mit wahnsinniger Geschwindigkeit durch den Raum sauste. Und Wärme breitete sich aus in ihrem Körper, als sie ihn endlich in sich fühlte. Welcher Fall! Welch herrlicher Widerstand der Luft! Sie nahm sich vor, nie zu verbrennen und nie zu verlöschen. Sie wollte ihn für sich, und spürte, daß auch er fiel, in ihr.

Danach zeigte er ihr das Bild. Sie konnte sich nicht konzentrieren. Es war zu schnell gegangen. Sie hätte sich das in einer anderen Dimension gewünscht. Aber er war liebevoll

gewesen und hatte große Worte geflüstert, so dankbar, und er hatte gewimmert wie ein Kind.
Jetzt erklärte er das Motiv, die junge, ärmlich gekleidete Dirne auf dem Weg zur Untersuchung beim Polizeiarzt. Ein Wachtmeister hält die Tür auf. Hinter der Dirne stehen zwei aufgeputzte Damen.
»Der Polizei will ich an den Kragen. Was meinst du, Oda? Gefällt sie dir? Gefällt dir die blaue Farbe?«
Sie hörte ihn wie von ferne, registrierte, daß er Oda sagte, darum hatte sie gebeten, und nicht Ottilia. Dann dachte sie an Sacha und Ba, die zu Hause in ihren Bettchen schliefen, und an das treue Dienstmädchen aus der Grønnegate, das den seltsamen Bescheid von ihr erhalten hatte, daß sie heute nacht vielleicht nicht heimkommen würde.
»Ja, mir gefällt die blaue Farbe«, sagte Oda schläfrig und spürte, wie sich ihr Körper langsam beruhigte, wieder das Gleichgewicht fand.
»Sie ist von einer teuflisch einfachen Schönheit, dieses Mädchen.«
Oda nickte. »Sie gefällt mir sehr gut. Ach Christian, hast du nicht etwas zu trinken für uns? Irgend etwas? Mir ist auf einmal so kühl.«
Er holte Branntwein und setzte sich zu ihr, bot ihr eine Zigarette an und ordnete ihr Kleid, als sei sie ein Modell.
»Ich möchte dich malen, Oda«, sagte er leise. »Ich möchte dich immer wieder malen, aus allen Blickwinkeln, in allen Stimmungen, wenn du so daliegst. Die Welt soll sehen dürfen, wer du bist. Alle werden dich lieben. Die Männer werden darum streiten, deine Füße küssen zu dürfen. Und du, Oda, wirst die Liebe in Händen halten, frei und stolz, hoch erhoben über die Kleinbürgermoral. Welchen Ausdruck benutzt Hans hier? Ja, wie ein *Bohemien.*
Oda lachte zweifelnd.
»Ich glaube nicht, daß ich Hans Jæger mag. Seine Augen, irgendwie krank.«
»Er hat vermutlich eine Krankheit.«

»Ist das verwunderlich? Er, der betrogen wird um neunzehn Zwanzigstel ...«
»Fängst du jetzt auch damit an?«
Krohg schien verärgert. Oda sah ihn erstaunt an.
»Was meinst du?«
»Als er das damals im Arbeiterverein sagte, benutzte er es als Beispiel. Die Ehe verlangt doch Treue bis zum Tod, und Jæger meinte lediglich, daß ein Mensch für mehr als einen Menschen etwas empfinden könne, eine Ehe ihn also um neunzehn Zwanzigstel seines Lebensglücks bringen würde, weil er sich durchaus zu rund zwanzig Frauen eine Beziehung vorstellen konnte. Natürlich ein ziemlich idiotisches Beispiel. Er hatte nicht im Traum daran gedacht, daß man ihn wörtlich nimmt. Diese neunzehn Zwanzigstel werden ihn wie ein Alp den Rest seines Lebens verfolgen.«
Oda küßte Krohg versöhnlich auf die Wange. »Dann ist er einfach ein bißchen dumm, oder?«
»Ziemlich dumm. Aber er würde dir gefallen.«
Sie sah ihm in die Augen. »Ich liebe doch deine Welt, Christian.«

Er gab ihr eine Staffelei. Sie gab ihm ihre Liebe. Er kam in ihre Wohnung, um sie zusammen mit den Kindern zu malen.
»Sie sind so verdammt schön, deine Kinder«, sagte er. »Und du bist so süß, wenn du ihnen vorliest. Eine Mutter mit ihren zwei Kindern. Vollendete Schönheit. Das sehe ich. Darf ich malen, was ich sehe?«
Sie lachte und legte ihm die Arme um den Hals.
»Ich bin so froh, daß du sie magst«, sagte sie. »Ich glaube, sie mögen dich auch.«
Konnte sie seinen Erwartungen gerecht werden? Ihr wurde übel, und sie übergab sich heimlich. Dann saß sie Modell für ihn, las den Kindern vor und dachte an die Bilder, die sie selbst malen wollte, die Stimmungen von Hvitsten, die Hausdächer, die man von Kalle Løchens Atelier aus sah.

Er kam jeden Tag, und Oda lud Mimi ein, damit auch sie einen Mann der neuen Zeit kennenlernte. Sie stellte fest, daß auch Mimi kurz vor dem Absprung stand, daß auch sie davon träumte, hineinzuspringen in ... das Meer der Liebe? Das wäre jedenfalls vorstellbar. Oda bot ihr in vertraulicher Schwesternsolidarität eine Zigarette an. Sie rauchte tapfer mit regelmäßigen, kontrollierten Hustenanfällen.
Alexandra sahen sie kaum. Sie und Frits hatten ihre Verstecke. Sie trafen sich zwar im Grand, aber Oda hatte kaum Gelegenheit, mit ihrer Schwester zu reden. Ihr war ständig übel und schwindlig, und sie hatte das Gefühl, die Wörter durcheinanderzubringen.
Offenbar war wieder ein Kind unterwegs. Das rief eher Verbitterung in ihr hervor. Jetzt, wo die Welt offen vor ihr lag, sollte sie an ein hilfloses Wesen gekettet werden, das all ihre Aufmerksamkeit beanspruchte. Wie sollte sie weiterhin malen? Das Gerede der Leute würde wie eine Flutwelle über sie kommen. Ein Kind von einem anderen, obwohl sie mit Jørgen Engelhart verheiratet war! Sie ging zu ihrem Mann, der seit dem letzten Mal noch korpulenter und schwerer geworden war. Er empfing sie mit übertriebenen Phrasen und warf sich an ihren Hals. Sie ließ ihn gewähren, stand steif wie ein Stock, als er sie küßte. Dann ging sie zum Fenster, suchte unbewußt eine Stütze in der Welt da draußen und sagte:
»Du *mußt* in die Scheidung einwilligen, Jørgen.«
»Nur wenn ich Sacha und Ba bekomme«, schluchzte er.
Das war seine Trumpfkarte. Er wußte, daß sie darauf nicht eingehen konnte. Doch da sagte sie:
»Vielleicht, wenn sie etwas größer sind.«
»Ich will sie jetzt, Ottilia.«
»Hast du nicht früher Oda zu mir gesagt?«
»Du bist Ottilia getauft. Dein Vater mag es lieber so.«
Sie schaute ihn lange an. »Du wirst mich nicht mehr zum kleinen Mädchen machen. Ich bekomme ein Kind, Jørgen.«
Das traf ihn wie ein Peitschenhieb. Er setzte sich, fiel wie ein

verwundetes Tier. Der Blick, mit dem er sie ansah, war voller Haß. »So ein Schwein«, murmelte er.
»Für mich ist er ein Mensch. Du kannst dich jetzt entscheiden. Die üble Nachrede wird sich wie ein Steppenbrand verbreiten. Findest du es sehr erstrebenswert, der Mann einer Frau zu sein, die von einem anderen ein Kind bekommt? Sei vernünftig, Jørgen. Wir brauchen beide diese Scheidung, wir müssen loskommen voneinander, jeder sein Leben führen. Du weißt genau, daß es kein Zurück gibt.«
»Aber ich kann es nicht glauben.«
»Ich dachte beinahe, es könnte in deinem Sinne sein«, sagte Oda hart. »Du hast doch immer damit geprahlt, daß er dein Freund ist. Jetzt kannst du zeigen, daß du ein Mann für die neue Zeit bist.«
»Du bist herzlos, Ottilia.«
»Ich muß mein eigenes Leben führen. Das kann kein anderer für mich tun.«
»Du bist ein egoistisches, verwöhntes Frauenzimmer. Eine Hure, das bist du. Jetzt verstehe ich auf einmal all das Gerede von der Frauenemanzipation. Ihr seid ja wie Tiere, in der Gewalt der Triebe.«
Sie ließ ihn reden, weinte keine Träne, war völlig kalt. Und als er fertig war, als keine Wörter mehr kamen, sagte sie:
»Bist du jetzt einverstanden mit der Scheidung?«
Er schüttelte den Kopf und weinte wie ein Kind.
»Nein, zum Teufel. Nein, nein, nein.«
Das Weinen hörte sie noch beim Weggehen. Draußen auf der Straße mußte sie sich übergeben. Ein älterer Mann in einer Pferdedroschke blieb sofort stehen und bot ihr seine Hilfe an. Sie hätte ihm am liebsten zugerufen, daß sie ins Verderben gestürzt sei, eine Hure, eine schlechte Frau. Statt dessen antwortete sie mit einem höflichen nein danke, wie sie es von ihrer lieben Mama, wie sie es von ihrem lieben Papa gelernt hatte.

Sie fuhr direkt zum Pultosten. Krohg war mit einigen jungen Malern im Atelier. Sie redeten über das Bild *Blick voraus*, das sich, wie Krohg meinte, von seinen früheren Seemannsbildern unterschied.
»Kannst du sie nicht bitten, zu gehen?« sagte Oda leise.
»Aber ich habe schon lange versprochen, ihnen einige meiner Bilder zu zeigen«, antwortete er und wäre zur Staffelei zurückgegangen, wenn er nicht das gefährliche Glitzern in ihren Augen bemerkt hätte.
»Ist es etwas Ernstes?«
Sie nickte heftig und wandte sich ab. Krohg beschleunigte seine Präsentation und brachte die jungen Genies zur Tür. Mit offenen Armen kam er zurück, aber gerade jetzt war ihr nicht nach einer Umarmung, und sie entzog sich.
»Ich bin schwanger«, sagte sie so ruhig sie konnte.
Er schien nicht zu erschrecken. »Wann ist das passiert?« fragte er.
»Bei einem der ersten Male. Vielleicht schon beim ersten Mal.«
»Engelhart sollte es erfahren.«
»Er weiß es bereits.«
»Was hat er gesagt?«
»Nur nein, nein, nein.«
Sie war völlig am Ende. Er strich ihr mit einer sanften, großen Hand übers Haar. Eigentlich widerstrebte es ihr, ihn in die Sache hineinzuziehen. Wie sollte er dieses Gedankenchaos verstehen. Sie wünschte sich im Moment nichts sehnlicher, als Malerin zu werden. Sie hatte einen phantastischen Mann gefunden, einen Lehrmeister. Jetzt warf sie sich vor, nicht weiter gedacht zu haben. Gab es denn nichts, was man benutzen konnte? Etwas Gummiähnliches? Sie fragte ihn danach. Er bestätigte ihre Vermutung.
»Kondom« sagte er. »Jæger hat vor, ein Buch darüber zu schreiben. Aber es ist verdammt umständlich, wenn man so was überzieht. Besser sind diese Spritzen.«
Sie wollte nichts mehr hören. Bei dem Gedanken wurde ihr

übel. In einigen Jahren könnte es schön sein, ein Kind mit ihm zu haben. Vielleicht war es auch das einzig richtige, daß sie das Kind jetzt bekam, daß sie beide dazu standen, es liebten wie zwei freie Menschen, die aller Welt bewiesen, daß so etwas möglich war. Der Regierungsrat fiel ihr ein. Er würde sie beide umbringen.
»Ach Christian, was soll ich machen?«
Er streichelte sie weiter, aber sie wehrte sich plötzlich dagegen, wollte kein kleines Mädchen sein, das die Verantwortung für sein Tun nicht übernahm. Sie entzog sich ihm und sah ihn prüfend an. War da Angst in seinen Augen? Nein, er nicht. Er war nicht feig. Er fürchtete nicht den Klatsch der Stadt. Vertrauensvoll wartete sie darauf, was er sagen würde. Er war so viel klüger als sie. Ein Häuptling. Ein Genie.
Und das Genie begab sich in eine Ecke und holte die Flasche mit Branntwein.
»Wir müssen Jørgen veranlassen, dichtzuhalten«, sagte er. »Wir dürfen es niemandem sagen.«

Krohg hatte im März 1885 eine große Ausstellung gemeinsam mit Erik Werenskiold geplant, und Oda versuchte, genauso zielbewußt wie er zu arbeiten. Aber in ihr wuchs das Kind. Gleichzeitig arrangierten Krohg und Thaulow und ihr Anhang im Künstlerverein einen Karneval. Thaulow bemühte sich, in den Vorstand dieses Vereins zu kommen in der Hoffnung, dem neuen Programm von der wahren Form der Kunst zu Ansehen und Bedeutung zu verhelfen.
Karneval? dachte Oda erstaunt. Das paßte im Grunde zu ihrem Gemütszustand. Krohg, der Wahrheitssucher, hatte schließlich dieses Versteckspiel mit dem Kind in Gang gesetzt. In einigen Monaten war es nicht mehr zu verheimlichen, und Krohg hatte eine längere Reise angedeutet, aber nicht gesagt, wohin.
Der Karneval war teuer. Die Künstler hatten sich 1883 beim großen Karneval finanziell übernommen. Diesmal mußte man tief in die Tasche greifen, aber die merkwürdigsten Men-

schen machten mit, und Oda empfand bei dem Gedanken an den Drang der Männer nach Festen einen plötzlichen Groll. Sie entschied sich deshalb für die Rolle der Bienenkönigin, allzeit bereit, jeden zu stechen, der ihr in den Weg trat. Hier waren sie, alle die Frauen, die nicht den Mut hatten, wirklich frei zu sein, die verächtlich geschnaubt hatten, als Oda und Alexandra Stammgäste im Grand und im Gravesen wurden und später sogar im Putten und im Bestefar. Jetzt kamen sie, als Königinnen und Haremsfräuleins, und kicherten entzückt, wenn gefährliche Maler ihnen Beachtung schenkten. Sogar das Schwein Hans Jæger wurde mit frohem Lachen begrüßt, leicht zu erkennen an seinem stechenden Blick.
Oda Engelhart und Christian Krohg auf dem Künstlerkarneval. Krohg zusammen mit Thaulow natürlich im Mittelpunkt. Sie sieht, daß er sein Leben mit derselben Disziplin wie ein Geschäftsmann organisiert. Arbeiten und Feiern streng voneinander getrennt. Und jetzt feiert er, hebt das Glas zur großen Versöhnung, dreht sich im Tanz, überzeugt von sich, überzeugt, daß die Zukunft für ihn schon alles in Ordnung bringen wird. Oda versucht, ebenso stark und unabhängig zu erscheinen. Sie lacht etwas zu laut, während sie einen Blick in die Runde wirft und sich fragt, ob eigentlich jemand ahnt, was sich in ihr, buchstäblich, bewegt.

Krohg wollte sie gerne bei allem möglichen mit dabeihaben, aber am Tag nach dem Karneval war sie so erschöpft, daß sie sich ins Bett legte. Da kam der Regierungsrat zu Besuch.
Es waren einige Tage vergangen, seit sie ihn zum letztenmal gesehen hatte. Gewöhnlich war sie jeden zweiten Tag in der Grønnegate, damit der Regierungsrat Sacha und Ba sehen konnte, während sie mit den Geschwistern plauderte. Bedrückend wurde es, wenn sie und der Vater alleine waren. Er sagte, er habe das Gefühl, daß sie und Alexandra ihm gleichsam entglitten. Was die ganze Stadt wußte, hatten die Geschwister vor ihm geheimgehalten, aus Furcht vor den Folgen. Jetzt kam er zu Besuch und wußte es:

»Aber Ottilia, es steht doch fast schwarz auf weiß im *Morgenbladet*. Ist tatsächlich etwas zwischen dir und Christian Krohg?«
Sie war so müde, aber sie stand auf und sagte:
»Er ist mein Lehrer. Mehr kann ich nicht sagen.«
Diese Antwort steigerte die innere Erregung des Regierungsrats.
»Du bist meine Tochter. Ich verlange, die Wahrheit zu erfahren, Ottilia, sonst weiß ich nicht, was ich tue. Worauf habt ihr euch da eingelassen, du und Alexandra?«
»Wir verkehren in Künstlerkreisen, Papa«, sagte Oda scharf. »Was soll ich dir noch erzählen? Ich mußte dich früher auch nie mitnehmen ins Ehebett, oder?«
Der Regierungsrat starrte sie ungläubig an:
»Was willst du damit andeuten?«
»Ich deute gar nichts an, Papa. Alexandra und ich haben ein Privatleben. Das mußt du respektieren.«
»Aber du bist mit Jørgen Engelhart verheiratet.«
»Ja?«
Er antwortete nicht. Das war sein empfindlichster Punkt. Einerseits wußte er genau, daß er dazu beigetragen hatte, die Ehe zu zerstören, andererseits befürchtete er, der Name Lasson könnte eine Scheidung nicht aushalten.
»Ich bitte dich nur um eines, Papa.«
»Und das wäre?«
»Daß du mir vertraust.«
Er brummt etwas, plötzlich verlegen. So ein Gespräch hatten sie noch nie geführt. Es war, als würde er kapitulieren. Der Zorn verrauchte. Er schaute seine Tochter mit den sentimentalen Augen an, die sie so gut kannte. Dann sagte er, überraschend versöhnlich:
»Ich ergebe mich, Ottilia. Aber eines möchte ich trotzdem gerne erfahren, weil ich nicht will, daß meine Töchter etwas vor mir verbergen, und obwohl ich gegen vieles gekämpft habe, über das ihr erhaben seid, bin ich nicht so unmöglich, daß ihr mir nicht die Wahrheit erzählen könnt. Ich werde

nichts unternehmen. Ich werde nicht einmal etwas sagen, aber ich will wissen, ob du und Krohg ein Paar seid, und ich will wissen ob es Frits Thaulow ist, mit dem sich Alexandra trifft, wenn sie behauptet, ihre Freundin zu besuchen?«
Oda überlegte einige Sekunden. Dann sagte sie: »Ich glaube, Alexandra und Frits Thaulow verstehen sich sehr gut. Und Papa, du solltest mit mir und Christian Krohg rechnen.«
Der Regierungsrat fuhr in die Höhe. »Aber Thaulow ist verheiratet! Seine Frau stammt sogar aus der Familie der Gads, unsere Freunde in Dänemark, die so entgegenkommend waren, erinnerst du dich, als du und Per ...«
»Du hast versprochen, nichts zu sagen, Papa.«
Sie sagte es so zärtlich, so großzügig, denn sie glaubte, er würde das, was geschehen war, bald verstehen und billigen. Jetzt holte er tief Luft, er hatte seine Worte nicht vergessen, und zu Wörtern hatte er eine fast pedantische Beziehung.
»Über der Familie hängt eine große Sorge«, sagte er mit Tränen in den Augen. Dann nahm er den Hut und ging zur Tür. Sie folgte ihm nicht, rief nur Adieu. Dann ging sie ans Fenster, um ihm nachzuwinken. Aber er sah sie nicht. Gebeugt ging er Richtung Grønnegate. Und Oda tat er plötzlich leid, denn sie fühlte, daß er schon bald ein alter Mann sein würde.

Oda war im sechsten Monat. Eigentlich ließ es sich nicht mehr lange verheimlichen, und warum auch, fragte sie sich. Wenn sie auf der Karl-Johan unterwegs war, hörte sie beim Vorbeigehen hinter ihrem Rücken das erregte Tuscheln der anständigen Bürger. Sie wußte, daß sie Anlaß zu Gerüchten gab. Das Jahr 1885 hatte begonnen, und eine junge, Angst und Schrecken verbreitende Generation war in den Straßen und Kaffeehäusern aufgetaucht. Sie gehörte dazu, sprach ihre Sprache und verkehrte an ihren Treffpunkten.
Daß sie, eine Frau aus den besseren Kreisen, so etwas machte, provozierte die anständigen Bürger der Stadt. Auf der Straße begegnete sie auch ihrem Mann. Sie hatten sich nichts

mehr zu sagen, und sie grüßte nur und ging weiter und hörte das mitleidige Getuschel, auf das Jørgen Engelhart irgendwo hinter ihr dankbar reagierte. Vergessen waren der Konkurs und andere Mißlichkeiten. Seine Frau behandelte ihn schlecht. Das große Tier namens Mitleid war erwacht und hatte dem wahrhaft Bedürftigen die Pfote gereicht. Wen versuchte sie eigentlich zu decken? Welche Heimlichtuerei wollte sie aufrechterhalten? Sie bog beim Stortinget ab und stieg die Treppen im Pultosten hinauf. Krohg war nicht zu Hause. Sie fluchte leise und zündete sich eine Zigarette an. Die Ruhelosigkeit war unerträglich. Wen könnte sie besuchen? Sie entschied sich für Munch im Nachbaratelier. Er war zum Glück allein. In seiner Gesellschaft kam sie sich immer wie eine Mutter vor. Jetzt ritt sie der Teufel. Sie legte ihm die Arme um den Hals und sagte tief vertraulich:

»Mögen Sie mich, Munch, oder bin ich Ihnen zu alt?«

Er verstand ihre jähen Stimmungsschwankungen nicht.

»Sie meinen doch nicht …«, sagte er und wich zurück. Zigarettenrauch drang in seine Nase, und er wirkte gequält.

»… Krohg zu betrügen?« ergänzte sie. »Wäre das denn ein Problem für Sie, Munch? Ich habe nicht das Gefühl, daß Sie ihn besonders schätzen.«

Munch schluckte. Sein Mund war völlig trocken. »Er ist ein ausgezeichneter Lehrer, Frau Engelhart. Sie wissen, daß ich davon überzeugt bin. Ich ertrage nur nicht den sogenannten Naturalismus. Für mich sind blutrote Wolken wie *Blut*.«

Sie nahm die Arme herunter, denn er wirkte so verzweifelt.

»Aber Sie meinen, er ist ein Brummbär, nicht wahr?«

Munch vermied eine direkte Antwort.

»Zweifeln Sie an Ihren Gefühlen für ihn?«

Oda wandte sich abrupt von ihm ab.

»Sie sind wirklich nicht für Vertraulichkeiten geeignet. Aber Munch, was ist denn das?«

Ihr Blick war auf das Bild gefallen, an dem er arbeitete. Sie sah zum ersten Mal das kranke Kind, die durchsichtige, blasse Haut auf der Leinwand, der zitternde Mund, die zittern-

den Hände und die verzweifelte Frau, deren Kopf über das Krankenbett gebeugt war. Oda sah sich selbst als die Frau, eine unglückliche Mutter, die ihrem kleinen Mädchen nicht genug Fürsorge und Liebe gegeben hatte. Das war die kleine Sacha, die zu Hause lag und auf sie wartete.
»Aber Sie weinen ja?« sagte Munch bestürzt.
»Darüber sollten Sie sich freuen, Munch«, sagte Oda ruhig.

Sie ging über den Gang hinüber in Krohgs Atelier. Er arbeitete an *Albertine*, aber das Modell war zum Glück nicht da. Sie küßte ihn heftig.
»Christian«, flüsterte sie. »Ich will es nicht länger verheimlichen. Ich möchte, daß die ganze Welt es erfährt, daß wir ein Kind zusammen haben. Sollen wir unsere Liebe verstecken, nur um dem Klatsch der Leute zu entgehen? Wir sind ja ohnehin Verlorene, nicht wahr? Können wir das Kind nicht in aller Offenheit haben, denn nur das wäre doch im Sinne von Menschenwürde und Moral, findest du nicht? Sag doch, daß du mich verstehst. Ich halte es nicht aus, mit dir uneins zu sein. Liebst du mich? Lieber Christian, sag, daß du es tust.«
Sie spürte, daß ihn ihre kleinen, schnellen Küsse erregten. Er wollte sie sofort haben, aber sie entzog sich, um eine Antwort zu erhalten. Er seufzte schwer.
»Aber denk doch an meine Karriere, und denk an dich, Oda. Wie sollst du Gelegenheit zum Malen haben, wenn an allen Ecken und Enden Kinder sind? Ich will ja nur das Beste für uns, Liebes. Ich liebe dich doch so sehr. Da ist es wirklich das Beste, das Kind wegzugeben.«
Sie starrte ihn lange an, und was sie schließlich sagte, klang so verächtlich, daß sie ihre eigene Stimme nicht wiedererkannte. Sie ging hinüber zu *Albertine*, dem Bild.
»So sieht es also aus, Krohg, dein Geschenk an die Menschen. Eine Frau für die Ewigkeit einfrieren, für alle Zeiten archivieren. Du bist ja so menschlich, so herzlich gut und engagiert, so stark und mutig und verläßlich. Du hältst gewissermaßen das *Leben* in deiner hohlen Hand. Da ist es wich-

tig, daß niemand kommt und stört, kleine Fremde, irritierende Menschenkinder, die eher aus Versehen gezeugt wurden. Warum sollen sie im Zimmer herumlaufen, wenn man sie an die Wand hängen kann? O ja, ich liebe deine Kunst, Christian Krohg, denn sie ist so verflucht menschlich.«
Zutiefst erschrocken starrte er sie an.
»Jetzt bist du wirklich grausam, Oda.«
Sie trat ans Fenster, ertrug seinen Anblick nicht.
»Bin ich das? Ja, wir sind ein seltsames Geschlecht, wir Frauen. Wir kommen am vorteilhaftesten zur Geltung, wenn man uns an die Wand hängt. Aber ich meine, du solltest kurz hinübergehen zu Munch. Ich möchte, daß du dir ansiehst, was er da malt.«
Das war ein Befehl, und ihm blieb nichts anderes übrig, als augenblicklich zu gehorchen. Sie erschreckte ihn, und sie erschreckte sich selbst. Das war Haß, blanker und unverblümter Haß. Sie hätte nie gedacht, daß sie dazu fähig wäre, aber sie war so verletzt, und sie war fertig mit Christian Krohg, für immer. Sie würde dieses Kind alleine austragen und ihm genug Liebe geben, um Väter, Großväter, Geschwister, Onkel und Tanten zu ersetzen.
Krohg kam zurück, leichenblaß.
»Das ist genial, dieses Bild«, sagte er.
»Ist das alles, was du zu sagen hast?«
Sie schaute ihn mit großen, ausdruckslosen Augen an. Er antwortete:
»Ich weiß nicht, was du meinst.«
Sie schickte sich an, zu gehen, schob die Hände in den Muff, draußen würde es sicher sehr kalt sein.

Es war Winter in Kristiania, und die Neuschneedecke war fast ohne Spuren, als Oda Engelhart spät am Nachmittag die Karl-Johan hinauf nach Hause in die Sporveisgate ging, über ihr ein flammend roter Himmel. Flammend rot auch für Jæger, der in seinem schäbigen Zimmer hockte und die letzten Kapitel seines unglückseligen Buches schrieb, für Edvard

Munch, dem das intensive, gelbrote Licht ins Atelierfenster schien und von der Arbeit abhielt, für Alexandra Lasson, die in einem zugigen Zimmer lag und ihren Frits anschaute, während undeutliche Geräusche von der Straße heraufklangen, und für Kalle Løchen, der vielleicht gerade den Abgrund in sich so stark fühlte, daß er aus seinem Atelierfenster einen Blick hinauf Richtung Ekeberg warf, wo er sich wenige Jahre später eine Kugel durch den Kopf schießen sollte. Ja, der Himmel entzündete sein Feuer für all diese zu früh geborenen Kinder der Zukunft, viele davon dem Untergang geweiht, wenige stark genug, ein Lebenswerk zu vollenden. Was wußte Oda Engelhart, als sie jetzt langsam, fast wie gelähmt heimwärts ging, über die Kräfte, die in ihr steckten, daß ausgerechnet sie, in einer verzweifelten Sehnsucht nach dem Leben, versuchen würde, das Programm der freien Liebe allein zu verwirklichen. Sie war wie im Schock, aber sie hatte noch nicht den Stoß erhalten, der sie für den Rest ihres Lebens zeichnen sollte, der sie mit der Wurzel ausreißen sollte und sie zur Beute des Windes, der Träume, des Unmöglichen machen würde. Sie hatte sich noch nicht losgerissen, war noch nicht wirklich frei als Frau und hatte beschlossen, mit dem Mann zu brechen, den sie am meisten bewunderte, der ihr indirekt diese Freiheit gegeben hatte, diese Möglichkeit der Wahl. Nein, sie war noch nicht so weit, denn sie war noch nicht abgebogen in die Sporveisgate, hatte noch nicht gesehen oder geträumt, daß ihr Vater, der Regierungsrat, im Hauseingang stand und auf sie wartete. Aber das würde bald geschehen, allzu bald, und es geschah: Sie bog um die Ecke und zuckte zusammen, als sie die große, dunkle Gestalt mit dem schrecklichen Stock in der Hand erblickte. Sie ahnte, daß etwas Furchtbares kommen würde, aber sie hatte dergleichen noch nicht erlebt und rüstete sich zum Angriff, glaubte, ihn auch diesmal zu besiegen. Aber er packte sie so fest im Nacken und führte sie die Treppe hinauf, und kaum hatten sie ihre Wohnung betreten, begann er auf sie einzuschlagen, blind vor Wut. Sie steckte die Schläge ein und hoffte nur, er würde nicht den Stock benutzen, aber er hob ihn bereits, und sie riß und zog daran und spürte dabei, wie eine eisige und zugleich glutheiße Angst ihr Rückgrat emporjagte und sich im Gehirn ausbreitete.

»Aber Papa«, schluchzte sie, »lieber Papa ...« Sie wußte nur zu gut, was der Anlaß war, lange bevor er schrie:

»Du Hure! Du vermaledeites Luder! Willst du Schande über uns alle bringen?«

Er war stark wie ein Bär, und sie hatte keine Chance gegen ihn, als er sie auf seine Schulter warf, taub für ihren plötzlichen Schmerzensschrei, in die Wohnstube ging und sie auf die Chaiselongue schleuderte und sie schlimmer verprügelte als damals, als sie Pflaumen stahl. Sie wurde schlaff und unempfindlich. Er konnte mit ihr anstellen, was er wollte, sie hatte bereits resigniert. Er war der Stärkere, mit jedem Schlag bewies er, daß die Macht und die Stärke und die Ehre auf seiner Seite waren.

Er hatte zu schlagen aufgehört. Jetzt sagte er mit gedämpfter Stimme:

»Was, glaubst du, hätte Mama dazu gesagt? Mama, die so stolz auf dich war. Sie *liebte* dich, Ottilia, und an ihrem Sterbebett hast du ihr versprochen, sie bis an dein Lebensende zu lieben und zu ehren. Ehrt man so seine Mutter? Geht mit jedem dahergelaufenen Mann ins Bett? Da könntest du ebensogut nach Vika umziehen und dich mit dem Gesindel dort abgeben. Aber unsere Mutter ist tot und kann nichts machen. Weißt du, was sie jetzt ist? Sie ist am Boden zerstört, Ottilia. Am Boden zerstört. Alles vergeblich. Ich sage es noch einmal: Am Boden zerstört. Warum denkst du nie an sie? Warum tust du ihr das an?«

»Aber Papa«, wimmerte sie, außer sich vor Verzweiflung. »Lieber Papa, was soll ich denn tun!?«

»Du sollst dich benehmen wie eine anständige Frau, Ottilia.«

Sie hörte sich ja sagen.

Und sie fuhr fort damit, schluchzte es noch lange, nachdem

er gegangen war. Sie war vernichtet. Sie existierte nicht mehr. Aber Sacha und Ba, die nach einer Weile mit einer erschrokkenen Mimi kamen, wußten das nicht. Sacha legte sich zu ihr und rief:

»Liebe Mama! Nicht weinen, bitte nicht weinen!«

Oda hatte das Gefühl, als redete jemand tief drinnen in einem Tunnel zu ihr. Es gab nur einen Weg ins Freie, und das Licht war ziemlich weit entfernt.

Als Christian Krohg schließlich kam, war sie vorbereitet und ruhig. Sie wußte nicht mehr, ob es ein Traum war oder ob es wirklich passiert war. Die ganze Nacht hatte sie am Fenster gestanden, vor dem große, weiße, nasse Flocken zur Erde fielen. Ihre Gedanken waren zuerst unbewußt und verschwommen gewesen, aber dann hatte sie draußen im Schnee Per gesehen. Dunkles Blut rann aus seinem Mund, fast schwarz. Und als er merkte, daß sie ihn sah, lächelte er sein wunderbares, flüchtiges Lächeln, zugleich entschuldigend und tröstend. Nein, sie durfte nicht sterben. Sie hatte es ihm versprochen. Sie mußte leben und für beide lieben. Konnte er begreifen, was geschehen war? Er, der seinen Vater so schätzte. Sie aber hatte keinen Papa mehr.

Das Gesicht verschwand. Jetzt sah sie nur die weißen Schneeflocken. Sie setzte sich, um auf Krohg zu warten, der einige Minuten später kam.

Er hatte geweint, und er weinte weiter, während sie sich liebten. Sie hatte ihn noch nie so erlebt.

»Ich will alles so, wie du es willst«, schluchzte er. »Ich halte es doch ohne dich nicht aus.«

Danach lagen sie lange still nebeneinander. Er, der aufmerksame Beobachter, der auf jede kleinste Veränderung des Lichts achtete, hatte keine Sekunde gesehen, daß sie eine andere war, daß sie ab jetzt eine Fremde für ihn sein würde.

Sie sagte:

»Die Angelegenheit ist für mich hiermit erledigt. Wir verreisen, wenn du deine Ausstellung beendet hast, und bleiben

so lange weg, bis das Kind geboren ist. Du mußt ein gutes Zuhause dafür finden, und sobald es seinen Platz hat, will ich nichts mehr darüber hören. Ich habe es dann einfach verloren, so wie ich alles andere verloren habe.«
Er strich ihr über den Kopf und weinte wieder, weil sie so großzügig war, so verständnisvoll. Er sagte:
»Jetzt werden wir der Welt zeigen, wie verdammt gut wir malen können.«

Ein Schiff gleitet den Fjord hinaus, ein Dampfschiff mit Kurs auf den Kontinent. Ein schwacher Wind weht von Norden. Es ist Ende April, und der Schnee schmilzt. Oda denkt an das letzte Mal auf der Dronning Louise, als ihr Bruder todkrank in der Kabine lag, vom Morphium betäubt. Sie legt den Kopf zurück in dem tiefen Deckstuhl und schaut hinüber zum Fjordufer. Dort drüben liegt Drøbak und etwas südlich davon Hvitsten, wo sie als Kind immer die Sommerferien verbracht hat. Krohg meinte, er würde gerne dorthin fahren, um den Fjord zu malen. Für sie gibt es keine Wünsche mehr. Ein seltsames Wohlbehagen, wie es die Schwangerschaft hervorruft, ist vermischt mit einer tiefen Wehmut. Vielleicht hat Munch recht, denkt sie. Vielleicht sind blutrote Wolken wirklich Blut.
So wie die Landschaft ihren Charakter verändert, geschieht auch in ihr eine Veränderung. Hinter dem Schiff, ganz hinten im Fjord, liegt die Stadt. Aber sie wirkt nicht mehr so bedrohlich. Mit jeder Sekunde wächst der Abstand. Das Elternhaus in der Grønnegate ist nicht einmal sichtbar. Sichtbar sind nur die Silhouetten der Berge und die Fabrikschornsteine. Sie schließt die Augen. Die Stimmen um sie werden zu einem gleichmäßigen, sinnlosen Summen. Krohg unterhält sich mit einem anderen Passagier über Prostitution. Oda lauscht dem Klang der Stimmen. Die von Krohg ist dunkel und standhaft wie ein Kontrabaß. Die andere pfeift wie eine schlechte Klarinette. Krohg redet meistens. Krohg redet immer. Er hört zu, äußert Meinungen, knüpft neue Kontakte,

probiert aus, arrangiert sich. Jetzt hat er arrangiert, als Vertreter einer nordischen Abordnung bei einer großen, internationalen Ausstellung in Antwerpen eingesetzt zu werden. Er hat seinen Freunden und der Welt erzählt, daß er und Oda den ganzen Sommer in Belgien bleiben, um neue, malerische Impulse zu bekommen. So verliert man ein Kind, denkt Oda. Man arrangiert sich.
Sie verspürt eine schwache Übelkeit, nicht eigentlich unangenehm. Vielleicht ist es das Kind, das Unbehagen signalisiert. Sie öffnet die Augen gerade rechtzeitig, um Rammebråten zu sehen, *ihr* Rammebråten mit dem weißen, ein Stück vom Fjord zurückgezogenen Haupthaus. Es wirkt eingewuchert, etwas verfallen. An einer Birke hängt noch eine Laterne, übriggeblieben vom St. Hans-Fest im letzten Sommer. Wie alles andere gibt sie auch diese Erinnerung auf. Das Schiff bewegt sich langsam auf den Leuchtturm Færder zu. Christian Krohg ist unterwegs nach Antwerpen mit einigen Bildern, und seine Schülerin Oda Engelhart ist unterwegs nach Antwerpen, um ein Kind zu gebären.

Sie steigen in einer Pension ab, eine enge Gasse führt von dort zur Grand Place. Krohg will sofort aufbrechen, um Notre Dame und das Musée de l'Art ancien zu besuchen.
»Stell dir vor, Bosch, Breughel, Rubens und Rembrandt unter einem Dach!« sagt er begeistert. Sie redet mit ihm wie mit einem jüngeren Bruder. Natürlich müsse er gehen, aber er dürfe sich nicht zu leicht anziehen, der Wind sei kalt so zeitig im Jahr.
Er brummt gehorsam, froh über ihre ausgeglichene Stimmung. Draußen scheint die Sonne. Ein dünner Streifen leuchtet auf der Hauswand an der gegenüberliegenden Straßenseite. Den Himmel kann man nur sehen, wenn man sich aus dem Fenster lehnt.
»Kann ich wirklich nichts für dich tun?« Er sagt das mit Nachdruck, aber ohne Überzeugung. Sie lächelt etwas müde und schüttelt den Kopf.

»Ich versuche ein bißchen zu schlafen, Christian. Du weißt, ich bin von der Reise etwas erschöpft.«
Er geht. Sie ist allein mit dem Zimmer und den Geräuschen auf der Straße. Das Quietschen von Karrenrädern. Rufe. Eine Tür knallt zu, und ein Geschäft wird abgewickelt. Oda legt sich halb aufs Bett und starrt abwesend die Tapete an. In dem halbdunklen Raum sieht das Muster fast aus wie Flieder, weißer und lila Flieder wie zu Hause in der Grønnegate. Die Luft ist schwer und abgestanden, riecht nach dem großen Eichenschrank beim Fenster. Krohgs Zimmer nebenan sieht genauso aus. Vielleicht ist die ganze Stadt voller kleiner Zimmer mit Fliedertapete und schweren Eichenmöbeln. Riecht es nicht leicht nach Chloroform? Sie schnüffelt ... vielleicht nur der Geruch nach Vergangenheit oder nach Krankheit.
Sie faßt mit den Händen ihren Bauch an, versucht, ihr drittes Kind zu erfühlen. Es hat nun viele Monate gestrampelt, und es sind nur noch wenige Wochen, bis es hinaus muß in die Welt, um sein merkwürdiges Schicksal auf sich zu nehmen. Sie weiß, daß es ein Mädchen ist, in ihr liegt Sachas Halbschwester mit dem Daumen im Mund. Früher hat sie mit ihren Kindern gesprochen, während sie da drinnen lagen und darauf warteten, herauszukommen. Diesmal spricht sie nicht. Sie möchte das Kind nicht kennenlernen, wenn es ihr ohnehin genommen wird. Sie starrt statt dessen auf die Fliedertapete und fängt an, die Blüten zu zählen. Vielleicht schläft sie ein und schläft, bis die Geburt vorüber ist und das Kind weg. Sie will nicht den Schmerz empfinden, will nicht den Verlust spüren. Zwölf, dreizehn, vierzehn ... Es quält sie, daß sie nicht weiß, warum sie das tut. Jemand hat bestimmt, daß sie es tun soll, und sie gehorcht, weil sie nicht den Mut hat, sich zu wehren. Dreiunddreißig, vierunddreißig, fünfunddreißig ... Was denken Sacha und Ba? Fühlen sie sich von ihr im Stich gelassen? Als sie die Kinder bei Jørgen Engelhart abgab, weinten alle zwei, und sie hätte sich beinahe umentschieden, aber Jørgen *versprach,* in die Scheidung

einzuwilligen, wenn er die Kinder nur diesen Sommer, in dem sie in Belgien ist, bekommt. Siebenundsiebzig, achtundsiebzig, neunundsiebzig ... Belgien? Wird die Muttersprache ihrer Tochter Flämisch sein? Wird sie nie den Frühling auf der Karl-Johan erleben? Wird sie nie dastehen und der Militärmusik zuhören? Wird sie nie auf Rammebråten Weidenröschen pflücken?

Sie schläft, ehe sie hundert erreicht. Als sie wieder erwacht, ist kein Sonnenstreifen mehr am gegenüberliegenden Haus. Es ist dunkel, vielleicht mitten in der Nacht. Die Laute draußen haben sich verändert, die Stimmen sind deutlicher geworden. Sie sind fröhlicher und unglücklicher. Was hat sie geträumt? Von einem kleinen Mädchen, das eine verlassene Straße hinunterlief, heimlich, als würde es vor etwas fliehen. Ein Mädchen? Oder war es ein Hund? Sie erhebt sich langsam vom Bett, spürt ein Stechen im Magen, als sie sich zur Uhr bückt, die sie einmal von ihrem Papa bekommen hat. Kann sie wieder einschlafen? Aus dem Nachbarzimmer meint sie plötzlich ein Schnarchen zu hören. Ist es Krohg, der nach Hause gekommen ist? Nein, sie täuscht sich sicher. Sie legt das Ohr an die Wand, um zu hören, ob es doch Krohg ist. In dieser Position verharrt sie lange.

Die ersten Tage in Antwerpen gelingt es Krohg, sie in die Öffentlichkeit mitzunehmen. Sie bereut es nicht. In der Gesellschaft der Künstler braucht sie ihre Schwangerschaft nicht zu verbergen. Nur Bewunderung und Anerkennung erfährt sie. Die Ausstellung ist international. Künstler aus Skandinavien, Deutschland, England, Spanien und Frankreich, und keiner fragt, wer mit wem verheiratet ist, bevor er sich in einen der Beteiligten verliebt. Für Oda ist es befreiend, sich nicht mehr schämen zu müssen. Sie vermißt es nicht, dieses Gefühl, denkt nicht mehr daran. Reichte es nicht tiefer? Jetzt bekommt sie Selbstvertrauen, wenn Christian Krohg mit Gauguin spricht und sie mit einer Selbstverständlichkeit vorstellt, als seien sie gleichwertige Kollegen.

Gauguin fragt interessiert, was sie von der Ausstellung halte. Wenn sie antwortet, hört er aufmerksam zu und lacht manchmal laut über Dinge, die sie eigentlich nicht so lustig findet. Eine größere Gruppe, in deren Mittelpunkt sie und Krohg plötzlich sind, sucht sich ein Stammcafé, und Oda, die einzige Frau in der Runde, gewöhnt sich daran, Absinth zu trinken.
In solcher Gesellschaft blüht Krohg auf. Sie entdeckt, wie international er ist, wie selbstverständlich er mit den Weltsprachen umgeht, wie selbstsicher er seine Sicht des Naturalismus vertritt. Bedeutende Maler aus Frankreich betrachten ihn respektvoll. Einige haben sich auch positiv über seine Bilder ausgesprochen. Seine Kräfte wachsen ins Unermeßliche. Er ist großzügig zu allen, am meisten zu Oda, verliebt sich erneut in sie und lehnt sich vertraulich an sie, wie an dem Abend in Kalle Løchens Atelier. Sie spürt, daß sie ihn annehmen kann, daß sich die schmerzhaften Erinnerungen verkapseln. Er sieht immer das Ganze, die großen Zusammenhänge in historischer und sozialer Perspektive. So gesehen erscheint ihr unglückliches Gefühlsleben ziemlich bedeutungslos. Sie verspürt einen Zug ins Sentimentale und möchte gerne auf intelligente und witzige Weise auftreten, möchte das Kind in ihr mit einem Schulterzucken abtun. Krohg merkt es und schiebt sie weiter, stellt ihr neue Menschen vor, nimmt sie mit in Museen. Sie fällt Urteile und analysiert, ganz anders, als sie es damals in den vertraulichen Gesprächen mit Per versucht hat. Sie fühlt sich wohl unter diesen unordentlichen und zugleich selbstsicheren Männern, die trotzdem so verletzlich sind. Sie fühlt sich wohl bei ihrer Begeisterung, ihren kreativen Neurosen. Es tut gut, rauszukommen, fort, weg. Sie hätte nicht gedacht, daß Kristiania *so* klein ist. Hier redete man nicht über einen Vortrag, der vor vier Wochen gehalten worden war, hier war es nicht ein kurzes Stück Straße, auf der man promenieren mußte, um gesehen zu werden. Statt Cammermeyer, Grand, Royal und Gravesen war es Paris, Berlin, London und New York. Statt Grossist Pettersen,

Politiker Sverdrup, Fabrikbesitzer Onsum und *Aftenposten* gab es Lepage, Corot, Manet und *Le Monde*!

Spätabends schwankt sie glücklich zurück in die Pension, Arm in Arm mit Krohg. Die Prostituierten stehen in den Hauseingängen, wirken aber nicht so erbärmlich wie zu Hause. Sie hatten eine Landpartie gemacht, mit Gauguin und den anderen Franzosen. Sie haben im Gras gesessen und sich Gedichte vorgelesen, sie haben über Edvard Munch diskutiert, der durchaus ein gewisses Interesse weckt, und haben mit Gauguin über ihren Schwager Thaulow gesprochen, der, ebenso wie Gauguin selbst, verzweifelt versucht, von einer Frau aus der Familie der Gads geschieden zu werden. Vom Kanal her weht eine warme Brise, und Oda hat belgische Bauern und belgische Kühe gesehen und alles als sehr malerisch empfunden. Jetzt geht sie Arm in Arm mit Krohg und versucht ihm zu sagen, wieviel es für sie bedeutet, weit weg von Kristiania zu sein, und wie sie trotz allem in ihn verliebt ist und in die Welt. Er küßt sie auf die Wange, zufrieden und froh, und als sie in die Pension kommen, bestellt er eine Flasche Wein, die er zusammen mit einem Brief bekommt. Der Brief ist für Oda, die ihn einsteckt, um ihn erst in ihrem Zimmer zu öffnen. Krohg ist in seinem Zimmer, sucht Gläser, und Oda sieht, daß der Brief von Nastinka ist, ausgerechnet von ihr. Sie liest:

»Liebe Ottilia. Ich weiß nicht, wie ich es schaffen soll, diese Zeilen zu schreiben, so schrecklich enttäuscht und verletzt bin ich. Was hast du angerichtet? Heute habe ich die volle Wahrheit erfahren, und das, weil das Scheusal Jørgen Engelhart die fürchterliche Wahrheit vor aller Welt ausposaunt hat; du bekommst offenbar von Christian Krohg ein Kind. Ich frage mich, wie konntest du das Mama, Papa und uns allen antun? Denk nur an deine kleinen, unschuldigen Schwestern, an die arme Alexandra, die von dir und deiner neuen Lebensweise schon halb verdorben ist. Und das, obwohl Papa euch klar und deutlich über die Frauenemanzipation und ihr eigentliches Wesen Bescheid gesagt hat. Jetzt haben wir gesehen und erfahren, was hinter dem neuen Radikalismus eigentlich steckt, Ottilia. Und wir ziehen schnell unsere Schlüsse. Daß du der Familie ein großes Leid zugefügt hast, weißt du hoffentlich, wenn überhaupt noch ein Fünkchen Moral in dir ist. Was ich mit diesem Brief sagen wollte, ist, daß die ganze Stadt von dem Schrecklichen mit dir und Krohg weiß. Deshalb mußt du, mit Rücksicht auf dich wie auf uns, darauf verzichten, jemals wieder einen Fuß nach Kristiania zu setzen.«

Oda liest den Brief zweimal und reicht ihn dann Krohg, als er mit dem Wein hereinkommt. Sie möchte weinen, aber in ihr ist es ganz kalt, still und leblos.

»Zu Hause haben sie mich abgeschrieben«, stellt sie fest. »Dann war diese Reise hier umsonst.«

»Sie ist zum Teufel nicht umsonst«, sagt Krohg wütend. »Zum einen bist du hier unten aufgeblüht. Du lernst eine Menge und knüpfst wichtige Kontakte. Zum andern wirst du dich in wenigen Wochen auf der Karl-Johan zeigen, schmal um die Taille wie eine Sylphide. Das verschlägt ihnen die Stimme. Du entlarvst alle Gerüchte als Lügen, und Nastinka kann bleiben, wo der Pfeffer wächst.«

Sie schüttelt den Kopf. »Lieber Knist, es gibt etwas, das kannst du nicht verstehen, für dich ist die Angelegenheit erledigt, für mich aber nicht. Ich muß ständig damit leben.«

Er umarmt sie, drückt sie an sich. »Wir werden *gemeinsam* leben, Oda, für immer. Vergiß das nicht.«

Oda nickt, um ein plötzliches Gefühl von Panik zu verbergen.

Sie bleibt die nächsten Wochen in der Pension, egal was Krohg sagt. Er lockt mit neuen, interessanten Personen, ungarischen Bildhauern, schwedischen Lyrikern. Sie lächelt, ist dankbar, daß er sich um sie kümmert. Zu mehr fehlt ihr die Kraft. Sie muß die Welt aussperren, erträgt keine weiteren Schläge, wenn sie wieder festen Boden unter die Füße kriegen soll. Und das will sie, sobald alles hier vorbei ist. Sie will

es machen, wie er sagte: sich in ein paar Wochen auf der Karl-Johan zeigen, schlank wie eine Sylphide.
Aber vorher muß sie mit der Stille in sich fertigwerden. Die große Stille zu einem Kind, das betrogen und verraten ist, das aber nach wie vor vertrauensvoll in ihr liegt, ungeduldig auf den großen Sprung wartet, einen Sprung, der es losreißen wird von allen Sicherheiten, von Haut, Wasser und Wärme. Sie weiß, daß sie ein Kind in einer großen Stille und mit einer seltsamen Kälte gebären wird, obwohl sich alles in ihr nach Menschen, Haut und Nähe sehnt.
Vielleicht ist es der Respekt vor dem Ungeborenen, daß sie sich zurückzieht in die Pension. Eines soll ihr drittes Kind wissen: daß es ihr weh tut, daß es sie etwas kostet.
Und in der Zwischenzeit sucht Krohg Pflegeeltern, versucht sich zu arrangieren. Sie weiß nicht, wie er es macht, weiß nicht, welche Kontakte er hat. Sie weiß nur, daß er sich arrangiert, daß er zwei Menschen finden wird, denen er vertrauen kann. Sie fragt ihn täglich:
»Hast du jemanden gefunden?«
Und er antwortet täglich:
»Noch nicht. Aber bald, liebe Oda. Bald.«
Dann liegt sie auf dem Bett und verfolgt den Sonnenstreifen an der gegenüberliegenden Hauswand und hat bald gelernt, ihn als Uhr zu benutzen. Wenn er das hinterste Fenster mit der Topfpflanze erreicht hat, ist es zwölf, dann füllen sich die Straßen mit Büroangestellten und Geschäftsleuten auf dem Weg zum Mittagessen. Sie liegt da und hört die fernen Stimmen und denkt, daß ihre Tochter lernen wird, so zu sprechen. Einzelne Stimmen erkennt sie, den Obstverkäufer, der immer vor der Pension stehenbleibt, und die alte Frau mit den Zeitungen. An einem Tag sieht sie überhaupt keinen Sonnenstreifen, hört nur vom Hafen her das Nebelhorn.

Dann kommt Krohg eines Tages und setzt sich an ihr Bett. Er nimmt ihre Hand und sagt leise:
»Jetzt habe ich jemanden gefunden.«

Vor diesem Satz hat ihr gegraut, obwohl sie wußte, daß er unvermeidlich war. Jetzt gibt es kein Zurück mehr. Sie fragt:
»Wer ist es?«
Er spricht weiterhin leise, als stünde jemand an der Türe und lauschte.
»Es sind einfache, verständige Menschen.«
»Wird sie es gut haben bei ihnen?«
»Sie werden sie mehr lieben als alles andere.«
»Das ist gut. Mehr will ich nicht wissen, Christian. Und jetzt geh bitte.«
Er gehorcht und geht in sein Zimmer. An dem Sonnenstreifen sieht sie, daß es gleich Abend sein wird, und eine Stunde später ruft sie durch die Wand nach Krohg. Er kommt sofort, wirkt ängstlich und unbeholfen, so wie nur sie allein das Privileg hat, ihn zu sehen.
»Ich brauche jetzt eine Hebamme«, sagt sie.
Eine halbe Stunde später kommt er mit ihr. Sie ist wie ein Gemälde von Rembrandt, groß und vertrauenerweckend und trotzdem mystisch, und sie streicht Oda so sanft und behutsam über die Stirn, daß das Weinen, das sie in all den Wochen in sich hatte, endlich kommt. Und die fremde Frau streichelt weiter und spricht in der fremden Sprache, die ihr Kind auch lernen wird, und Oda merkt, daß das Weinen niemanden stört, daß es ihr hilft, sich zu entspannen, damit die Geburt leichter geht.
Es ist Nacht in Antwerpen, und draußen von der Straße dringen die Laute von Betrunkenen herauf, von Streit und Verlieben. Die fremde Frau spreizt Odas Beine auseinander und spricht freundlich und leise mit ihr, obwohl sie weiß, daß sie nichts versteht. Doch, sie versteht – zwei Frauen in einer kleinen Pension in Antwerpen, die eine redet ruhig, die andere weint laut und qualvoll, während Wellen des Schmerzes durch sie schießen und das Kind kommt. Das ist ein ewiger Augenblick. Und Oda hat es bisher nie so deutlich gespürt: daß es das *Kind* ist, das sie verläßt, das auf sie verzichtet im

Kampf, ein eigenes Leben zu finden. *Sie* ist es, Oda, die blutig und zerschlagen im Bett liegenbleibt und verloren hat.
»Es ist ein Mädchen, nicht wahr?« Oda weiß, daß sie eine andere Sprache spricht, trotzdem ist es, als verstünde die belgische Frau, und sie hält ihr das Kind hin … ein mageres und trotziges Gör. Es übernimmt Odas Weinen, vielleicht auch ihre Kälte, ihre Trauer, und Oda fällt in einen totenähnlichen Schlaf.
Sie kommen, als es noch dunkel ist, als die Bauern noch auf dem Weg zum Markt sind. Es ist die Stunde, in der es in Antwerpen fast völlig ruhig ist. Da kommen sie, ohne jemanden zu wecken. Krohg und zwei fremde Menschen steigen eine Treppe herauf. Die Fremden bleiben vor Odas Tür stehen. Nur Krohg tritt ein und wechselt ein paar Worte mit der belgischen Frau, die aufsteht, ihre Sachen nimmt, ihm das Kind gibt und geht. Oda erlebt das alles wie im Traum, sieht diese großen Schatten in ihrem Zimmer, hört das durchdringende Kinderweinen und die hastigen, gedämpften Schritte, Menschen, die auf Teppichen gehen, durch Korridore, die Treppe hinunter.
Dann werden die Laute schwächer und verschwinden, bis sie wieder etwas hört, diesmal draußen auf der Straße. Ein gedämpftes Gespräch und Kindergeschrei. Das sind Laute von Menschen, die sich arrangieren. Das Weinen von ihrem kleinen Mädchen, das nicht aufhören will.

An einem Sommertag 1885 ging Oda Engelhart plötzlich Arm in Arm mit ihrer Schwester Alexandra die Karl-Johan hinauf. Sie sei eben aus dem Ausland heimgekehrt, heißt es. Sie und ihr Lehrmeister Christian Krohg hätten eine internationale Ausstellung mit einem Studien- und Arbeitsaufenthalt verbunden. Krohg hätte sein Bild *Villa Britannia* gemalt und Oda Engelhart wahrscheinlich ihre Zeichentechnik verbessert. Sie hätten außerdem internationale Kontakte geknüpft. Aber war da nicht etwas mit einem Kind? Nein, etwas mit einem Kind erwähnte niemand. Es konnte doch jeder sehen, daß die zweitälteste Tochter des Regierungsrats Lasson absolut kein Kind hatte. So ist es nun mal mit Gerüchten, man durfte sie nicht für bare Münze nehmen. Hatten die Gerüchte nicht sogar gesagt, daß Oda des Elternhauses verwiesen worden sei? Dabei lenkten die zwei Schwestern jetzt ihre Schritte direkt zur Grønnegate …

Der Regierungsrat hatte sie nicht erwartet. Er wurde sehr bleich, als er Oda erblickte. Sie streckte die Hand aus für den Fall, daß er ohnmächtig werden würde. Er drückte sie.

»Ich komme nur, um zu sagen, daß ich wieder da bin«, sagte Oda ruhig.

Er nickte, schaffte es aber nicht, seinen eigenen Wahlspruch zu befolgen: den Leuten in die Augen schauen, wenn sie reden.

»Außerdem möchte ich dir etwas mitteilen«, fuhr sie fort. »Ich beabsichtige, Christian Krohg zu heiraten, sobald Jørgen in die Scheidung einwilligt.«

»Und ich«, sagte Alexandra ebenso ruhig, »beabsichtige, Frits Thaulow zu heiraten, sobald das Frauenzimmer Ingeborg Charlotte Gad in die Scheidung einwilligt.«

Der Regierungsrat ging zum Fenster. Es war nicht festzustellen, was er dachte. Schließlich sagte er:

»Ist sonst noch etwas?«

»Nein«, antworteten seine zwei Töchter im Chor.

Eine halbe Stunde später waren sie wieder auf Karl-Johan zu sehen, unterwegs ins Grand, um ihre Freunde zu treffen.

Oda behielt ihre Wohnung und nahm ihr altes Leben wieder auf. Es kam zu keinem vollständigen Bruch mit der Grønnegate. Mimi, Soffi, Bokken und Betzy brauchten sie jetzt. Marie heiratete Lyder Brun und zog aus. Der Regierungsrat wagte es nicht, sich in das Verhältnis zwischen seinen Töchtern einzumischen. Zusammen waren sie wie eine Naturgewalt. Christian, der einzige Hahn im Korb, hatte das Abitur mit haud illaud bestanden und stand kurz vor seiner Abreise nach Amerika. Er sollte viele Jahre später in China begraben werden.

Die Zeit in Antwerpen hatte ihre Spuren hinterlassen. In höherem Maße als vorher suchte Oda die Gemeinschaft der Männer. Sie hatte eine Tat begangen, die auf einem maskulinen Gedankengang beruhte. Das verband sie stärker mit dem anderen Geschlecht. Zugleich wollte sie bei diesem Umgang nach ihren Vorstellungen leben. Sie war jetzt entwurzelt, aber sie war auch mutiger als früher. Deshalb nahm ihr fast fieberhaftes Suchen den Charakter genauer Planung und Überlegung an

Krohg zog in ein Atelier am Ankerstorget. Er veranstaltete ein Fest mit Oda an seiner Seite.

»Nur die engsten Freunde«, sagte er.

Doch er lud auch so seltsame Personen ein wie zum Beispiel Edvard Munch, der sich nicht unbedingt wie ein Freund benahm. Und zu Odas Ärger kamen alle. Der unglückselige Sommer hatte sie paradoxerweise rein mental stärker an Krohg gebunden. Ohne ihn wäre sie nicht wieder auf die Füße gekommen.

Am Tag des Festes erhielt Oda einen Brief von Jørgen Engelhart. Er bat sie, so schnell wie möglich in seine Wohnung zu kommen.

Mit bangen Ahnungen machte sie sich auf den Weg, ließ die Kinder aber in der Grønnegate. Sie hatte seit Wochen nicht mehr an ihn gedacht. Jetzt öffnete er die Tür zu seiner Wohnung, die trotz der schweren Eichenmöbel völlig unbewohnt wirkte. Es roch nach abgestandener Luft, wie in einer Abstellkammer.

»Aber Jørgen«, sagte Oda, »lüftest du denn nie oder bist du nur nie zu Hause?«

»Ich lüfte, und ich bin zu Hause«, sagte er. »Wahrscheinlich bin ich es, der zu abgeschlossen ist. Willst du ein Glas Wein?«

Sie sagte ja. Er war ungepflegter, als sie ihn in Erinnerung hatte. Die Gläser, die er auf den Tisch stellte, waren schmutzig, der Wein war schlecht. Sie prosteten sich zu, und Oda fragte vorsichtig:

»Wie war der Sommer mit Sacha und Ba?«
Er fing zu weinen an und rang verzweifelt die Hände.
»Du mußt wütend auf mich sein, Ottilia. Ich hätte das Gerücht nicht ausstreuen dürfen. Aber als du abgereist warst, wollte ich schon alles hinwerfen, aber ich hatte ja Sacha und Ba, und ich liebe sie doch. Da ist mir nichts Häßlicheres eingefallen gegen dich und mich, was den Kindern nicht schadet, als das Gerücht in die Welt zu setzen. So erbärmlich bin ich geworden, Ottilia, aber ich bitte dich um Verzeihung.«
»Ach Jørgen ...«
»Du gibst dich sicher nicht mit einer mündlichen Entschuldigung zufrieden. Ich war so ein Idiot, und ich weiß nicht, wie ich es wiedergutmachen soll, aber für mich ist es auch nicht leicht. Mein Bruder ist in allem erfolgreich, und ich bin das schwarze Schaf der Familie, das Scheusal, der Versager. Du sollst die Scheidung bekommen. Natürlich willige ich ein. Und ich verlange nichts von dir, ich werde dir nie mehr etwas Böses antun. Vielleicht fahre ich weit weg, nach Südamerika. Trotzdem möchte ich dich um einen letzten Gefallen bitten ...«
Er weinte die ganze Zeit. Sie wurde innerlich kalt, als er das sagte. Sie ertrug keine Bitten um Sex mehr, und auch wenn ihr das Sexuelle gleichgültig geworden war, wollte sie ihren Körper nie mehr mißbrauchen. Aber er sagte:
»Ich habe ständig einen Traum gehabt, und der hat mir die Kraft gegeben, weiterzuleben. Weißt du, was das für ein Traum ist? Ich habe geträumt, daß wir für immer Freunde sein können, daß du mich so achtest wie alle deine anderen Freunde, daß du auf der Straße mit mir sprichst ... Ich weiß, es hört sich absurd an, und ich weiß, daß ich kein Recht habe, darum zu bitten, aber ich wünsche mir einfach, ein letztes Mal mit dir Arm in Arm die Karl-Johan hinunterzugehen. Das würde mich so stolz und glücklich machen, Ottilia. Das würde mir den Mut geben, weiterzuleben ohne dich.«
»Ach Jørgen, du kleiner dummer Junge ...« Sie strich ihm über die Wange. Er brauchte eine Paradenummer, und sie

war bereit dazu, denn sie konnte nicht hassen, und es fiel ihr leicht, zu vergessen. Eine halbe Stunde später sah man sie deshalb auf der Karl-Johan, zum letzten Mal als Mann und Frau. Sie blieben stehen und tauschten mit alten Bekannten Belanglosigkeiten aus. Sie nickten und grüßten, warfen einen Blick in Cammermeyers Schaufenster und gingen weiter. Jørgen Engelhart war glücklich. Auf dem Heimweg fragte er sie, wie er seinen Dank zeigen könnte. Sie antwortete:
»Du kannst in die Scheidung einwilligen.«
Er versprach, am nächsten Tag alles zu veranlassen.
Sie konnte fast nicht glauben, daß er es versprochen hatte. Sie war frei! Sie fuhr sofort zu Krohg ins Atelier und fiel ihm um den Hals. Verstand er, was das für sie bedeutete? Nach so vielen Jahren war es geschehen. Ihre Augen glänzten, und Krohg betrachtete sie aufmerksam. Da wurde er wieder mit Zärtlichkeiten überhäuft. Sie wollte ihn haben. *Ihn*. Sie würden etwas Wunderbares zusammen machen, begriff er das nicht?
Er schaute auf die Uhr. Die ersten Gäste konnten jeden Augenblick da sein. Sie ging zum Spiegel, um die Frisur zu ordnen.
Die Gäste kamen in Gruppen: Arnold Hazeland, Ludvig Meyer, Haakon Nyhus, Hans Jæger, Jørgen Brunchhorst, Gerhard Gran, Andreas Hansen, Nils Johan Schjander, Olaf Hansson, Doffen Dahl. Und alle Maler: Kalle Løchen, Edvard Munch, Jørgen Sørensen, Torgersen, Norberg, Betrand, Strøm, Singdahlsen, Wentzel, Frits Thaulow und Alexandra. Aus Bergen schickte Gunnar Heiberg ein nettes Telegramm.
Oda hatte das Gefühl zu fließen, eine Strömung trieb sie von einer Gesprächsgruppe zur nächsten. Sie liebte es, zuzuhören. Diese Menschen hatten eine so klare Art, sich auszudrücken. Vielleicht stieß sie deshalb so oft mit ihrem Vater zusammen, der in immer stärkerem Maße das Tagesgeschehen in seinem Sinne auslegte, in der Hoffnung auf Seelenfrieden.
Krohg zeigte seine neuesten Bilder. *Villa Britannia* wurde begeistert aufgenommen, die sogenannten Albertinestudien

entfachten eine Diskussion über Prostitution. Krohg erzählte, daß sein Modell eine Freundin habe, die auch er kennengelernt hatte und die eine solche Angst vor der Polizei hatte, daß sie es nicht wagte, sich auf der Karl-Johan zu zeigen. Die Polizei tauchte dort sofort mit ihren indirekten, mißtrauischen Vermutungen auf, und am Ende brachen die Frauen zusammen, und man zwang sie zum Besuch beim Polizeiarzt, womit sie definitiv abgestempelt waren, egal ob schuldig oder nicht.

»Dein Modell«, sagte Torgesen. »Ist es nicht selbst eine Prostituierte?«

»Zum Teufel nein«, antwortete Krohg wütend.

»Ich dachte, ich hätte sie in Vika gesehen.«

»Sie hat dort eine Schwester.«

»Wo denn?«

»Im Taubenschlag.«

Gelächter. Dort waren offensichtlich viele der Männer gewesen. Aber Krohg lachte nicht, ebensowenig wie Jæger. Oda fiel auf, daß Jæger so still war. Er fand nirgends Ruhe, lief ständig herum mit seinem ewigen Manuskript. Nun rief er plötzlich:

»Fleischer kannte sie!«

»Wen?« fragte Krohg.

»Dein Modell. Ich erwähne sie in meinem Buch. Du malst sie. Das ist gut. Sie hat viel zu erzählen. Sie kennt schließlich alle diese Frauenzimmer ganz anders als wir.«

Oda fiel auf, daß die Stimmung bei der Erwähnung von Fleischers Namen jedesmal gedrückt wurde. Er war Jægers bester Freund gewesen, und auch alle anderen kannten ihn. In ihrer Erinnerung war er ein stiller, verklemmter Student aus Voss. Schwarzes Schaf der Familie, ein Kind der neuen Zeit wie sie selbst. Im Vorjahr, kurz vor der Birkenblüte, hatte er die Pistole genommen und war hinaus nach Tjuvholmen gegangen. Der Selbstmord traf alle wie ein Schock, auch Jæger und Krohg, obwohl sie von dem Vorhaben gewußt hatten.

»Mein Buch ist fertig«, sagte Jæger still. Vereinzelter Applaus ertönte, den meisten war dieser Jæger nicht geheuer. Er war anders, radikaler, monoman und ohne Humor. Im Grand saß er oft stumm vor seinem Glas und beobachtete die Umwelt mit einem ironischen und zugleich verletzten Blick.

»Wie soll es heißen?« fragte Hazeland.

Jæger wartete mit der Antwort, wollte einen theatralischen Effekt für den Titel:

»Es wird *Kristiania-Boheme* heißen.«

Kristiania-Boheme? Es ertönte anerkennendes Murmeln. Anfangs hatten alle ihre Schwierigkeiten mit diesem Boheme-Begriff, aber Jæger hielt zäh daran fest und begründete es galant: Boheme, das war das französische Wort für eine Person aus Böhmen, später bezeichnete man mit diesem Wort die herumziehenden, heimatlosen Zigeuner, Leute, denen nicht recht zu trauen war. So wollte Jæger offenbar sein Verhältnis zur Gesellschaft definieren, dachte Oda. Ein Ausbrecher, ein Aufrührer. Sie wußte nicht, was sie von ihm halten sollte. Er war so völlig gefangen von seinen Gedanken, von fernen, unerreichbaren Zielen, fand sie. Außerdem wirkte er zynisch und unanständig, irgendwie krank und fehlgeleitet. Jetzt las er in einem kategorischen und unsentimentalen Tonfall aus dem Buch vor.

»In unserer Gesellschaft gibt es eine kleine Schar von Menschen – meistens Söhne von tüchtigen und anständigen Eltern –, für die das arme und von jedem Geist verlassene Leben in unserer modernen Gesellschaft nicht die Anziehungskraft hat, daß die Aussicht, so ein Leben zu führen, dazu ermahnt, die eigene Energie zu mobilisieren. Menschen, für die die moderne Gesellschaft eine öde, trostlose Sandwüste ist, wo sie nirgends ein Heim gründen, wo sie nur umherziehen und nach dem Leben schmachten. Diese kleine Schar, das sind die zu früh geborenen Kinder der Zukunft, die erste Aussaat, Männer mit einem großen Verlangen, einem Zukunftsverlangen, das erst in freieren, reicheren und schöneren Gesellschaftsformen verwirklicht werden kann, die zu schaffen der Zukunft vorbehalten ist – das ist der flüchtige, heimatlose Boheme. Auch ein schönes Produkt unserer modernen Kultur.«

Oda stand zwischen Hazeland und Munch an der Wand. Wenn sie die Augen schloß, klang Jægers Stimme metallisch und unerbittlich, aber dann hob sie den Kopf und starrte in das von Rauch erfüllte Zimmer, sah die lauschenden Zuhörer, jeder mit seinem Glas in der Hand. Es war sehr still, aber nicht so still wie in dem Pensionszimmer in Antwerpen. Hier herrschte eine bewegliche Stille, erfüllt von Gedanken, Sehnsüchten und Träumen, die jeder in sich trug und die sich an diesem Herbstabend 1885 in diesem Zimmer sammelten. Sie betrachtete diese große Gruppe von Männern und dazwischen ihre starke, stolze Schwester Alexandra, und sie meinte, nie etwas Schöneres gesehen zu haben: Ein klarer Gedanke lenkte sie alle. Die Links-Regierung hatte sie verraten, hatte nicht den Mut gehabt, ihre Möglichkeiten auszuschöpfen. Aber Oda sah es ganz klar: Diese Leute hier hatten den Mut. Sie hatten den Mut zu siegen, aber auch, wenn nötig, unterzugehen. Sie hörte Munchs schweren Atem neben sich. Ein fernes Echo der heftigen Gefühlsstürme in ihm. Jæger war auf einen Stuhl gestiegen. Er war ein Anführer, wie Christian Krohg. Er und Krohg, was für ein seltsames Gespann. Sie hielten zusammen wie Pech und Schwefel, träumten dieselben Träume, teilten dieselbe Begeisterung, fielen in dieselbe Verzweiflung. Jæger las weiter:

»Die Straße lag im Dunkeln, abgesehen von zwei weit voneinander entfernten, sparsamen Gaslaternen, eine auf dieser, die andere auf der anderen Straßenseite. Er ging daran vorbei, erst an der einen, dann an der andern. Wie einsam sie aussahen, allein in der Dunkelheit, und sie warfen ihr flackerndes Licht über den Bürgersteig und hinauf an die nächste Hauswand! Kein Mensch war zu sehen. Und so still, so totenstill. Der Laut seiner Schritte auf dem harten Untergrund war das einzige, was er hörte. Und so gespenstisch hörten sie sich an, als seien es nicht seine eigenen Schritte. Ihm kam es vor, als würde er schlafwandeln, die Beine trugen ihn mechanisch die Straße hinunter, er hatte keine Macht über sie, sie gingen ganz von selbst ...«

Oda schaute sie alle an, wie sie zuhörten. Sie wußte, daß die meisten von ihnen die Worte bereits gehört hatten, aber diese kalte und zugleich besessene Stimme hatte bisher noch keiner gehört. Und Oda begriff instinktiv: Jæger hatte das Leben vieler dieser Menschen beschrieben, ihre einsame Begegnung mit Kristiania, der unerbittlichen, erwachsenen Welt. Und gleichzeitig tauchten Bilder in ihr auf. Sie erinnerte sich an Jørgen Engelharts Wimmern und an Pers Verzweiflung, nie eine Frau geliebt zu haben. Und Krohg ... Sie stand an der Wand und empfand ein heftiges Mitleid mit allen. Sie waren so klein und wollten so groß sein, und sie redeten über die freie Frau und die freie Liebe, als würde beides existieren.

Jæger las weiter, las vom Abschied Jarmanns von den Freunden, die belanglosen Gespräche, jeder weiß es, keiner spricht es aus, der Abschied ist endgültig, Jarmann wird sich erschießen.

An dieser Stelle entfuhr Munch ein tiefer und teilnehmender Seufzer. Oda mußte beinahe lachen. Der junge Mann mit den empfindsamen Gemütsbewegungen spürte Jægers Worte sozusagen körperlich. Andere Reaktionen im Zimmer waren eher nüchtern. Trotzdem herrschte eine merkwürdige, fast sakrale Stimmung in Krohgs Atelier, als Jæger weiterlas, Fleischer/Jarmanns letzte Nacht mit einer Dirne in Vika schilderte und den Schuß auf Tjuvholmen.

Danach begann eine lebhafte Diskussion. Für Meyer stand fest, daß das Buch beschlagnahmt werden würde. Es enthielt Kapitel über Verhütungsmittel und würde auch sonst zweifellos als moralisch verderblich eingestuft werden. Jæger hörte sich die Argumente mit fiebernden, etwas ausdruckslosen Augen an. Dann erwachte er plötzlich aus seinen Gedanken und sagte:

»Wir legen in der Studentengemeinde eine Subskriptionsliste

aus! Wer hinter mir steht, kann mir helfen, das Gerücht zu verbreiten, daß das Buch wichtig und gefährlich ist!«
Nicht alle standen hinter ihm. Oda konnte das verstehen. Er *war* fanatisch. Nur *er* konnte bei einem so nüchternen Publikum eine derart suggestive Wirkung erzielen. Jetzt ergriff Krohg das Wort:
»Liebe Freunde, das ist ein großer Tag! Jægers Buch ist fertig. Ab heute können wir uns endgültig als Gruppe verstehen, als die Boheme! Mir gefällt dieses Wort. Es klingt international, hat Horizont ...«
Munch wurde unruhig. Er stand an die Wand gelehnt und ruckte mit dem Kopf. Oda fragte ihn, was ihn beunruhige.
»Nichts ... nichts ... Mein Vater ... er würde so zornig werden, wenn er wüßte ...«
»Ich habe auch einen Vater«, sagte Oda still. »Er weiß es, und er hätte mich am liebsten umgebracht.«
Munch starrte sie mit großen, traurigen Augen an.
»Wie könnte es jemandem einfallen, *Sie* zu töten, Frau Engelhart?«

An diesem Abend, oder vielleicht war es ein anderer Abend, geschah etwas: Sie waren plötzlich zum Kampf bereit. Die Frau war für sie eine Floskel, so wie in Jægers Buch: Eine Fahne, die gehißt wurde und im Wind flatterte. An diesem Abend in Krohgs Atelier waren zwei Frauen anwesend, beides attraktive, offensichtliche Vorkämpferinnen. Aber sie sollten verschiedene Funktionen erhalten. Alexandra hatte sich mit Leib und Seele für Frits Thaulow entschieden und war im Grunde bereits die treue und loyale Ehefrau. Oda hatte sich ebenso deutlich für einen anderen Weg entschieden, war aber von einem Kind gestoppt und von dessen Vater zerstört worden. Das war es, was sie Freiheit nannten. Oda merkte plötzlich, daß Krohg sie vorzeigte, ja, daß er sie förmlich weiterschob, von einem Mann zum nächsten. Er wollte, daß sie mit diesem oder jenem sprach, wie in Antwerpen. Wenigstens ein bißchen Eifersucht von seiner Seite hätte sie sich

gewünscht, aber dergleichen schien er nicht zu kennen, er war mehr ein soziales Wesen als ein Einzelmensch. Er erfüllte das ganze Zimmer mit seinem Enthusiasmus, in den alle einbezogen wurden. Wen *er* liebte, den sollten *alle* lieben.
Dieser Abend hätte Jæger gehören sollen, aber Jæger hatte sich in eine heftige Diskussion mit Arnold Hazeland verstrickt. Oda hob das Glas. Wo war Munch? Vielleicht war er nach Hause gegangen, zu seiner Familie. Sie spürte eine Hand auf der Schulter und drehte sich um. Es war ein ihr völlig unbekannter Mann. Er schaute sie dunkel und theatralisch an und sagte:
»Sie sind meinem Blick keine Sekunde ausgewichen. Ich liebe Sie.«
Oda schaute ihn kalt an und erwiderte:
»Das tut mir leid, denn ich liebe Sie nicht.«
Dann ging sie zu Krohg und sagte, sie wolle gehen. Erstaunt stellte sie fest, daß sich die ganze Gesellschaft auflöste und ihr folgte. Sogar Jæger und Hazeland brachen ihre Diskussion ab und schwankten die Treppe hinunter und auf die Straße.

Draußen war Frost in der Luft und Vollmond. Kristiania schlief. Kristiania träumte. Ein Gespenst verschwand um eine Ecke, und die Boheme begann ihre Zechtour Richtung Karl-Johan. Es gibt Menschen, mit denen alle zusammensein wollen. Oda Engelhart muß ein solcher Mensch gewesen sein. Wie eine Herde folgten sie ihr, aber sie sah es nicht, bemerkte es nicht. Sie ging Arm in Arm mit Krohg und sprach darüber, welches wunderbare Bild das werden könnte, Kristiania im Mondlicht, alle Hausdächer wie Berggipfel hinein ins Unendliche, eine Kirchturmspitze, die die Gleichförmigkeit vertikal durchbrach.
»Ich hasse diese Stadt«, murmelte Jæger hinter ihnen.
Da löste sich Oda aus Krohgs Arm. An einem häßlichen, kahlen Hausgiebel stand eine Feuerleiter und ragte in den Himmel. Oda lief hin und begann hinaufzusteigen. Immer

weiter hinauf ... Sie wollte alles von oben sehen, sie wollte ein Stern werden, Sie wollte den Punkt für den Absprung finden und als brennende Kugel zur Erde stürzen, wollte die Erdkruste zertrümmern und in den Flammen verschwinden. Sie kannte keine Furcht. Und wäre ihr Vater dort oben auf dem Dach gestanden, er hätte sie nicht abhalten können. Sie gehörte dem Wind, den Träumen, dem Unmöglichen. Sie erreichte den höchsten Punkt und streckte die Arme dem Mond entgegen.

Dann schrie sie.

Und niemand hätte sagen können, ob vor Freude oder aus Verzweiflung. Solche Schreie hörte man gewöhnlich nachts im Wald, von einem Tier in höchster Not oder in wildester Ekstase. Und unten auf der Straße standen wie gelähmt ihre Begleiter, voller Angst, was sie wohl vorhatte. Nur Krohg blieb ruhig. Er meinte sie zu kennen. Er meinte zu wissen ... Aber die andern hatten noch nie vorher eine Frau in dieser Weise erlebt. Frauen stiegen nicht auf Leitern. Frauen schrien nicht den Mond an. Die Vernünftigen unter ihnen fanden die Aktion vielleicht etwas theatralisch und übertrieben, aber Jæger, der fanatische Realist, murmelte: »Sie ist einfach die Schönste ... la vraie princesse de la bohème!«

An einem Fenster in der Nähe stand der junge Edvard Munch und betrachtete die seltsame Szene. Mehrmals hintereinander flüsterte er das Wort, er flüsterte:

»O nein ... o nein ... o nein ...«

Während sich die Männer in den Kaffeehäusern trafen, um sich zum Kampf zu rüsten und auf den ersten Zug der Linksregierung zu warten, war Oda Engelhart in ihrem Atelier und arbeitete an ihren Bildern. Sie hatte sich vorgenommen, in der Herbstausstellung des folgenden Jahres zu debütieren. Krohg hielt sie für außergewöhnlich begabt, aber sie mißtraute seiner Objektivität. »Das ist eine Art fixe Idee von ihm, daß ich eine fixe Idee bei ihm werden soll«, sagte sie lachend zu Mimi.

Jørgen Engelhart hatte sein Versprechen gehalten und in die Scheidung eingewilligt. Für sie war es jetzt leichter, ihm und seinen Schwestern zu erlauben, mit Sacha und Ba Kontakt zu haben.

In den Kaffeehäusern verkehrte sie nur ausnahmsweise. Sie meinte, dazu keine Zeit zu haben. Aber mit Krohg traf sie sich fast jeden Abend, und jedesmal waren es neue Leute, die sie unbedingt näher kennenlernen sollte. Krohg war vor allem besessen von Jægers Buch. Am zwölften November erschien Jægers *Vorwort* in dem linken Verlag Huseby & Co, der seine Hände in Unschuld wusch: ›Bei vorliegender Ausgabe besteht keinerlei Zusammenhang mit der Herausgabe des eigentlichen Buches. Wenn wir die Veröffentlichung dieses Vorworts übernommen haben, dann nur zu dem Zweck, unseren Beitrag für eine allseitige Diskussion zu leisten.‹

Oda, die das Manuskript lesen durfte, war nicht besonders angetan von dem Buch. Auf sie machte es einen erstaunlich sentimentalen Eindruck. Sie sah darin auch keinen wirklichen Skandal, nur Selbstzerfleischung. Sie sagte das Krohg, aber der hatte längst seinen Standpunkt *für* das Buch eingenommen, und daran war nicht zu rütteln. Er sah außerdem die Chance für einen Skandal, der Jægers Darstellung weit übertraf. Die Prostitution, zu der Jæger in seinem Buch eigentlich nicht Stellung nahm, war ein konkretes Problem, das im besten Fall zur Brandfackel für die neue Moral werden konnte und die Machenschaften von Polizei und verlogenem Bürgertum entlarven würde. Oda stimmte dem zwar zu, verstand aber nicht, warum Jægers Buch der Startschuß für einen solchen Skandal sein sollte.

Vielleicht verstand sie es ein paar Tage später. Ende November erhielt der Militärarzt Augustus Koren Besuch von einem Mann, der den Roman *Kristiania-Boheme* bekommen hatte, um ihn zu binden. Im Dezember sollte das Buch im Selbstverlag erscheinen. Der Buchbinder gab ihm einige Seiten aus dem ersten Teil des Romans und forderte Koren auf, sich selbst ein Urteil zu bilden. Kurz darauf ging der Militärarzt mit diesen Seiten zum Polizeipräsidenten Hesselberg. Am 2. Dezember leitete Hesselberg die Seiten weiter an das Justizministerium.

Am 11. Dezember erschien der Roman des Parlaments-Stenografen Hans Jæger. Am selben Tag verfügte ein Schreiben des Justizministeriums an das Polizeipräsidium die Beschlagnahme. Die Polizeibeamten mußten rasch handeln. Jæger hatte einige Stunden Vorsprung. Die Subskribenten erhielten ihre Exemplare per Boten zugestellt. Unterstützung erhielt Jæger außerdem von Ludvig Meyer und Fr. Macody Lund, die einen Teil der Auflage auf einem Dachboden in Sicherheit brachten. Jæger leuchtete wie ein Feuer in der Dunkelheit. Endlich geschah etwas, und seine Person war im Mittelpunkt. Nach Jahren der Tristesse, des Wartens, der Tristesse und des erneuten Wartens hatte er es endlich auf die erste Seite der Zeitungen geschafft. Oda sah einen Mann, dem neue Kräfte zuwuchsen, der bereit war, zu kämpfen, der die Stadt mit seinem Skandalbuch in Brand stecken wollte.

»Sie glauben, sie könnten mich aufhalten«, sagte Jæger, während sie die Treppen zu Krohgs Atelier hinaufstiegen. »Aber ich werde das Buch nach einer Weile erneut veröffentlichen, und dann wird es *Weihnachtserzählungen* heißen.

Man versammelte sich, die kleine Schar, die ihn unterstützte. Viele hatten sich inzwischen abgesetzt. Wo waren Munch und die anderen Maler? Wo waren die, die in den Kaffeehäusern am lautesten geschrien hatten? Aber die Übriggebliebenen blieben standhaft. Auch Oda Engelhart, der das Buch eigentlich nicht gefiel, blieb standhaft. Krohg war enttäuscht über den Verrat der Links-Regierung. Oben im Atelier hielten sie eine Grabrede auf Sverdrup und Justizminister Sørensen.

Einige Wochen später gingen Oda und Krohg die Karl-Johan hinauf. Die Luft war schneidend kalt, und es roch nach Rauch. Da sahen sie drüben in Vika Flammen. Ein Haus brannte! Oda sah keinen Grund, sich darum zu kümmern, aber sie wußte, daß Krohg eine merkwürdige Schwäche für

diesen Stadtteil hatte, als lebte dort etwas von seinem Fleisch und Blut und warte darauf, gefunden zu werden.
Sie begleitete ihn bis zur Mellemgate. Eine aufgeregte Menschenmenge starrte in die Flammen. Das Licht flackerte unruhig über die offenen, erschreckten Gesichter. Wonach suchten sie in dieser Gluthitze? Sie hatten in einem Wutanfall Louisas Haus angezündet, weil sie meinten, daß von dort die Ansteckung ausginge. Louisa lief hysterisch zwischen Polizei, Feuerwehr und den neugierigen Gaffern hin und her. Aber nicht auf *sie* hatte Krohg sein Augenmerk gerichtet. Er starrte in eine andere Richtung. Oda folgte seinem Blick und entdeckte an der Ecke zur Vinkelgate eine Frau. Sie war groß und mit breiten Hüften und sie trug einen kurzen, roten Wollrock mit weißen Strümpfen darunter. Ihre schweren Brüste bedeckte eine blaßrosa Nachtjacke, das dichte Haar hing wirr über die Schultern. Oda hörte ihre Stimme klar und deutlich. Sie rief:
»Um Himmels willen! Um Himmels willen!«
Krohg stand unbeweglich und starrte vor sich hin, so als hätte er einen Schock. In dem Moment fiel Oda ein, was die Frau, Krohgs Modell für *Albertine*, erzählt hatte, von der Freundin, die eine solche Angst vor der Polizei hatte, als Hure abgestempelt zu werden, daß sie es fast nicht wagte, sich auf der Karl-Johan sehen zu lassen. Jetzt wußte Oda auf einmal, wer die Frau an der Ecke zur Vinkelgate war.

Am Tag nach dem Brand kam die Frau in Krohgs Atelier, wo Oda und Krohg sie erwarteten. Das sollte der Beginn einer längeren Zusammenarbeit werden. Krohg war nicht wiederzuerkennen. Er war Oda fremd in seiner unterdrückten Wut. Daß dieser liebenswürdige und sonst so robuste Mann wirklich imstande war, zu hassen, überraschte sie.
Die Frau hatte seit langem von Albertines Schicksal gewußt, war aber nicht zu Krohg gegangen, weil ihr die Geschichte zu gewöhnlich erschien, als daß jemand daran Interesse haben könnte. Oda stellte fest, daß die Frau mit dem kräfti-

gen Dialekt des Arbeiterviertels sehr detailliert erzählte. Sie brauchte den ganzen Tag und den Abend, um Albertines Leben im vergangenen Jahr darzustellen. Albertine hatte sich in einen Studenten verliebt, der sich ihr gegenüber sehr aufmerksam und nett verhielt. Er war mit Albertine ausgegangen. Sie konnte sich frei auf der Karl-Johan bewegen, obwohl sie eine Schwester hatte, die eine Weile in Vika wohnte. Die Schwester hatte dann dem Milieu dort den Rücken gekehrt, und Albertine hatte nicht mehr so viel Angst vor der Polizei, obwohl sie merkte, daß man sie beobachtete. Aber eines Abends hatte der Student plötzlich mit ihr Schluß gemacht, und Albertine war völlig vernichtet auf einer Bank sitzen geblieben, ohne an Zeit und Ort zu denken. Da war ein Polizist gekommen und hatte sie verwarnt. Sie wurde aufgefordert, sich am folgenden Tag in seiner Privatwohnung in der Toldbodgate einzufinden. Albertine gehorchte natürlich, und es stellte sich heraus, daß der Polizist sie mit Wein und guten Sachen erwartete. Er machte Albertine betrunken und vergewaltigte sie. Dieser Vorfall war an sich nicht ungewöhnlich, und der Polizist schien zunächst Albertine aufrichtig zu lieben. Sie ihrerseits konnte aber ihren Studenten nicht vergessen und suchte in der Stadt nach ihm. Der Polizist fühlte sich hintergangen und schickte ihr eine Vorladung. Sie hatte sich auf Frederiksborg zu melden, wo sie zusammen mit den anderen Huren von Vika dem Polizeiarzt vorgeführt wurde.
Die Frau erzählte, daß in dem Augenblick etwas in Albertines Kopf zerbrach. Was sie am meisten gefürchtet hatte, war eingetreten. Von allen betrogen, landete Albertine in Vika, und das war, wie die Frau hinzufügte, an sich nicht weiter ungewöhnlich.

Es wurde ein stürmischer Winter. Der Krieg war erklärt. Jetzt mußte man Stellung beziehen. Jæger wurde gleich nach der Beschlagnahme seines Buches als Parlamentsstenograf entlassen. Als er ins Grand kam und die Neuigkeit erzählte, war er bleicher, als Oda ihn je vorher gesehen hatte. Bisher hatte es eher wie ein Spiel ausgesehen. Jetzt war plötzlich Ernst daraus geworden. Welche anderen Arbeitsplätze kamen für ihn in Frage? Krohg seinerseits erzählte das Neueste über Albertine.

»Ich habe angefangen, ein Buch über sie zu schreiben«, sagte Krohg zu Jæger. »Und der Teufel soll mich holen, wenn es nicht genauso kompromißlos und mutig wird wie deines.«

Es eilte. Jægers Fall sollte am 18. Januar vor Gericht behandelt werden. Im Grand saßen sie lange und überlegten sich eine Strategie. Krohg schlug vor, bekannte skandinavische Schriftsteller zu Wort kommen zu lassen: Ibsen, Bjørnson, Kielland, Lie, Garborg, die Brüder Brandes, Nordensvan, Schandorph, Skram, Strindberg, Bang, Levertin, Edgren und Geijerstam. In einer Eingabe an das Gericht bat man darum, zu diesem Zweck 15 Exemplare des Buches freizugeben. Der Gerichtsvorsitzende leitete die Eingabe weiter an die zuständigen Beamten, von denen nach vielem Hin und Her die Ablehnung kam. Ludvig Meyer begann, die Verteidigung zu organisieren. Krohg war der erste Zeuge. Außerdem vorgesehen waren Annæus Schjødt, Irgens Hansen, Andreas M. Hansen, Carelius Fredrik Olsen, Inge Heiberg, Nils Johan Schjander und Arnold Hazeland. Als Zeugen wurden sie befragt, ob der Autor überlegt habe, Teile des Buches zu streichen oder zu ändern. Sämtliche Zeugenaussagen bestätigten, daß Jæger exakt und verantwortungsvoll an dem Buch gearbeitet habe und ständig mit seinen Freunden eventuelle Streichungen diskutiert hatte. Man kenne niemanden, der ernsthafter und wahrheitsliebender sei als der Angeklagte.

Ludvig Meyer zog sich als Verteidiger zurück, als sich herausstellte, daß die 15 Exemplare nicht freigegeben wurden. Meyer wurde wegen ungebührlichen Benehmens in einer Gerichtsverhandlung mit einer Strafe belegt, und Jæger verzichtete völlig auf seine persönliche Verteidigung. Er hatte zugegeben, daß er praktisch identisch sei mit der Hauptperson des Romans, Herman Eek.

In der Zwischenzeit setzten Oda und Krohg alle Hebel in Bewegung, um sich außerhalb der Gerichtsverhandlung für Jæger einzusetzen. Nach Absprache mit Thaulow, der zum Vorsitzenden des Künstlervereins gewählt worden war, erschien Krohg auf einer Versammlung zusammen mit Jæger und verlangte, ihn als Mitglied aufzunehmen. Die älteren, etablierten Künstler fielen fast vom Stuhl, die jüngeren, gesetzestreuen wandten den Blick ab und wollten nichts mit der Sache zu tun haben. Krohg gab nicht auf. Er hatte die Möglichkeiten, einen Gast mitzubringen, deshalb nahm er Hans Jæger auch zur nächsten Versammlung mit. Thaulow und Krohg hatten sich gut vorbereitet. Thaulow stellte die Vertrauensfrage und sagte, daß es zur Auflösung des Vereins führen könne, wenn er wegen dieser Sache gefeuert würde. Jæger müsse als Mitglied aufgenommen werden. Er müsse die rückhaltlose Unterstützung der Künstler erhalten. Das Ergebnis der außerordentlichen Generalversammlung war, daß Thaulow eine klare Mehrheit gegen sich hatte.
In Krohgs Atelier saß Oda und wartete. Als sie unten im Gang erregtes Stimmengewirr vernahm, wußte sie, was passiert war. Die, die jetzt zusammen mit Thaulow und Krohg die Treppe heraufkamen, waren alle aus dem Künstlerverein ausgetreten.
Krohg war in kämpferischer Laune. Der Alkohol, den er mitgebracht hatte, reichte für fünf Polterabende.
»Wir haben sie zerschmettert!« triumphierte er gemeinsam mit Werenskiold. »Übrig sind nur noch eine Handvoll Musiker und Architekten. Die werden verflucht noch mal ihre Freude haben mit ihren ergrauten Düsseldorfern und den senilen Romfahrern. Stellt sie euch vor, jetzt versuchen sie, sich aufzumuntern, so gut sie können, mit Grog und Damenkränzchen, dazu Adolf Hansens Kapelle und andere Vergnügungen!«
Brüllendes Gelächter war die Antwort. Oda kannte diese Ausbrüche und liebte sie, denn das war wie eine Flutwelle, ja mehr als das, es war ein Zukunftsversprechen. Die Boheme

lachte. In der ganzen Stadt konnte man es hören. Sie waren unschlagbar.

Das Urteil über Jæger wurde am 29. April gefällt. In den Wochen davor hatte Krohg verzweifelt versucht, seine Freunde von der Presse zu beeinflussen, darunter den wichtigen Redakteur von *Verdens Gang*, Ola Thommessen. Aber nur die neugegründete sozialdemokratische Zeitung *Vort Arbeide* stand eindeutig auf Jægers Seite. Als das Urteil verkündet wurde, waren alle im Gerichtssaal:

»... mit seiner größtenteils äußerst detaillierten Schilderung hat der Angeklagte immer wieder den körperlichen Verkehr zwischen Mann und Frau dargestellt. Szenen mit Prostituierten in Bordellen und an anderen Orten, unzüchtige Träume und Phantasien sowie Gespräche über sexuelle Themen wurden auf eine Weise wiedergegeben, die die Grenzen des Erlaubten eindeutig überschreitet. Zum Anstößigsten in dem Buch gehören einige Beschreibungen über Versuche, Frauen zu verführen oder, wie es heißt, sie dazu zu bewegen, sich freiwillig hinzugeben, oder genauer, ihnen den Willen dazu beizubringen ... Daß das Buch damit als Gegenstand der Lektüre junger und unreifer Personen bereits durch die Verbreitung, die es erfahren hat, viel Schaden anrichten wird, bedarf keiner näheren Erläuterung. Das Gericht begnügt sich damit, auf die in Bekanntmachungen aufgeführten Stellen hinzuweisen ...« Jæger wurde zu 80 Tagen Gefängnis mit der üblichen Gefängnisverpflegung verurteilt. Dazu kam die Zahlung von 80 Kronen Gerichtskosten.

Am selben Nachmittag saßen Oda und Alexandra im Grand. Alexandra war verlegen:

»Ich mag Jæger ja eigentlich nicht. Aber Frits will ihm unbedingt die Stange halten.«

»Ich mochte ihn auch nicht«, sagte Oda. »Dann gab es eine Zeit, da hat er mich amüsiert, und jetzt ... Jetzt schaue ich auf zu ihm. Erinnerst du dich, was er für ein Ungeheuer war zu Hause in der Grønnegate? Vor fünf Jahren, als er diesen

Vortrag hielt ... Er war für alle das Schreckgespenst. Ein solcher Mann sollte nicht frei herumlaufen dürfen.«
Den letzten Satz hörte Alexandra nicht. Sie schaute hinaus durch die großen Fenster. Dort, auf dem Gehsteig, ging Regierungsrat Lasson vorbei. Demonstrativ drehte er den Kopf weg vom Kaffeehaus.
»Er weiß, daß wir hier sitzen«, sagte Oda und schüttelte den Kopf. »Es wäre für uns alle eine Erleichterung, wenn er endlich den Mut hätte, uns in die Augen zu schauen.«

Während die Männer die nächsten Schritte planten – Anrufung des Obersten Gerichts und Gründung einer Zeitschrift mit den Gedanken der Boheme –, ging Oda in ihr Atelier und malte. Sie liebte diese Stunden alleine. Ständig waren so viele Menschen um sie, wenn nicht Sacha und Ba, dann die Schwestern oder die Boheme. Sie wurde das Gefühl nicht los, daß Krohg sie benutzte, daß sie für ihn mehr Teil seines Programms und nicht Frau an seiner Seite war. Natürlich lag es an der Zeit, den Ereignissen, immer waren Menschen da. Aber er schien für etwas anderes gar kein Bedürfnis zu haben. Sie konnte sich nicht erinnern, wann sie einmal wirklich allein miteinander gewesen waren. Das mußte Monate her sein.
Als der Sommer kam, fuhr sie mit den Kindern hinaus nach Hvitsten, um zu malen. Der Regierungsrat glaubte an eine Umkehr, an ihren Abschied von der Boheme. Krohg erhielt unter keinen Umständen die Erlaubnis, sie zu besuchen. Aber kaum fuhr der alte Lasson für ein paar Tage hinein in die Stadt, da saßen bereits Krohg, Alexandra und Frits Thaulow auf dem Dampfschiff in der Gegenrichtung, und die Boheme hatte Rammebråten für sich.
Rammebråten ... drei Häuser am Fjord. Windgeschützt durch hohe Bäume. Auf dem Grashügel vor dem Haupthaus wildwachsende Blumen. Es war ein Sommer ohne Schwärmerei. Die Tage und Nächte waren erfüllt von Arbeit und neuen Ideen. Während Oda an der Staffelei saß, trafen sich

Jæger und Krohg, um die Zeitschrift *Impressionisten* vorzubereiten. Bevor der Regierungsrat zurückkehrte, verschwanden sie. Krohg saß in seinem Atelier und schrieb und malte Albertines Geschichte, Jæger schrieb seine Verteidigungsrede vor dem Obersten Gericht, Munch, völlig berauscht von Jægers Buch, malte die erste Version von *Am Tag danach*, Frits und Alexandra planten ihre Hochzeit, und Kalle Løchen beschloß, Schauspieler zu werden.

Oda arbeitete an den zwei Bildern für die Herbstausstellung: *Am Kristianiafjord* (Japanisches Licht) und *Mein Junge*. War das eine Flucht? Sie empfand manchmal die Welt der Männer als ziemlich fremd, hektisch und kategorisch. Es war die Zeit der Phrasen, die Zeit der Hauptsätze, und sie hatte das Bedürfnis, ein Wort aus einem Nebensatz zu holen und sich lange damit zu beschäftigen.

Sacha und Ba spielten in ihrer Nähe, wenn sie malte. Oft wurden sie ungeduldig. Dann fing Oda die beiden, nahm sie auf den Schoß und fragte sie um Rat:

»Sagt mal, wie gefällt euch das?«

Sacha betrachtete kritisch die Arbeit ihrer Mutter und erwiderte:

»Ist das nicht ziemlich blau, Mama?«

»Blau!« wiederholte Ba fröhlich. »Blau! Blaublaublau!«

Dann lief sie mit ihnen hinunter zum Fjord zum Baden. Sie bauten Sandburgen und bastelten ein kleines Schiff, daß sie segeln lassen konnten. Der Regierungsrat saß beinahe glücklich auf der Terrasse und schaute zu. Die Vergangenheit kam immer näher. Eines Tages würde er zeitlos sein. Er sagte: »Erinnerst du dich noch an Mama ...«

Oda antwortete nicht. Aber sie erinnerte sich. Und wenn sie Sacha und Ba den Gutenachtkuß gab, hielt sie die beiden besonders lange fest und wünschte sich, von ihnen festgehalten zu werden, von ihnen beschützt und geliebt zu werden als das, was sie war. Noch lange, nachdem die Kinder bereits eingeschlafen waren, saß sie an ihren Betten und strich ihnen über die Köpfe. Wenn eine Fliege an der Fensterscheibe auf und ab kroch, unfähig, den Weg in die Freiheit zu finden, konnte sie stundenlang zusehen. Ergab sich aus dem Weg ein sinnvolles Muster? Lernte die Fliege etwas, wenn sie aufflog und gegen die Scheibe stieß? Nein, sie fiel nur auf das Fensterbrett und begann erneut, nach oben zu krabbeln. Wurde sie nie müde? Wollte sie nie aufgeben? In seltsam schwerer Stimmung öffnete Oda das Fenster, leise, um die Kinder nicht zu wecken, und verfolgte die Flucht des Insekts hinaus in die Sommernacht: Es vollführte eine Art Pirouette und war weg.

3

Boheme gegen Boheme

An dem Tag, an dem Alexandra und Frits Thaulow heiraten wollten, kam Oda zeitig in die Grønnegate, um bei der Vorbereitung des Festes behilflich zu sein. Es sollte ein ganz schlichtes Fest werden, denn die Hochzeit war bürgerlich, wie der Regierungsrat sagte. Aber völlig unbeachtet sollte das Ereignis trotzdem nicht bleiben. Er hatte sorgfältige Nachforschungen auf den Fluren im Storting angestellt und alle wichtige Leute gefragt, was von diesem Thaulow und von diesem Krohg zu halten sei. Das Ergebnis war immer dasselbe: Thaulow war zur Not akzeptabel, denn er war ein Freund von Bjørnson, und Bjørnson seinerseits war kein Freund der Boheme und außerdem inzwischen so national und verläßlich, daß er als moralische Garantie gelten konnte. Krohg hingegen war kein Freund von Bjørnson, dafür aber von Ola Thommessen, ganz zu schweigen von Hans Jæger, der sich durch diese Schreiberei über Sexualität kompromittiert hatte.

»Wir brauchen darüber kein Wort verlieren, Ottilia«, sagte Regierungsrat Lasson. »Krohg kommt mir nicht ins Haus.«

Oda akzeptierte gehorsam. Sie hatte festgestellt, daß jede Diskussion mit dem Vater zwecklos war. Das bedauerte sie sehr, denn es führte unweigerlich dazu, daß sie ihn nicht mehr ernst nehmen konnte. So vieles, was ihr wichtig war, mußte sie vor ihm verheimlichen, und das Verhältnis zwischen ihnen hatte sich auf nichtssagende Höflichkeitsphrasen reduziert.

Sie hatte keine Angst mehr vor ihm. Was sie am meisten gefürchtet hatte, war geschehen, als er sie verprügelte. Der

Rest war Theater, hohle Routine, und so würde es bleiben, bis einer von ihnen nicht mehr konnte und starb.
Zu Hause in der Grønnegate war Alexandra voll damit beschäftigt, die Dienstmädchen anzuweisen. In letzter Zeit hatte sich Oda immer jünger als Alexandra gefühlt. Alexandras Organisationstalent war beeindruckend, alles, was sie machte, schien genau überlegt. Auf unerforschliche Weise hatte *sie* es geschafft, eine Art Beziehung zum Regierungsrat aufrechtzuerhalten. Jetzt erblickte sie Oda und kommandierte sie zum Tischdecken ins Wohnzimmer.
Während Oda drei verschiedene Gläser verteilte, stand die inzwischen elfjährige Betsy in der Tür und musterte sie kritisch.
»Wo ist denn dein Mann?« fragte sie abwartend, als habe jemand versucht, sie hinters Licht zu führen.
»Jørgen meinst du?« Oda lächelte. »Jørgen und ich haben uns getrennt, verstehst du?«
»Ist getrennt vornehmer als geschieden, Ottilia?«
Oda lachte. »Wenn man getrennt ist, das ist wie eine Probe, man versucht herauszufinden, ob man wirklich auseinandergehen will. Geschieden bedeutet, man *ist* auseinandergegangen.«
»Ist Papa von Mama geschieden?«
»Nein, Mama ist tot.«
»Ist Jørgen auch tot?«
»Nein, Betsy, er lebt nur getrennt von mir.«
Betsy fand diesen Dialog idiotisch. »Ich verstehe nicht, warum Leute heiraten, wenn sie dann doch auseinandergehen«, sagte sie. »Wirst du Krohg heiraten?«
Oda erschrak. »Was weißt *du* von Krohg, Betsy?«
»Daß er ein Pups ist.«
Der Regierungsrat kam herein und hörte, was Betsy sagte.
»So etwas sagt man nicht, Betsy«, mahnte er.
Aber Betsy war trotzig. »Du hast es doch selbst gesagt«, antwortete sie störrisch.
»*Ich*? Was dir bloß einfällt.«

»Doch, genau das hast du gesagt! Für dich ist er ein Riesenpups!«
»Das habe ich niemals gesagt.«
»Doch! Du hast gesagt, daß er ein Koloß ist. Mindestens so groß wie Hans Jæger!«
Nun wurde es dem Regierungsrat zuviel. Er packte Betsy, die sich wehrte und schrie, daß sich die Stimme überschlug. Er schleppte sie in einen unbewohnten Teil des Hauses. Oda hörte die sich entfernenden Stimmen. Zuerst den Regierungsrat:
»Ich sage niemals solche Wörter.«
»Du hast sie aber gesagt.«
»Jetzt bekommt du Prügel. Du verdammte Göre!«
»Das ist mir egal!«
Oda lachte laut. Das waren klare Worte. Daß Betsy ihn zwang, in ihrem Sinne gegen die eigene Anschauung zu argumentieren, zeigte, wieviel trotz allem im Laufe dieser Jahre geschehen war. Darüber hinaus freute sie sich, daß Krohg und Jæger auch bei den Kleinen bekannte Namen waren. Der Regierungsrat hatte versucht, die Welt anzuhalten, aber die Welt war widerspenstig wie eine elfjährige Göre.

Die eigentliche Hochzeitsfeier war in zwei Teile aufgeteilt, und das war aus Odas Sicht etwas befremdlich. Zuerst die bürgerliche Trauung, die im Grunde nicht bürgerlich war, weil der Regierungsrat für die Zeremonie, die im Wohnzimmer der Grønnegate stattfinden sollte, einen Priester verlangt hatte. Der Priester war klein und hatte eine gelbliche Gesichtsfarbe. Seine wäßrigen Augen lagen tief in den Höhlen, und er wirkte etwas verrückt. Alexandra und Frits knieten vor dem improvisierten Altar. Oda sah ihre jüngere Schwester, die mit großen Augen dastand. War das Liebe in letzter Konsequenz? Nastinka und ihr Mann wirkten verlegen, und Alexandras Lächeln war ebenso verkniffen und zweideutig wie die ganze Zeremonie. Oda meinte förmlich Jægers spöttische Stimme zu hören: So sieht es also aus, wenn die Boheme heiratet!

Es war ein merkwürdiges Zusammentreffen, daß Jæger am gleichen Vormittag vor dem Obersten Gericht stand und seine Verteidigungsrede vorlas. Die Verhandlung erfolgte unter Ausschluß der Öffentlichkeit, und in der Stadt saßen die Freunde und warteten auf ihn. So unterschiedlich war also die Boheme als Gruppe: zwei der Mitglieder knieten an einem selbstgezimmerten Altar, um das Oberhaupt der Familie nicht zu kränken, während ein drittes Mitglied im Gerichtssaal stand und sagte: »Wer hat nun recht, ehrwürdige Herren? Wer hat nun recht? Entweder die Literatur, die mit ihrer großen zivilisatorischen Aufgabe vor Augen das Leben entlarvt und in all seiner Nacktheit darstellt, wie es ist – oder die Anständigkeit, die die große zivilisatorische Aufgabe liegenläßt und nur verlangt, daß das Leben nach wie vor kaschiert bleiben soll? Wer hat nun recht?«
Sobald das Hochzeitsessen, mit dem sich Alexandra wirklich viel Mühe gemacht hatte, vorüber war, fuhr Oda hinunter in Krohgs Atelier. Krohg wartete mit düsterem Gesicht auf Jæger. Den ganzen Vormittag hatte er an seinem Buch geschrieben, aber in Gedanken war er im Gerichtssaal. Die Hochzeit interessierte ihn nicht. Im Gerichtssaal stand Jæger und sagte: »Der gewaltige Strom der Zeit trägt unseren Willen, *den* können Sie nie erschüttern. Und dann wird es soweit sein, wir werden mit unserer naturalistischen Literatur unser Ziel erreichen. Aber wann? Ehrwürdige Herren – das ist die Frage! Und sollte es geschehen, daß das norwegische Volk diesen kritischen Punkt seiner Entwicklung erreicht, an dem es die Entwicklung selbst in die Hand nimmt, um die bestehenden Verhältnisse umzustürzen und sie durch neue, vernünftige zu ersetzen! Sollte es geschehen, daß das norwegische Volk diesen kritischen Punkt seiner Entwicklung erreicht, noch ehe eine naturalistische Literatur dem souveränen Volk die Einsicht hat vermitteln können, die es einfach haben muß,

um die Entwicklung selbst in die Hand zu nehmen, sollte das geschehen – nun dann, ehrwürdige Herrn, für das Unglück, das daraus entsteht, dafür tragen Sie die Verantwortung, die sie uns in unserer Arbeit behindert haben.«
Als Jæger endlich zusammen mit seinem Anwalt und Freund Ludvig Meyer kommt, ist er betrunken.
»Zum Teufel, ich glaube, ich kotze.«
Aber er kotzte nicht. Er setzte sich zu der kleinen Schar der Freunde. Meyer meinte, Jægers Rede habe Eindruck gemacht. Jæger wiederum war unsicher und mutlos und sparte nicht mit beißender Ironie, als Oda Einzelheiten von der Hochzeit erzählte.
»Frits hat die rechte Hand im Plumpudding und den linken Fuß im Alkohol. Das wird am Ende eine üble Schweinerei.«
»Vergessen Sie nicht, wie beherzt sich Thaulow im Künstlerverein für Sie eingesetzt hat«, sagte Oda scharf.
»Aber das war doch vorhersehbar«, antwortete Jæger. »Frits hängt sein Mäntelchen nach dem Wind, und ihr habt geblasen. Nein, zum Teufel, es ist an der Zeit, einige heilige Gebote zu veröffentlichen, damit die Leute eindeutig zu uns Stellung nehmen können. Nach Hause gehen und sich kirchlich trauen lassen, nachdem man auf den Barrikaden gestanden hat … Pfui.«
»Sie wissen nicht, wie Papa sein kann«, sagte Oda leise.
Jæger starrte sie mit wäßrigen Augen an. »Sie glauben wohl, ich hätte keine Familie? Aber ich habe eine, und ich weiß, was es heißt, mit ihr zu brechen, ich habe den Schmerz und die Angst gespürt, aber ich hatte keine Wahl. Frits und Alexandra – sie sind verdammte Chamäleons.«
In dieser Nacht, als Jæger und die andern gegangen und sie allein waren, las Krohg aus dem Albertine-Manuskript vor. Oda mußte sich konzentrieren, um alles zu verstehen. Dann merkte sie, daß er ihr den Schluß vorgelesen hatte.
»Bist du wirklich fertig?«
Er nickte. Sie sah, wie erschöpft er war. Er hatte in den letz-

ten Monaten wie ein Wahnsinniger gearbeitet, an dem Buch, an Bildern und an Jægers Rechtsstreit.

»Es ist ein komisches Gefühl«, sagte er. »Ich habe dir nie davon erzählt, daß ich mit dem Schreiben anfing, als wir in Belgien waren. Ich wußte damals nicht, daß es *so* abscheulich, so versteckt, so wahrhaftig werden würde. Aber meine Liebe, du weinst ja?«

Ja, sie weinte.

»Dann hast du dich damals damit beschäftigt?« flüsterte sie. »Du träumtest dich zurück nach Kristiania, *dort* wolltest du etwas Abscheuliches und Verstecktes entlarven, während das Abscheuliche und Versteckte im Nebenzimmer passierte. Es drängt mich, mir ein Wort aus deinem Vokabular auszuleihen: Pfui Teufel.«

Krohg war sehr blaß. Er hielt das Manuskript in der Hand und wußte nicht, was er damit anstellen sollte.

»Ich dachte, du wolltest nie mehr darüber reden«, murmelte er.

Sie nahm seine Hand, um zu zeigen, daß sie weder einen Streit noch eine Szene zwischen ihnen haben wolle.

»Du bist so konsequent, Christian«, murmelte sie. »Ich verstehe dich und ich respektiere dich, aber gerade jetzt hättest du etwas anderes zu mir sagen sollen.«

Grand Café, Cognac und Whisky. Oda, Jæger und Krohg und einige andere. Da beugt sich Jæger zu Oda und sagt:

»Kennt hier jemand den Regierungsrat Christian Lasson?«

Oda seufzt. »Ach Jæger, Sie wissen doch genau, daß er mein Vater ist. Können Sie ihn nicht in Ruhe lassen?«

»Man hat mich vom Studium an der Universität ausgeschlossen, verstehen Sie das?«

»Nein, ich finde, das ist gemein.«

»Und jetzt habe ich die Universität verklagt. Laut § 25 der Satzung der Universität ist der ungehinderte Zugang zur Immatrikulation gesetzlich garantiert, wenn man das Examen Atrium bestanden hat. Aber das wissen Sie ja.«

»Warum reden Sie so? Ich mag diesen Ton nicht, er ist sehr böse.«
»Komisch daran ist nur, Frau Engelhart, daß in diesem Rechtsstreit Regierungsrat Lasson die Universität vertritt. Morgen habe ich meine erste Verhandlung. Wollen Sie, daß ich ihm einen Gruß bestelle?«
»Wie gemein! Sie wissen genau, daß das Verhältnis zwischen mir und meinem Vater nicht das beste ist. Im übrigen bin ich nicht verantwortlich für sein, sein, sein ...«
Jæger schaut sie traurig an. »Ach, liebe Frau Engelhart, seien Sie nicht böse auf mich. Sie dürfen wirklich nicht glauben ... Ich bin nur völlig außer mir. Können Sie das verstehen, daß ich außer mir bin?«
»Das kann ich bei Gott. Ich wollte Sie nicht verletzen.«
»Reden wir nicht mehr darüber.«
»Nie mehr?«
»Nie mehr.«
»Aber es ist schlimm für Sie, Hans Jæger. Man hat Ihnen wirklich alles genommen.«

Es hatte geregnet, ein Wolkenbruch überschwemmte die Stadt. Jæger, Oda und Krohg standen in Krohgs Atelier und starrten auf das trostlose Wetter.
»Dann werde ich nicht bei Ihrem Debüt sein können«, sagte Jæger mit einem traurigen Lächeln zu Oda.
Sie nahm seine Hand. »Das macht nichts. Sie haben die Bilder ja gesehen.«
»Und dein Buch?« Jæger drehte sich um zu Krohg.
»Ich schicke dir vielleicht ein Exemplar ins Gefängnis«, antwortete Krohg.
»Warum hast du mir nicht wenigstens ein paar Kapitel gezeigt?«
»Weil du zu stark bist, du könntest mich leicht beeinflussen. Ich wollte es alleine schaffen.«
Die zwei Freunde umarmten sich herzlich. Oda blieb am Fenster stehen und sah die Wolken vorbeitreiben. Sie mein-

te einen Hund auf der öden Straße zu sehen, aber da war nichts, bis plötzlich eine Pferdedroschke um die Ecke bog und vor dem Wohnhaus hielt.
»Ich glaube, es ist soweit«, sagte sie leise.
Sie umarmte Jæger zum Abschied. Er ließ ein kurzes Lachen hören, als wolle er betonen, daß er kein Mitleid brauche. Das Oberste Gericht hatte ihn zu 60 Tagen Arrest verurteilt, das war eine mildere Form der Gefängnisstrafe, und das hatte die Boheme ausgenutzt. Jægers Zelle war ausgestattet mit Schaukelstuhl, Schreibtisch, Wanduhr, Teppich und Gardinen. Die Möblierung hatte Oda organisiert. Sie hatte außerdem für Wandschmuck gesorgt: sechs Bilder waren aufgehängt worden, zwei von Hans Heyerdahl, ein Jæger-Porträt *m/Whisky*, gezeichnet von Olav Krohn, Edvard Munchs *Am Tag danach* oder *Hulda, die zurückgelehnt auf dem Bett liegt*, ein Bild des Todes mit der Sense und ein Bild einer jungen Dame, »die alle kannten«. Der städtische Dienstmann Nr. 44 hatte ein hartes Stück Arbeit gehabt.
Krohg begleitete Jæger ins Gefängnis. Oda blieb am Fenster stehen. Das war Pers Zeit gewesen, Jørgens Zeit, Krohgs Zeit, die Zeit der Kinder, Papas Zeit, die Zeit der Boheme. Jetzt war es Jægers Zeit. Sie fühlte sich etwas müde und fragte sich, ob sie in der Lage sei, zur Herbstausstellung anzutreten.

In den folgenden Tagen war Krohg nervös. Er achtete nicht auf Oda und ihre Ängste vor der Ausstellung, daß sie sich jetzt der Kritik von allen und jedem auslieferte.
»Die Bilder sind doch verdammt gut«, sagte er. »Du hast nichts zu befürchten. Bei mir ist das schlimmer.«
Oda merkte, wie er bei jeder Gelegenheit das Gespräch auf *Albertine* lenkte. Was sollte er machen? Wie sollte er es anstellen, daß das Buch gelesen und eine Beschlagnahmung vermieden wurde? Oda durchdachte nüchtern das Problem und sagte:
»Wer ist in Norwegen dafür zuständig, daß Bücher beschlagnahmt werden?«

»Der Justizminister«, antwortete Krohg.
»Dann würde ich zu ihm gehen und ihm die zentralen Stellen vorlesen. Er wird dir dann schon sagen, wo die Grenzen liegen.«
Das hielt Krohg für eine ausgezeichnete Idee. Am nächsten Tag ging er ins Ministerium. Er las dem Polizeiobermeister Winther die Verführungsszene vor, und er las den Schluß. War das juristisch angreifbar? In diesem Fall sei er bereit, die Ausdrucksweise zu mildern, auch wenn das auf Kosten der Ästhetik ginge. Justizminister Aimar Sørensen erklärte, daß es keine Zensur gebe; ob das Buch beschlagnahmt werde, zeige sich nach seinem Erscheinen.
Krohg fühlte sich beruhigt und ging mit dem Manuskript zu Huseby. Am Abend war er in aufgedrehter Stimmung. Er wollte feiern, im Grand. Oda sagte, sie müsse heim zu Sacha und Ba. Die Kinder hatten in den vergangenen Monaten allzusehr das Nachsehen gehabt.
»Aber sie schaffen das«, sagte Krohg. »Allein zu sein ist nur gut für sie, dann werden sie selbständig. Außerdem wollen wir auch *dich* feiern. Deine zwei Bilder!«
Sie wußte, daß sie nicht entkam. Er war ein Wasserfall, und er nahm sie schnell, ungestüm, wie er sie immer genommen hatte. Als fürchte er, es könnte jemand kommen oder als würde er etwas anderes versäumen. Aber er betete sie an, das spürte sie deutlich bei jedem Mal, wenn er sich auf sie wälzte. Da war ein besonderer Glanz in seinen Augen. Sie fühlte sich dann wie ein bedeutendes Werk von Rembrandt oder von Rubens oder vielleicht von Tizian.

Am 7. November bekam Oda ihre erste Zeitungskritik. Das *Morgenbladet* schrieb: »Frau Ottilia Engelharts *Am Kristianiafjord* (Pastell) ist eine Debüt-Arbeit, die trotz einiger Schwächen vielversprechend wirkt. Die leicht zurückgelehnte, junge Dame, die in abendlicher Dunkelheit auf der Veranda sitzt und träumend über den Fjord blickt, wird stimmungsvoll und ansprechend wiedergegeben.«

Oda sprang auf vor Freude und lief sofort zu Krohg, der beim Frühstück saß und nicht in bester Laune war. Unwillig las er die Zeitung.
»Aha, die Signatur U.E.P.«, sagte Krohg. »Was dieser Dummkopf schreibt, das mußt du nicht wichtig nehmen.«
Oda versuchte ihre Enttäuschung zu verbergen. Ihr fachlicher Respekt vor Krohg war so groß, daß sie nie wagte, ihm zu widersprechen.
»Sieh mal, was sie über *mich* schreiben«, fuhr Krohg unbeirrt fort. ›Das nennt sich also Impressionismus und soll den Augenblick wiedergeben. Aber man darf doch fragen: Wann und für wen hat Gottes schöne Natur einen so schmutzigen Eindruck hervorgebracht, einen solchen Eindruck von Formlosigkeit und Farbenchaos? *Solskinn*, ein Bild des Künstlers, ist von dieser Art. Es ist ein erhebender Gedanke, sich vorzustellen, daß Herr Krohg tätig ist als Lehrer einer Malerschule, in der seine Schüler vermutlich angewiesen werden, den Forderungen der Kunst auf dieselbe oberflächliche Weise zu genügen.‹«

Die nächste Kritik im *Morgenbladet* erschien eine Woche später. Da stand: »Ottilia Engelharts *Mein Junge* sieht aus wie ein Scherz: Ein phantasievoll gekleideter Junge hält mit einem ratlosen Gesichtsausdruck die Hände hinter dem Rücken, vermutlich, um den Rest des Spielzeugs zu verstecken, das man ihm gemeinerweise genommen hat, um es für den Rahmen zu verwenden, der mit Flöte, Trompete, Zinnsoldaten etc. verziert ist. Als Probe für Frau Engelharts künstlerische Begabung ist dieser Spaß ohne Interesse oder Bedeutung.«
Diese Rezension verletzte Oda tief. Sie schaffte es nicht, Krohg den Artikel vorzuenthalten, obwohl sie sich geschworen hatte, es zu tun.
»Das schreiben sie, weil ich getrennt lebe. Man hat Freude daran, mich zur schlechten Mutter zu stempeln, die ihren Kindern die Spielsachen wegnimmt, ebensogut hätte man behaupten können, ich würde sie nicht anständig ernähren, so schmächtig und kränklich, wie der Junge aussieht.«

»Liebe Oda«, sagte Krohg väterlich. »Du darfst das nicht so verdammt ernst nehmen. So läuft es nun mal in dieser verdammten Kleinstadt.«
Sie legte ihm die Arme um den Hals: »Können wir nicht einfach weggehen? Bitte, Christian, ich habe das Gefühl, hier erwürgt zu werden.«
»Später«, tröstete er, »wenn das Buch erschienen ist und die Bilder ausgestellt sind. Du darfst außerdem nicht vergessen, daß es verdammt viele gibt, die deine Bilder *lieben*, das hast du selbst gehört.«
»Was hilft das?« sagte Oda und schüttelte den Kopf. »Man stempelt mich zur Rabenmutter. Man kritisiert mich, nicht meine Bilder.«

In der Nacht erwacht sie, starr vor Schreck. Ist sie wieder schwanger? Sie betet zu Gott, es möge nicht wahr sein. Nein, es ist nicht wahr, jetzt weiß sie, warum ihr übel ist, sie hat etwas Falsches gegessen. Sie hört Ba nebenan im Schlaf wimmern. Warum ist es hier immer so kalt? Sie friert ständig, auf der Straße, in den Ateliers, in den Kaffeehäusern, im Bett, wenn Krohg sich weg von ihr auf seine Seite wälzt. Dann kommt Per zu ihr. Er kommt immer, wenn sie so liegt, und er lächelt das geheimnisvolle Lächeln.
Sie flüstert: »Wo bist du, Per?«
»Ich bin hier, dicht bei dir.«
»Du fehlst mir.«
»Das kommt davon, daß ich nicht hier bin.«
»Du widersprichst dir, Per, und trotzdem verstehe ich dich. Wir haben uns immer verstanden, nicht wahr?«
Er antwortet nicht, er verschwimmt, verschwindet, und Oda fällt in einen tiefen Schlaf. Ihr träumt, daß sie einen nackten Körper liebkost, er gehört einem Mann, den sie sehr gut kennt.
Sie vertraut ihm, denn er hat kein Gesicht.

Christan Krohgs Buch *Albertine* erschien am Montag, dem 20. Dezember 1886, und wurde am folgenden Tag von der Polizei beschlagnahmt. Gleichzeitig kam die erste Nummer des *Impressionisten* heraus. In den letzten Wochen vor Erscheinen war Krohg schier unansprechbar gewesen. Odas Befürchtung, sie könnte schwanger sein, erwies sich einige Tage später als unbegründet. Sie ging zu Krohg, um ihm das mitzuteilen, aber er hatte noch nicht einmal gemerkt, daß sie sich Sorgen gemacht hatte. Jetzt sei keine Zeit für Privates, erklärte er.

Krohg besuchte Jæger fast täglich im Gefängnis. Manchmal kam Oda mit, aber sie hatte nichts davon, denn die Gespräche der Männer betrafen nur ihre Angelegenheiten. Sie redeten über Druckkosten und Schrifttypen. Gefielen Jæger überhaupt die Möbel, die sie organisiert hatte? Hinter Jægers kleinen, runden Brillengläsern hatte sie plötzlich entdeckt, was seine Augen ausdrückten. Hier waren eine Einsamkeit und eine Trauer, so groß, wie sie das noch bei keinem anderen Menschen gesehen hatte. Diese Entdeckung erregte sie, machte sie neugieriger auf ihn als je zuvor. Sie wußte instinktiv: Dieser Mann war ein Fanatiker und keine Konstruktion.

Er hatte Geschwüre am Mund, sie wußte, daß er krank war, aber den Ekel, den viele vor ihm empfanden, konnte sie nicht teilen. Er war ihr gegenüber immer sehr aufmerksam, sobald er Krohgs intellektuellem Bombardement entfliehen konnte. Jedesmal, wenn sie das Gefängnis verließ, empfand sie ein merkwürdiges Gefühl des Verlustes.

Jæger wurde aus dem Gefängnis entlassen, bevor man *Albertine* beschlagnahmte. Die Boheme konnte vereint kämpfen. Zunächst sah es vielversprechend aus. Als die Beschlagnahme endlich in Gang kam, waren bereits über 800 Exemplare verkauft. Von den 1600 Stück der ersten Auflage landeten nur ein paar hundert beim Justizminister. Und dann meldete sich die Presse. Schon vor Erscheinen hatte Chefredakteur Thommessen das Buch zu einem Kunstwerk erklärt. Das war eine indirekte Warnung an seinen einstigen guten Freund, den Ministerpräsidenten Sverdrup.

»Schau mal, was sie schreiben!« sagte Krohg zu Oda. Er hatte die Zeitungen noch nie so gründlich gelesen. Bekannte Namen wie Arne Garborg, Olaf Huseby, Margrete Vullum, Gina Krog und Ragna Nielsen starteten einen Frontalangriff auf die Regierung Sverdrup. Aus Dänemark schrieb Georg Brandes einen offenen Brief an Krohg: »Die Beschlagnahme wundert mich nicht. Nichts derartiges wundert einen Dänen. Die paar Menschen hier im Norden, die eine Liebe für freie Literatur und freie Kunst haben, sind und werden noch lange in der Gewalt von Halbgebildeten sein. Ihr seid ruhiggestellt wie wir. Ob die Halbbildung aus der linken oder der rechten Ecke kommt, das spielt keine Rolle. Sie ist überall gleich.«

In Krohgs Atelier waren ständig neue Menschen. Oda stellte fest, daß diese Beschlagnahme es leichter machte, Partei zu ergreifen, als das bei Jæger der Fall war. Krohg hatte trotz allem eine Position als Maler. Außerdem war er mit allen befreundet. Oda beobachtete ihn aus einer Ecke des Zimmers, sah, wie er all die Beweihräucherung genoß, all die Jungen, die kamen und ihre Unterstützung bekundeten. Er umarmte jeden, trank mit ihnen, plante die neue Zeit mit ihnen. Da kam Jæger und setzte sich neben sie. Im Gefängnis war es ihm gutgegangen, und er sah gesund und frisch aus.

»Ihnen gefällt das Buch auch nicht, oder?« sagte er.

Sie starrte ihn verwundert an.

»Aber sicher gefällt es mir. Was meinen Sie?«

»Das ist kein Naturalismus. Die Geschichte ist nicht wahr. Krohg kennt diese Menschen gar nicht. Er hat nur gedichtet.«

»Aber lieber Jæger, er hat doch ein Modell gehabt, das wissen Sie ganz genau, und daß die Geschichte wahr ist …«

»… das bezweifle ich nicht, Frau Engelhart. Igitt nein. Schauen Sie jetzt Krohg an, er hat einen ganz roten Kopf, und er umarmt alle. So engagiert *er* sich. Eine Paradenummer, ein sogenanntes Kunstwerk, aber die Wahrheit, Frau Engelhart, die *Wahrheit, die Wirklichkeit*, darin besteht das Programm des Naturalismus. Warum hat er denn keinen Roman über seinen Aufenthalt in Belgien geschrieben? Gab es da nichts, worüber er hätte schreiben können?«

Oda schloß die Augen und legte den Kopf zurück.

»Ich finde, Sie sind gemein.«

»Frau Engelhart!« Jæger war so eindringlich, daß Oda die Augen öffnen und ihn ansehen mußte. »Sie wissen, daß ich Sie nie habe kränken wollen. Und die Möbel, die Sie mir ins Gefängnis gestellt haben ... Sie sollen wissen, daß ich ich ich ...«

»Nichts mehr sagen, bitte. Ich bin froh, daß Sie das gesagt haben, aber ich bitte Sie, Belgien nicht mehr zu erwähnen. Ich mag Belgien nicht.«

»Das geschah wirklich ohne jeden Hintergedanken, liebe Frau Engelhart. Mir ist nur aufgefallen, daß Krohg die Prostituierten nicht kennt. Er hat sie gemalt, das schon, aber die Nacht über bei ihnen in Vika zu bleiben, das hätte er nie gemacht.«

»Aber Sie haben das gemacht?« Oda lachte.

»Ja. Sie wissen sicher, daß man mich allgemein als Infektionsträger verdächtigte, daß ich die Schuld tragen sollte an dem Elend in Louisas Haus?«

»Das ist sehr interessant.«

»Ja, finden Sie nicht? Ich habe übrigens Ihre Bilder nicht vergessen. Ich finde sie sehr schön. Besonders das japanische Licht ist sehr schön. Sie sollten sich nicht von Krohg niedertrampeln lassen.«

»Aber er trampelt mich gar nicht nieder. Er tut alles, um mich voranzubringen.«

»Auf seine trampelnde Weise, ja. Ist Ihnen nicht aufgefallen, daß Krohg sich allen Menschen gegenüber gleich benimmt? Entweder ist er liebenswürdig oder er brummt, und jedesmal benutzt er dieselben Redensarten.«

»Ich finde, Sie sollten nicht so über ihren besten Freund reden.«

»Ich kann mir das Gesprächsthema nicht aussuchen, Frau Engelhart, ich muß die Wahrheit sagen. Sie müssen wirklich entschuldigen.«

Krohg gesellt sich zu ihnen.
»Worüber redet ihr denn?«
Whisky. Er gießt Whisky in die Gläser. Es ist Weihnachten, und die Gläser müssen voll sein. Munch kommt sicher auch gleich.
»Dein Buch, Krohg.« Jæger schaut ihn an. Er setzt sich.
»Ja?« Krohg verhält sich abwartend. Oda ergreift das Wort.
»Ihm gefällt es nicht, Christian. Er meint, es sei nicht naturalistisch. Jæger ist sehr wahrheitsliebend, wie du weißt. Vielleicht ist das manchmal etwas anstrengend.«
»Was gefällt dir nicht daran?«
Krohg hat große, wäßrige Augen und ist sehr rot im Gesicht. Er hat die letzten Nächte nicht geschlafen. Er ist aufgeblieben und hat mit wichtigen Leuten über sein Buch gesprochen.
Jæger versucht, freundlich zu sein.
»Du hast ein Modell genommen, dann hast du eine Geschichte gehört, und schließlich hast du dir die Wahrheit zusammengedacht. Diese Mor Kristiansen – was zum Teufel weißt du von der Nordbygata und den Stadtvierteln dort? Dein Vater war ein königlicher Beamter, und du hast deine Kindheit im Lille Parkvei verbracht. Was soll also der Quatsch, über das Leben in der Nordbygata zu schreiben, wohin *du* nie einen Fuß gesetzt hast?«
Krohg zwinkert unglücklich mit den Augen. Munch tritt zu ihnen.
»Worüber redet ihr?«
»Über Krohgs Buch.«
»Nein, über den Naturalismus.«
»Vielleicht hast du recht«, sagt Krohg. Er legt Jæger einen Arm um die Schulter.

»Aber greife mich jetzt nicht an. Mußt du immer die Leute angreifen?«
»Thommessen hat geschrieben ...«
»Ja, ja, das wissen wir.«
»Ist hier noch Alkohol?« Munch blickt sich um. Oda reicht ihm ihr Glas.
»Trinken Sie, lieber Munch. Wo haben Sie denn die ganze Zeit gesteckt?«
»Ich habe gearbeitet. Es ist sehr schwierig, aber ich glaube, es könnte sehr gut werden. Ich würde Ihnen so gerne ein Bild schenken.«
Krohg ist begeistert. »Ja, eine gute Idee. Schenk ihr ein Bild.«
Oda lacht. »Ich male inzwischen selbst Bilder.«
Munch wendet sich brüsk ab. »Ich meinte es ernst.«

23. Dezember. Am hinteren Tisch im Grand. Jæger und Munch, Krohg und Oda, vielleicht Gunnar Heiberg, zurück aus Bergen.
»Sie sind sicher gestern gekommen«, sagt Oda. »Ich glaube, sie sind jetzt in der Grønnegate, feiern mit Papa Weihnachten.«
»Frits und Alexandra? Das klingt fast wie deutscher Baron mit russischer Zarin.«
»Sie werden in Grini wohnen.«
»So weit draußen? Haha. Die Boheme erobert die Tannenwälder.«
Oda schaut Jæger an, kopfschüttelnd.
»Was sind Sie für ein Spaßvogel.«
»Ich habe einen Brief von Amalie Skram bekommen«, sagt Krohg.
Heiberg hat den Kopf im Glas, aber er murmelt plötzlich.
»Skram ist mit Bjørnson befreundet.«
»Sie schreibt, mein Buch sei eine Perle der Literatur. Sie stellt mich fast auf eine Stufe mit Dostojewski.«
Jæger lacht.

»Fast ... das ist wahrlich ab und zu ein sehr präzises Wort.« Heiberg schaut Krohg und Jæger an und fragt:
»Warum seid ihr eigentlich so schrecklich gute Freunde?«
»Wir haben diese Zeitschrift. Hast du sie gelesen?«
»Nein, ich will Weihnachten feiern. Außerdem bin ich mit dem Theater beschäftigt. Du hast keine Ahnung, wie es wirklich in Bergen zugeht.«
»Ich werde *Albertine* im *Impressionisten* besprechen«, sagt Jæger.
»Natürlich.« Krohg hebt das Glas und will allen zuprosten. »Ich werde genau lesen, was du schreibst. Es ist durchaus möglich, daß du recht hast, daß ich tatsächlich den Naturalismus verraten habe.«
»Kein Wort mehr«, sagt Oda. »Jetzt wird es ekelhaft. Wo haben Sie vor, Weihnachten zu feiern?«
Sie sieht Jæger an.
»Ich? Ach, ich weiß da einen Weihnachtsbaum ...«
»In ihrer Bude, meinen Sie?«
»Ja, vielleicht. Ich habe nicht viel Geld.«
»Haben Sie denn keine Familie?«
»Mein Bruder ist in Ålesund. Wobei das mit der Familie für mich eigentlich passé ist.«
»Aber Bergen«, sagt Heiberg düster. »In Bergen gibt es doch Weihnachten in Hülle und Fülle.«
»Wir drucken etwas über Familienzerrüttung!« sagt Krohg. Er ist völlig überdreht vor Begeisterung. Oda sagt nachdenklich: »Warum sind Sie eigentlich so verbittert, Jæger?«

Krohg feiert Weihnachten mit der Tante und den Schwestern in der Pilestrede. Oda ist mit Sacha und Ba in der Grønnegate. Sie ist von ihrer kleinen Wohnung in das Elternhaus geschlittert. Es war sehr glatt. Sie sah ein Pferd, das stürzte. Bei Tisch erzählt Frits vom Ausland. Sie seien an vielen interessanten Orten gewesen, versichert Alexandra. Die Kleinen haben Geschenke bekommen, seltsame Tiere und Bilderbücher.

»Willst du nicht noch etwas essen, Ottilia?«
»Nein danke, ich bin nicht hungrig.«
Frits ißt. Er kann viel vertragen.
»Wie geht es Krohg?«
»Papa mag nicht, wenn wir über ihn reden.«
»Aber nicht doch, redet nur. Momentan steht ja täglich etwas über *Albertine* in den Zeitungen. Nach meiner Auffassung muß er vor Gericht.«
»Hast du das Buch gelesen?«
»Nein, aber die Sache ist doch eindeutig, Ottilia. Man schreibt nicht über Polizeibeamte …«
»… die unsittlich sind?«
»Genau. Aber Frits, was ist mit deinem Cello?«
»Alles bestens. Ich habe ein deutsches im Ausland gekauft.«
Bokken kichert. »Kann man Deutsche kaufen?«
»Ein deutsches Cello, mein Kind. Und ich habe gehört, daß du eine wunderbare Stimme hast, liebe Bokken. Singst du uns vielleicht etwas vor, nach dem Essen natürlich?«
»Natürlich.«
Oda hört nicht mehr zu. Sie denkt an Jæger und den Weihnachtsbaum.

Nach den Weihnachtsfeiertagen ging der Kampf wieder los. Garborgs *Mannfolk* erschien, wurde aber nicht beschlagnahmt. Der Roman kritisiert zwar die Sexualmoral, nicht aber unsittliche Polizeibeamte. Oda versuchte zu malen, fühlt sich aber wie nach einer Gehirnwäsche. Sie sieht nur Prostituierte im Wartezimmer des Polizeiarztes. Überall Albertine, auf der Straße, in den Zeitungen. In Krohgs Atelier geschieht folgendes:
»Ich liebe dich, Oda. Mein Gott, wie ich dich liebe.«
»Aber wenn etwas passiert! Ich habe eine solche Angst, noch ein Kind, hast du nicht so einen Gummi? Oder eine von diesen Spritzen?«
»Das ist alles nicht hundertprozentig sicher. Du meine Liebe!«

»Ja …«
»Weißt du, daß Albertine begriffen hat, daß sie Albertine ist?«
»Aber *ich* bin *nicht* Albertine.«
»Ich meinte doch nur.«
»Kannst du nicht über etwas anderes reden, wenigstens in diesem Augenblick?«
»O Gott, wie ich dich liebe, Oda.«
»Ja, ich heiße Oda.«
»Du bist so wunderbar zu mir. Ich möchte dich malen, wenn ich mit Albertine fertig bin.«
»Schon wieder ihr Name. Warum gehst du nicht einfach zu ihr? Sie ist sicher sehr verführerisch.«
»Aber Oda.«
»Ich meine das ernst. Mir macht es nichts aus.«
»Dir macht es wirklich nichts aus? Jetzt zerstörst du alles.«
»Ich bin einfach mit mir selbst nicht eins.«
»Aber ich liebe dich, verstehst du das nicht?«
»Doch, hast du eine Zigarette? Ich habe eine unbändige Lust auf eine Zigarette.«

Silvester, Neujahr 1887. Eine Frau fühlt sich einsam. Vielleicht merkt sie es nicht einmal, als sie mit den Freunden auf dem Balkon irgendeiner Wohnung steht. Der Toddy wird durch Champagner ersetzt und später durch Absinth. Es knistert und kracht am Himmel. In einer Ecke steht der Chefredakteur von *Verdens Gang*, Ola Thommessen, und diskutiert mit Krohg über *Albertine*.
»Prost Neujahr«, sagt Jæger und stellt sich neben Oda.
»Ach, Sie sind es? Dann kommen Sie sicher wieder mit irgendeiner Ihrer Ideen und wollen sie mir aufschwatzen?«
»In *Ihrer* Gesellschaft, Frau Engelhart, rede ich über alles gerne, nur nicht über Ideen.«
»Ich mag Sie nicht, weil Sie Krohg nicht mögen. Sie halten ihn nicht für prinzipientreu.«
»Ich schätze ihn außerordentlich, Frau Engelhart. Es ist nur

einfach so, daß wir hier in der Stadt ständig in einem Atemzug genannt werden.«
»Warum unterstützen sie ihn jetzt nicht, so wie er Ihnen geholfen hat?«
»Schauen Sie doch nur hin zu ihm. Finden Sie nicht, daß er genügend Unterstützung bekommt?«
»*Morgenbladet* und *Aftenposten* machen ihn einen Kopf kürzer. Wenn Sie wüßten, was mein Vater … «
»… sagt? Sie haben sicher vergessen, daß ich ihn vor Gericht treffe?«
»Das habe ich nicht vergessen. Ich denke jeden Tag daran. Fast jeden.«
»Haben wir nicht abgemacht, nie wieder darüber zu reden?«
»Sie können reden, was Sie wollen. Es verletzt mich nicht.«
»Ich mag ihn.«
»Das meinen Sie nicht ernst. Bitte jetzt keine Gemeinheiten.«
»Aber Frau Engelhart, ich meine es ernst. Er gleicht Ihnen, oder Sie gleichen ihm. Wissen Sie das nicht? Was er sagt, ist natürlich Bockmist, aber er gehört ja auch einer vergangenen Zeit an. Es sind seine Augen und die Tatsache, daß er daran mitgewirkt hat, daß *Sie* auf dieser Welt sind.«
Sie nimmt rasch seine Hand, und bevor sie vom Balkon ins Zimmer geht, sagt sie:
»Wissen Sie, Hans Jæger, diesmal waren Sie wirklich nett.«

Gegen Krohg wurde Anklage erhoben, wegen krimineller Schriften. Die sozialdemokratische Vereinigung berief für den 4. Januar eine Versammlung im Turnsaal in der Maribogate ein. Oda saß zwischen 700 Menschen und stellte fest, daß nicht nur die Rebellen aus dem armen Westteil der Stadt Krohg unterstützten. Die Leute waren wütend. *Albertine* betraf sie. Der Vorsitzende des Vereins, Korbflechter Jeppersen, erbot sich, als Führer einer Abordnung zu Ministerpräsident Sverdrup zu gehen. Dort wollten sie verlangen, die Beschlag-

nahme aufzuheben. Oda fuhr nach Hause in ihre Wohnung. Sie hatte andere Sorgen, z. B. daß sie fast kein Geld mehr hatte. Konnte sie auf diese Weise weiterleben? Krohg zahlte verschwenderisch und sagte, er verkaufe Bilder, aber Weihnachten war er pleite, und jetzt malten seine Schüler Bilder für ihn, die er unter seinem Namen verkaufte.
Am nächsten Tag kam Krohg. Es war früher Vormittag.
»Sie sind dort gewesen«, sagte er theatralisch.
»Wer?«
»Die Abordnung. Sie waren bei Sverdrup, dem Politiker, auf den wir alle unsere Hoffnungen setzten, Vertreter der neuen Linken. Weißt du, was er gesagt hat?«
»Nein.«
»Er sagte: ›Mein Herr!‹«
»Mein Herr?«
»Ja, verstehst du denn nicht? Jeppersen wurde abgewiesen! Sverdrup wedelte mit seinem Kneifer. Die Angelegenheit sei Sache des Justizministeriums, sagte er.«
»Abscheulich.«
»Schau mal, was Thommessen heute schreibt: ›Johan Sverdrup hat mit diesem Vorgehen mehr von der Liebe und Achtung des norwegischen Volkes verspielt, als er jemals wird wiedergewinnen können.«
Oda lachte. »Schön ausgedrückt.«
»Ich bin so froh«, sagte Krohg.
»Du bist *froh*? *Darüber*?
»Ja.« Krohg schaute sie zufrieden an und zog sie an sich.
»Jetzt geht der Kampf wirklich los, verstehst du? Machst Du mit?«
Sie strich ihm über den Kopf und beschloß, die finanzielle Situation nicht zu erwähnen.
»Selbstverständlich, Christian. Selbstverständlich mache ich mit.«

Oda stand mitten in dem Gewimmel. Sie hatte noch nie so viele Menschen gesehen. Der Marktplatz war voll. Es war

der 16. Januar und bitterkalt. Aufgeregt kam Christian Krohg zusammen mit Ola Thommessen zu ihr.
»Stell dir vor, Oda, wir haben zwanzig Fahnen gezählt! Alle Arbeiterorganisationen sind hier. Das ist wirklich die Stimme des Volkes!«
Jæger kam mit einem seltsamen Lächeln in den Augen.
»Sie sagen jetzt nichts!« ermahnte ihn Oda.
»Aber ich bin sehr glücklich, Frau Engelhart«, sagte Jæger ernst.
»Das ist der größte Sieg der Boheme.«
Jæger nickte.
»Wenn das Volk auf unserer Seite ist, riecht es nach Revolution.«
»*Sie* wollen natürlich Ministerpräsident werden?«
Jæger war ganz ernst, als er antwortete:
»In meiner Gesellschaft würde es weder eine Staatsmacht noch ein Finanzwesen geben, Frau Engelhart.«
Krohg legte Jæger den Arm um die Schulter.
»Das ist *dein* Sieg, lieber Freund. Du hast mit deinem mutigen Buch den Weg geebnet. Wir werden das nicht vergessen.«
»Nicht? Ich dachte, das sei längst vergessen.«
Oda blickte sich um. Sie fand es wunderbar. An allen Fenstern standen Menschen. Thommessen hatte mit einem der Organisatoren gesprochen. Jetzt kam er zurück und sagte:
»Man nimmt an, daß hier fünftausend Menschen sind!«
Fünftausend Menschen? Für Oda eine schwindelerregende Zahl. Der Zug setzte sich in Bewegung Richtung Stiftsgården. Es herrschte eine feierliche, ernste Stimmung. Man wollte den feinen Bürgern zeigen, daß man nicht der Kristiania-Mob war, daß die Volksseele weder vulgär noch dumm war. Ein Vortrupp erreichte den Stiftsgården, und die Abordnung ging hinein. Diesmal empfing der Ministerpräsident die Gruppe. Die Anklage des Justizministers bezog sich auf die Verführungsszene in der Wohnung des Polizeiobermeisters Winther, die Untersuchung beim Polizeiarzt und den letzten

Abschnitt. Die Abordnung verlangte, das Verbot aufzuheben und die Anklage zurückzuziehen. Sverdrup versprach, darüber nachzudenken.

Dann kam der Hauptzug. Der Stiftsgården lag jetzt dunkel und zurückgezogen da, die Gardinen waren geschlossen. Wo war Sverdrup? Wollte er nichts sehen? Krohg und Thommessen redeten erregt miteinander. Oda spürte Jæger dicht neben sich, aber es war schwierig, in diesem Gedränge ein Gespräch zu führen. Die Antwort auf die Resolution der Arbeiter lautete, daß sowohl das Verbot wie die Anklage bestehenblieben. Mit gesenkten Fahnen passierte der Zug den Stiftsgården.

»In einem Jahr ist Sverdrup abserviert«, flüsterte Jæger heiser.

Oda sah, daß er entsetzlich aufgeregt war. Sein Gesicht war feuerrot.

In Odas Erinnerung blieb nur ein sehr strenger Winter. Nach ihrem Debüt fühlte sie sich leer und ausgelaugt. Der Fall *Albertine* hatte alle viel Kraft gekostet. Dazu die Zeitschrift *Impressionisten.* Niemand hatte Geld. Jæger focht seinen Fall gegen die Universität aus, aber das zog sich hin. Eines Tages im Grand überwand sich Oda und fragte:

»Sagen Sie, Jæger, ist Papa schlimm zu Ihnen?«

»Schlimm zu mir?« Jæger lachte. Er fühlte sich in Kampfsituationen besonders wohl. »Nein, er redet meistens über meine Gesinnung.«

»Was meinen Sie damit?«

»Die Universität hat eindeutig das Recht, Studenten auszuschließen, die sich vorsätzlich durch Trunkenheit, unanständige Lebensführung oder andere studentische Entgleisungen hervortun.«

»Überprüft er Ihren Alkoholkonsum?«

»Nein, das nicht. Vor Gericht trinke ich nie. Konkrete Tatsachen interessieren den alten Lasson weniger. Er versucht nachzuweisen, daß ich moralisch verdorben bin, daß sich

meine Person in völliger Auflösung befindet. Das verschafft ihm eine besondere Befriedigung: Ausschluß auf Lebenszeit.«
»Was sagen Sie da?«
»Entweder muß ich zu Kreuze kriechen und auf Gott und die Moral schwören, ansonsten kann ich der bürgerlichen Bildung Adieu und auf Wiedersehen sagen.«
Oda fiel es schwer, die absurde Situation zu akzeptieren, und in der Grønnegate war es verboten, darüber zu sprechen. Deshalb mied sie das Elternhaus. Sie versuchte, regelmäßig im Atelier zu arbeiten, aber der Anblick leerer Leinwände versetzte sie eher in Panik. Wo waren die Farben? Wo waren die vermaledeiten Motive? Sie sah nur Krohgs massigen Körper, die gesenkten Gewerkschaftsfahnen vor Sverdrups Haus, Hans Jægers nervösen Blick. Natürlich könnte sie das malen, unter anderen Umständen. Momentan ging es ihr zu nahe.
Krohgs Verhandlung kam und damit auch ihre. Oda merkte, daß er sie in allen öffentlichen Angelegenheiten brauchte. Seine beinahe hysterische Freundschaft mit Jæger führte bei ihm zu einer tiefen Verunsicherung. Denn von Jæger erhielt er nie die Rückmeldung, die er brauchte. Alleine mit Krohg sagte Oda:
»Wie dumm von Jæger, so einen Unsinn über *Albertine* zu schreiben.«
Krohg schüttelte ärgerlich den Kopf. »Du hast ihn nicht verstanden, Oda. Er ist absolut kompromißlos, sein Anspruch ist sehr hoch.«
»Aber es sieht so aus, als wolle er dir schaden.«
»Hans Jæger? Niemals. Dann hast du nichts begriffen. Für Jæger gibt es keine persönlichen Sympathien oder Antipathien, nur die Sache zählt, die strenge Logik.«
»Demnach bin ich wohl eine Sache für ihn?« protestierte Oda. »Ich dachte ehrlich gesagt, er würde etwas für mich empfinden.«
Krohg machte eine wegwerfende Handbewegung. »Natür-

lich ist auch Jæger irgendwo ein Mensch, aber in erster Linie ist er ein Denker, ein fanatisches Gehirn, das nie den Gefühlen freien Lauf läßt.«

»Wirklich nie?«

Krohg schüttelte den Kopf.

»Nie.«

Oda holte tief Atem. Sie war davon überzeugt, daß Krohg sich irrte. Die Männer glaubten so sehr an ihre Angelegenheiten, an den heiligen Kampf, den sie führten. Die Logik war ihr treuer Gefolgsmann. Die Logik würde sie immer vor kleinlichen Intrigen, Klatsch und bürgerlichen Vorurteilen bewahren. Sie spürte ein seltsames Erröten auf ihren Wangen. Sie war davon überzeugt, daß sie sich irrten.

Am 10. März 1887 war die Urteilsverkündung. Krohg wurde zu einer Geldstrafe von 200 Kronen verurteilt, zuzüglich 100 Kronen Gerichtskosten. Gegen das Urteil wurde sofort beim Höchsten Gericht Berufung eingelegt.

Oda sah, daß Krohg merkwürdig zufrieden war, als er einige Stunden später im Grand saß. Es war ein seltsames Urteil, ein nichtssagendes Urteil. Jæger vereinnahmte es für seine eigenen Ansichten. *Albertine* sei nun mal zahnlos und ungefährlich, ein aufgeblasener Ballon, nur die lausige Geldstrafe von ein paar Kronen wert. Er dagegen hatte im Gefängnis büßen müssen!

»Auf einer Chaiselongue«, lachte Oda.

Aber Krohg stimmte Jæger zu.

»Wahrlich ein lausiges Urteil, aber beim Obersten Gericht zeige ich es ihnen. Entweder, oder!«

»Freispruch oder hundert Tage bei Wasser und Brot!«

»Schadenersatz oder drei Jahre im Steinbruch!«

»Ehrengehalt oder Todesstrafe!«

Die Stimmung war immer exaltiert, wenn sie sich trafen, und sie trafen sich täglich.

Am selben Nachmittag fuhren Krohg und Oda zu den Ausstellungsräumen in der Rådhusgate, wo sie beide mit dem

Aufhängen der Bilder für Krohgs große Ausstellung, die am nächsten Tag eröffnet werden sollte, beschäftigt waren. Krohg hatte schnell gemerkt, daß Oda einen Blick dafür hatte, und das große Bild *Im Wartezimmer des Polizeiarztes* mußte so wirkungsvoll wie möglich plaziert werden, deshalb hatte er sie inständig um Hilfe gebeten. Im Grunde übernahm sie die gesamte Vorbereitung und dazu noch andere unangenehme, praktische Aufgaben wie das Annoncieren. In den konservativen Zeitungen *Aftenposten* und *Morgenbladet* brachte sie keine Annoncen unter. Die Ausstellung war schon lange vor Eröffnung zum Skandal erklärt worden.
Oda hatte sich so intensiv mit den Bildern befaßt, daß sich ein gewisser Überdruß einzustellen drohte. Zahllose Abende hatte sie mit Krohg und dem Albertine-Modell im Atelier am Ankertorget gesessen und über Prostitution diskutiert. Sie hatte keinen Grund zur Eifersucht. Krohg holte viele Prostituierte in sein Atelier und bezahlte sie dafür, Modell zu stehen, aber sein Verhältnis zu ihnen war rein fachlich. Oda stellte fest, daß Sinnlichkeit für Krohg kalkulierbar war, man konnte sie herbeireden.
Besonders anstrengend war für Oda die Freundschaft zwischen Krohg und Jæger, eine ständig tiefere und ständig angespanntere Beziehung. Zur allgemeinen Verwunderung wurde diese Freundschaft nach der Ausstellungseröffnung öffentlich kommentiert. Andreas Aubert, der Kunstkritiker für *Aftenposten* und *Morgenbladet*, mußte diesmal im *Dagbladet* schreiben, um über die Ausstellung berichten zu können. Er schrieb: »Bei dieser Gelegenheit sehe ich mich gezwungen, einen Aspekt an Krohgs öffentlicher Persönlichkeit zu berühren: die Verbrüderung mit Hans Jæger. In dem Agitationsblatt *Impressionisten*, dessen Programm darin besteht, bei jedem Vorkommnis aufzuschreien, und für das Christian Krohg als Chefredakteur fungiert, ist das Verhältnis förmlich siamesisch geworden. Von wenigen Ausnahmen abgesehen tritt Krohg hier ausschließlich als Wasserträger seines Freundes auf. Und diese Beziehung wirft unserer Mei-

nung nach ein zweifelhaftes Licht auf seine Kunst und seine Intentionen als Autor. Krohg hat in seiner grenzenlosen Bewunderung für Hans Jægers berüchtigtes Buch kein Wort der Kritik geäußert. Das macht seine öffentliche Person unscharf. Stimmt Krohg mit Jæger überein – dann stellen wir uns im Kampf gegen ihn. Stimmt er nicht überein – dann ist er verantwortlich, weil sein Schweigen für eine scheinbare Zustimmung steht. Das Leben ist doch mehr als die Kunst. Wir können nicht gleichgültig zusehen, wie Lebensideale verletzt werden. Mag er Hans Jæger bewundern, soviel er will. Sein Enthusiasmus für dessen Talent und künstlerische Kraft ist nicht ohne Grund. Künstlerisch betrachtet ist Jæger ein Vorläufer, seine Energie hat in Krohg neue Kräfte geweckt – das sehen wir. Und doch – nicht nur um des Lebens willen müssen wir Klarheit haben über Krohgs und Jægers Beziehung. Wir müssen sie wegen der Kunst haben, wegen unserer vielversprechenden, aufstrebenden jungen Kunst. Sie benötigt mehr denn je die Sympathie der Allgemeinheit. Aber durch Krohg ist nach allgemeinem Dafürhalten unsere gesamte neue Kunst mit Hans Jæger verknüpft. Ich merke jeden Tag, wie die Sympathie auch darunter leidet. Deshalb konnte ich nicht schweigen.«

Am selben Tag trafen sich alle in Krohgs Atelier. Jæger war nervös und betrunken und tat so, als sei er nicht gekränkt. Oda sah aber, daß er zutiefst gekränkt war. Er wandte sich ausschließlich an Krohg:
»Jetzt trennen sich wohl unsere Wege, nehme ich an?«
Krohg war ebenfalls betrunken. Nach der letzten langen Arbeitsperiode hatte er wenig Widerstandskraft.
»Was quatschst du da?« fragte er.
»Nun, jetzt hast du von Aubert Beifall bekommen. Da dauert es nicht lange, und du bist heimisch in *Aftenposten* und im *Morgenbladet*.«
Krohg war gekränkt. »Ach Jæger, warum glaubst du immer das Schlimmste von mir?«

Jæger antwortete nicht. Er suchte plötzlich Halt bei Oda, und das mit einer Verzweiflung, die sie nie vorher erlebt hatte:

»Bin ich wirklich so unmöglich, Frau Engelhart? Man hat mir meinen Arbeitsplatz genommen, mein Buch, meine Studiermöglichkeit, jetzt versucht man mir noch eine heilige Freundschaft zu nehmen. Finden Sie, daß ich das verdient habe?«

Sie drückte seine Hand, so zärtlich sie konnte.

»Nein, lieber Jæger«, sagte sie leise. »Sie haben das wirklich nicht verdient.«

»Aber ich weiß, daß Sie böse auf mich sind. Sie meinen, ich bin abscheulich, und Ihre Schwestern ertragen sicher meinen Anblick nicht.«

»Was reden Sie denn da? Ich mag Sie sehr gerne, Hans Jæger.«

Krohg sprang freudestrahlend von seinem Stuhl auf und sagte, an alle Anwesenden gewandt:

»Habt ihr gehört, was sie sagte? Ist sie nicht nett? Ach, liebe Freunde, wir wollen auf unsere Freundschaft trinken.«

Oda ließ Jægers Hand los. Alles war zerstört. Krohg ging zum Sofa, wo sie saßen, und umarmte beide. Entfernt hörte sie Munchs leise, emotionslose Stimme:

»Einfach anstrengend dieser Krohg mit seinen ständigen Umarmungen.«

Dann verschwand der Schnee, und die große Ausstellung schloß. Oda hielt sich abends zu Hause in ihrer Wohnung auf, denn Jørgen Engelharts Schwestern waren eines Tages plötzlich vor der Tür gestanden und hatten ihr verantwortungsloses Benehmen vorgeworfen. Wenn sie weiterhin an den Abenden »ausflöge«, müsse man sie melden. Oda fragte, an wen die Meldung gehen solle, doch darauf wußten sie keine Antwort. Oda ertrug diese Schwestern nicht, und es quälte sie, daß Sacha und Ba so viel mit ihnen zusammen waren. Eines Abends kam Krohg. Sie sah, daß er getrunken hatte, aber das hatte er jeden Tag, soweit sie sich erinnern konnte. Er war dicker geworden, aufgebläht vom Alkohol, und sie spürte eine neue Gereiztheit an ihm.

»Darf ich hereinkommen?« fragte er schwerfällig.

»Aber Christian, warum solltest du nicht hereinkommen dürfen? Du weißt, daß du hier immer willkommen bist.«

»Bin ich das?«

Sie half ihm aus dem Mantel und küßte ihn tröstend auf die Wange.

»Du bist ja ganz außer dir?«

»Nicht der Rede wert«, sagte er heftig. »Ich habe nur etwas lange mit Jæger beisammengesessen, und er setzt so verflucht viele Gedanken in Bewegung.«

»Was hat er denn gesagt?«

»Ach, er meinte nur, daß die Ausstellung ein Reinfall gewesen sei.«

»Warum das?«

»Weil sowenig Leute gekommen sind.«

»Aber das ist eine infame Lüge! Jeder weiß, warum an den Werktagen niemand kam. Das lag nur an der Abwesenheit der anständigen Bürger, und darüber kannst du wahrlich froh sein. Am letzten Sonntag waren eineinhalbtausend da. Hast du das vergessen? Und wer besucht sonntags eine Ausstellung? Die, die während der Woche arbeiten müssen, die *Arbeiter*, Knist! Die für dich demonstriert haben. Verstehst du das nicht, Jæger ist nur neidisch.«

»Nein«, sagte Krohg abweisend. »Jæger ist nicht neidisch. Das ist ja das Schlimme. Er hat *recht*.«

»In welcher Hinsicht?«

»Daß ich zum Teufel nicht mehr hervorgebracht habe als Banalitäten. Daß ich keine Visionen habe, daß ich nicht fähig bin, die Wirklichkeit zu sehen und anzugreifen ...«

»Jetzt reicht es mir aber!« Oda war wütend. »Diese Albertine-Sache ist zu einem Fluch geworden. Willst du wegen eines rabiaten Logikers mit extrem kompliziertem Gefühlsleben vor die Hunde gehen?«

»Du darfst nicht schlecht über ihn reden. Er ist mein bester Freund.«
»Na gut, dann vergessen wir ihn einfach.«
Er zog sie an sich, küßte sie mit aufflammender Leidenschaft.
»Ach Knist, du bist so gut zu mir.«
»Aber ich möchte nicht, daß wir ihn vergessen, Oda. Ich möchte, daß er auch dein Freund ist. Ich möchte, daß du ihn gern hast.«
Oda spürte eine starke Gereiztheit in sich aufsteigen, zwang sich aber, es nicht zu zeigen.
»Ich habe ihn gern«, flüsterte sie. Dann riß sie sich los, um Tee aufzusetzen.

15. April 1887.
Es ist Nachmittag im Grand. Krohg, Jæger und Schjander. Sogar Alex und Frits sind von Grini hereingekommen. Ich bin in einer merkwürdigen Stimmung. Vielleicht hängt es mit Munch zusammen. Er will nicht an unserem Tisch sitzen, hält sich drüben bei Ibsen auf. Zeichnet etwas. Er zeichnet immer. Schreibt. Ich fühle mich ausgezogen in seiner Gesellschaft, aber er braucht sich ja aus diesem Grund nicht abzusondern. Frits redet nur über die ›Burg‹. Jetzt ist endlich beschlossen, daß wir alle eine Art Tivoli im Schloßpark veranstalten, in Form einer Mittelalterburg, in deren Mauern Weinstuben, Bierkneipen, Restaurants, eine Zirkusmanege und ein Varieté sein sollen. Frits wird der Häuptling, ganz klar. Die Einnahmen sollen für ein Haus der Künstler sein. Krohg wirkt nicht sehr engagiert. Frits hat viel mehr Sinn für Effekte. Ich finde irgendwie keinen Zugang zum Gespräch. Jæger sieht es und lehnt sich an mich:
»Wissen Sie es?« fragt er. Die Augen hinter den Brillengläsern sind ganz blank.
»Was denn?« Ich mache mir einen Spaß daraus, seinen intensiven Blick zu erwidern. Dadurch vergesse ich Munch.
»Gegen mich und Buchdrucker Holtermann Knudsen, den armen netten Knudsen, ist Anklage erhoben worden.«

»Warum denn?«
»Wir haben in Schweden *Kristiania-Boheme* unter dem Titel *Weihnachtserzählungen* verkauft. Erinnern Sie sich nicht?«
»Doch, ich erinnere mich sehr genau. Ich hatte gedacht, das wäre ein schönes Weihnachtsgeschenk für Papa.«
»Aber verstehen Sie nicht das Absurde? Man will mich für etwas verurteilen, das ich in Schweden gemacht habe. Ich glaube, die sind nicht mehr ganz richtig im Kopf.«
»Hat Papa damit auch zu tun?«
Jæger lächelt mich an. »Nein, er hat genug mit dem anderen Fall zu tun. Man wird mich verurteilen, und ich lande wieder im Gefängnis.«
Ich weiß nicht, ob ich seine Hand drücken soll. Er legt sie mir gleichsam hin. Nein, ich lasse es sein.
»Sie haben das so gewollt«, sage ich.
Er nickt.
»Vielleicht.«
»Im Innersten müssen Sie es gewußt haben.«
Er seufzt und trinkt, sagt, daß ich recht habe. Krohg sitzt dabei und hört zu, was ich mit Jæger rede, beteiligt sich aber an dem Gespräch über die Burg. Alexandra sieht mich lange und forschend an.

23. April.
Heute scheint die Sonne. Ich bin in der Grønnegate und setze mich mit Bokken, Sacha und Ba in den Garten, denn Papa ist verreist. Bokken ist lustig und singt religiöse Lieder mit einer seltsamen Verschmitztheit. Ich weiß nicht, was ich von ihr halten soll. Sie sieht aus, als sei sie zu etwas Besonderem bestimmt, und sie ist nicht gerade uninteressiert an Krohg und den Thaulows. Hoffentlich sucht sie sich nicht auch so einen Mann wie ich. Und wie soll sie sich Papa gegenüber behaupten? Ich mache ein paar Skizzen für ein Bild, auch der große Ahorn soll drauf. Ob das klappt, weiß ich nicht. Bäume sind schwierig.
Ein komisches Gefühl, daheim im Garten in der Grønnegate

zu sitzen. Für mich ist es ja nicht mehr daheim. Ich fühle mich auf eigenartige Weise vertrieben, aber wovon? Ich habe ständig ein Gefühl von Schuld, als hätte ich etwas Schlimmes gemacht. Dabei sagen alle, ich sei so mutig, so selbstsicher. Vielleicht müßte ich eine Weile weg von allen, aber wie soll das gehen? Geld habe ich ja keines.

12. Mai.
Ich bin im Atelier bei Knist. Erst wollte er mit mir schlafen, und jetzt will er über die ›Burg‹ reden. Er erzählt, daß Frits bei Papa gewesen ist und dessen Segen zu dem Projekt erhalten hat. Krohg sieht, daß mich das langweilt, und reicht mir ein Glas Wein. Ich trinke etwas widerwillig, denn ich fühle mich müde, und mit Alkohol werde ich noch müder. Nur Knist schafft es offenbar, gleichzeitig zu trinken und zu arbeiten. Er arbeitet zur Zeit wie besessen, und plötzlich sagt er das, worauf ich schon gewartet hatte:
»Ich ziehe mich zurück aus dem *Impressionisten*, Oda.«
Etwas in seinen Augen erscheint mir nicht glaubwürdig. Der Beginn einer Lüge?
»Warum denn?« frage ich höflich. »Die Zeitung ist doch dein Herzenskind.«
»Einfach keine Zeit«, antwortet er. »Ich habe mich ja auch aus *Bazarhallen* zurückgezogen. So vieles gibt es, was ich malen will. Ich werde natürlich weiter in der Zeitschrift schreiben, wie bisher.«
»Ist zwischen dir und Jæger etwas vorgefallen?«
Er ist leicht irritiert und blafft: »Natürlich nicht. Er ist mein allerbester Freund.«
Irgend etwas will er mir erzählen, aber ich finde keinen Zugang. Später fragt er mich, ob wir nicht den Sommer auf Filtvedt verbringen könnten. Er würde so gerne den Fjord malen. Will er einfach weg von allem? Will er mich isolieren? Wie den meisten Männern fällt es ihm leicht, zu reden, und er ist wirklich leidenschaftlich extrovertiert. Für ihn gibt es keine Tabus. Trotzdem habe ich das Gefühl, ihn schlechter

zu kennen als andere, ja schlechter als Jørgen, Papa, Jæger, sogar schlechter als Munch. Krohg kann so schweigsam sein in meiner Gegenwart.
»Ich komme gerne mit nach Filtvedt«, antworte ich. Er freut sich sehr, will auf der Stelle ins Grand und essen, er hat sicher Geld bekommen.
Im Grand sitzen Jæger und Munch und amüsieren sich. Sie planen ein spezielles Bordell in der ›Burg‹. Das ist natürlich nur Quatsch, aber Krohg findet es nicht die Spur lustig. Für ihn ist die ›Burg‹ etwas Ernstes, vielleicht mehr als für Frits. Er will ein Haus der Künstler haben, und ich glaube, er wird einmal eines bekommen. Während wir sitzen und reden, wird mir klar, daß ich gerade noch mit ihm geschlafen habe, und ich stelle verwundert fest: er entblößt sich mehr am Kaffeehaustisch als im Bett mit einer Frau.
Munch fährt die arrogante Tour. Er geht dazu über, von sich zu sprechen. Krohg hört interessiert zu, und ich beginne ein Gespräch mit Jæger.

29. Mai.
Ich glaube, ich kriege es hin! Das Bild von Ba ist definitiv fertig. Es ist ein wunderbarer Arbeitsmonat gewesen. Bokken war einmalig mit Sacha und Ba. Ich hatte dadurch mehrere Arbeitsstunden täglich.

3. Juni.
Mimi hat das Unglaubliche fertiggebracht. Mimi, Papas Hoffnung! Er hatte sich so vieles für sie ausgedacht. Am liebsten hätte sie eine strahlende Hausfrau auf einem bäuerlichen Landsitz werden sollen. Es ist ein langer Kampf gewesen. Sie haben vermutlich jeden Tag gestritten. Mimi *wollte* studieren. Papa lehnte ab. Sie sollte nicht wie wir anderen verlorengehen. Allein der Gedanke an Studentenleben, Bier und Zigarettenrauch ließ ihn inwendig schaudern. Aber Mitte Mai legte sich Mimi aus Protest ins Bett. Sie wurde schwächer und schwächer. Ich unterstützte sie in jeder Hinsicht.

Schließlich sah sie ganz schrecklich aus, und heute, man höre und staune, kapitulierte Papa. Mimi darf sich anmelden zum Abiturkurs für Frauen!

15. Juni.
Die ›Burg‹ ist eröffnet. Frits war durch die Stadt geritten, in voller Rüstung und mit Pagen und seiner Tochter Nina auf dem Pony. Alex muß das gefallen haben. Ihr Traum von künstlerischer Verwirklichung ist im Grunde nichts anderes als der Traum von materiellem Wohlstand. Alex würde nur ungern auf Geld und Gut verzichten. Ich glaube, sie hat ihr Hauptziel erreicht: Frits Thaulow weltberühmt zu machen. Für meine Schwestern ist die ›Burg‹ phantastisch. Sie sind jeden Tag dort. Ich selbst habe nach den Festlichkeiten der letzten Tage Kopfweh. Schjander, Jægers Freund, ist wegen irgendeiner Sache sehr unglücklich, und wir alle helfen ihm, aber er weint nur. Heute nacht wollte niemand zu Bett gehen, und niemand war nüchtern genug, mich nach Hause zu bringen. Munch kam zu mir und redete über das Bild, das er mir schenken will. Er bringt mich wirklich zur Raserei. Ständig will er etwas von mir, ohne es auszusprechen. In den Morgenstunden schlief ich in Krohgs Schoß ein. Ich hatte das Gefühl, daß er mich krampfhaft festhielt. Als ich mich umdrehte, klammerte er noch fester. Ich erinnere mich, daß ich dachte, ich kann mich nicht bewegen.

20. Juni.
Ich sitze mit Krohg und Jæger in einer der Weinstuben der ›Burg‹. Jæger ist verurteilt worden. Zum ersten Mal scheint es ihn zu treffen, er hat die Kontrolle verloren. Er raucht unablässig, und in einer halben Stunde wird er sternhagelvoll sein. Er lehnt sich an mich, übersieht Krohg völlig, und sagt: »Stellen Sie sich vor, hundertfünfzig Tage Arrest! Das ist viel schlimmer als die sechshundert Kronen. *Die* kann ich immer irgendwie beschaffen, aber stellen Sie sich *mich* im Gefängnis vor, Frau Engelhart!«

»Ich bringe Ihnen wieder Möbel«, antworte ich lachend, aber er ist nicht zum Spaßen aufgelegt. Er ist für ein Verbrechen verurteilt worden, das er in Schweden begangen hat.
»Ich glaube nicht, daß ich das überstehe. Hundertfünfzig Tage ohne Sie und Krohg.«
»Aber wir besuchen Sie doch, da können Sie sicher sein!«
Draußen sehe ich Soffi und Bokken vorbeigehen. Glückliche Jugend. Sie wirken so vertrauensvoll und sorglos, und sie haben so viele Freunde. Ich merke, daß mich Krohg ansieht. Er will, daß ich nett bin zu Jæger. Er träumt von einer ganz festen Verbindung. Krohg kann nun mal nicht einzeln lieben, nur in Gruppen.
Danach gehen wir hinaus in die Sonne. In diesem intensiven Juni-Licht sehe ich, wie blaß Jæger ist. Wir gehen hinunter zu den Löwen. Romulus, Remus, Catilina und Andersen. Knist sagt, daß er sie malen will. Jæger hört nicht zu. Es fällt mir schwer, neben ihm zu gehen, denn er redet ständig, auch wenn er nichts sagt. Hier sind viele anständige Bürger. Papas Freunde, die große Kinderschar aus dem Hegdehaugsveien. Und meine Schwestern, die begehrten Lasson-Mädchen, schwänzeln herum in der ›Burg‹, und die ganze Welt gehört ihnen. Ich höre irgendwo hinter uns Munchs Stimme. Er geht mit Inge Heiberg und redet wohl über seine Bilder.

21. Juni.
Krohg ist die ganze Nacht bei mir gewesen und hat geredet und geredet, und daß nach einem Jahr die Scheidung für gültig erklärt werde, also ein Jahr, bis wir heiraten könnten. Ich sagte, ich sei erstaunt, daß er, der eine solche Verachtung für die bürgerliche Ehe gezeigt habe, auf einmal so heiratswütig sei. Er hörte gar nicht zu, fing nur hektisch an, über Haus, Wohnort und Arbeitsplatz für ihn, mich, Sacha und Ba zu reden. Er wußte genau, daß ich immer nachgab, wenn die Rede auf die Kinder kam.
Nachdem er gegangen war, habe ich über alles nachgedacht, und daß es eigentlich nicht so falsch ist. Warum sollte ich

ihn nicht heiraten? Er hat mir schließlich dieses neue Leben ermöglicht. Sollte ich ihm nicht dankbar sein und ihn mein Leben lang begleiten? Heute nacht war er so unruhig, wie ich ihn noch nie erlebt habe. Beschäftigt mit seiner Karriere und mit mir, und Jæger erwähnte er mit keinem Wort. Er sagte, seine Bilder seien nicht gut genug. Wir sollten ins Ausland gehen, sagte er, nach Paris, in eine größere Stadt.

21. Juni.
Es ist Nachmittag, und Krohg kommt mit aufgeregten Augen und sagt, daß er mit Frits gesprochen hat, und wir können bereits heute abend mit einem Schiff nach Antwerpen fahren. Ich sage, ich will nicht nach Antwerpen, aber da wird er böse und erklärt, daß er natürlich Paris meint. Wir wollen also nach Paris, um seine Bilder zu verkaufen und vielleicht eine Wohnung bis nächstes Jahr zu finden. Dieser Frits hat unheimlich viele Verbindungen. Welche Grillen hat er seinem Freund in den Kopf gesetzt? Daß Krohg zu solcher Eile fähig ist, hätte ich nicht gedacht. Ich mag es nicht, wenn er so husch husch ist, hintenherum und ohne zu reden. Er segelt unter falscher Flagge, und niemand darf etwas wissen, außer Jæger natürlich, der weiß alles.
Ich fange an zu packen, habe schon immer Lust gehabt, nach Paris zu gehen, aber er hat auch von meinen Bildern gesprochen, und das gefällt mir nicht. Frits kann viel, aber um einen Menschen weltberühmt zu machen, dazu gehört mehr als ein paar Pinselstriche.
Sacha und Ba sind begeistert, ohne irgend etwas zu verstehen. Wir haben eine Droschke bestellt, und in der Zwischenzeit teile ich Mimi mit, daß wir verreisen, und frag mich nicht wohin.
Es ist die Alfa, und das Schiff ist voller Menschen. Krohg hat alles organisiert und organisiert weiterhin, während ich an Deck sitze, das Gesicht der Küste und den Ortschaften zugewandt. Bald ist St. Hans erreicht, und es ist jetzt vier Jahre her, seit ich den Leuchtturm von Færder das letzte Mal

gesehen habe. Ich komme nie los von diesem Leuchtturm. Er steht da und leuchtet mir jede Nacht, jeden Tag, und ich kämpfe mich vorwärts in einer See, die zunehmend unruhiger und unübersichtlicher wird. Die Gruppe der Kaufleute neben mir trinkt Whisky, und das mache ich nun einmal auch, was die Männer mit dämlicher Entrüstung quittieren. Dann endlich kommt Krohg und setzt sich zu mir. Sacha und Ba haben geschlafen. Er prostet mir zu, und wir versuchen es mit einem freundlichen Gespräch.

24. Juni
In den Nachmittagsstunden wimmelt es auf dem Boulevard von Menschen. Ich bin endlich alleine und habe einen vorsichtigen Brief an Jæger geschrieben, der alleine in Kristiania sitzt, der Arme, und sein Urteil ist jetzt rechtskräftig. Die Schreibfeder ist weggelegt und der Umschlag verschlossen. »Le Courier du Soir! V'là le Courier du Soir!« Der Zeitungsverkäufer geht vorbei, seine Gestik belustigt mich. Krohg hat mich niemandem vorgestellt und wird das wahrscheinlich auch nicht tun, denn er ist hier als Geschäftsmann, sollte aber als Künstler auftreten, und das ist ein ziemlicher Unterschied. Das kann ich beurteilen, denn ich kenne beide Typen. Aber ich muß Museen besuchen und durch die Straßen gehen. Außerdem habe ich eine Absinth-Kneipe gefunden, die ganz gemütlich ist, hierzulande ist man in diesen Dingen viel freier. Dumm eigentlich, daß ich hier sitze und meine Gedanken in Kristiania sind. Vielleicht sollte ich hinaus auf den Boulevard gehen und ein Mensch werden in der Menge, vielleicht sollte ich einen Kutscher bitten, mich weit hinaus in die Wälder zu fahren, vielleicht sollte ich noch einen Absinth bestellen, oder vielleicht sollte ich mir einen Ort suchen, wo ich weinen kann.

8. Juli.
Krohg hat kein Haus gefunden, und er hat auch keine Bilder verkauft. Wir fahren heim und haben nicht einmal Kitty und

Harriet begrüßt. So geht das, wenn die Boheme etwas auf die Beine stellen will. Trotzdem gelingt es mir nicht, wütend auf ihn zu sein. Daß er mich mit Sacha und Ba alleine läßt in einer Stadt, von der ich mein Leben lang geträumt habe, das macht nichts, denn ich weiß, daß ich hierher zurückkommen werde. Ich werde diese Stadt zwingen, mich zu lieben. Krohg soll meinetwegen so berühmt werden, wie er will. Ich wünsche ihm alles Glück der Welt, solange er mir einen Besuch im La Régence nicht verbietet!

13. Juli.
Ich stehe auf der Landungsbrücke von Filtvedt. Sacha und Ba haben einige Gleichaltrige zum Spielen gefunden. Während Krohg in der Stadt war, hat es geregnet. Schwere Wolkenbrüche mit Blitz und Donner. Ich bin auf der Veranda gesessen und habe gemalt. Eigentlich habe ich ein Sommernachtsbild im Kopf, aber ich weiß nicht, ob mir das gelingt. Die Tage sind lang und gemächlich, aber ich finde keine Ruhe. Oft gehe ich hinunter zum Fjord und schaue hinüber nach Hvitsten, wo sich Papa mit Nastinka und Ingstad aufhält.
Das Dampfschiff ist voller Menschen. Sie stehen an Deck, schwarz und weiß und braun. Der Wind bläst frisch, aus Südwest. Ich winke, obwohl ich Krohg noch nicht erspäht habe. Jemand winkt zurück. Als das Schiff anlegt, sehe ich, daß es Jæger ist. Krohg steht neben ihm, aber Jæger habe ich zuerst entdeckt, obwohl er nicht Krohgs gewaltigen, roten Bart hat, der weithin leuchtet. Ich fühle mich auf einmal so froh. Sie haben Absinth mitgebracht. Unglaublich, Jæger ist hier. Heute abend werde ich trinken, heute nacht werde ich auf der Veranda sitzen und die Dunkelheit über meine Worte bestimmen lassen.

13. Juli, Nacht. 14. Juli, früher Morgen.
Krohg und Jæger haben über den *Impressionisten* gesprochen. Ich habe zugehört und getrunken und manchmal meine Meinung dazu gesagt. Jæger hat am wenigsten geredet. Dann

ging Krohg und legte sich zu Bett. Wollte er uns wirklich allein lassen? Wir bleiben auf der Veranda sitzen. Der Fjord ist ganz still, von weit weg der Laut eines Dampfschiffs.

»Dieses Bild, das Sie von Munch bekommen haben«, beginnt Jæger.

»Ja, ich weiß, daß es Ihnen gefällt.«

»Es müßte *Psst* heißen.«

»Ja, so etwas haben Sie einmal geschrieben. Aber *Das kranke Kind* ist auch ein Titel. Mögen Sie Munch sehr?«

»Er ist wie ein kleiner Junge.«

»Da haben Sie recht«, sage ich. »Und ich glaube, er fürchtet Sie sehr.«

»Das sagen alle, dabei habe ich kaum mehr Zähne im Mund.«

»Es ist schön, mit Ihnen zu reden, ich bin so froh, daß Sie gekommen sind.«

»Sind Sie das wirklich? Dann laß uns darauf trinken.«

Wir trinken. Krohg kann jedes Wort hören. Es ist hier sehr hellhörig. Deshalb sagen wir nichts, schauen nur zusammen auf den Fjord hinaus. Ein Segelschiff taucht auf, hat aber fast keinen Wind.

»Mit so einem bin ich gefahren«, sagt Jæger.

»War das schön?«

»Ich wurde krank ...«

»Auf dem Schiff?«

Er lacht. »Nein, an Land. Das war im übrigen später. Aber ich war oft an Deck gesessen, das dürfen Sie mir glauben. Es waren lange Nächte.«

»Ja, ich habe Sie mir immer als Schwärmer vorgestellt.«

»Bitte, ich bin kein Schwärmer, aber vielleicht ein Träumer. Sind Sie nicht auch eine Träumerin?«

»Nein, das glaube ich nicht. Obwohl, wer weiß.«

Er schaut mich an, und ich begegne seinem Blick. Dann sagen wir nichts mehr. Wir warten, bis das Segelschiff vorbeifährt. Krohg schnarcht leise. Wir hören es durch das Dach.

5. August.
Es ist heute sehr heiß in der Stadt. Ich sitze im Grand, am Ecktisch. Munch und Jæger ertragen diese Hitze auch nicht, aber Munch arbeitet fleißig, wie immer.
»Alle arbeiten fleißig«, sage ich zu Jæger.
»Ja«, lächelt er. »Alle mit Ausnahme von mir und von Ihnen.«
»Haben Sie wirklich keine Arbeit bekommen?«
»Nichts. Seit ich zurück bin in der Stadt, laufe ich nur im Kreis herum.«
Munch schaut uns an und will über etwas anderes reden. Ich sollte nicht hier sein und mit ihnen reden, denn Bokken kümmert sich jetzt schon seit Tagen um Sacha und Ba. Aber dann ging ich auf der Karl-Johan und habe sie hier sitzen sehen. Jetzt sitze ich hier und sollte nichts trinken, jedenfalls keinen Whisky. Ich will gerade aufstehen, da kommt Krohg zur Tür herein.
»Du bist hier?« sagt er überrascht. »Ich dachte, du wolltest zu Hause sein?«
Er merkt selbst, daß das wie ein Verhör klingt, und verstummt.
»Ich werde bald gehen«, sage ich. Dann setzt er sich und erzählt von dem Ärger mit Frits, der den Chefredakteur der *Aftenposten* geohrfeigt hat. Ich finde dieses Thema wirklich nicht sehr interessant.

3. September.
Warum vergehen diese Tage so langsam? Ich bin jetzt seit drei Tagen zu Hause. Es heißt, ich würde arbeiten, aber ich bin nur verrückt vor Rastlosigkeit. Mimi macht ihren Abiturkurs, und Soffi ist verreist. Betsy ist schroff und Bokken allzu nett. Deshalb lege ich mich einfach aufs Bett, und er geht mir nicht aus dem Kopf. Und das letzte Mal, als ich mit Krohg schlief, dachte ich auch an ihn. Bald wird das Urteil verkündet, aber Papa erzählt meinen Schwestern nichts. Er tut so, als wüßte er nicht, daß seine Tochter zu der Boheme

gehört, daß sie mit Jæger befreundet ist und wofür dieser kämpft.

8. September.
Nun ist er also verurteilt. Papa hat ihn verurteilt, hat jedenfalls dafür gesorgt, daß man ihn verurteilt. Jæger ist es für immer untersagt, an der Universität zu studieren, außerdem muß er die Gerichtskosten tragen. Ich fahre hinunter zu Krohg, aber Jæger ist spurlos verschwunden. Ich liege bei mir zu Hause im Bett und habe ein seltsames Bedürfnis zu weinen.

7. Oktober.
Wir sind in Krohgs Atelier, und Jæger will fast nur mit mir reden. Manchmal beobachtet uns Krohg, aber er ist ja prinzipiell nicht eifersüchtig. Er malt einige flotte Bilder, und Munch ist zur Zeit sehr freundlich zu ihm. Er sollte glücklich sein, aber auch er ist nicht glücklich. Und jetzt sagt er, daß wir für Jæger Geld sammeln müssen, um ihn außer Landes zu bringen, bevor das Urteil des Höchsten Gerichts verkündet wird. Ich kann diese Gerichtsverhandlungen nicht auseinanderhalten, aber dann fällt mir ein, daß es um den großen Fall geht, um diese Weihnachtserzählungen, und es wäre nicht auszudenken, wenn das Urteil bestätigt würde und er hundertfünfzig Tage ins Gefängnis müßte.
»Aber ich mag doch nicht weg von hier«, sagt Jæger bekümmert.
»Du mußt«, sagt Schjander. »Wir schicken dich nach Paris, und dann kommen wir nach.«
»Ja, ihr *müßt* nachkommen«, sagt er.

Brief an Jæger, November 87:
»Mein innig geliebter Freund, heute abend bin ich sehr niedergeschlagen. Als Christian auf einmal sagte: ›Du Oda, Hans Jæger ist abgereist, aber du darfst es niemandem sagen‹, mein Gott, und nicht einmal Adieu konnte ich Ihnen sagen. Dabei hätte ich Ihnen so vieles sagen wollen! Hören Sie, ich

mag Sie so sehr, Hans Jæger. Nicht vorzustellen, daß ich Sie jetzt so lange nicht sehen werde! Mein ganzes Wohnzimmer habe ich umgestellt, nur weil Sie am Sonntagnachmittag mit der Kaffeemaschine heraufkommen wollten. Darauf hatte ich mich am Mittwoch, Donnerstag, Freitag und Samstag gefreut. Und dann kommt Christian am Samstagabend und sagt: ›Du Oda, jetzt ist Hans Jæger abgereist‹. Da werden Sie sicher verstehen, daß ich weinen mußte und mich fast zu Tode geweint habe. Jetzt kann ich Ihnen nicht einmal mehr die Hand geben. Warum haben Sie auch nicht das geringste für mich übrig? Nicht das allergeringste? Ach, kommen Sie jetzt herauf und lassen Sie sich von mir umarmen! Schauen Sie mir in die Augen und sagen Sie mir, daß Sie nichts für mich empfinden und es Ihnen gleichgültig ist, wenn Sie wegfahren von mir und ich Sie nie mehr sehen werde.
Jetzt erkennen Sie die Oda nicht wieder, stimmt's? Schreiben Sie mir und antworten Sie mir, ob Sie mich nicht ein wenig vermissen. Ach ja, ich brauche Sie nicht darum bitten, aufrichtig zu sein. Wenn Sie nicht schreiben, werde ich noch trauriger. Ach, tun Sie es.«

Brief von Jæger, November 87:
»Ob ich Sie gern habe? Ob ich Sie vermisse? Mein Gott, welch seltsame Stimmung ergriff mich gestern abend, nach dem Essen, in der kleinen, gelbbraunen Kutscherkneipe, als ich Ihren Brief las, den mir Dørnberger erst da aushändigte, zusammen mit den Papieren, die Krohg ihm mitgegeben hatte. Welche seltsame Stimmung ergriff mich! Die kleine Kneipe war voller Kutscher, fröhliche, muntere Menschen – einige mit ihren Frauen, und alle schrien sie aus Leibeskräften durcheinander, und Dørnberger und die drei Finnen, mit denen ich beisammensaß, machten dasselbe, man verstand kaum sein eigenes Wort. Und mitten in diesem ohrenbetäubenden Lärm saß ich ganz still da und las Ihren Brief und las ihn wieder und wieder und konnte es fast nicht glauben. Danke, liebe Frau Oda, daß Sie mich trotz allem ein biß-

chen gern haben. Wie froh ich wurde! Ich saß da mit ganz feuchten Augen und las ihn wieder und wieder. Wie froh hat es mich gemacht, weil Sie mich wirklich ein bißchen gern haben. Und Dørnberger hat es offenbar gemerkt, denn er fragte: ›Von wem ist er?‹ ›Von Krohg‹, antwortete ich und las weiter: Ob ich Sie gern habe? Ob ich Sie vermisse? Sie hätten mich sehen sollen an dem Tag, an dem ich abreiste: Ich saß alleine im Abteil unter der matt leuchtenden Lampe, die Hände und den Kopf auf den Stock gestützt, und dachte die ganze Zeit nur an Sie und bereute es bitter, daß ich gefahren war, daß ich mich nicht doch umentschieden hatte, als ich im letzten Augenblick erfuhr, daß ich am nächsten Tag bei *Ihnen* eingeladen war. Ach, wie gerne hätte ich Ihnen in die Augen geschaut und Ihnen noch einmal die Hand gedrückt! Ach, daß Sie nicht hier waren! Und dabei hatte ich Ihren Brief mit der Einladung gar nicht erhalten! Ich hatte nichts von Ihnen, um es zu berühren oder anzusehen. Die beiden anderen Briefe von Ihnen, der aus Paris und der aus Filtvedt, hatte ich nicht gewagt bei mir zu tragen, ich hatte sie sorgfältig in meiner Truhe verwahrt und sie also zurückgelassen. Dann fiel mir die kleine Golduhr ein, die ich von Ihnen bekommen hatte, und ich holte sie hervor. Aber die mochten Sie ja nicht! Trotzdem saß ich da und hielt sie in den Händen, und dann ging mir auf, daß Paris ohne Sie eigentlich nicht Paris ist! Das ist nicht Paris, wohin ich fuhr, das ist eine große, öde Wüste! Und da stieg ein Gefühl in mir auf, daß ich Sie gewiß niemals wiedersehen würde, und alles erschien so trostlos, daß ich am liebsten auf meinem Sitzplatz zusammengesunken und gestorben wäre. Und dann merkte ich, daß ich alleine im Abteil saß und weinte. Und ich erinnerte mich an die wunderbaren Tage in Filtvedt, wo ich im übrigen gar nichts ausrichten konnte, weil ich nur an Sie dachte. Und ich sah Sie wieder, wie Sie dort gingen und standen und saßen und lagen und herumliefen. Liebe Oda! Wie leicht und weich Sie auftreten, Sie schweben nicht über der Erde, Sie gehören der Erde an wie niemand sonst, aber

Sie treten so leicht und weich darauf, wie eine junge Tigerin. Und so eigenartig, wie Sie sind. Sie sind ein junges Mädchen, und Sie sind eine reife Frau. Sie sind eine Dame, und Sie sind eine freche Göre, und Sie haben hundert Gesichter. Einige wunderbar schöne – ich erinnere mich an einen Abend, Sie saßen in Filtvedt im rötlichen Schein der Lampe und sprachen nicht, sahen ihn nur an, und er sprach auch nicht, sah Sie nur an, er zwinkerte etwas mit den Augen. Wäre das Bild gemalt worden, man hätte es *Die Liebe* nennen müssen, und es wäre das schönste Bild der Welt gewesen. Und als ich das beobachtete, war es, als müsse mein Herz zerreißen. Und einige Gesichter sind chic und andere sind auf einmal häßlich, aber alle zusammen sind herrlich. Und manche sind frisch wie ein Tag im Mai und manche deutlich verblaßt wie ein herrlich bronzener September. Und mit diesen hundert Gesichtern lassen Sie sich sehen, junges Mädchen und reife Frau, Dame und freche Göre, und treten so leicht auf die Erde. Eine russische Fürstin, une vraie princesse de la bohème …

Und ich saß da alleine im Abteil, die Hände und den Kopf auf den Stock gestützt, und sah Sie an und sah Sie an und wurde nicht müde davon.

Ich ging hier auf dem Boulevard und machte diesen Brief und dann ging ich in ein Café und schrieb ihn – deshalb sieht er so aus.

Grüßen Sie Krohg und sagen Sie ihm, daß ich bald schreibe, vielleicht heute, aber ich kann nicht, wenn mir die Lust dazu fehlt.«

Brief an Jæger, Dezember 87:

»Nein, ich kann Ihnen nicht schreiben. Aber ich habe sicher 10 Briefe geschrieben, einige, bevor ich Ihren Brief erhielt, und andere danach, aber abschicken kann ich sie nicht. Einen schrieb ich heute im Dampfbad, aber der ist schlecht, nicht zu gebrauchen.

Lieber, lieber Hans Jæger, danke dafür, daß Sie meinen, ich

habe 100 Gesichter, häßliche und schöne. Mein ganz besonders lieber Freund sind Sie, so werde ich Sie doch nennen dürfen. Und danke für die kleine Tabaksdose, die Sie an dem Morgen in Filtvedt für mich auf dem Tisch liegenließen, erinnern Sie sich daran?
Adieu für diesmal, und leben Sie wohl und denken Sie manchmal an mich. Erlauben Sie mir, daß ich Sie wieder einmal sehe, so wie Sie waren vor ihrer Abreise. Werden Sie nicht anders! Seien Sie versichert, daß Sie jedenfalls *eine* haben, die ständig an sie denkt und die Ihnen jeden Abend eine Gute Nacht wünscht und Sie gern hat, und das immerzu, egal ob Ihnen das etwas bedeutet oder nicht.«

20. Januar.
Ich habe Krohg bei mir, und wir haben etwas getrunken, und jetzt will er an dem Porträt von mir weiterarbeiten. Jetzt geht es die ganze Zeit um Bilder, Albertine und die freie Liebe sind erstmal vergessen. Ich bin verwirrt, das geht viel zu schnell, obwohl er lange Gespräche führt über Munch, Løchen und die anderen jungen Künstler, über Manet, über die Impressionisten und über die Zeitschrift. Dann will er plötzlich mit mir nach Kopenhagen fahren, oder er will zum Nordpol.
Er ist schlechter Laune, und ich schaue auf die Uhr und hoffe, daß Sacha und Ba bald kommen. Diese Sonntage, an denen sie bei den Tanten Engelhart sind, fangen an, mich ernsthaft zu stören. Jedesmal, wenn die Kinder von dort kommen, sind sie so aufgedreht und komisch und wollen mich nicht mehr kennen.
Krohg setzt gerade zu einer gigantischen Selbstanalyse an, als Mimi kommt, ganz weiß im Gesicht. Sie bekommt im ersten Moment kein Wort heraus, und ich denke: sie sind tot, meine Lieblinge, meine einzige Verbindung zum Leben. Das breitet sich aus wie eine Lähmung, und ich sehe mich wie von außen, während Krohg sein Malen unterbricht und sich den Bart kratzt. Alles ist auf einmal so leer und hoffnungslos, ohne jede Vorwärtsbewegung, so viele Gedanken,

so viele Männer mit so vielen Gedanken, aber ich liebe Sacha und Ba ganz konkret. Ich kann Körper und Geist nicht trennen. Ohne sie bin ich nichts.
Da höre ich Mimis Stimme; sie sind nicht tot, nur die Tanten weigern sich, sie einer Mutter zurückzugeben, die, wie sie sagen, keine Mutter ist.
Zunächst denke ich nicht weiter nach. Ich laufe auf die Straße mit Mimi auf den Fersen. Eine Droschke biegt in dem Moment in die Sporveisgate ein. Ich halte sie an, aber dann fällt mir ein, daß das Haus der Tanten ganz in der Nähe ist. Die Droschke bleibt stehen und wartet, und ich renne weiter, jetzt Hand in Hand mit Mimi. Was soll ich zu ihnen sagen? Ich suche nach Argumenten, während ich die Treppe hinaufstürme und an die Tür hämmere, so lange hämmere, bis sie aufgeht, und da stehen sie, die beiden Weibsbilder, und versperren mir den Weg.
»Ich komme, um meine Kinder zu holen«, sage ich mit einer Würde, die ich nicht empfinde.
Sie haben Gesichter wie Spiegeleier, gelb und blank, und sie antworten fast im Chor:
»Diese Kinder haben keine Mutter. Von jetzt an wohnen sie bei uns.«
»Aber dazu habt ihr kein Recht!« rufe ich und habe Angst, daß mir die Beine den Dienst versagen. Dann begreife ich. Sie haben von der Fahrt nach Paris erfahren. Zwei unschuldige, kleine Kinder zwischen Huren und Künstlern in Paris! Und dabei bin ich mit ihnen die ganze Zeit in einem Hotelzimmer gesessen, wenn ich nicht gerade im Park war oder sie in den Zoo mitgenommen habe. Ich rufe nach ihnen. Ich beginne wieder an die Tür zu klopfen. Weit entfernt höre ich sie schreien, meine Kinder, meine Engel, und ich weiß, daß sie recht haben, daß ich mich nie mit Krohg an einem Ort aufhalten dürfte, bevor die Scheidung eine Tatsache ist, bevor die Kinder größer sind und ich in einer besseren Wohnung wohne, als es meine zwei Zimmer in der Sporveisgate sind.

Ich flehe, ich werfe mich auf die Knie, bereit, ihnen die Füße oder was auch immer zu küssen. Ich habe es ja nur aus eigener Kraft schaffen wollen, ich wollte selbst fühlen und denken.
»Wir müssen Papa holen«, sagt Mimi. Sie zieht mich an den Kleidern, will, daß ich aufstehen soll. Papa? Was kann Papa tun? Papa? Jetzt Papa holen hieße kapitulieren, hieße all das zu akzeptieren, wovor ich geflohen bin. Aber dann sagt es Mimi noch einmal, und ich höre das Wort Papa in seiner altvertrauten Bedeutung: der sichere Punkt in der Welt, ewiges Weihnachten, weicher Zigarrengeruch. Und ich denke, daß ich verrückt sein muß, denn Papa ist ein Deckel, der sich auf meinen Kopf legt, und ich kann nichts tun, ich habe zwei Kinder, die ich verliere, wenn ich Papa nicht hole. Da fällt mir Krohg ein. Er ist doch ein Mann! Er ist zwar kein Papa, aber er kann sie holen, kann anklopfen mit seiner alles bestimmenden Hand und sie aus dem schrecklichen Haus holen. Hand in Hand mit Mimi laufe ich zurück in die Sporveisgate. Die Droschke wartet immer noch. Die Treppe hinauf und hinein in die Wohnung. Krohg soll sie holen! Natürlich soll *er* sie holen. Ich rufe schon nach ihm, bevor ich im Zimmer bin, wo er nach wie vor mit dem Pinsel in der Hand sitzt. Mit dem Pinsel! Er malt, als sei nichts geschehen! Er malt ein Porträt von mir, während das Porträt in tausend Stücke zerspringt.
Dann bleibt nur noch Papa.
Ich drehe mich unsicher um zu Mimi.
»Papa?« flüstere ich.
»Wir *müssen* Papa holen«, antwortet Mimi bestimmt. In wenigen Sekunden stürzen viele Jahre zusammen. Das Bild von einem ziemlich braunen Hund bildet sich auf der Netzhaut ab.
Papa?
An jeder Hand ein Kind, und Mimi geht daneben und weint vor Freude. Sacha und Ba, Papa und Mimi.
»Du kommst jetzt mit uns nach Hause«, höre ich ihn sagen

»Sacha und Ba können nach diesem Vorfall nicht alleine in deiner Wohnung sein.«
Oben im Zimmer sitzt Krohg.
»Was ist denn passiert?« fragt er. Den Pinsel hat er immer noch in der Hand.
»Ich muß heim, Christian«, sage ich.
»Aber du bist doch daheim?« antwortet er.
Ich blicke mich um und versuche zu verstehen, was er meint.
»Ich verstehe nicht, was du sagst«, sage ich. »Ich sehe nur Bilder und eine Fuhre Möbel. Was für eine Art von Porträt versuchst du zu malen?«

Brief von Jæger, 5. Februar:
»Liebe Frau Oda! Stimmt es wirklich, daß Sie wieder nach Hause ziehen mußten zu Ihrem Vater? Und daß der Ehemann durchsetzen will, Sacha und Ba zu behalten? An einem Abend saßen wir im »Müller« unten am Boulevard, Hjelms, Vigs und Hernings und noch ein paar andere, zwei langweilige Reihen an einem noch langweiligeren Tisch. So pflegen die norwegischen Menschen hier zu sitzen. Und dann bekam ich den Sitzplatz neben Harriet mit dem zu kleinen Mund, und sie hat es mir erzählt. Sie hatte im übrigen nur gehört, daß es so gewesen sein soll, wußte aber nicht, wie es dazu gekommen war. Ist es wirklich wahr? Ach, schreiben Sie mir doch und sagen Sie mir bitte, wie es Ihnen geht. Es ist schwer für mich, wenn ich nur weiß, daß Sie Kummer haben und sonst nichts. Und dann ist es wunderbar, ab und zu einige Zeilen von Ihnen zu erhalten. Danke für die Grüße, die Sie mir zu Weihnachten schickten. Ich erhielt sie an Silvester und wurde so glücklich darüber, daß jemand an mich gedacht hatte. Ach könnte doch jemand Ihren Mann erschlagen und Ihnen einige Millionen geben.

Brief an Jæger, 15. Februar:
»Hier ist das Empfehlungsscheiben von Rochefort! Ich werde Ihnen bald schreiben, aber heute bin ich mehr als sonst

betrübt, und da kann ich nicht. Ich habe dieses Schreiben vom französischen Konsul erhalten, denn Christian ist nach Kopenhagen gefahren. Adieu für heute. Danke für die kleine Nachricht. Ich habe Sacha und Ba wieder, und wir sind bei Vater.«

1. März.

Bokken ist religiös geworden. Sie kniet in der Wohnstube und betet mit fremden Menschen. Mimi findet das empörend, aber meinetwegen soll Bokken ihre geistigen Bedürfnisse in Frieden leben können. Sie ist rührend lieb mit den Kindern.

Ich bin wieder daheim. Daheim in der Grønnegate. Die Tage sind unwirklich. Wenn ich am Mittagstisch sitze und Papas freundlicher Stimme zuhöre, meine ich, an einem sehr alten Schauspiel teilzunehmen. Für Sacha und Ba nimmt er sich auf eine Weise Zeit, wie er es nie mit seinen eigenen Kindern getan hat. Zu spät hat er entdeckt, daß ein Heim mehr ist als ein Ort, um auszuruhen. Seine Frau ist tot, und die Kinder sind auf dem Weg hinaus in die Welt. Verzweifelt versucht er Soffi und Betsy, die beiden Jüngsten, zu halten, aber sie reagieren unsicher und wissen nicht, was er will. Da bleiben ihm Sacha und Ba. Sie sind zu jung, um sich zu entziehen. Wenn sie ihr Glas beim Mittagstisch umstoßen, lachen sie begeistert, wenn der Großvater dasselbe macht, um sie zu erfreuen.

Wenn Papa zur Arbeit geht, greife ich zum Pinsel. Ich will hier nicht Hausfrau sein, und Malen ist das einzige, was meine Gedanken einige Stunden beruhigt. Krohg sagt, er verstehe mich nicht. Es gibt schließlich so vieles andere zu verstehen: Bilder, Gegenstände, gutes Essen und Wein, Politik, Neuigkeiten, öffentliche Diskussionen. Jetzt fährt er wieder nach Kopenhagen, will eine Unterkunft für uns finden, hat aber kein Geld und wird die Bilder, die er verkaufen will, nicht los. Ich zwinge ihn nach wie vor, mir das eine oder andere beizubringen. Er soll nicht vergessen, warum ich seinerzeit zu ihm gekommen bin. Papa sagt, daß er mir die Malerschule nie erlaubt haben würde, wenn er gewußt hätte, daß ich es so ernst meine.

Brief an Jæger, 20. März:
»Jetzt sitze ich allein als letzte in Norwegen. Ihr andern seid alle weggefahren. Ach, wenn ich doch den kleinen Ba unter den Arm klemmen und mit ihm abhauen könnte, um nie mehr hierher zurückzukehren. Hier ist es nämlich gräßlich, mon dieu! Werde ich Sie wohl jemals wiedersehen, Hans Jæger? Bleiben Sie so, wie Sie immer waren, wollen Sie das tun? Wenn ich jetzt doch einmal nach Paris kommen sollte, holen Sie mich dann ab am Gare du Nord? Mein Gott, was würden wir uns amüsieren! Allein bei diesem Gedanken sterbe ich vor Freude. Wenn Sie nur so geblieben sind, wie Sie waren. Aber mir kommt es vor, als sei alle Welt 100 Jahre alt geworden und ich auch. Nein, wie gerne würde ich jetzt mit Ihnen in die Rue de Seize gehen. Ich bin sicher, Sie würden in allem, was ich über die Bilder sage, widersprechen. Au revoir!«

Brief an Jæger, 20. März, auf der Rückseite eines Briefumschlags:
»Geht es Ihnen gut? Ich würde gerne etwas von Ihnen hören, aber ich akzeptiere es, wenn Sie nicht schreiben.
Wenn Sie am 8. Mai um 12 Uhr an der Ecke Rue du Faubourg Montmartre und Rue Drouot stehen, bei der Uhr dort, so werde ich hinkommen. Sie wissen, ich tue, was ich sage. Dann gehen wir in eine kleine Absinth-Bar, die ich kenne.«

April.
Es scheint ganz sicher zu sein, daß Christian wieder nach Paris muß. Zu Papa habe ich gesagt, daß ich zu Frits und Alex will, und sie decken mich. Jetzt sind es nur noch wenige Monate, bis ich eine freie Frau bin, und Krohg ist ganz verzweifelt, mich pünktlich zu kriegen. Wenn ich sage, daß ich

mitkomme nach Paris, wird er panisch, wagt aber nicht zu widersprechen, denn ein Boheme darf nicht eifersüchtig sein. Dabei glaubt er nicht, daß es mir wirklich einfallen würde, Hans Jæger auf eigene Faust zu treffen. Ich weiß nicht, was ich mache oder warum ich es mache, aber ich sehne mich so schrecklich nach jemandem, der Mensch sein kann und nicht eine fixe Idee oder der Beginn eines Kunstwerks.

9. Mai.
Ich sitze mit Krohg in einer Bar, und auf dem Boulevard wimmelt es von Menschen, aber ich höre trotzdem keinen Laut, denn ich höre nur Jægers Stimme und sehe seine traurigen Augen – und er darf sich nicht das Leben nehmen, denn dann verliere ich etwas, das so wichtig werden könnte wie Sacha und Ba. Und Christian sitzt da und schreibt ihm, denn er weiß nicht, daß ich ihn getroffen habe, und weiß Gott, warum er ihn treffen will, aber ich sehe, daß er schreibt: »Lieber Freund. Wir essen heute um 1 Uhr in dem großen Duvall direkt neben dem Palais Royal, wahrscheinlich unten. Im übrigen wohne ich in der Rue Monthyon (Querstraße zur Rue Faubourg Montmartre), *aber das darfst du niemandem sagen*, ich bin *inkognito* hier. Sollten wir uns nicht treffen, hinterlasse eine Nachricht im Régence. Ich reise morgen. Dein Christian Krohg.«
Er wendet sich zu mir und sagt:
»Ich schreibe an Jæger.«
»Ja, ich habe auch an ihn gedacht, das ist doch klar!«
»Ich schreibe ihm, daß er uns morgen treffen kann. Willst *du* ihn treffen?«
»Natürlich, du nicht?«
»Doch, er braucht uns, darüber gibt es nichts zu reden.«
Später gehen wir ins Hotel. Er schläft mit mir, und danach fragt er:
»Ist es ganz sicher, daß du mich heiraten willst?«
Ich kann mich nicht erinnern, überhaupt etwas dazu gesagt zu haben, aber er würde völlig verzweifeln, wenn ich nicht

mit Ja antwortete, deshalb antworte ich, ziemlich sicher. Er ist sehr glücklich und küßt mich auf den Bauch, bevor er einschläft.

Brief an Jæger, 24. Mai:
»Jetzt bin ich an Bord der Alfa. Au revoir mein lieber, lieber Hans Jæger. Ich kann Ihr trauriges Gesicht nicht vergessen, niemals, niemals! Sie müssen mir gestatten, Sie wiederzusehen. Vergessen Sie nicht, daß auch ich leide.
M'ami bien aimé. Vergessen Sie nicht, daß ich vor Trauer sterbe, wenn ich Sie nicht sehen darf.«

Brief an Jæger, 31. Mai:
»Was soll ich um Gottes Willen bloß mit Ihnen machen. Was soll ich machen, wo ich Ihnen so schrecklich gerne etwas Gutes tun wollte, und dann habe ich Ihnen statt dessen nur weh getan. Mein ganz lieber Freund, nein, ich bin zu betrübt. Ich und ein Franzose, ein einfacher Busfahrer, sitzen alleine hier oben im Salon, er bietet mir unablässig die nettesten Dinge an, Liköre und weiß Gott was noch alles. Ich schüttle nur den Kopf, denn non merci Monsieur habe ich schon hundertmal gesagt. Jetzt spielen sie draußen an Deck auf so einer Ziehharmonika, der Teufel soll sie holen! Und noch dazu ein richtig trauriger Walzer. O, wie gerne wüßte ich, wo Sie im Moment gerade sind und was Sie gerade machen! Sie sitzen ja vielleicht im Neel mit einem ordentlichen Whisky … Oder sind Sie zu Hause in Ihrem kleinen Zimmer und liegen auf dem Bett, auf dem ich nicht liegen durfte? Wo sind Sie? Wenn ich Sie verliere, Hans Jæger, dann muß ich aufgeben. Herrgott, versuchen Sie es. Versuchen Sie heimzukommen, geben Sie das nicht völlig auf. Meinen Sie nicht, daß Sie am meisten mir gehören? Sie sind mein Junge, mein armer lieber Junge, dem es immer so schlecht geht. Können Sie nicht heimkommen zu mir und hinter mir durch alle Türen gehen, den ganzen Tag hinaus und hinein, dann würde ich Sie so sehr gern haben und manchmal natürlich eklig sein. Dann würden Sie

ein kleines Bett bekommen, nicht neben meinem, und dann wird es Ihnen gut und schlecht gehen. Gebe Gott, daß Sie richtig verstehen, wie ich das meine. Tun Sie es! Können Sie nicht verstehen, daß es immerhin einen Versuch wert ist? Sie müssen zugeben, daß ich die einzige bin, die Sie kennt. Es ist von nichts anderem die Rede als davon, daß ich Sie kenne. Welchen Eindruck sollte das auf mich machen, diese unanständigen Dinge, die Sie beim Verfassen Ihres Buches schreiben mußten. Ob Sie dieses oder jenes mit dem Straßenmädchen gemacht haben, das sie nicht lieben, oder ob Sie wie in der Hölle gedacht und gefühlt haben. Das kann unmöglich für mich noch eine Bedeutung haben, nicht wahr? Denn was Sie auch immer über mich erzählen können, so würde ich doch denselben Eindruck von Ihnen haben – vergessen Sie nicht, daß ich es bin, der Sie kennt.

Vielleicht ist all das, was ich schreibe, nur Unsinn, aber meine Absicht ist es, zum letzten Mal mit aller Kraft nach Ihnen zu greifen, denn jetzt geht es um alles! Das Schiff gleitet sachte dahin, mit jedem Buchstaben, den ich schreibe, wird der Abstand größer, mein Lieber, Allerliebster, wenn ich Sie nur hier hätte, würde ich Sie mit tausend gekrümmten kleinen Fingern festhalten, bis Sie mir alles versprächen, was ich wollte, mein lieber, lieber Freund.

Seit ich mich am Donnerstagabend hinlegte, habe ich das Tageslicht nicht mehr gesehen bis jetzt, Sonntagmittag 2 Uhr, kurz vor Kristiansand. Wir haben nämlich ein schlimmes Unwetter gehabt. Das erste, was ich mache, ist natürlich, Ihnen zu schreiben, die Finger sind zwar etwas ungelenk und kalt, aber es geht schon. Ich bin nämlich auf einmal guter Laune. Es ist zu komisch: ich saß draußen auf Deck und sah eine junge Dame, 2 Jahre jünger als Kitty Kielland. Sie hatte ein kleines Kind bei sich, ein Jahr alt, selbst ist sie blaß, hat eine leidlich gute Figur, ist deutsch-französisch, spricht Italienisch und ein bißchen Norwegisch. Plötzlich überfiel mich der Gedanke, ob Ihnen die Kleine besser gefallen würde als ich, so wie ich an Deck sitze, auf einer hohen Kiste in einem falschen Pelzmantel mit der Innenseite nach außen, das eine Bein auf einem Stuhl und das andere baumelnd mit einem blauen Strumpf, frierend, so daß ich ein ganz rotes Gesicht habe und ein bißchen angeheitert bin von dem Schnaps, den ich heute auf nüchternen Magen trank. Gefällt Ihnen die Kleine besser? Jetzt bin ich 2½ Tage in einer Koje gelegen und habe an Sie gedacht und mit Ihnen geredet und über Sie geweint und von Ihnen geträumt, Sie lieber, anstrengender Mensch. O, wie war ich traurig. Hör zu, mein Junge, so darf ich Sie doch nennen, nicht wahr? Verschwinden Sie mir nicht! Setzen Sie die Glasplatten wieder in den Kopf, und geben Sie sich einen Stoß. Kommen Sie heim zu mir. Sie wissen doch, daß es das beste ist, nicht wahr? Ich werde alles für Sie tun, was Sie wollen. Und dann müssen auch Sie mir helfen, ich brauche Sie. Habe ich jetzt genug gebettelt? Schreiben Sie genau, wie es Ihnen geht. Das müssen Sie. Vergessen Sie mich Arme nicht.«

Brief an Jæger, 2. Juni 88:
»Jetzt liege ich hier im Bett mit meinem kleinen Ba neben mir, süß und friedlich schlafend. Aber ich fühle mich so elend und unglücklich auf dieser Welt. Da muß ich Ihnen schreiben, Hans Jæger. Ich rede sozusagen den ganzen Tag mit Ihnen, und alles, was ich mache, das mache ich gewissermaßen nur um Ihretwillen.
Heute vormittag war es herrlich warm hier und so angenehm im Garten. Sind Sie schon jemals bei uns oben gewesen? Ich habe die Gartentüre heute weit geöffnet und eine ganze Fuhre grüner Zweige und Äste hereingefahren. Papa meint sicher, ich sei verrückt geworden. Und dann gestaltete ich alle Sofas und Stühle und Tische in der Wohnstube, die schon fast Wurzeln geschlagen haben, so lange stehen sie schon am selben Fleck. Ach, wenn Sie doch hier wären, ich wüßte ein lauschiges Plätzchen ganz unten im Garten, zwischen Bäumen und Büschen, wo wir ungestört sitzen und reden könnten. Ich habe heute im Garten umgegraben und auch

geharkt, wenn auch nicht zu viel, und Ba habe ich gezeigt, wie man auf Bäume klettert. Und die ganze Zeit habe ich an Sie gedacht, alles habe ich um Ihretwillen gemacht. Nicht ein Wort habe ich gesagt, ohne an Sie zu denken. Herrgott, Hans Jæger, ich halte es nicht aus ohne Sie! Mimi bekam heute einen Brief von Lilli, ich war so sicher, daß ich von Ihnen einen Brief bekommen würde. Lieber, lieber Jæger, schreiben Sie mir nur ein paar Worte: Liebe Oda, ich denke ab und zu an Sie. Ihr H. J. Das genügt, ist jedenfalls besser als nichts. Tun Sie es.
Gestern bekam ich einen Brief von Christian. Er hat sich in Kopenhagen nach einem Haus umgesehen, wo wir wohnen könnten, aber nichts hat ihm zugesagt. Im großen und ganzen klang es nicht so, als würde es ihn besonders interessieren. Ich möchte wissen, ob ich ihm überhaupt noch etwas bedeute? Oder warum interessiert es ihn nicht besonders, nach einem Haus für sich und mich zu suchen? Nein, wie schwer ist es auf der Welt. Jetzt heiraten wir beide, ohne vor Freude zu sterben. Ich würde am liebsten für einen Augenblick unheimlich glücklich sein und dann sterben. Ach ja, ich bin ein Dummkopf, Sie brauchen jetzt nichts mehr davon zu lesen, aber heute habe ich einiges gedichtet, soll ich Ihnen etwas davon schicken?
Jetzt müssen Sie mir antworten: Wenn Sie heimkommen wollen (tun Sie es!), dann geht am 8. und 14. Juni ein Schiff (siehe Régence). Alles wird arrangiert. Sicher! Aber antworten Sie, wenn Sie wollen. Ich habe an Sie geschrieben unter der Adresse Boulevard Clichy 70.«

Brief von Jæger, 2. Juni:
»Oda! Jetzt erst bin ich wirklich alleine, verlassen und alleine wie nie zuvor in meinem einsamen, armseligen Leben. Ich sitze hier unter dem Sonnendach eines Eckcafés am Boulevard Magenta, alleine, halb mit dem Rücken zum Boulevard, und starre auf den gelben Sand, den man zwischen die Tische gestreut hat. Gerade sind die beiden andern gegangen, Lilli und

Jacob. Er war natürlich eifersüchtig. Denn am Bahnhof, als der Zug abgefahren war und ich langsam herunterkam, zitternd wie Espenlaub, und sie an der Ecke traf, da nahm Lilli liebevoll mitfühlend meinen Arm und sagte mit weinender Stimme: ›Kommen Sie, Sie kranker Mann!‹ und sie zog mich mit. Und hier im Café, wo ich jetzt alleine sitze, da setzte sie sich direkt mir gegenüber und schaute mir ehrlich mitfühlend in die Augen. Sie mag mich sehr, die Lilli, weil sie weiß, wie sehr ich Sie schätze, Oda, und es war ein solcher Trost, in ihre verweinten, mitfühlenden Augen zu schauen. Aber das konnte er nicht ertragen. Er stand auf einmal auf, trank sein Glas leer und sagte: ›Komm jetzt, Lilli‹ und ging auf das Trottoir, wo er auf sie wartete. Sie blieb noch sitzen und warf ihm einen vorwurfsvollen Blick nach. Doch dann mußte sie ebenfalls aufstehen, denn schließlich liebt sie ihn, und dann sagten die beiden Adieu und verschwanden und nahmen den letzten Duft mit, der von Ihnen in Paris geblieben war. Und dann zerriß etwas in mir, ich begriff, was geschehen war, und alles entlud sich in einem Schluchzen, mein ganzer Körper bebte, und ich umklammerte meinen Stock krampfhaft mit beiden Händen, biß die Zähne zusammen und ließ den Kopf sinken, während das Weinen in dicken, qualvollen Wellen durch die Brust nach oben drang, und der Körper bebte, und die Hände zitterten, und die Tränen liefen übers Gesicht und tropften in den gelben Sand.

So blieb ich eine Weile sitzen.

Endlich war es vorüber, und ich setzte den Zwickel ab, wischte mit dem Handrücken unauffällig die Tränen ab und zwang mich aufzuschauen, als sei nichts gewesen. Morgenfrisch lag der Boulevard da, sonnenbeschienen zwischen grünen, weißblühenden Kastanien. Morgenfrisch und still. Nur eine vereinzelte Droschke rollte weich über den Asphalt, ein Mann war friedlich damit beschäftigt, die Rosen zu sprengen. Die Vögel sangen, und die Leute gingen froh zu ihrer Arbeit, und hier saß ich! Ich hielt es nicht aus, ich ließ wieder meinen Kopf sinken und brach in einen erneuten Weinkrampf aus.

Ach, warum hatte ich es Ihnen nicht gesagt, daß ich auf der Stelle sterben will, wenn Sie mich ohnehin nicht lieben können! Dann wäre ich jetzt auf diesem Bahnhof gelegen und alles wäre vorbei gewesen … Nein, nein, wenn ich das gedacht hätte, wäre es schon zu spät gewesen. Als ich da auf dem Bahnsteig stand, mit dem Rücken zum Zug, denn ich mochte ihn nicht kommen sehen, da hatte ich noch nicht daran gedacht. Aber als die Lokomotive an mir vorbeirollte und dahinter die Waggons, einer nach dem andern, und der kam, in dem Sie saßen, ein helles Violett in dem dunklen Rahmen, und mich mit einem wunderbar schicksalhaften Gesicht anschauten, da kam der Gedanke. Das Blut erstarrte in meinen Adern, und ich meinte, sofort sterben zu müssen, als ich mechanisch grüßend die Hand zum Hut hob. Und als der Zug eine Kurve beschrieb und Sie aus meinem Blickfeld gerieten, da wandte ich mich verzweifelt dem Waggon zu, der eben vorbeikam, mit dem unwiderstehlichen Drang, mich darunterzuwerfen, mit dem Hals auf den Schienenstrang, so daß das eklige braune Rad meinen Kopf vom Körper trennt und mein Blut nach allen Seiten spritzt. Aber ich konnte ja nicht, weil ich Ihnen nichts davon gesagt hatte.

Die Tränen tropften und tropften hinunter auf den gelben Sand.

Ach, warum hatte ich nicht rechtzeitig daran gedacht!

Nein, nein, es ist ja nun einmal so, Sie hätten sich niemals einverstanden erklärt, da hätten Sie eher gesagt, Sie würden mich lieben, nur um mich davon abzubringen. Wütend spuckte ich den erloschenen Zigarrenstumpen aus, der zwischen den zusammengebissenen Zähnen hängengeblieben war. Wie er brannte, die ganze Zeit hatte er gebrannt, aber erst jetzt spürte ich es. Wie er brannte auf der syphilitisch überreizten Haut der Lippen; er brannte mich bis hinein in die Seele. Das hätten Sie doch vorher wissen müssen, nicht wahr? Und das wußten Sie nicht. Wußten weder, daß ich überhaupt Syphilis habe noch, daß unser lieber Herrgott jetzt nach Jahren des Schweigens so freundlich gewesen war, mich behutsam daran zu erinnern, daß ich mir der Dinge, die da kommen konnten, nicht so sicher sein sollte. Und Sie wußten auch nichts von all dem Kranken und Abstoßenden, das noch in mir fraß und erst an dem Abend, als ich mit Ihnen da oben auf der Bank saß, unter den Bäumen der Avenue, und es plötzlich begriff, sowohl, daß ich Sie liebte, wie auch, daß Sie möglicherweise mich lieben könnten, wenn nur diese Dinge nicht gewesen wären, von denen Sie noch nichts wußten.

›Wenn die Droschke die oberste Gaslaterne erreicht hat, werde ich es sagen!‹ sagten Sie und folgten mit den Augen den Lampen an der Droschke bis zum Triumphbogen. ›Jetzt ist sie da!‹ sagten Sie, und Ihre Augen schauten mich eindringlich an, und dann kam es:

›Sie sollten mich heiraten!‹

Sie sollten mich heiraten! Ich saß stumm da, die ausgestreckte Hand auf dem Stock, und starrte in die Dunkelheit, mir schwindelte bei dem Gedanken. Du großer Gott, das hätte also wirklich möglich sein können, wenn nur diese Überempfindlichkeit nicht gewesen wäre, dann hätte ich Sie immer noch gewinnen können ... Aber mit Syphilis auf den Lippen erobert man keine Frau. Und jetzt, das fühlte ich, *jetzt* hätte es sein müssen, jetzt oder nie. Ich starrte und starrte in die Dunkelheit, erst in diesem Moment wußte ich, daß ich Sie liebte, daß mich die Liebe endlich erfaßt hatte, und in derselben Sekunde wußte ich auch, daß mir die Liebe, nachdem sie nun endlich kam, nur eines bringen konnte, den Tod. Keine Rede also von Regeneration, psychisch und physisch, von der ich das Gefühl hatte, sie müßte möglich sein, denn ich besaß ja noch Kraft und Leidenschaft, wenn nur die Liebe den Zapfen in meinem Hirn in die richtige Richtung drehte, nein, einfach den Tod. Und das vielleicht nur wegen der Verletzlichkeit!

Ach ja, auch wenn ich Sie in jener Nacht errungen hätte, ich hätte Sie ohnehin gleich wieder verlieren müssen. Denn so viel Krankes und Abstoßendes auf einmal kann keine Liebe

ertragen, es sei denn, sie wäre so krank wie meine, und Sie sind so jung und so gesund.
Ich blieb sitzen und starrte vor mich hin. Und Sie schauten mich an, etwas kalt, wie es mir vorkam, sicher verwundert über die Art meiner Reaktion. Und dann sagten Sie:
›Nehmen Sie das ganze nicht so ernst, denn jetzt ist nicht mehr die Rede davon‹.
Ich erschauderte bei dem kalten ›ernst‹ und sackte zusammen. Nein, es war nicht mehr die Rede davon, das wußte ich besser als Sie, und dann hatte ich es nicht über mich gebracht, Ihnen das alles zu erzählen, krank wie ich bin.
Ach, daß ich es nicht über mich gebracht hatte! Dann wäre jetzt das ganze vorbei und ich würde tot dort auf dem Bahnhof liegen. Aber nun habe ich es Ihnen in dem Brief erzählt, ich hatte Ihnen ja bei Ihrer Abreise versprochen, zu schreiben, was ich fühlte. Alles, sowohl das mit der Syphilis und das andere. Oh, das andere, das war so schwierig! Bei allen andern, nur nicht bei Ihnen! Aber es mußte sein, denn Sie sollten mir zustimmen und sagen: ›Natürlich, weil ich Sie nun mal nicht lieben kann, bleibt Ihnen nur der Tod.‹ Und um das sagen zu können, mußten Sie alles wissen, nicht nur das mit der Syphilis, auch das andere. Aber wie Ihnen das sagen? Indem ich Ihnen erzählte, wann meine innere Zerstörung umschlug in Unnatürlichkeit? Vielleicht …
Und während ich da saß und auf den gelben Sand starrte, kam mir ihr Bild wieder vor Augen, das Bild von dem kleinen, häßlichen, verwahrlosten Geschöpf mit den dünnen, schmutzig-gelben Haaren, im Nacken hochgebunden in einem ärmlichen Knoten und dazu das häßliche, igitt so charakterlos häßliche, blasse, rotnasige Gesicht mit den farblosen Augen. Wir waren in meinem kleinen, netten, kaffeebraunen Schlafzimmer. Sie hatte sich an den kleinen, runden Tisch am Kopfende des Bettes gesetzt, und ich entzündete die Lampe und setzte mich dazu, nahm einen Sherry, schenkte ein, und dann zum Wohl, und erst jetzt achtete ich auf ihr Gesicht. Es hatte mich bis jetzt nicht weiter interessiert, sie

anzusehen, ich hatte angenommen, sie würde aussehen wie all die anderen, als ich sie im Dunkeln mitnahm. Sie war so häßlich, und sie wußte das und wagte nicht, aufzuschauen, trank nur verlegen und wußte nicht, wohin mit den Händen und mit dem Gesicht. Einen Moment schaute ich sie verblüfft an, aber dann tat sie mir plötzlich so leid, und ich legte entschlossen den Arm um ihren Körper und drückte sie an mich und sagte: ›Sie sind häßlich, das mag ich. Gerade deshalb, so seltsam es ist, aber gerade deshalb gefallen Sie mir besonders gut. Ziehen wir uns aus! Schnell!‹ Verlegen und zögernd zog sie sich aus und wußte nicht recht, was sie glauben sollte, aber als ich mich zu ihr legte, ohne das Licht zu löschen, sahen mich plötzlich ihre blassen Augen verwundert an. Aber wie bei mir nun einmal üblich, konnte ich nicht sofort und mußte warten, bis es zufällig von selbst kam, und da dachte sie natürlich sofort, es sei ihr Fehler, wegen ihrer Häßlichkeit. Und sie zog sich gleichsam in sich zurück und schaute mich nicht mehr an und glaubte nicht an meine Küsse und Zärtlichkeiten. Aber sie *sollte* daran glauben! Ich *wollte* es! Und ich streichelte ihre Arme, ihren Körper, küßte sie auf den Hals und die Schultern und die Brüste und weiter den ganzen Körper nach unten, bis ich mir plötzlich ihre Beine um den Hals legte, sie an den Hüften packte, mein Gesicht hindrückte und sie da unten küßte.

›Nicht doch‹, hörte ich sie leise flüstern, wie zu sich selbst. Aber sie bewegte sich nicht, und ich fuhr fort, sie da unten zu küssen, bis sie sich wollüstig krümmte und ihre Hände sanft auf meinen Kopf legte und ihn zu sich zog. Und dann, kurz darauf, drückte sie plötzlich die Schenkel fest zusammen und schob mich behutsam weg von sich. ›Mögen Sie mich nicht mehr?‹ fragte ich, als ich wieder neben ihr lag und sie mich nicht ansah und sich nicht bewegte. ›Nein!‹ sagte sie und schmiegte ihr Gesicht an meine Brust. ›Aber lösche das Licht und warte dann, nur ein bißchen.‹ Und ich streckte die Hand aus und löschte das Licht, und sie schmiegte sich an mich. ›Komm!‹ sagte sie dann, und ich kam zu ihr. Aber eins, zwei,

drei war alles vorbei, ich bin ja so kaputt. Und nur allzu schnell hatte sie wieder Lust bekommen. Und dann küßte ich sie wieder da unten, bis sie sich wieder in Wollust wand und mich wieder von sich schob. Und ich lag wieder bei ihr, und ich küßte sie wieder und wieder, bis wir im Morgengrauen erschöpft und fest umschlungen einschliefen. Aber als ich am Morgen im hellen Licht erwachte und sie in all ihrer Häßlichkeit erblickte, sprang ich sofort aus dem Bett. Davon erwachte sie. ›Mein Gott, es ist schon so spät!‹ sagte ich. ›Wir müssen uns beeilen, ich müßte schon längst im Büro sein.‹ Und sie beeilte sich, die Arme, war aber nicht mehr so sicher, und als sie fertig war und wir gehen wollten, sagte sie: ›Sie versprachen mir, das zu geben, was Sie haben.‹ ›Aber ich habe Ihnen doch gezeigt, daß ich nur 15 Øre und eine Briefmarke besitze!‹ ›Das macht nichts‹, erwiderte sie. ›Ich will nur gerne, daß Sie mir etwas geben.‹ Sie bekam also die 15 Øre und die Briefmarke, und ich zwang mich, sie zu küssen, bevor sie ging. Und dann öffnete ich das Fenster und sah ihr nach, wie sie unten über den Sehesteds Platz ging und ich dachte, ob wohl jemand gesehen hatte, daß sie von mir kam, dieses abgrundtief häßliche Mädchen, und was die Leute wohl dabei gedacht hatten … und was die Leute denken würden, wenn sie alles gewußt hätten!
Nun, das war also das erste Mal, und seitdem lief es gewöhnlich immer auf dieselbe Weise: ich wollte, *wollte*, daß sie glaubten, ich sei von ihren Körpern besessen, und dieser unbezähmbare Wille hat vielleicht die Fähigkeit, normal befriedigt zu werden, noch mehr zerstört. Aber ich mochte jetzt nicht mehr daran denken. Ich blieb einfach sitzen und starrte hinunter auf den gelben Sand und stellte mir vor, wie Sie sich ekeln werden bei dem, was ich Ihnen schreibe. Sie, die Sie so jung und gesund sind. Und ich verfluchte und verfluchte und verfluchte wieder die Tatsache, daß ich Ihnen nicht alles gesagt hatte, als Sie hier waren, sowohl dieses eine wie auch das mit der Syphilis, dann wäre jetzt alles vorbei.
Ein junger Bursche kam und setzte sich an den Nebentisch,

rief nach dem Ober und bestellte etwas. Und ich zwang den Rest des Absinths in einem Schluck hinunter, stand auf und trottete krank und zittrig den Boulevard entlang, unter tiefgrün blühenden Kastanien, zwischen Ladenschwengeln und Arbeitern, zwischen Arbeiterinnen und Verkäuferinnen. Wie widerten sie mich an, diese niedlichen, jungen Mädchen mit ihren vollendeten Figuren und ihrem eindeutigen Pariser Gang. Bekleidete Mannequins, wie aufgetakelte Marionetten kamen sie mir alle vor – als seien sie geschlechtslos! Es gibt ja nur *eine* wirkliche Frau auf dieser Welt. Wie ich zitterte! Wie Sie mir als zitternde Angst im Blut saßen! Und ich sah Sie in dem hellvioletten Mantel, einen halben Schritt gingen Sie vor mir, etwas seitlich versetzt, in einem Gang, der so sehr der Ihre ist. Und ich erriet die Linien Ihres Körpers, diese Linien, die so sehr die Ihren sind, einmalig auf dieser Welt. Und die Angst schoß mir noch kränker durchs Blut, und ich zitterte stark, als Sie plötzlich den Kopf drehten und mich mit dem ernsten, großäugigen Schicksalsgesicht am Abteilfenster anschauten. Mein Gott, wie war ich krank. Und so, in diesem Zustand, sollte ich mich nun hinsetzen und über Bjørnson schreiben und über Mirlitonen und die Bastille und was es noch anderes gab. Ich begriff nicht, wie es zugehen sollte, aber ich wußte, ich würde es ohnehin tun, denn nach Hause mußte ich nun einmal. Nach Hause! Nicht, um Sie zu erringen, das ist undenkbar, das konnte nicht geschehen. Nein, aber weil ich wußte, daß Sie, auch wenn Sie sich noch so sehr vor mir, dem kranken Wrack von einem Mann, ekelten, mich trotzdem soweit mögen und Ihr Versprechen einlösen würden, das Sie mir in jener Nacht im Boulognewald gegeben haben: Ich werde meinen Kopf in Ihren Schoß legen dürfen, und Sie werden ihn mit einem Revolver zerschmettern. Ich war davon überzeugt, daß Sie das Versprechen halten werden – und in mir wuchs eine so frohe Erwartung auf den Tag, an dem dies geschehen würde, und ich hob den Kopf und reckte mich, und der Gang wurde selbstbewußt. Ich war doch stolz darauf, daß Sie, die einzige auf der Welt, mich doch so mochten, wie Sie es zeigten. Weiß Gott, ich wollte mit niemandem tauschen. Höchstens vielleicht mit Christian, obwohl selbst er … jetzt? Nachdem ich es weiß? Nein, jetzt nicht mehr.

Wo der Boulevard Magenta auf die äußeren Boulevards trifft, blieb ich stehen und atmete tief durch: Aaah! Also endlich doch eine Aussicht, ein roter Faden in meinem restlichen Leben! Die Sonne schien, die Vögel sangen, die Händler gingen so sorglos unter das große Sonnenzelt an der Ecke und boten an ihren Marktständen ihre Waren feil. Die Leute kamen und gingen so zufrieden und vergnügt. Zwei alte Damen gaben sich an der Ecke die Hand. ›Oh le beau temps qu'il fait!‹ Sagt die eine. ›Oui, Madame!‹ erwidert die andere vergnügt. ›Au revoir, Madame!‹ ›Au revoir, Madame!‹ und sie gingen ihrer Wege. Und ich gehe ebenfalls meines Weges, hinüber zum nächsten Boulevard unter die hellgrünen Platanen, mit Ihnen vor Augen und der kranken Angst zitternd im Blut, aber trotzdem froh.

Danke Oda! Danke für alles! Ich sitze hier und weine, während ich hier oben in der kleinen Dachkammer schreibe, wo die Sonne an jenem Tag frühmorgens so hell hereinschien, als Sie da drüben auf dem Bett lagen und ich daneben saß und weinte und meine Wange auf Ihre warme Hand legen durfte, und dann strichen Sie mir sogar mit der anderen Hand über die andere Wange und ließen sie dort liegen. Ich habe sie noch, die kleine Dachkammer. Sie ist voller Wanzen und hat keine Aussicht über Paris wie das Zimmer, in das ich umgezogen bin und das jetzt ungenutzt leersteht. Aber ich konnte in diesen Tagen nicht von hier weggehen, weil gewissermaßen noch etwas von Ihnen hier ist. Ich sitze hier spät nachts bei einer Kerze und schreibe und beweine mich und mein Schicksal. Aber das macht nichts, ich lebe ja trotzdem! Lebe ganz erfüllt von Ihnen, Sie rieseln mir in jeder Sekunde, in der ich lebe, durch Seele und Körper, durch Mark und Bein. So bebe ich jetzt innerlich, das tue ich seit Ihrer Abreise und werde es tun bis zu dem Augenblick, in dem ich meinen

Kopf in Ihren Schoß legen und sterben darf. Oda! Wie freue ich mich auf den Augenblick, ja, ich liebe Sie nämlich, liebe Sie so, wie man es nur vermag, wenn alle Hoffnung vorbei ist und nur der Tod wartet.

Tage- und nächtelang ging ich herum, um diesen Brief zu schreiben, und war nicht fähig dazu. Nirgends fand ich die nötige Ruhe. Ziellos irrte ich durch Paris, ständig Sie vor Augen, in dem hellvioletten Mantel vor mir gehend und das ernste Schicksalsgesicht am Abteilfenster mir halb zugewandt. Ich mußte einfach laufen, über große, sonnenbeschienene Boulevards mit Farben und Licht und Leben und Lärm, hinein in stille, enge graue Gassen, wo die Menschen vor ihren Türen sitzen und sich wie vor hundert Jahren quer über die Straße gemütlich unterhalten. Und ich setzte mich zum Ausruhen in Kaffeehäuser und Kneipen, in denen wir zusammen gewesen waren und in andere, wo wir nicht gewesen waren. Überall. Stunden konnte ich an solchen Orten sitzen und zittern, ohne zu denken, wie ein Idiot, bis ich plötzlich in Tränen ausbrach. Aber es gab auch Stunden, in denen ich bei dem Gedanken, meinen Kopf in Ihren Schoß zu legen und zu sterben, lächelte. Erst als ich ruhiger wurde, konnte ich mich hinsetzen und schreiben, wie ich es versprochen hatte.

Aber nun, nachdem ich unter unsäglicher Qual geschrieben habe, denn ich habe die ganze Zeit gezittert und konnte kaum denken, und peinlich war es ja auch, das alles zu schreiben – nun sehe ich, daß ich Ihnen trotzdem nicht schreiben konnte, was ich fühle und was mich schmerzt und was ich Ihnen so gerne gesagt hätte. Aber ich schaffe es nicht, noch einmal vor vorne zu beginnen, Sie müssen es nehmen, wie es ist. Und außerdem, wer weiß, ob es überhaupt geschrieben werden *kann*? Ihnen verständlich machen, was ich fühle, das könnte ich nur, wenn Sie neben mir an einer Steinmauer stünden und dann mußte ich mit dem Kopf gegen die Mauer rennen, daß mir das Blut von der Stirne läuft. Immer wieder, immer wieder. Aber das ist ja falsch, denn wenn ich Sie hier hätte, würde ich das nicht tun. Ich würde nur in Tränen ausbrechen und den Kopf in Ihren Schoß fallen lassen und darum bitten, sterben zu dürfen. Oda! Oda! Oda! Wie krank und verkommen ist meine Liebe zu Ihnen, und wie jung und schön und gesund sind Sie!«

6. Juni.
Es ist so still in der Grønnegate. Ich sitze draußen im Pavillon. Alles ist hellgrün und sonnenbeschienen, darüber blaue Luft und weiß schimmernde Wolken. Mimi und Erik sitzen unten bei einem Bäcker in Homansbyen und passen auf, wann Papa ins Büro geht und der Weg in die Grønnegate frei ist. Es ist zwölf Uhr, und Papa hat noch keine Anstalten gemacht, aufzustehen, das kann also noch dauern. Ich habe versprochen, ihnen Kaffee und etwas zu essen zu machen, wenn sie heraufkommen und die Gefahr vorüber ist.
Aber vorläufig bin ich alleine mit Jægers Brief und zwei eigenen. Erst der von gestern, als ich ziemlich niedergeschlagen unten bei Wilhelm war. Sieben Flaschen Champagner zu fünft, aber nur so halte ich das aus. Was ist bloß los mit mir? Ich habe versucht, etwas Nettes an Christian nach Kopenhagen zu schreiben, aber ich weiß nicht, ob ich dazu noch fähig bin. Er ist so unglücklich, und er hat wohl das Gefühl, mich zu verlieren, aber warum treibt er sich da unten herum? Nur weil er denkt, Jæger sei gut aufgehoben in Paris? Sein neues Projekt, daß wir zwei unsere Leben aufschreiben, wie Jæger es in *Kristiania-Boheme* machte, hat schon etwas an Glanz verloren, fürchte ich. Das sind Nachwehen von *Albertine*, von verletzter Eitelkeit, und die Kapitel, die er mir geschickt hat, sind wirklich nicht besonders gut. Jæger schreibt mit seinem Herzblut, Christian mit seinem Verstand. Ich lese meinen zweiten Brief an Jæger. Wie wird er das auffassen? Syphilis muß doch keine Katastrophe sein, solange es etwas gibt, um die Wunden zu behandeln? Er meint, er hätte mich erschreckt. Als ob mir das fremd wäre. Dabei ist nichts unanständig. Unanständig ist, wenn man sich dabei nicht liebt.

Das ist unanständig. Mir fällt Jørgen ein, der jedesmal, wenn das Übliche passiert war, aus dem Bett sprang und mich von Kopf bis Fuß mit Seife wusch, mich frisch anzog und das Bettzeug wechselte, auch wenn es mitten in der Nacht war. Jedesmal! Mit Christian habe ich dieses andere zweimal gemacht, oder er mit mir, und schlimm oder unanständig war es jedenfalls nicht. Ich bekam nur schreckliche Kopfschmerzen.

Es ist Sommer in der Grønnegate, und Papa ist wach geworden. Übermorgen wird die Boheme im Theater einen Skandal machen. Björn Bjørnsons Benefizvorstellung findet statt, und die Boheme mag Björn nicht. Ich habe versprochen, mich vormittags mit den Jungen fotografieren zu lassen. Papa wird das wieder umbringen, wie so vieles andere.

20. Juni.

Jæger kehrt also zurück nach Norwegen, und er will in meinem Schoß sterben. Eine Flasche Morphium trinken, einschlafen, und *dann* soll ich ihn erschießen. Nachts habe ich Ba bei mir im Bett, denn ich fühle mich sehr einsam, und ich habe Angst vor diesem Sommer. Mir ist klargeworden, daß ich achtundzwanzig Jahre alt bin und bereits mit einer großen Lüge lebe: ich habe zwei Kinder, aber eigentlich sind es drei. Eine zweite große Lüge ist, daß ich bei Papa wohne, vor dem ich eigentlich keine Angst habe, der mich nicht mehr verletzen kann. Auch eine große Lüge ist, daß Christan in Kopenhagen ist und eine Ehe vorbereitet, aber die dazu passende Liebe ist nicht in mir. Dafür eine verzweifelte Sehnsucht nach *Wahrheit* – die Maske fallen lassen und die Dinge so erzählen, wie sie sind.

Ich glaube, ich liebe Hans Jæger, obwohl mir dieses Wort ziemlich sinnlos vorkommt. Trotzdem glaube ich, daß ich ihn hier in meiner kleinen Kammer in der Grønnegate liebe, wo der Flieder mit dem Nachtwind spielt und der schwere Duft zu mir heraufsteigt. Ich glaube, ich liebe einen Mann, der den Mut hat, sein Innerstes offenzulegen. Ich möchte ihn wecken, möchte seine Umarmung spüren, ihn ebenso wunderbar lächeln sehen wie Per damals auf dem Schiff. Mir wird klar, daß ich nur dafür gelebt habe, daß ich mein Leben zu einer Kathedrale habe machen wollen. Ich sehne mich nach Himmel. Ich habe nie jemandem etwas Böses gewünscht. Es ist Nacht, und ich spüre den schweren Fliederduft. Ich weine und weine, und ich habe Ba in den Armen.

4
Kranke Liebe

Juni 1888.
Ich bin außerstande zu malen. Früher fiel es mir leicht, ein Bild mit wenigen Strichen zu skizzieren. Ich war so sicher in der Wahl des Motivs, daß das Technische von selbst kam. Aber jetzt habe ich wieder mit Ba gearbeitet und habe nichts zustande gebracht.
Aber am Abend, wenn Papa und die anderen zu Bett gegangen sind, setze ich mich in die offene Tür und schreibe. Vom spiegelglatten Fjord ist plötzlich die Sirene eines größeren Schiffes zu hören, aber das kann nicht die Alfa sein, noch nicht. Vielleicht hebe ich kurz den Kopf. Hier auf Rammebråten habe ich die hohen Bäume um mich, wie daheim in der Grønnegate. Sie können beschützen und einsperren, das kann jede Natur, und diesen Sommer bin ich eingesperrt und ebenso ungeschützt wie die kleinen Grashalme, um die ich jedesmal, wenn ich hinunter zur Fähre gehe, vorsichtig einen Bogen mache. Ich werde mein Leben aufschreiben, aber ich weiß nicht genau, was von mir ist und was ich mir von anderen geborgt habe. Ich könnte mit meinem Körper beginnen und den ganz intimen Dingen, die mit ihm passiert sind. Das würde dann beschlagnahmt, in dem Glauben, ich würde eine verbotene Geschichte erzählen. Aber ich will nichts Derartiges erzählen, nur, wie meine Kinder in mir wuchsen und sich plötzlich eines Tages befreiten oder sich befreien ließen. Und daran ist nichts, was man beschlagnahmen müßte.
Von Christian habe ich wieder einen Brief erhalten. Er fragt, warum ich nicht schreibe. Er will sein Leben wie eine Festschrift aufschreiben. Das Tragische hat bei ihm keinen Platz.

Er ist noch begeistert von Frits und dessen Gefängnisaufenthalt und der pompösen Befreiung. Aber er schreibt von einem Bild, das Form annimmt: *Der Kampf ums Dasein*. Ich sehe eine Schar Menschen vor mir, in Christians Leben ist die Vielzahl wichtig, und er kann sie sehen, und er kann schreiben und malen, wie sie sind, aber sein Leben kann er nicht schreiben. Ich weiß nicht, was ich ihm antworten soll.

Am Tag nach St. Hans ist er hier. Ich weiß, daß er da ist, und Mimi und ich nehmen das Schiff hinein in die Stadt, wir müssen einkaufen und einiges erledigen. Vor zwei Jahren, in Sandøsund, besuchte ich Christian, und Jæger war da, nicht als ein Wrack, sondern als ein Riese. Der Gedanke war noch nicht fertig gedacht, der Kampf hatte kaum begonnen …
Wir nehmen eine Droschke und lassen uns ins Gravesen fahren. Nyhuus kann dort anschreiben lassen, und Nyhuus hat ihn sicher auf dem Schiff getroffen, zusammen mit Schjander. Die Sonne scheint, und als wir zu dem großen, rotgestreiften Zelt kommen, ist es im Innern dunkel und er nicht gleich zu sehen. Nyhuus läuft uns entgegen.
»Ah, Nyhuus«, sage ich. »Ist er gekommen?«
»Ja, gerade eben.« Nyhuus schaut mich traurig an. »Er ist so nervös, mit sich und der Welt zerfallen.«
»Ich mag ihn hier nicht treffen.«
Da gibt er mir seinen Schlüssel und sagt, ich und Mimi könnten in seine Wohnung gehen, dorthin würde Jæger dann kommen. Ich nehme den Schlüssel ohne Bedenken und danke ihm mit beiden Händen, dann bitte ich den Kutscher, weiterzufahren. Wir erledigen einige Einkäufe, obwohl ich fast ohne Bewußtsein bin, dann können wir endlich zu Nyhuus fahren, zu seiner blauen Stube.
Er ist allein, und ich sehe, daß er seit unserem Treffen in Paris dünner geworden ist. Wir begrüßen uns mit Handschlag. Mimi begrüßt ihn auch, und ich weiß, daß sie ihn mag. Ich entscheide mich für einen Stuhl, und auch Mimi und Jæger setzen sich nicht auf das Sofa. Dann fange ich über gleich-

gültige Dinge zu reden an, daß ich erfahren hätte, wie er in Arendal das Schiff verpaßt hat und deshalb nicht mit der Alfa ankam. Er soll merken, daß ich auf ihn gewartet habe. Mir fällt nichts mehr ein, und es wird sehr still. Er sieht mich an. Da sagt Mimi:

»Nun, dann gehe ich jetzt und mache Besorgungen.«

Sie steht auf, und ich bringe sie zur Tür, die ich hinter ihr abschließe.

Wir fahren in der Nachmittagssonne, Nyhuus, Jæger, Mimi und ich. Wir fahren durch Gamlebyen und über den Ljabruveien am Fjord entlang. Es ist doppelt soviel Sommer wie noch vor einigen Stunden. Ich habe ihm Paris versprochen, wenn er will. Ich kann ihm alles versprechen, wenn er will, und mit Christian ist es vorbei. Das ist mir dort auf dem Sofa klargeworden: Jæger so überreizt, nicht in der Lage, mich physisch zu lieben, aber mit tausend Versprechungen. Christian kann das alles, aber sein Blick verspricht nur neue Projekte, Motive auf zu großer Leinwand. Das ist grausam, aber Jæger ist so glücklich, wie ich ihn noch nie erlebt habe. Wir haben Cognac und Sherry getrunken, und Mimi und Nyhuus sind so nett zu uns gewesen. Wir fahren in der Nachmittagssonne. Hier würde Christian etwas über Farben sagen, kupferrot für die Hügel von Ekeberg, für die merkwürdige Oberflächenhaut des Fjords. Christian kann alles verstehen und erklären. Mit Christian ist es nun vorbei.

Ich bin »krank« und blute, aber nicht so wie in den ersten Tagen, und ich habe Nastinkas Schatulle mit einer Haarnadel geöffnet und 5 Kronen gestohlen. Die gebe ich Jæger, dafür kann er sich bei Jensine in Emmestad ein Zimmer mieten. So können wir den ganzen Sommer zusammen verbringen, und ich bin aufgeregt wie ein Kind. Wie ein kleines Mädchen habe ich mich allein vor dem Spiegel betrachtet, ängstlich besorgt, vielleicht zu alt zu sein, nach drei Kindern. Aber wir haben im Gras gelegen, und ich habe ihn trotz der Kleidung wie nackt gespürt, und ich merke, daß mich bis jetzt noch nie jemand geliebt hat, niemand hat sich so hingegeben wie er. Und plötzlich mußte es geschehen: er küßte mich auf den Mund, obwohl wir beide das mit seiner Wunde wissen. Es war mehr als ein Kuß, es war ein wahnsinniges Versprechen und zugleich ein Verrat an Sacha und Ba, denn jetzt kann ich mich angesteckt haben. Angesteckt an Jæger, an der Liebe, an einem leibhaftigen Skandal auf Karl-Johan. Er soll mich nehmen, mich spüren, mich so reiben, daß wir entflammen, damit ich endlich stürzen kann, quer durch die Kälte, sinnlose Kälte, und mich hineinbohre ins Zentrum der Erde, brennende Erde!

Erst nach zwölf kann ich den Mantel überwerfen und hinausgehen in die Nacht. Ich öffne die weiße Gartenpforte und gehe weiter, versuche, mich an das Halbdunkel zu gewöhnen. Es ist so still. Nicht ein Vogel, nicht ein einziges Insekt, das vom Juni singt. Irgendwie Frost in der Luft, und ich gehe über die Straße.

Dann ist er plötzlich da, schlingt die Arme um mich und sagt:

»Danke, danke, daß Sie gekommen sind. Liebe, liebe, wie froh bin ich, daß Sie gekommen sind.

Ich murmele eine Antwort:

»Du, ich kann nichts dafür, daß ich dich so lange habe warten lassen.«

»Liebes, was macht das? Jetzt bist du ja hier!«

Er greift nach meiner Hand und führt sie an sein Gesicht. Es ist fiebrig heiß.

»Wie spät ist es schon?«

»Zwölf.«

»So spät?«

»Ja, stell dir vor ...«

Ich lehne mich an das Steinmäuerchen und halte seine Hand.

»Hans Henrik ist schuld daran. Papa kam nämlich heute

nicht, nur Hans Henrik, und er ist so liebenswürdig gewesen, bis jetzt aufzubleiben. Gott, was für ein schrecklicher Mensch. Nicht auszuhalten! Ich habe sogar das Gegenteil von dem behauptet, was ich eigentlich glaube, habe zum Beispiel schlecht über dich gesprochen, nur weil ich nicht seiner Meinung sein wollte. Wie verdammt rechtschaffen und blutarm er ist! Und er nimmt nur weißes Essen zu sich. Fischklöße in weißer Soße. Empfindlicher Magen. Natürlich hat er einen empfindlichen Magen, wie alle Männer. Und er sieht aus wie eine Fischbulette.«

»Haben alle Männer einen empfindlichen Magen?«

»Ja, jedenfalls alle, die *ich* kenne.«

»Das ist merkwürdig.«

»Dabei trinkt er ganz gerne und gar nicht so wenig. Heute abend hat er sich jedenfalls nicht zurückgehalten.«

»Das haben Sie sicher auch nicht. Sie riechen stark nach warmem Toddy!«

»Ja, ich mußte mich ja irgendwie beschäftigen, während ich bei diesem schrecklichen Mann saß. Aber ich wollte etwas anderes sagen: Weil Papa nun nicht kommt, schlafen Hans Henrik und Nastinka heute nacht in der Elisabethstube. Du weißt schon, ein Stück hügelabwärts ... Und dann können Sie zu mir kommen. Sie können durchs Fenster steigen, und dann sollst du deinen Whisky haben! Aber wir müssen noch etwas hier warten, bis sie sich dort unten endgültig zur Ruhe begeben.«

Sein Kopf sinkt auf meine Schulter. Ich streiche ihm übers Haar.

»Du Armer, so lange hast du warten müssen.«

»Das schon. Aber jetzt bist du ja hier. Mein Gott, wie bin ich froh.«

»Du bist wirklich froh? Mein Lieber. Mein ganz Lieber bist du ... nein dieser Hans Henrik, du glaubst nicht, wie schrecklich er ist. Weiß Gott, Nastinka tut mir leid, mit so einem Mann.«

»Aber sie liebt ihn doch?«

»Ja, wahrscheinlich schon. Aber trotzdem. Und stell dir vor, er kommt nur einmal die Woche zu uns heraus, und zur Wochenmitte hat sie immer ihren Heultag, da sitzt sie nur da und weint und sehnt sich nach ihm. Und wenn er dann am Samstag kommt und Papa ist auch da, dann schlafen er und Hans Henrik in der Elisabethstube und sie, das arme Ding, ist alleine hier oben!«

»Und der Kerl kommt während der Woche nie heraus?«

»Nein. Ich habe zu Nastinka gesagt, daß *ich* mich damit nicht abfinden würde. Aber das findet sie auch wieder schrecklich. Und so etwas sagt sie!«

Wir lachen beide. Es ist ungewohnt, ihn lachen zu hören. Ich kann mich nicht erinnern, wann ich ihn das letzte Mal habe lachen hören. Wir können jetzt hinuntergehen zum Haus. Beim Gartentor laufe ich voraus, um zu sehen, ob die Luft rein ist. Ich möchte ihn in dem kleinen Häuschen für mich allein haben. Niemand da. Ich öffne von innen das Fenster und winke ihm. Sofort ist er da, steht in der blau gestrichenen Schlafkammer meiner Schwester, und er ist sehr verlegen, reicht mir nur die Hand. Ich organisiere eine Decke, die wir vor das Fenster hängen. Das soll mehr werden als eine Hochzeitsnacht. Ich will ihm zeigen, wie eine Frau einen Mann lieben kann, er soll erfahren, daß sein ganzes Elend daher rührt, daß er nie wirklich von jemandem geliebt worden ist. Er hat sich die Liebe der Frauen kaufen müssen.

»Hier haben Sie Ihren Whisky«, sage ich leise.

Er starrt mich ängstlich an:

»Trinken Sie keinen?«

»Nein, ich habe heute Abend schon genug getrunken. Noch mehr würde mir nicht guttun. Zum Wohl! Trinken Sie, ich gehe nur kurz nach nebenan, um nach meinen Kindern zu sehen.«

Ich schiebe die Tür zu meinem Zimmer auf und gehe hinein. Sacha und Ba, meine zwei treuen Seelen, schlafen und wissen nicht, was mit mir geschieht. Was denken sie von mir? Was wissen sie? Ich ertappe mich dabei, mir zu wünschen, sie sollten zusehen, sollten erleben, wie schön es sein kann, was zwischen zwei Menschen geschieht. Damit nie schmutziges Gerede Macht über sie gewinnen kann. Beide sind sie in Einsamkeit gezeugt worden. Meine Männer waren mir völlig fremd. Jetzt will ich, daß sie meine Liebe spüren.

»Sie schlafen.«

Ich komme wieder in die Schlafkammer meiner Schwester.

»Hier sind Sie sicher noch nicht gewesen?«

»Doch. Einmal vor zwei Jahren bin ich mit Krohg hier durchgegangen. Wir kamen direkt vom Segelkutter und hatten die Erlaubnis bekommen, uns zu waschen.«

»Ach ja, damals ...«

»Ein seltsames Gefühl, das können Sie mir glauben, den Raum zu betreten, wo Sie gewöhnlich schlafen, Sie, die ich so bezaubernd fand ... und sich dann in der Schüssel waschen, in der Sie sich gewöhnlich waschen, und die Seife zu benutzen, die Sie benutzen. Ein so wunderbar seltsames Gefühl.«

»Aber damals hast du mich ja noch gar nicht geliebt!«

»Doch, habe ich schon. Ich liebte Sie nicht wie jetzt, aber bezaubernd waren Sie trotzdem für mich, und ich fühlte mich schrecklich hingezogen zu Ihnen und war bei Gott unglücklich, weil Sie mich nicht lieben konnten. Wie ich diesen Tag in Erinnerung habe! Den ganzen Vormittag waren wir in unserem Boot unten auf dem Fjord zwischen Horten und Filtvedt, bei Flaute und sengender Sonne. Kein Windhauch kräuselte das Wasser. Wir befürchteten schon, an diesem Tag nicht mehr hierherzugelangen. Aber als die Sonne hinter den Hügeln unterging, kam auf einmal eine herrliche Brise von Süden, und wir flogen über den Fjord wie ein einsamer Vogel, weit und breit kein Segelboot in Sicht. Erst als wir Kurs auf Filtvedt nahmen und den Fjord bis Drøbak überblickten, sahen wir auf einmal eine ganze Flotte von Segelbooten, mindestens vierzig, fünfzig hatten die Brise genutzt und kreuzten über den Fjord auf uns zu, alle hart am Wind mit Schaum vor dem Bug, und die Segel schimmerten rot in der

Abendsonne. So etwas Schönes habe ich selten gesehen! Und unser Kutter querte den Fjord, steuerte vor den ersten Segelbooten Filtvedt an. Wir mußten immer wieder abfallen, um nicht zu kollidieren. Gullichsen saß am Ruder. An der Gaffel wehte unsere Flagge, als Signal für Sie, und oben auf der Kajüte in Luv saßen Krohg und ich und schauten hier herauf, wollten feststellen, ob uns jemand gesehen hat. Und plötzlich schimmerte etwas Weißes oben bei den Häusern. Es hielt einen Augenblick inne, flog dann abwärts und verschwand im Wald, um weiter unten wieder aufzutauchen. Das waren Sie und Lilli, die in hellen Sommerkleidern durch den Wald gelaufen kamen, uns zu empfangen. Und als das Boot in den Wind drehte und direkt vor dem Badehaus der Anker fiel, seid ihr zwei auf der Brücke gestanden, ein wunderschöner Anblick, euch so zu sehen in euren leichten Kleidern, aber Sie waren die Schönste, und ihr habt uns mit strahlenden Gesichtern begrüßt. Und auch Krohgs Gesicht strahlte vor Freude. Nur ich stand etwas betrübt und dachte, daß Sie und Lilli lieber gehabt hätten, wenn er alleine gekommen wäre, ohne mich. Aber dann, als wir hier oben saßen, alle vier im Gartenpavillon um den Kamin, in dem das Feuer knisterte, und Sie und Lilli auch zu mir so herzlich und nett waren, da fühlte ich mich besser, und ich dachte daran, daß dieser wunderbare Abend der einzige sein würde, bevor ich ins Gefängnis mußte, denn in der Stadt würdet ihr ja keinen Umgang mit mir pflegen.«

»Ach du! *Jetzt* wirst du viele solche wunderbaren Abende erleben, bevor du ins Gefängnis mußt! Und wenn sie dich in die Zelle stecken, werde ich alles mögliche mitbringen und an die Wände hängen, damit es richtig gemütlich wird. Und dann komme ich und besuche dich ganz oft! Das wird schön werden, du wirst sehen!«

»Na, richtig angenehm ist es wohl nie in so einer Zelle, abgesehen von der Zeit, in der *du* bei mir bist. Aber wenn ich weiß, daß du mich besuchst, und weiß, daß du mich liebst, dann wird die Zeit schon vergehen, denn ich kann arbeiten. Und dann verlasse ich das Gefängnis mit meinem fertigen Buch unterm Arm, und in der Zwischenzeit hast auch du dein Buch fertig, und wir veröffentlichen beide unsere Bücher und reisen nach Paris. Und wenn die Bücher beschlagnahmt werden, und das werden sie natürlich, weißt du, was wir dann tun werden? Dann setzen wir uns zusammen hin und formulieren eine brillante Rede, die jeder denkende Mensch einfach verstehen muß: über Literatur, was sie ist und was sie für ein Volk sein kann, und was es bedeutet, wenn sie geknebelt wird, und zwar genau in dem Augenblick, in dem sie sich zu einer neuen Macht in der Gesellschaft entwickelt. Und diese Rede halten wir überall in Norwegen, bis jeder Erwachsene sie gehört und verstanden hat, und dann wird sich zeigen, wer stärker ist, du und ich oder dieses erbärmliche Pöbel-Ministerium, das gerade an der Macht ist! Natürlich werden wir trotzdem verurteilt, denn die Honoratioren sind nun mal zu alt, ihre Gehirne sind völlig verknöchert, und sie sind unfähig, etwas zu begreifen, wenn es neu ist. Aber wir werden trotzdem gesiegt haben, und in diesem Land wird es nie mehr jemand wagen, Literatur zu beschlagnahmen! Und dann sollten wir uns in der Stadt niederlassen und alle um uns scharen, die ähnlich fühlen und denken, und eine Zeitung und einen Klub gründen. Wir sollten diese lächerliche Stadt erobern und zu einer europäischen Stadt machen, einer wirklichen Hauptstadt, die an der Spitze des Fortschritts steht und mit ihren Ideen das ganze norwegische Volk hinter sich hat. Meinst du nicht, das könnte Spaß machen?«

»Ach du«, sage ich lachend. »Hast du nicht gesagt, du würdest dich alt fühlen? Ich finde eigentlich nicht, daß das alte Gedanken sind.«

»Nein, jetzt fühle ich mich jung, jung und stark wie noch nie, weil du mich liebst. Ach Oda, ich bin so schrecklich in Sie verliebt.«

Ich lege ihm die Arme um den Hals und flüstere:

»Du liebst mich wirklich?«

Wir schauen uns lange in die Augen. Ich sage, daß wir natürlich nach Paris müssen und all das tun werden, wovon er gesprochen hat, sonst würde sich Papa erschießen. Und er antwortet, daß er alles will, was ich will. Da fängt Ba zu weinen an, als habe er etwas gehört und befürchte, ich könnte ihn verlassen. Ich gehe zu ihm, halte seine Hand, und er schläft wieder ein.
Bei dem Gedanken an Papa und Christian überkommt mich ein plötzliches Unbehagen. Werde ich jemals von ihnen loskommen? Jæger sieht mein Unbehagen und versteht es falsch. Er sagt:
»Oda, darf ich neben Ihnen hier auf dem Bett liegen?«
Da ergreift mich eine Panik, ein Alptraum, jemand könnte mich zu etwas zwingen wollen, mich schlagen wollen, mit einer Kraft auf mich einwirken, die ich nicht aushalten kann. Ich wußte nicht, wie tief es in mir steckt, daß mein kleines Mädchen dort in Belgien so gewaltsam vertrieben wurde.
»Nein, ich habe Angst.«
»Bitte. Laß mich neben dir liegen, wie damals in Paris.«
»Willst du das wirklich?«
»Ja, ja! Sie wissen ja, daß ich nie etwas will, was Sie nicht wollen. Es wäre einfach zu schrecklich, jetzt von Ihnen weggehen zu müssen …«
Wir liegen nebeneinander. Ich habe Christians schweren Rhythmus in Erinnerung. Da schlingt er die Arme um mich und küßt mich, auf die Stirn, die Wange, den Mund. Er küßt meine Ohren und den Hals, tief in meinen Ohren ist er, der liebe Junge. Das erregt ihn stark. Ich will ihm in die Augen schauen, wenn es bei ihm soweit ist und er mich füllt wie einen Brunnen und ich werde es ihm tausendfach vergelten. Aber nun wird er hektisch, und mir fällt ein, daß er ja krank ist, eigentlich nicht kann oder vielleicht ist es schon gewesen bei ihm, bevor überhaupt etwas war. Das macht nichts, wir können einfach so liegen. Ich versuche, mich zu entspannen, ihn nicht zu verunsichern, er soll gerne meinen Körper sehen, wenn es ihm hilft. Er zieht mir die Unterwäsche aus, mit

verzweifelten Bewegungen, und als ich die Augen öffne und ihn anschaue, bekomme ich keinen Kontakt. Er ist nicht da, befindet sich in seinen dunklen Kammern, und mir wird klar, daß er vorhat, das zu tun, von dem er geschrieben hat, das nicht unanständig ist, aber das ich jetzt nicht haben will, weil ich noch ein bißchen »krank« bin, und ich drücke die Beine zusammen und sage: »Nein, nein! Das darfst du nicht!« Da spüre ich seine starken Hände. Sie sind hart und zwingen meine Schenkel auseinander, wie ein Arzt bei der Untersuchung. Ich will es erst nicht glauben. Er nicht auch noch, mein kranker lieber Junge. Er wollte doch nur das tun, was ich will. Er hat es versprochen. Ich kneife so fest zusammen, wie ich kann, aber er zwingt die Beine auseinander, bricht sie auf wie ein Stück Holz. Sein Mund findet den Weg, drückt sich auf meine feuchten Schamlippen. Ich habe keine Kraft mehr, fühle mich so beschämt wie an dem Tag, als Papa kam und merkte, daß ich schwanger war.

Es ist vorbei. Er starrt mich an. Ich spüre den Blick, erwidere ihn aber nicht. Ich bin leblos wie ein Holzklotz, und vielleicht würde ich brennen, wenn man mich entzündete, würde zu Asche werden, und das könnte Christian vielleicht als Motiv brauchen.

»Oda? Ist alles vorbei? Lieben Sie mich nicht mehr?«

Ich höre seine heisere Stimme wie von weit weg, und ich bin ihm viel zu fern, als daß er meine Antwort hören könnte. Er sagt:

»Sag es, sag es, sag es ...«

Er drückt seine Stirn auf meine, ich fahre in die Höhe, springe aus dem Bett und verkrieche mich in der hintersten Ecke der Kammer. Ich drücke die Schultern fest gegen die Wand, spüre sie wie eine Mauer. Ich möchte fliehen, kann nicht fassen, daß es wirklich passiert ist. Er steht auf, bleibt mitten in der Kammer stehen, wie eine Statue. Dann nimmt er seinen Hut. Es ist so erbärmlich.

»Nein, geh jetzt nicht!« Ich merke, wie hart meine Stimme klingt. Er starrt mich an und sieht aus wie ein sehr brauner

Hund in einer öden Straße. Ich verabscheue den Hund, will nicht diese Feigheit, dieses Davonstehlen vom Tatort.
»Warum soll ich hierbleiben, wenn Sie mich doch hassen?«
Seine Stimme erinnert mich plötzlich an Jørgen.
»Sie können gleich gehen, aber noch müssen Sie bleiben.«
Er setzt sich auf einen Stuhl. Ich setze mich auf den anderen.
»Ist alles vorbei, Oda? Mögen Sie mich nicht mehr?«
In mir ist nur verzweifelte Trauer und Hoffnungslosigkeit:
»Wie konnten Sie es nur tun, wenn ich doch sagte, daß Sie es nicht dürfen?«
»Ich begreife es selbst nicht mehr. Aber in dem Augenblick konnte ich nicht anders. Ich hatte keine Kontrolle mehr über mich.«
Ich kann es nicht verstehen. Also auch er, der Macht so tief verabscheut. Im tiefsten Innern weiß ich, daß ich ihn verloren habe, auch wenn ich vielleicht nicht willens bin, konsequent zu sein, so wie ich schon einmal nicht willens war, konsequent zu sein. Jetzt werden Krohg und Papa erneut Macht über mich haben, und mittendrin: Hans Jæger, der mich am schlimmsten von allen mißbraucht hat. Hinter jeder Zärtlichkeit ein Motiv. Aber ich bin zu müde, um zu hassen.

Juli.
Ich habe ihn mit dem Löffel gefüttert, denn nachdem ich sagte, wir müssen es beenden, wollte er nur sterben, und ich bat Jensine, uns eine Suppe zu kochen. Es war seltsam, fast wie damals, als ich Per fütterte, nur erscheint mir Jæger in noch schlechterer Verfassung.
Danach versuchte ich, freundlich zu ihm zu sein, ihn an die kleinen Dinge im Leben zu erinnern, die uns so oft retten und uns die großen Entscheidungen abnehmen, aber er will nur sterben, und ich bin es gewöhnt, zu trösten.
Jetzt bin ich mit ihm in Hesthagen, und ich habe hin und her überlegt und kann jetzt nicht mehr denken. Ich weiß nur, daß es zu sehr schmerzt, und ich sage:

»Du, sollen wir es nicht noch mal versuchen?«
Ich kann schließlich nicht alles vergessen, was vorher gewesen ist. Ich habe es noch so deutlich in Erinnerung, und kaum hat er gehört, was ich sage, ist es, als seien seine Todespläne plötzlich vom Tisch. Er sieht mich mit Augen an, die nächtelang geweint haben, und ich lege ihm die Arme um den Hals, versuche, die Situation pragmatisch zu sehen.
»Ich weiß natürlich auch nicht, wie das laufen soll«, sage ich. »Darüber habe ich mir bis jetzt keine Gedanken gemacht. Als du in deinem Brief schriebst, daß es bei dir nie so richtig klappt, habe ich das nicht weiter ernst genommen. Derartige Ängste kannte ich schließlich schon von Christian, und bei ihm haben sie sich als unsinnig herausgestellt, aber das ist ja etwas ganz anderes. Du kannst dir gar nicht vorstellen, wie schrecklich ich dich liebe und wie traurig ich bin! Nie mehr will ich dir böse sein, hörst du? Nie mehr! Mag es gehen wie es will, auch wenn es schiefgeht. Trotzdem werde ich dich ganz schrecklich liebhaben! Und weißt du, wenn du dir dann das Leben nehmen mußt, will ich vorher einen ganzen Tag mit dir zusammensein, ganz mit dir allein, von morgens bis abends. Wir werden draußen im Wald sein. Ach, wie werde ich dich lieben! Und bis zum Abend werden wir uns ordentlich betrinken, und erst spät in der Nacht darfst du das Morphium nehmen, und wenn du dann mit dem Kopf in meinem Schoß eingeschlafen bist, erschieße ich dich. Und danach werde ich dich immer und ewig lieben. Hörst du? Immer und ewig!«

Er bittet mich um acht Nächte, weil er doch so erschöpft sei. Nach acht Nächten wird er sich genügend erholt haben, um es zu schaffen, sagt er. Nastinka fährt zurück in die Stadt, und an ihrer Stelle kommt Bokken. Nun wird alles viel leichter. Nastinka hat gemerkt, daß die fünf Kronen gestohlen wurden. Sie glaubt, Hanna sei es gewesen. Ich sagte, es sei häßlich von ihr, Hanna zu verdächtigen. Es sei überhaupt häßlich, zu glauben, jemand würde stehlen.

Das Haus, das Jæger und Nyhuus gemietet haben, liegt auf der anderen Fjordseite. Wir sind gerudert und haben Absinth getrunken und beide Ruder verloren. Ja, wir sind ein Boot ohne Ruder, würde Christian sagen, mit seinem Sinn für Symbolik. Ein Boot ohne Ruder, das hilflos im Strom treibt.
Jæger will mich ständig haben, hat aber jetzt eine solche Angst, etwas falsch zu machen, und er preßt sich nur an meine Kleider und dann passiert es bei ihm, ohne daß etwas war. Er meint, das müsse schrecklich für mich sein. Ich weiß es selbst nicht.

Wir sind in der Stadt, in der Wohnung von Nyhuus. Lilli und Jacob sind aus Paris zurück. Wir waren im Gravesen und haben einiges getrunken. Jetzt bin ich mit ihm allein. Es ist die erste der acht Nächte. Mir wäre am liebsten, er würde nicht so viel darüber nachdenken, ob er kann. Dadurch wird alles nur schlimmer. Ich liege ganz still da, weiß nicht genau, wie ich mich am besten verhalten soll. Christian ist total dominierend, Jæger dagegen total schüchtern. Da kann er plötzlich, und er wirft sich auf mich, als befürchte er, ich würde verschwinden. Es tut ein bißchen weh, aber ich freue mich sehr für ihn, auch wenn ich nicht glaube, daß es wirklich funktioniert.
Da ist es bereits passiert. Ich bleibe noch liegen. Vielleicht kann er noch einmal. Dann fällt mir ein, daß ich mich nicht geschützt habe, und er könnte ja trotz allem einige gesunde Samen haben.
»Wenn ich jetzt nur nicht schwanger werde«, sage ich. »Ich habe keine Spritze bei mir. Ich will jedenfalls rasch aufstehen und mich waschen.«
»Ach, davon wirst du nicht schwanger«, sagt er traurig. »Das war ja keine Spur ›avec‹.«
»Pah«, antworte ich. »Das hat nichts zu sagen. Ich habe zwei Kinder bekommen ohne die mindeste Spur ›avec‹.«

Es werden keine acht Nächte für Jæger. Ich fahre am nächsten Morgen mit dem Dampfschiff hinaus nach Hvitsten, und auf der Landungsbrücke steht Krohg, Christian, Knist. Ich weiß nicht, wie ich ihn nennen soll. Er ist dünner und blasser, und etwas liegt in der Luft.
»Warum kommst du jetzt schon?« frage ich.
»Du hast seit Wochen nicht geschrieben«, sagt er dramatisch und ich weiß, daß er jetzt gleich eine Szene machen wird, denn Christian liebt das Theatralische, wenn es um Gefühle geht.
»Wie ist es dir ergangen?« frage ich.
»Schrecklich«, antwortet er. »Obwohl, Drachmann ist nett gewesen, ganz zu schweigen von Skram. Und der seltsame Goldstein. Warum hast du nicht geschrieben? Oda, ich hatte solche Sehnsucht nach dir, habe geweint und gezweifelt. Sag, daß alles gut ist zwischen uns. Liebst du mich?«
»Ich bin mit Jæger zusammen, Christian, und ich habe ihn sehr gerne.«
»Herrgott.«
»Hast du sonst nichts zu sagen?«
»Ich erschieße mich, Oda. Sofort, auf der Stelle.«
»Warte doch damit ein bißchen, Christian. Jæger hat schließlich fest vor, sich das Leben zu nehmen. Er ist total kaputt.«
»Und *ich*?« Krohg wirft mir einen beleidigten Blick zu. »Ich bin wohl nicht kaputt?«
»Du hast so vieles, was du tun willst.«
Da fängt er an zu weinen. Der große Mann wird von Weinkrämpfen geschüttelt, und ich fühle mich ziemlich elend und bin ein wenig wütend, weil er ein solches Theater aufführt.
»Ach, Oda, sag, daß du mich liebst wie vorher«, schluchzt er.
»Nein Christian.«
»Sag, daß du mich liebst wie vorher!«
Er packt mich bei den Armen und schüttelt mich.
»Nein. Ich kann doch nicht etwas sagen, wenn es nicht stimmt!«

»Doch, sag es!«
»Das ist ja verrückt!«
»Sag es trotzdem, ich muß es hören!«
Seine Augen sind voller Tränen, die Hautfarbe ist bleich, und er hat sicher in Kopenhagen viel zuviel getrunken.
»Soll denn das etwas nutzen?« sage ich resigniert.
»Ja! Ja!«
Er ist völlig hysterisch, und ich gebe auf.
»Ich liebe dich wie vorher«, sage ich kalt.
Sofort hellt sich sein Gesicht auf:
»Wirklich?«
»Ja.«
Er ist gleich viel froher. Er weint nicht mehr, blickt sich um, bemerkt das schöne Wetter, die friedliche Stimmung mit den Booten auf dem Fjord und all den Vögeln, die im Wald singen.

Papa hält sich in der Stadt auf. Bokken hat den Platz mit Nastinka getauscht. Bokken mag Christian, und außerdem kann sie gut mit Sacha und Ba umgehen. Später sitzen Christian und ich vor der Elisabeth-Hütte, wir versuchen, ruhig miteinander zu reden. Er trinkt kräftig, und das tue ich auch. Ich sage:
»Christian, du mußt verstehen, daß ich nicht mehr sicher bin, ob ich dich heiraten will. Eigentlich habe ich beschlossen, es *nicht* zu tun.«
Die Stimme, die antwortet, klingt gekünstelt und hohl:
»Dann ist es vorbei mit mir.«
»Wie meinst du das?«
»Ich kann nicht ohne dich leben, deshalb werde ich mich jetzt sofort erschießen.«
»Das ist doch idiotisch!«
»Nein, ich argumentiere nicht, Oda. Das ist einfach Tatsache. Mein ganzes Leben wird dann mit einem jähen Knall enden. Mein Gott, wie seltsam traurig das ist. Findest du nicht, Oda? Es ist ein Sonnentag, und du hast ein für alle

Mal gesagt, daß du mich nicht mehr liebst. Aber ich kann ohne dich nicht leben, also hole ich sofort meine Pistole …«
»Du hast doch gar keine Pistole?«
»… nein, das stimmt, die muß ich mir natürlich von Hans Jæger borgen, meinem Rivalen, meinem gnadenlosen Kritiker, meinem besten Freund. Und dann trete ich hinaus in den Sonnenschein, den wunderbaren Sonnenschein, der die Erde wärmt, daß der Waldboden duftet, er duftet wirklich, wenn ich darauf gehe und alles noch einmal sehe, wie schön es ist, dieses Leben, wie wunderbar schmerzlich schön, die Sonne, die wärmt, die Erde, die duftet, dieses prächtige Bild voller Harmonie, die vollendete Schöpfung, und inmitten all dessen jage ich mir mit einem jähen, grausamen Knall eine balle de plomb dans le cœur.«
Ich lasse die Stille wirken, nachdem er zu Ende gesprochen hat. Dadurch entsteht ein maximaler Effekt, mit dem er sicher gerechnet hat. Ich betrachte ihn, wie er neben mir sitzt. Er ist wirklich total gerührt. Und wenn er derart gerührt ist, spricht er Französisch.

Um neun Uhr abends kommt Jæger über den Fjord gerudert. Krohg und ich stehen unten am Ufer und warten. Ich beobachte seine leicht gebeugte Gestalt und stelle fest, daß er ein schlechter Ruderer ist. Das Sonnenlicht ist weich, Krohg hat es bereits gesagt. Sacha und Ba sind in seltsamer Hochstimmung. Kinder haben ein Gespür für solche Situationen.
Krohg will nicht mit ihm reden, und ich weiß, daß er verzweifelt ist. Als Jæger das Boot am Steg vertäut, gehe ich deshalb zu ihm und sage:
»Wir rudern ein Stück hinaus.«
Ich gehe hinunter zu unserem eigenen Boot, ertrage es nicht, ihn anzusehen. Er will sterben, und ich will so schrecklich gerne leben. Sacha und Ba sind lieb und gehen zu ihm. Er redet zuerst mit Ba:
»Erinnerst du dich an mich, letztes Jahr unten bei Filtvedt?«
Ich höre Bas verneinende Antwort.

»Aber ich kann mich an dich erinnern!« sagt Sacha.
»Wie heiße ich denn?«
»Du heißt Hans Jæger.«
»Wie alt bist du, daß du dich so gut erinnerst?« Er streicht ihr über den Kopf.
»Sechs Jahre«, antwortet Sacha stolz. Jæger hebt die Kinder wortlos in unser Boot. Dann rudern wir endlich hinaus auf den Fjord, Krohg und Sacha und Ba und ich.

Jæger will Morphium nehmen, und danach soll ich ihn erschießen. Wir haben darüber gesprochen, unter vier Augen, nie wir drei, das lehne ich ab, denn dann diskutieren sie nur über mich, als sei ich ein Stück Fleisch.
»Wissen Sie, wo Holmen liegt?« frage ich Jæger.
»Nein.«
»Aber Majorstuen kennen Sie doch?«
Er nickt.
»Gehen Sie also einfach an Majorstuen vorbei und die Straße nach oben, bis Sie mich treffen. Ich werde zuerst da sein.«
»Gut.«
Am gleichen Abend um elf Uhr soll es geschehen. Er stellt sich vor, in meinem Schoß zu liegen und das Morphium zu nehmen, und sobald er schläft, soll ich ihn erschießen. Mir wird klar, daß ich das vielleicht tun muß, denn ich habe es versprochen, schiebe die Angelegenheit aber von mir weg. Ich wünsche mir nur so schrecklich, mit ihm allein zu sein. Aber Krohg will dabei sein. Er erklärt dramatisch, daß ich nach so einer Sache nicht allein nach Hause gehen kann. Jæger bleibt nichts anderes übrig, als zuzustimmen. Er nimmt das Schiff in die Stadt, wir fahren mit dem Siebenuhrzug.
An diesem Nachmittag schreibe ich. Ohne eine einzige französische Vokabel erzähle ich, was sich ereignet. Ich weiß, daß Jæger recht hat: Nur der Naturalismus kann ein wahres Dokument des Lebens sein. Alle Umschreibungen und leeren Schilderungen gehören ins Museum.

Es regnet gleichmäßig und beständig und ist ziemlich dunkel. Krohg und ich erwarten ihn auf der Straße.
Als ich ihn vor mir auf dem Bürgersteig sehe, erscheint mir der Anblick sehr malerisch. Die beiden Bohemiens verabschieden sich voneinander, jeder dankt dem anderen für die gemeinsamen Erlebnisse und bedauert, daß es so enden muß.
»*Muß* es denn sein?« sagt Krohg plötzlich. »Könntest du nicht ... du wirst sehen, das geht vorüber, und dann könnten wir wieder zu dritt beisammen sein, wie früher.«
»Nein, in unserem Alter geht das niemals vorüber.«
»Du hast recht«, antwortet Krohg. »Ich weiß es ja. Aber du weißt: man sagt es trotzdem.«
»Mein Gott, was für ein scheußliches Wetter«, sage ich zu Jæger. Wir gehen alleine ein Stück vor Krohg her. »Könnten Sie nicht einfach bis Montag warten?«
»Nein. Das ertrage ich nicht. Ich muß das beenden.«
»Es kann Ihnen doch unmöglich Vergnügen bereiten, Ihren Kopf in meinen Schoß zu legen, so naß, wie er jetzt ist.«
»Nein, aber um ein Vergnügen geht es auch nicht mehr.«
»Warte doch bis Montag.«
»Nein, nein. Bedränge mich nicht.«
»Sie lieben mich heute nicht. Alles ist nutzlos, was ich zu Ihnen sage. Was rumpelt denn da unten?«
Wir drehen uns um. Hinter Krohg kommen zwei große Fuhrwerke die Straße herauf. Wir verschwinden in einem Seitenweg und warten, bis die Fuhrwerke vorbei sind. Ich lege ihm die Arme um den Hals:
»Warte bis Montag.«
Er antwortet nicht. Wir gehen wieder zur Hauptstraße. Da steht Krohg, ist voller Panik:
»Das Ganze ist sinnlos! Jetzt haben uns die beiden Fuhrleute gesehen. Mich haben sie sicher gesehen, an meinem Bart bin ich leicht zu erkennen. Und wenn sie dazu noch eine Dame gesehen haben, dann waren mehr Personen unterwegs, und wir werden in die Sache hineingezogen, wenn sie dich mor-

gen finden. Uns bleibt nichts anderes übrig, du mußt es verschieben.«

»Das kann ich nicht mehr«, sagt Jæger entschieden. »Ich muß das heute abend zu Ende bringen. Wenn ihr nicht wollt, dann muß ich es in Gottes Namen alleine machen.«

»Nein«, sage ich mit einer fast hysterischen Stimme. »Ich will. Aber ich finde, Sie sollten es mit Rücksicht auf uns verschieben.«

Ich packe ihn resolut am Arm, und wir gehen auf der Straße weiter, und ich hoffe, daß die Fuhrwerke irgendwo vor uns sind. Oben auf der Kuppe sehen wir sie plötzlich. Sie haben angehalten. Krohg holt uns ein und sagt:

»Es hat wirklich keinen Sinn. Jetzt haben die beiden Fuhrknechte zweimal gesehen, wie wir versucht haben, ihnen auszuweichen. Das sieht zu verdächtig aus.«

Jæger sagt nichts. Es gelingt mir, daß er mich anschaut. Ich sage:

»Wenn Sie mich nur ein bißchen lieben, müssen Sie es verschieben, mir zuliebe. Und Sie werden sehen, am Montag haben wir besseres Wetter. Wollen Sie? Lieben Sie mich so, daß Sie es wollen?«

Er kapituliert mit einem einfachen Ja. Krohg fängt zu weinen an.

Wir laufen zurück in die Stadt, Krohg hat die Wohnung in der Pilestrede ein paar Tage für sich. Ich beschwöre Jæger, bei uns zu schlafen, ertrage es nicht, daß er allein ist. Er ist plötzlich folgsam wie ein Lamm, sagt aber, daß er nicht schlafen kann. Ich gebe ihm ein wenig Morphium, bevor wir uns hinlegen.

Am Sonntag treffe ich Jæger auf Rammebråten. Er ist herausgekommen, Krohg ist in der Stadt geblieben.

»Sind Sie seit dem letzten Mal mit Krohg zusammengewesen?« frage ich.

»Ja«, antwortet er und sieht elend aus. »Gestern waren wir bei Knudsen, einen trinken. Aber ich erinnere mich an nichts mehr, ich war so schnell blau. Wir haben über irgend etwas diskutiert, und ich habe heftig mitgeredet, um Sie zu vergessen, denn ich dachte nur an Sie und nichts anderes. Und dann habe ich mich statt dessen vollaufen lassen, und man hat mich auf die Chaiselongue im Schlafzimmer getragen. Da lag ich die ganze Nacht.«

»Ich habe einen lächerlichen Brief von ihm bekommen«, sage ich und lese ihn vor: »Jetzt verstehe ich, daß du nur *ihn* liebst und *ich* folglich sterben muß. Ich habe nur noch ein paar Kleinigkeiten zu erledigen, und dann wird es geschehen.«

Jæger schaut mich erstaunt an und fragt:

»Was haben Sie geantwortet?«

Ich bin überrascht von der Kälte in meiner Stimme:

»Ich habe geantwortet: Bitteschön.«

Am Montag bekomme ich wieder einen Brief von Krohg, und Jæger legt den Kopf an meine Brust, diesen Kopf mit diesen Glasplatten, ich habe dafür gesorgt, daß sie ziemlich angelaufen sind. Und mehr Nächte konnte er nicht bleiben, denn hier sind so viele Menschen, und Mimi ist auch da. Ich erzähle ihm von dem Brief.

»Schreibt er, daß er sich jetzt nicht erschießen will?« fragt er mit seiner alten ironischen Stimme.

»Nein, er erschießt sich nach wie vor.«

»Und was schreibt er?«

»Er sagt unter anderem, daß wir zwei, du und ich, zwei gußeiserne Töpfe sind, und er ist ein armer Tontopf, der zwischen uns zertrümmert wird.«

»So? Den Vergleich halte ich nicht für sehr zutreffend.«

»Nein, ich auch nicht. Und dann teilt er mit, daß er die Runde gemacht hat und sich von allen Orten, an denen er wohnte, verabschiedet hat.«

»Wo *Sie* wohnten, meinen Sie?

»Nein, *das* wäre ja nicht so komisch gewesen. Nein, die Orte, wo *er* wohnte, von denen hat er sich verabschiedet.«

»So ein lächerlicher Liebhaber. Ist er jetzt übergeschnappt?«

Am Dienstag kommt ein Telegramm an mich, von Krohg: »Krankheit Verzweiflung Wahnsinn Eifersucht. Muß noch einmal mit dir reden. Werde dir alles erklären. Komme morgen mit dem Zweiuhr-Zug.«

Bin ich ein Teufel oder ein Raubtier, wie Jæger meint? Meine abrupten Stimmungsschwankungen reichen von der tiefsten Verzweiflung bis hin zum grenzenlosen Glück. Ich würde am liebsten eine Anzeige aufgeben, Oda frei verfügbar. Jedesmal, wenn ich einen Entschluß fasse, ereignet sich etwas außerhalb von mir und zwingt mich zu etwas anderem. Krohg kommt mit Versprechungen und Blumen und hat überhaupt nicht daran gedacht, sich umzubringen.

Jæger hat Eis für unsere Getränke besorgt, und wir sitzen gemeinsam im Ruderboot, sind weit draußen auf dem Fjord. Ich reiche ihm das Glas mit dem Absinth.
»Darf ich aus deinem Mund trinken?«
Er hat mich da unten geküßt, und ich habe ihm den Kopf gestreichelt.
»Willst du das?«
»Wenn ich darf?«
»Aber dann ist es doch warm? Und das Eis war sinnlos.«
Ich nehme einen Schluck, dann beuge ich mich über ihn, die Hände auf seinen Schultern, bringe meine Lippen an seinen Mund und lasse die Flüssigkeit strömen.
»Mehr«, flüstert er. »Mehr ... mehr ...«
»Nein, das hast du mit anderen auch schon gemacht.«
»Habe ich nicht. Ich habe es noch nie gemacht und hatte noch nie Lust dazu, erst jetzt mit dir. Aber ich habe es bei Guy de Maupassant gelesen. Da kommen zwei einen Felssteig heraufgestiegen, erhitzt und müde, und finden einen Bach. Sie trinkt, und er beugt sich über sie und küßt ihren Nacken. Und plötzlich fühlt sie zum erstenmal, daß sie ihn liebt, und sie dreht sich um, den Mund voll Wasser, schlingt die Arme um seinen Hals, drückt die Lippen auf seine und

spritzt das Wasser in seinen Mund. Und er trinkt gierig und lustvoll, und sie sinken ins Gras, und sie merkt zum erstenmal, wie wunderbar es ist, bei ihm zu sein. Ach Oda, mach es noch einmal. Willst du?«

»Willst du lesen, was ich schreibe?« frage ich ihn.
»Ob ich das will? Du liebe, liebe Oda ...«
»Christian schreibt auch, schreibt über sich und mich, aber ich finde, er kann es nicht. Er schwelgt in der Schilderung von gleichgültigen Dingen, völlig verrückt. Man sollte doch nur das schreiben, was die Menschen, über die man schreibt, beeindruckt. In dem Augenblick, in dem es sie beeindruckt ... rein impressionistisch, nicht wahr?«
»Ja, das ist klar.«
»Aber weißt du, ich finde, es gibt niemanden, der so geschrieben hat, von Anfang bis Ende.«
»Nein, und dann sind Sie es, die das erfunden hat!«
Ich reiche ihm die Hand und merke, daß ich die Tränen nicht zurückhalten kann:
»Ich halte es nicht länger aus, daß du *Sie* zu mir sagst!«
Er reagiert verzweifelt und beginnt selbst zu weinen.
»Ich möchte so schrecklich gerne du zu dir sagen dürfen. Aber das fällt mir so schwer, außer, wenn du mich ganz besonders liebst.«
»Wer sollte mich duzen dürfen, wenn nicht du? Mit dir kann ich reden wie mit mir selbst. Wie ich mit dir in jener Nacht gesprochen habe, so habe ich noch mit keinem Menschen gesprochen.«

Krohg schläft in Rammebråten, wenn Papa nicht da ist, aber nachdem er beschlossen hatte, am Leben zu bleiben, gab es in der Stadt einiges zu erledigen. Trotzdem kann ich Jæger nicht in die Elisabeth-Kammer mitnehmen. Da gibt es eine Grenze, wegen Sacha und Ba.
Daß ich Jæger die acht versprochenen Nächte nicht schenken kann, von denen er total besessen ist, macht ihn kränker,

und obwohl ich »krank« bin, will er mich küssen. Verwirrt schaut er auf zu mir und fragt:
»Darf ich Ihren Urin trinken? Darf ich Ihre Exkremente essen?«

Mir träumt, ich sei eine Kokotte in Paris, und der Traum ist eigentlich nicht schlimm. Paris ist in meinen Träumen immer eine prächtige Stadt und ich hatte Männer, die rücksichtsvoller waren als Krohg. Ich erzähle Krohg den Traum, und er meint, so etwas zu träumen sei abscheulich.
»Warum denn?« frage ich
»Wie Kauf und Verkauf«, murmelt er. »Das ist verflucht noch mal nicht das Wesentliche bei der Liebe.«
»Ist dir noch nie eingefallen, daß auch du mich im Grunde kaufst?«
»Wie meinst du das?«
»Jetzt, wo du mich beinahe dazu zwingst, dich zu heiraten, lockst du mit allem, was Jæger nicht hat, Haus und Dinge und Sicherheit für Sacha und Ba, all das, von dem du weißt, daß ich vielleicht gezwungen bin, es zu kaufen.«
»Da übertreibst du aber, Oda!«
Er schaut mich verärgert an, sagt aber nichts mehr. Jedesmal, wenn wir das Wesentliche berühren, weicht er aus. Diesmal muß er in die Stadt, um Farben zu kaufen. Der *Kampf ums Dasein* ist ein sehr großes Gemälde.

Jæger steuert den Kahn um eine Landspitze und gleitet in eine kleine Bucht hinein. Ein paar kräftige Ruderschläge, dann zieht er die Ruder ein, und als der Kahn knirschend an dem flachen Strand aufläuft, kniet er bereits vor mir, umschlingt mit den Armen meine Taille.
»Oda«, flüstert er. »Laß uns hier an Land gehen. Nicht weit von hier ist ein offener Platz, ein grüner Abhang im Wald, wo ich oft gelegen bin und mich nach dir gesehnt habe. Kommst du mit dorthin?«
»Nein«, erwidere ich zärtlich. »Ich will das nicht.«

»Warum denn nicht?«
»Weil ich doch krank bin.«
Er antwortet nicht, und er tut mir so leid.
»Mein Gott, wie sehr ich dich liebe«, sage ich und drücke ihn an mich. Da kann er sich nicht beherrschen. Er zerrt an meinem Kleid, drängt wie damals, als er mich dazu zwang. Diesmal wehre ich ihn nicht ab, gebe seinem hitzigen Begehren nach. Er ist fast besinnungslos, hört nicht, daß ich mit ihm rede. Er küßt mich, sein Gesicht wird sich blutig färben. Ich denke an Per nach der Operation, als sie ihn herausfuhren. Das Blut war abgewaschen, aber ich wußte, daß es da gewesen war, daß es da war unter dem weißen Verband. Jæger hat seinen Erguß. Er schaut mich mit großen, ängstlichen Augen an.
»Mögen Sie mich jetzt nicht mehr?«
»Doch, warum sollte ich dich nicht mehr mögen?«
»Sie haben gesagt, ich darf das nicht, und ich habe es trotzdem getan!«
»Ich habe es Ihnen ja trotzdem erlaubt! Und jetzt mögen Sie mich nicht mehr.«
Er starrt mich ungläubig an.
»Ich? *Ich*?! Ich soll Sie nicht mögen?«
»Nein, nachdem Sie das mit mir gemacht haben …«
»Das habe ich doch schon mehrmals gemacht?«
»Ja, aber nicht, während ich krank war!«
Er begreift plötzlich, was ich meine. Da nimmt er seine Finger, die rot sind von meinem Blut, und steckt sie in den Mund, leckt sie ab.
»Nein, nicht!« sage ich und zerre ihm die Hand aus dem Mund und halte sie ins Wasser, wasche sie ab.
»So ist es besser …«
»Oda? Finden Sie es schlimm, daß ich Sie so schrecklich liebe?«
»Nein, das finde ich nicht.«
»Können Sie mich trotzdem lieben?«
Er ist wie am Boden zerstört, hat Angst, mir etwas Schlim-

mes angetan zu haben. Ich ziehe ihn an mich, und alles um uns versinkt in einem feuchten, warmen und salzigen Nebel.

Wenn ich ihn nicht sehen kann, setze ich mich hin und schreibe, ich habe mir vorgenommen, daß es ein Buch werden soll, auch wenn Papa das nicht überlebt. Vom Leben einer Frau haben sie so viele falsche Vorstellungen, und sie sollten etwas anderes erfahren als immer nur das ewige Gefasel von unserem Gehorsam und unserer Vernunft. Ich möchte versuchen, die Liebe darzustellen, sie genau dann darzustellen, wenn sie mitten unter uns ist und Licht auf unsere Gesichter wirft. Und ich will versuchen, zu erklären, warum ich so bin, wie ich bin, und ich möchte kein einziges falsches Gefühl erfinden, keinen einzigen falschen Gedanken.
Wenn Krohg diesmal nach Kopenhagen fährt, will er dort alles arrangieren und mich danach zu seiner Frau machen. Er sagt, das mit Jæger und mir hat keine Zukunft, denn Jæger ist viel zu krank. Er sagt es so oft, daß ich wieder zu zweifeln beginne. Ich brauche eine Bestätigung, irgendeinen Hoffnungsschimmer, und bin froh, daß Krohg in der Stadt bleibt. Ich fahre wieder hinaus nach Rammebråten, wo Jæger in dem Haus, das er mit Nyhuus gemietet hat, auf mich wartet. Ich bin nicht mehr krank. Ich werde zu ihm kommen, mit nichts als einem Pelzmantel bekleidet, und er wird es mir beweisen, daß Krohg sich irrt, daß er nicht so krank ist, wie alle sagen.
Ich lasse mich wie eine anständige Frau der Gesellschaft hinüber nach Emmestad rudern. Der Tag geht zur Neige, die Sonne verschwindet golden hinter den Hügeln bei Filtvedt. Im Abendschatten kommt er mit seinem Kahn. Ich steige um in sein Boot und endlich sind wir beisammen.
»Oda«, flüstert er. »Liebst du mich?«
»Schrecklich, schrecklich liebe ich dich«, sage ich und lasse ihn rudern, helfe ihm nur zu steuern.
In Jensines Haus wartet Nyhuus. Die Vertraulichkeit ist da-

hin. Jæger sagt, daß er Absinth hat. Ich ahne, daß er Nyhuus betrunken machen will, damit wir allein sind.
»Aber Eis brauchen wir!« sagt Nyhuus und läuft ins Haus. Sofort nimmt Jæger meine Hand, und ich möchte so gerne, daß es richtig sein soll, daß Krohg sich irrt, deshalb sage ich ein bißchen verlegen:
»Du, kannst du mich nicht fragen, wie es dem kleinen Ba geht?« Ich sehe, daß er Tränen in den Augen hat. »Wie geht es dem kleinen Ba?« fragt er.
»Danke, besser,« antworte ich. »Aber er muß im Bett bleiben, der Arme, er tut mir so leid. Ich bin ja fast nie mehr bei ihm.« Jæger nimmt meine Hände in seine.
»Oda«, sagt er. »Wenn ich nie nach Ba frage, dann deshalb, weil ich dieses Jahr deine Kinder nie gesehen habe, und so habe ich schließlich fast vergessen, daß sie existieren. Ach, du darfst mir glauben, daß *ich* alle liebe, die *du* liebst.«
Nyhuus kommt zurück, bevor ich antworten kann. Eis und Absinth. Die Stunden verrinnen, die Nacht ertrinkt in drei Gläsern, die gefüllt, geleert, gefüllt und wieder geleert werden. Wir reden über dies und das, über Boheme und Bürger, Malerei und Theater. Endlich, um zwei Uhr morgens, geht Nyhuus zu Bett. Wir sind allein. Ich gleite langsam von der Bank und lege mich dicht neben ihn. Jetzt hat er mich ganz, wenn er will.
Er küßt meinen Hals. Die Bewegung ist ruhig. Ich lege die Arme um seinen Rücken und spreize die Beine. Da merke ich, daß er eingeschlafen ist. Er liegt mit geschlossenen Augen da, bleiches Gesicht und ein kranker, verlorener Zug um den Mund, wie eine Leiche. Ich versuche ihn zu wecken, aber er ist total bewußtlos.
Die Luft ist kalt, meine Haut fühlt sich leblos an. Ich gehe hinunter zum Landungssteg. Bald ist es Morgen.
Er schläft immer noch. Ich weiß, daß er nichts dafür kann. Aber ich fühle mich so verletzt. Wie damals in Belgien. Ich habe keine Vorstellung mehr, was Wirklichkeit eigentlich ist, wer ich eigentlich bin.

Ich habe einen Brief von Amalie Skram bekommen. Sie schreibt über das, was ich schrieb, Krohg hat ihr in Kopenhagen daraus vorgelesen. Ein merkwürdiges Gefühl, einen Brief von einer richtigen Schriftstellerin zu bekommen, die in unseren Kreisen so große Anerkennung erfahren hat. Sie schreibt, daß sie sich zu meinen Füßen niederlassen will, um von mir zu lernen. Aber was kann sie von mir lernen? Ist das, was ich schreibe, bewußt? Wie sieht mein Leben aus, umgeformt in Literatur? Ich wurde eitel und fühlte mich wichtig. Ich zeigte den Brief Jæger. »Was kann sie lernen?« fragte er gereizt. »Was Sie schreiben, das sind *Sie*. Wie soll das gehen, daß jemand lernen will, *Sie* zu sein?«

Krohg läßt mich nicht los. Die Arbeit steht natürlich an erster Stelle. Aber wenn er nicht arbeitet, hört er nicht auf, mir die Notwendigkeit einer Ehe vorzuhalten. Wie ich ohne ihn klarkommen wolle?, fragt er. Er werde mich zu nichts zwingen, aber ich müsse heiraten, um meines Ansehens willen und der Kinder wegen. Er sagt, daß Engelharts alle Rechte bekommen werden, wenn ich weiterhin allein lebe. Ich weiß, daß er recht hat. Außerdem habe ich entdeckt, daß ich auf merkwürdige Weise zerrissen bin. Ist es möglich, über diese Gefühle aufrichtig zu schreiben? Ich probiere es aus, in einem Brief an Jæger:
»Jetzt werde ich versuchen, ob ich es Ihnen erklären kann: Als ich von Ihnen den Brief bekam über dieses schlimme Übel, dachte ich, wie ich es immer mache, ohne zu *denken,* also: Was solls, ich werde ihn schon dazu bringen, daß er mich nimmt! Das wird schon klappen! Und damit war die Sache für mich erledigt. Was weiß ich denn, was es heißt, richtig genommen zu werden. Aber dann, als Sie zu mir kamen und zudringlich wurden, da überfiel mich die Angst, daß Sie, wenn Sie die Nacht bei mir waren, mich nicht so mögen würden, wie Sie dachten, und daß nichts daraus werden würde. Aber dann lief die Sache ja ohne Probleme, das dachte und glaubte ich jedenfalls. Der Fehler war nur, daß

ich nichts davon hatte. Ich liebte Sie viel weniger am nächsten Tag, also dem Tag, an dem Christian kam. Er war in der Nacht bei mir, und obwohl ich ihn nicht so liebte wie früher, fand ich es doch verdammt gut, und ich war völlig weg, so daß ich direkt phantasierte, es seien eigentlich Sie, aber in Wirklichkeit war es er. Es kommt nicht so oft vor, daß es mir richtig gefällt, miteinander zu schlafen, aber ich weiß genau, daß ich es ohne nicht aushalte, und Christian kann es jedenfalls, daß es für mich ›avec‹ ist.
Ich fühle, daß Sie mir näher stehen als andere Menschen. Viel näher. Und ich weiß, daß ich ohne Sie degradiert werde. Ich weiß es. Gerade in diesen Tagen habe ich so viele Klatschgeschichten gehört, war aber nicht in der Lage, zu erkennen, daß das nur leeres Gerede ist. Aber dann habe ich an Sie gedacht, und dann ... Ach, das ist alles so lästig, und ich kann es Ihnen nicht erklären.
Es hat jedenfalls nie jemanden gegeben und wird nie jemanden geben, der mich so liebt wie Sie. Wie werde ich jemals diese warmen, schnellen, harten, intensiven, feurigen Küsse auf meinen Hals und überallhin vergessen. Und wie du mich ansiehst! Wie du voll und ganz in einem einzigen Blick gegenwärtig bist.
Und wenn es zwei Menschen gibt, die sich gut kennen und einander nahestehen, dann sind es du und ich. Aber ich wage den Schritt nicht. Denn wenn du nicht imstande bist, mich ganz zu nehmen, werde ich dich hassen.
Ich kam auch heute nicht in die Stadt. Die anderen blieben hier. Komm jedenfalls nicht in dieser Woche. Aber schreib mir. Willst du das tun? Ich weiß, du hältst mich jetzt nach diesem unverständlichen Geschwätz für einen Dummkopf. Aber klarer kann ich es nicht sagen. Ich weiß nur, daß ich nicht den Mut habe, alles aufzugeben, um dich zu heiraten, und daß ich ohne dich ein unvollständiger Mensch bin. Es stimmt, was Christian einmal sagte, daß du einmal zwischen ihm und mir stehen wirst. Nicht wie ein Schatten, sondern wie ein lebendiger Mensch, der mich bedrängt und mir in die

Augen schaut. Der einzige Mensch, den ich kenne. Und wenn ich lebe, dann um deinetwillen, und wenn ich schreibe, dann, weil es dich gibt. Gott helfe mir, wenn ich etwas tue, das nicht um deinetwillen geschieht. Und wenn du stirbst, mache ich nichts mehr auf dieser Welt und heirate auch nicht.«

In Krohgs Wohnung in der Pilestrede sind die Tante und die Schwestern, und wenn sie nicht da sind, komme ich. Krohg nimmt mich mit in die Stadt, hat tausend Vorwände, und er will nicht nach Kopenhagen, erst, wenn er weiß, daß ich ihm gehöre, wenn er weiß, daß Jæger im Gefängnis sitzt. Und in Krohgs Wohnung in der Pilestrede will Krohg, Christian, Knist über damals sprechen, in Rammebråten, als Jæger kam und ich so lange mit ihm allein geredet habe. Er hat sich auf einen Stuhl gesetzt und benimmt sich wie ein Richter. Ich bin kurz davor, überzuschnappen, als er mit seiner schweren, selbstmitleidigen Stimme sagt:
»Worüber hast du damals so lange mit Jæger geredet?«
Die Frage irritiert mich. Ich antworte:
»Das geht dich nichts an, Christian.«
Er verstummt, trinkt. Ich trinke ebenfalls. Wir trinken die ganze Zeit, keiner von uns erträgt die allzu klaren Gedanken bei vollem Bewußtsein. Dann sagt er:
»Küßt du ihn?«
Ich schaue ihn verwundert an und merke, daß er die Frage ernst meint.
»Ja«, antworte ich. »Natürlich.«
Er explodiert plötzlich, wird ganz weiß im Gesicht.
»Aber das heißt *mich* verhöhnen!«
»Du bist wohl verrückt, Christian Krohg. Ich habe ihn den ganzen Sommer geküßt. Hast du das nicht gewußt?«
»Nein, das habe ich nicht gewußt.«
»Bist du denn ein totaler Idiot?«
»Ja! Vielleicht! Ich habe jedenfalls die ganze Zeit geglaubt, daß nach meiner Rückkehr aus Kopenhagen nichts mehr zwischen euch lief!«

Ich versuche zurückzudenken. Es ist einfach unbegreiflich. Ich habe zwar gelogen und versteckt, aber nur, um ihm das Schlimmste zu ersparen. Ich will ihm eine Winzigkeit entgegenkommen, es ist sinnlos, in diesem eiskalten Schweigen zu sitzen. Aber kaum sieht er meine ausgestreckte Hand, explodiert er von neuem:
»Das ist eine Verhöhnung meiner Person!«
Meine Kopfschmerzen werden schier unerträglich. Ich spüre, wie mich panischer Schwindel erfaßt, und ich muß mich hinlegen. Er läßt mich liegen. Ich befürchte, jetzt gleich verrückt zu werden. All dieses Gerede von Tod und Zukunft und Ehe hat mich in ein Ungeheuer verwandelt. Meine Gefühle sind überdimensioniert, oder sie sind abnormal, und Pers entstelltes Gesicht verfolgt mich überall. Da empfinde ich zum erstenmal eine Todessehnsucht, eine Sehnsucht nach Ruhe und Frieden. Bokken hat Sacha und Ba. Ich denke daran, wie sie zurechtkommen werden. Es müßte ganz nüchtern passieren, mit Morphium. Aber würden sie denn zurechtkommen? Sacha ist zu einer kleinen Freundin geworden. Sie ist offen für die Welt, für Menschen und neue Eindrücke. Sie wird gut zurechtkommen. Schlimmer ist es vielleicht mit Ba, aber andererseits ist er noch so klein. In weniger als einem Jahr wird er mich vergessen haben. Wenn er nur nicht bei Engelharts landet! Aber das wird Papa nicht zulassen. Er und Bokken, sie werden das übernehmen, und Sacha und Ba lieben beide.

Als ich Jæger treffe, frage ich ihn nach der Morphiumflasche. Ich sehe, daß er aus der Fassung gerät, aber ich mag nichts erklären. Er hat die Flasche nicht, sie liegt draußen in Emmestad. Ich weiß nicht, was ich tun soll. Ich verlasse ihn, schwanke wie eine Schlafwandlerin, habe ziemlich viel getrunken. Er kann später in die Wohnung in der Pilestrede kommen, wenn Krohgs Tante und die Schwestern nicht da sind. Irgendwo ist ein Fest, aber ich höre kein Wort. Ich bin ein Teil der Umgebung, eine unveränderliche Tatsache. Aber ich will veränderlich sein, ich will den Sturz durch die Erdkruste versuchen, durch die Kälte, will auf der Innenseite wieder herauskommen. Auf der Innenseite herauskommen? Ich glaubte, die Liebe könnte diesen Weg nehmen. Jetzt setze ich mein Vertrauen in den Tod. Ich will ein ebenso wunderbares Lächeln zeigen wie damals Per vor dem Leuchtturm Færder.

Es ist spät nachts, als Krohg anfängt, auf mich einzureden. Dagegen bin ich wehrlos. Erschöpfung sei das, nichts als Erschöpfung, sagt er, und das Leben sei zu großartig, um auf diese Weise verschwendet zu werden. In einem Jahr, in zehn Jahren würde ich das ganz anders sehen. Vielleicht würde ich Menschen kennenlernen, die dem Leben einen Sinn geben. Dann spricht er über sich, wie er mich die ganze Zeit geliebt habe, wie verzweifelt er gewesen sei. Er gibt zu, sich ungeschickt zu benehmen, und er sagt, daß er sich nicht mag. Und er fleht mich an, fleht mich an, zu leben und ihn zu heiraten. Alles würde anders werden, sagt er. Sobald es mir gelänge, mich von Jæger fernzuhalten, würde ich zur Ruhe kommen und neue Kräfte sammeln. Denk doch nur an all die Bücher, die ich schreiben, an all die Bilder, die ich malen werde! Er redet und redet, läßt nicht locker, redet und streichelt mich. Schließlich dringt er ein in mich, und ich spüre, daß es gut ist.
»Heirate mich, Oda«, sagt er.
Er bringt mich so weit, es zu versprechen, es zu schwören, daß ich ihn, sobald ich im September rechtmäßig von Jørgen geschieden bin, heirate. Ich denke an den Flieder daheim im Garten in der Grønnegate, und sofort rieche ich seinen Duft: das Leben ist da. Ich habe fürchterliche Kopfschmerzen und ich finde keine Argumente mehr, um zu sterben. In einigen Tagen wird Krohg von einer zwischenzeitlichen Krise reden. Er hat neben mir geschlafen, und er ist sehr glücklich. Ich bin eine Frau, die ihre Versprechen zu halten pflegt.

Am nächsten Tag verabschiede ich mich von Jæger. Er ist bei mir in der Pilestrede, ein paar Stunden haben wir die Wohnung für uns. Ich schenke ihm einen Kamm, ein Leibchen und eine Zahnbürste, Requisiten unserer Liebe. Das ist wie ein seltsam kalter Traum, und auch er wirkt merkwürdig fremd. Aus einem vagen Bedürfnis heraus, zu erklären, was passiert ist, suche ich nach dem Bild, das Krohg von mir gemalt hat, als Beweis, daß er mich trotz allem einmal *gesehen* hat. Auf dem Bild stehe ich in dem roten Leibchen draußen im Freien, in der Sonne, und lache. Aber er hat das Bild eingeschlossen, Jæger soll es nicht sehen.
Mir fällt mein Pariser Traum ein, in dem ich eine Kokotte bin. Egal wie ich es drehe und wende, durch diese Ehe werde ich zu einer Prostituierten.
Krohg kommt um elf. Solange sind wir alleine. Jæger bleibt, bis wir seine Schritte im Treppenhaus hören.

Aber es ist nicht Schluß, natürlich ist nicht Schluß. Er schreibt mir Briefe, und wir treffen uns. Die Boheme hat sich in zwei feindliche Lager gespalten, die Anhänger von Krohg und die Anhänger von Jæger. Ich stehe dazwischen, und mit Jægers Freunden fühle ich mich ebenso verbunden wie mit denen von Krohg. Wie kürzlich dieser Schjander mit den wunderbar blauen Augen. Man wird ihn wohl nie dazu bringen, nach Argentinien zu fahren, um dort, wenn die Verbote und Nachstellungen überhand nehmen, neues Land für uns zu finden, freie Erde.

August.
Ich habe wieder begonnen ernsthaft zu malen. Die nordische Ausstellung in Kopenhagen hat mich dazu angeregt, neue Leinwand aufzuspannen. Jæger sitzt im Gefängnis und wird dort einige Monate bleiben. Ich weiß plötzlich, warum alles so gekommen ist, wie es kam: Ich ertrage es nicht, mit anzusehen, daß es Krohg schlechtgeht. Im Laufe dieser vier Jahre ist er gewissermaßen ein Teil meines Körpers und meiner Ge-

danken geworden. Und egal wie er ist, ich werde immer den Wunsch haben, ihm Freude zu bereiten, so wie ich vor langer Zeit Papa Freude bereiten wollte.

Die Skizze für ein Bild ist fertig, das Motiv klar, da erhalte ich aus dem Gefängnis einen Brief von Jæger: »Laß uns miteinander reden, solange noch Zeit ist, ich weiß nur, daß ich völlig aufgelöst bin vor Verzweiflung und daß du nicht hier bist und daß ich nicht verstehe, wie es mir möglich sein soll, zu leben. Liebste, komm! Ich bitte dich und flehe dich an: Wenn du mich auch nur ein bißchen magst, dann komm, und bringe ihn mit, laß uns miteinander reden, und mein Haß auf ihn wird verschwinden, wenn ihr kommt, Herrgott, ich mag euch doch im Grunde alle beide. Kommt, bitte kommt, und ich werde euch segnen.«

Kaum habe ich den Brief gelesen, liege ich auf dem Boden und heule. Krohg kommt herein, und ich zeige ihm den Brief. Ich habe ihm versprochen, Jæger nie mehr zu sehen. Jetzt bin ich nicht einmal mehr eine Frau, die ihre Versprechen hält. Krohg sagt, er wird ins Gefängnis gehen und mit ihm reden. Danach treffen wir uns dann zu dritt.

Krohg nimmt Hagbarth Dedichen mit. Er sagt, wir drei könnten eine neutrale Instanz gebrauchen, damit wir nicht von den Gefühlen übermannt werden. Er habe, wie er sagt, mit Jæger auf »würdige« Weise gesprochen. Ich bin krank vor Sehnsucht und zutiefst unglücklich und verstehe nicht, welchen Sinn ein solches Treffen haben soll. Es ist inzwischen sechs Uhr, und die Sonne ist hoch hinaufgewandert an der Mauer der Polizeistation.

Ich will als erste hinein zu ihm, möchte ihm wenigsten einen Blick großer Vertraulichkeit schenken. Und als der Wärter die schwere Zellentür öffnet, stehen Dedichen und Krohg hinter mir. Ich trete rasch ein und blicke ihm direkt in die Augen.

»Guten Tag«, sage ich und reiche ihm die Hand.

Er nimmt sie verkrampft.

»Danke Oda, daß Sie kommen. Ich kann ohne Sie nicht leben.«
Dann sind auch die anderen in der Zelle. Wir setzen uns, ich neben Jæger auf die Chaiselongue, Christian und Dedichen auf die kleinen Stühle. Ich bemerke, daß das kleine, mit Samt bezogene Tischchen, das ich ihm schickte, die Zelle wohnlicher macht. Dedichen holt den Sherry hervor und schenkt jedem ein. Worüber sollen wir reden?
»Schjander«, sagt Krohg. »Schjander sitzt jeden Tag im Gravesen und säuft Whisky. Weißt du, Jæger, auf diese Weise kommt er nie nach Buenos Aires. Es ist nun geplant, am Abend, bevor das nächste Dampfschiff abgeht, mit ihm und allen seinen Freunden ein Abschiedsfest zu feiern. Wenn er *dann* nicht fährt, werden wir ihn auf der Straße nicht mehr grüßen und so tun, als würden wir ihn nicht kennen, denn es kann ja gar nicht Schjander sein, denn der ist schließlich abgereist!«
Gleich darauf stockt das Gespräch. Tiefe Stille.
»Ich habe heute mein Boot verkauft«, sagt Krohg dann.
»Wieviel hast du dafür bekommen?« fragt Jæger matt.
»Vierhundert Kronen.«
»Na, du bist mir ein Geschäftsmann. Hast du nicht zweitausend dafür bezahlt?«
»Doch ja, aber ich bezahlte mit Bildern. Vierhundert war natürlich zu wenig. Aber es war ziemlich runter.«
»Du Christian«, sage ich, um etwas zu sagen, »wenn du das Geld bekommst, mußt du mir hundert Kronen leihen.«
»Leihen?« sagt Krohg gekränkt. »Du weißt genau, daß das ebenso dein Geld ist wie meins.«
»Jaja, leih es mir oder gib es mir, das ist mir egal, wenn ich es nur bekomme, denn schau mal!«
Ich hole ein Portemonnaie hervor, das mit Ausnahme eines kleinen goldenen Ringes leer ist.
Das ist mein Unglücksring«, sage ich und nehme ihn heraus. »Was soll ich damit machen? Ich wage ihn dieser Tage nicht anzustecken. Ich warte auf etwas und weiß nicht, ob

es klappt und wenn ich den Unglücksring trage, geht es ganz sicher schief.«

»Darf ich ihn haben?« bittet Jæger nervös.

»Haben Sie keine Angst davor?«

Ich lächle und stecke ihm den Ring an den Finger. Das ganze Spielchen habe ich geplant. Ich brauchte einen Vorwand, um ihn berühren zu können.

Danach wird alles nur schlimmer. Krohg hat sich in gewisser Weise beruhigt, weil er daran glaubt, daß ich mein Versprechen halte, ich dagegen versinke immer tiefer in meine Abhängigkeit zu Jæger, und gleichzeitig bin ich abhängig von Krohg. Eines Tages fragt mich Krohg etwas verwundert, warum ich ihn eigentlich heiraten wolle. Er hat alle seine flehenden Bitten vergessen. Die Vorstellung von mir als ungebundene Frau oder als brauner Hund, der eine verlassene Pflasterstraße hinunterläuft, paßt besser in das Bild der Boheme von der freien Liebe und der freien Frau. Schön, stark und geistreich soll sie sein und die neue Zeit gestalten. Ich schreibe an Jæger ins Gefängnis: »Dann fuhr ich mit Michelsen und blieb dort zum Abendessen und schlief bei Christian und dachte immer nur an dich an dich an dich. Dann erwachte ich heute und redete von dir, dann läutete es, ein Brief von dir. Ich freute mich sehr. Ich freue mich immer, wenn ich einen Brief von dir bekomme, was du auch schreibst.

Warst du gestern böse auf mich?

Dann ging ich hinunter zu Michelsen und frühstückte bei Michelsen, und jetzt bin ich bei Michelsen und schreibe an dich. Und dann kam Hambro mit vier Bohemiens zur Tür herein, das bedeutet Champagner, also adieu! Heute nachmittag fahre ich nach Hvitsten, ich bekomme ein Kind. Ich will nun versuchen, ob es mir möglich ist, es richtig zu lieben, anstelle von dir, werde alles versuchen, werde mich verausgaben für das Kleine, es soll alles aus mir saugen, was ich an Kraft und Stärke besitze. Hoffentlich wird es ein Junge!

All meine Liebe soll er aus meiner Brust saugen, dann werde ich es vielleicht ertragen können, dich wiederzusehen, mein lieber armer Junge, dem ich nur weh getan habe. Deine betrübte Oda. O wie ich dich liebe.«

Brief an Jæger einige Tage später:
»Du, ich muß dich etwas fragen, eine Kleinigkeit: Christian sagt so oft, daß du ihm Ratschläge gibst, wie er es anstellen soll, daß ich ihn liebe, und da hattest du ihm auch den Rat gegeben, er solle sich mir gegenüber beherrschen, er solle nicht mit mir reden, wenn wir zusammen weg sind, außer ich käme zu ihm. ›Zum Beispiel einmal bei den Lies‹, hättest du gesagt, ›da saß ich den ganzen Abend und sehnte mich danach, mit ihr zu reden, ging aber nicht dorthin, wo sie war, und *da* kam sie natürlich.‹ Das ist nur eine Kleinigkeit, aber ich habe den Eindruck, daß alles, was zwischen uns dreien gesagt wird, irgendwie verfälscht wird, sozusagen falsch aufgefaßt wird. Ich erkenne jedenfalls fast nie etwas wieder, was ich gesagt haben soll. Hast du genau das gesagt, oder ist es aus dem Zusammenhang gerissen, so daß ich deshalb den Sinn nicht verstehe?
Den Jungen, den bekomme ich nun doch nicht. Es ist leider vorbei, und damit habe ich mich abgefunden, einen neuen Jungen will ich nicht.
Ich gebe den Kampf jetzt auf, pour jamais! Ich kann mich nicht dazu überwinden, nicht an dich zu denken, du steckst mir nämlich im Blut. So lasse ich den Dingen ihren Lauf. Ich habe keine Glasplatten, zwischen die ich deine Briefe stecken kann. Wie geht es dir jetzt? Du hast vermutlich alles in so und so viele Abschnitte eingeteilt, und die ersten Abschnitte befinden sich vermutlich bereits zwischen Glasplatten, so daß man nur die überhängenden Ränder ein wenig hineinzuschieben braucht. Denn es läßt sich ja alles klären, nicht wahr? Besonders wenn du und Christian eine intensive Auseinandersetzung habt und du alles in kleine Regale einordnest.

Es ist übrigens nicht meine Absicht, ekelhaft zu sein, in keiner Weise!
Ich komme erst in ein paar Tagen wieder in die Stadt, aber schreib mir bitte inzwischen, Liebster.«

Wir besuchen Jæger im Gefängnis, Krohg und ich. Jæger hat solche Angst gehabt, ich würde mit dem Heißluftballon aufsteigen.
»Nein«, sagt Krohg mit einem Lächeln zu Jæger. »Nicht Oda wird heute Abend mit dem Ballon aufsteigen.«
»Gott sei Dank«, seufzt Jæger. »Was hatte ich für eine Angst! Wenn ich wenigstens hätte dabeisein können! Oder wäre frei, um da zu sein und dir mit den Augen zu folgen. Aber allein hier drinnen sitzen und nichts zu wissen. Das wäre schrecklich gewesen!
»Ja, und außerdem kostet es hundert Kronen«, sage ich lachend.
»Na dann«, sagt Jæger und setzt sich. »Erhielten Sie meine Antwort auf die Geschichte über die Lies? Stellt die Erklärung Sie zufrieden?«
»Ja. Ich verstand, daß Sie es nicht so gemeint haben konnten.«
»Es war somit ein Mißverständnis meinerseits«, sagt Krohg freundlich.
»Jaja«, murmele ich. »Darüber brauchen wir jetzt nicht weiter reden. Aber es gibt einige andere Dinge, von denen Christian sagt, Sie hätten das gesagt, und danach muß ich Sie noch fragen. Er sagt z. B., Sie hätten gesagt, daß Sie glauben, Ihre jetzigen Gefühle für mich würden vorbei sein, wenn Sie aus dem Gefängnis kommen! Daß Sie mich also nicht mehr so lieben würden wie jetzt. Haben Sie das gesagt?«
»Auf keinen Fall«, antwortet Jæger überrascht. »Er hat mich gefragt, ob ich das glaube, und so, wie die Frage kam, hatte ich das Gefühl, daß *das* sozusagen die Bedingung war, weiterhin mit Ihnen Kontakt haben zu können, und da hatte ich Angst und antwortete, wer weiß ... Fünf Monate sind eine

lange Zeit, da verändert sich manches. Es wäre ja denkbar, daß ich mich in dieser Zeit durch mein Schreiben von Ihnen entferne. Aber was ich *glaube*? Du großer Gott! Auf keinen Fall kann ich mir vorstellen, Sie jemals weniger oder anders zu lieben als jetzt. Im Gegenteil! Ich habe das Gefühl, Sie mit jedem Tag, der vergeht, mehr zu lieben, wenn das überhaupt möglich ist. Konnten Sie wirklich glauben, ich hätte so etwas gesagt?«

»Nein«, antworte ich. »Ich wußte, daß Sie es nicht gesagt haben. Aber ich hatte doch ein bißchen Angst. Denn wenn Sie es geglaubt hätten, so wäre es auch wahr geworden, davon bin ich überzeugt.«

Ich drehe mich zu Krohg um und fahre fort:

»Und das eine will ich dir sagen, Christian. Wenn er aus dem Gefängnis kommt, so wird alles zwischen ihm und mir bleiben, wie es war.«

Krohg wird ganz weiß im Gesicht. Er starrt mich einen Augenblick verzweifelt an. Dann senkt er den Kopf und sagt resigniert:

»Nun, dann ist mein Leben in vier Monaten zu Ende.«

Jæger wird wütend.

»Warum sagst du das?« sagt er. »Um sie unter Druck zu setzen? Um sie dazu zu bringen, mich nicht mehr zu treffen?«

»Nein. Ich will keinen Druck ausüben. Ich sage das nur, weil es so *ist*. Wenn es wieder so wird, wie im Sommer, dann halte ich das nicht aus. Dann muß ich gehen.«

»Damit übst du eben doch Druck auf mich aus!« sage ich.

»Ja«, bestätigt Jæger, »genau so ist es. Und außerdem: Weißt du heute, ob du dich in vier Monaten umbringen willst? Was wissen wir über die Zukunft? Als ich mich letzten Sommer umbringen wollte, war ich absolut sicher, die Nacht nicht zu überleben! Und dann kommen die zwei blöden Fuhrwerke. Und deshalb lebe ich bis heute. Und jetzt glaubst *du*, du willst dich umbringen, wenn alles wieder so wird wie letzten Sommer. Gab es nicht auch eine Zeit, in der du glaubtest und zu ihr sagtest, du würdest dich umbringen, wenn sie dich

nicht wie vorher liebte? Du weißt es genau! Aber aus diesem Grund willst du dich nicht mehr umbringen. Wie kannst du wissen, daß du dich in vier Monaten umbringen wirst? Nein, laß doch die Dinge kommen, und wir werden sehen. Und dann wollen wir uns sagen, was wir dabei empfinden und zu tun gedenken, aber wir wollen uns nicht im voraus erschrekken, indem wir drohen, uns das Leben zu nehmen, falls dieses oder jenes eintritt. Außerdem: Den ganzen Sommer hast du dich noch nicht umgebracht!«
»Nein«, erwidert Krohg verzagt. »Weil ich die ganze Zeit geglaubt habe, ich könnte sie zurückgewinnen und sie würde mich wieder lieben wie vorher.«
»Eine Liebe, die vergangen ist, kehrt nie mehr zurück«, sagt Jæger trocken.
»Ich weiß nicht. Es gab jedenfalls Zeiten, da habe ich das geglaubt, und es gab Momente in diesem Sommer, in denen ich mich genauso glücklich fühlte wie vorher. Wenn diese Beziehung zwischen euch endgültig werden sollte, dann kann ich nicht mehr. Ich hatte mir vorgestellt, wir könnten wieder zu dritt zusammensein wie im vergangenen Jahr auf Filtvedt. Es ist ja in Ordnung, daß ihr zusammen seid. Du stehst ihr ja in gewisser Hinsicht näher, als ich es tue. Ich bin im Grunde ein altmodischer Bursche. Aber wenn das gehen soll, dann muß es so sein wie im vergangenen Jahr auf Filtvedt, also so, daß ihr keine Geheimnisse vor mir habt. Wollt ihr dagegen ein eigenes Reich für euch allein, in das ich nicht hineinkomme, wo ich ausgeschlossen bin, dann kann ich nicht.«
»Das müßten wir aber unbedingt haben«, sage ich schnell. Mir ist übel von dieser schrecklichen Diskussion, mir ist übel von meinen eigenen Gefühlen.

Brief an Jæger gleich danach:
»Ich bin trotzdem froh, daß ich heute mit dir reden konnte, zusammen mit Christian. Du findest meinen Brief mit der Klatschgeschichte bei den Lies idiotisch, aber sie war weiß Gott korrekt wiedergegeben. Ich dürste und sehne mich da-

nach, dich zu umarmen, mich auf deinen Schoß zu setzen und dich wild zu küssen. Deine Oda.
Den einen der beiden Briefe aus Hvitsten, die du hier erhältst, habe ich nicht abgeschickt, weil ich heute selbst in die Stadt gefahren bin, den anderen wollte ich nicht abschicken, aber hier hast du ihn in Gottes Namen.
Herrgott, schreib mir doch ein paar Zeilen, hierher zu Christian. Morgen um 5 Uhr fahre ich wieder nach Hvitsten hinaus.«
»Hvitsten am Mittwoch. Soeben erhielt ich deinen kleinen, eng beschriebenen, verzweifelten Brief. Du kannst dir sicher vorstellen, wie schrecklich gerne ich mit dir reden würde? Mit dir und nur dir allein. Alles, was ich sage und tue, geschieht um deinetwillen! Ich dachte, daß der Kleine mir beim Stillen all meine Liebe zu dir würde aussaugen können, daß mir ein Leben nur als Mutter genügen würde. Aber jetzt, nachdem er abgegangen ist, habe ich es aufgegeben, dagegen anzukämpfen. Ich weiß, daß nichts dagegen zu machen ist. Ich glaube nicht an das, was Christian sagte, daß du nämlich glaubst, du würdest dich dann, wenn wir uns wiedersehen, damit zufriedengeben, mit mir im Beisein von Christian zu plaudern. Ich glaube, du würdest mich sofort umarmen und küssen. Und wenn nicht, dann würde sicher ich es tun. Sobald ich mit dir allein bin ohne das häßliche Guckloch in der Wand. Ich weiß nicht, ob ich dich liebe, aber ich denke immerzu an dich.
Ich habe vor ein paar Tagen zu Christian gesagt, daß ich ihn heiraten werde, aber nicht davon überzeugt bin, daß alles so einfach und problemlos geht, wenn du wieder herauskommst. Oder was meinst du? Es ist unmöglich.
Ich kann mir im Moment gar nicht vorstellen, acht Tage hintereinander nicht mit dir zu reden.
Ich bin so nervös und verzweifelt. Ich habe auch versucht, tagsüber zu schreiben, aber es geht nicht. Ich liege den ganzen Vormittag im Bett, da kann ich jedenfalls ungestört an dich denken.

Wenn ich nur wüßte, was aus all dem werden soll. Was machst du mit Glas im Kopf, wenn du mir *das* nicht sagen kannst? Wozu soll es sonst gut sein?
Herrgott, ich freue mich ja so darauf, daß du wieder rauskommst, mein Liebster.
Du armer Liebling. Aber du weißt, wie schrecklich ich dich liebe.«
»4. August. Hier sind die Briefe. Ich mag sie nicht mehr abschreiben. Gestern zwischen zehn und elf Uhr abends ging ich wie üblich über das Grundstück zur Hängematte und ein Stück den Hang hinunter, obwohl ich wußte, daß du nicht da warst. Wie entsetzlich unheimlich die Dunkelheit war. Ich lief voller Panik zurück und heulte, als ich hineintrat zu den fröhlichen Menschen hinter dem großen, hellen Fenster. Es tut mir so leid, daß ich nicht richtig mit dir sprechen konnte, aber wenn es darum geht, sich zu verabschieden, dann kann ich nichts anderes sagen, jedenfalls nicht das, was ich eigentlich sagen wollte. Und nicht einmal richtig traurig kann ich sein, erst hinterher.
Und jetzt bin ich es.«

Der Brief, den ich nicht hatte abschicken wollen:
»Hvitsten, Montag nachmittag. Nein, nein. Am liebsten würde ich laut schreien. Ich sitze hier bei Regenwetter, und es ist höchstens fünf Uhr. Gibt es denn nichts auf dieser Welt, was man ohne Schmerzen bekommt? Wenn ich jetzt mit dir hier sitzen könnte, nur du und ich. Mein Gott, wie glücklich würde ich sein. Ich habe mir einen Klaren genehmigt, nicht zu knapp, ich dachte, das würde helfen. Aber vergeblich. Wie soll ich die Welt ohne dich aushalten, sag mir das! Hilf mir, sag, was ich tun soll. Ich bin ja so unglücklich! Wahrscheinlich kannst du dir gar nicht vorstellen, wie schrecklich ich dich liebe. Wie schön wäre es jetzt zu zweit, du und ich. Es regnet und ist dunkel, aber vielleicht könnte gerade das herrlich sein. Zuerst würden wir ganz lange miteinander reden, und dann würden wir in

meine kleine Koje kriechen und ich würde dich verführen, daß du richtig kannst! Dann würde ich vor Freude sterben und dich lieben, nur dich, mein liebster Freund auf dieser Welt. Armer Christian.
Aber jetzt halte ich es nicht länger aus. Wenn ich doch tot wäre! Denn du kannst nun mal nicht, wenn du bei mir im Bett bist.
Deshalb ist alles so schlimm und hoffnungslos und traurig. Ich liebe und liebe und liebe dich, glaubst du mir das? Ich muß es sagen, aber kannst du mir sagen, was ich tun soll?
Entweder liege ich in meinem Bett, wälze mich hin und her und denke an dich, oder ich sitze in diesem schwarzen Lehnstuhl am Kamin und friere und denke an dich. So viel denke ich an dich.
Nach unserem letzten Zusammentreffen bin ich zu Michelsen gefahren und bis abends geblieben. Dann ging ich mit Christian, was sonst.
Er ist so schrecklich in mich verliebt, und ich wünschte mir so sehr, Lust zu haben, mit ihm zu schlafen. Aber ich war zu betrübt und hatte keine Lust, und das betrübte mich noch mehr, denn ich hatte ja gedacht, mich künftig damit zu trösten. Wenn es doch einfach Klick machen würde!
Wir gingen also zu Christian. Er setzte sich an den Schreibtisch, und ich zog mich aus. Instinktiv legte ich meine Guttaperchaspritze oben auf die Waschschüssel, setzte mich nur im Hemd auf das aufgeschlagene Bett, zog die Beine hoch und dachte an dich. Wie entsetzlich trist war es bei dir in der Zelle. Du und ich und das Guckloch und all die Menschen, die uns nicht miteinander reden lassen wollten. Du und ich! Das war zu komisch! Wie diese Menschen alle nicht begriffen, daß es für uns nichts Wertvolleres gab, als miteinander zu reden, du und ich, und daß sie einfach weggehen sollten. Ich lachte.
›Lachst du über mich?‹
Ich blickte auf, sah verwundert Christian am Schreibtisch sitzen. ›Nein, Lieber, willst du dich nicht ausziehen?‹

›Doch, ich habe nur hier gesessen und dich angeschaut, du warst so hübsch da auf dem Bett. Woran dachtest du?‹

›Ach, ich weiß es nicht.‹

›Bleib genau so sitzen, bitte! Jetzt komme ich zu dir.‹ Er zog sich rasch aus und schaute mich dabei an, und ich wünschte mir nur ein klein wenig Lust auf das, was kommen würde. Ich war so erschöpft, so erschöpft und verzweifelt.

Ich ließ mich nach hinten fallen, mit dem Kopf zum Fußende des Bettes, und schloß die Augen. Wenn ich doch bloß Lust hätte!

›Zieh das Hemd auch aus, Oda.‹

Er hatte alle Kleider abgelegt und ich sah, daß er dünner geworden war.

›Ich friere so sehr.‹

›Dir wird gleich warm werden. Schau dir den da an, wie gerne der will. Freust du dich, Oda?‹

Nein. Oda freute sich nicht, aber sie sagte es nicht, und er merkte es nicht. Er legte sich auf mich.

›Spreize deine Beine.‹

Ich öffnete die Beine weit, und er steckte ihn tief hinein in mich, beugte sich über mich, faßte meinen Hals und küßte mich, mit der Zunge in meinem Mund. Aber nichts davon war schön, ich dachte nur an dich, an dich, mein lieber Junge. Warum machst du das jetzt nicht mit mir! Und dann tat mir Christian leid, weil er nicht wußte, daß ich an dich dachte.

›Möchtest du dich auf mich setzen, Oda?‹

›Nein, nein, ich friere so.‹

›Du wunderbare Oda, du weißt gar nicht, wie hübsch du bist.‹

›Nimm den Spiegel von der Wand, dann sehe ich es.‹

Ich stellte den Spiegel neben mich an die Wand, und er warf sich wieder leidenschaftlich auf mich.

Ich hatte das linke Bein flach hingelegt und sah zu, wie es ging, raus und rein, und ich dachte an dich und wünschte mir, du seist hier.

›Siehst du es jetzt, Oda?‹
›Ja.‹
›Siehst du, wie schön du bist?‹
›Ja.‹
›Willst du noch mehr?‹
›Ja.‹
Herrgott, verstehst du denn nicht, daß ich nur deine Oda bin. Warum kannst du mich nicht nehmen! Ah, jetzt wird es gut, warum bist es nicht du, der mir dieses gute Gefühl gibt?
Ich flüsterte das leise vor mich hin, aber ich wußte, daß ich gleich laut von dir reden würde.
›Hör auf, Christian, ich mag nicht mehr!‹
›Gleich ... warte ... jetzt kommt es gleich. Jetzt!‹
Ich spürte, wie es kam.
Er legte sich neben mich an das Fußende des Bettes. Und ich fror, als der warme Körper weg war, und ich stand auf und schaute zu der Stelle, wo ich mir gewünscht hätte, du würdest stehen und mich sehen.
Dann kroch ich erschöpft und traurig in eine Ecke des Bettes. Christian stand auf und trank Bier, fragte, ob ich auch etwas wolle, legte sich dann neben mich und löschte das Licht. Und schlief sofort ein.
Warum schreibe ich dir das alles? Das ist gemein, Christian gegenüber, denn ihn wollte ich nicht bloßstellen. Und für dich ist es nicht lustig.
Verstehst du ein bißchen, wie es mir geht?
So! Jetzt ist es sechs Uhr geworden.
Du mußt deine Briefe versiegeln, denn der letzte war verdächtig.«

Wenn ich Christian Krohg nicht heirate, sobald ich kann, nimmt er sich das Leben. Ich werde also Christian Krohg heiraten. Ich habe mir ein hysterisches Lachen angewöhnt, das sehr erschreckend auf die Umgebung wirkt. Wie letztes Mal in Jægers Zelle, als mich Axel Thoresen begleitete. Arnold Hazeland kam, herein und irgend etwas brachte mich zum Lachen. Jæger und ich hatten uns verliebte Botschaften auf Zettel geschrieben, denn solange Aksel im Raum war, ließ sich kein offenes Gespräch führen. Mein Lachen hörte nicht auf. Hazeland war natürlich gekränkt, und ich durchquerte die Zelle bis zur Wand, an die ich mich lehnte und weiterlachte. Ich lachte, als der Wärter kam und sagte, daß die Zeit um war. Ich lachte im Gang, auf der Treppe, draußen auf der Straße und bis hinauf zur Pilestrede. Als ich zu Krohg kam, war ich völlig erschöpft. Er sagte, ich würde aussehen, als hätte ich geweint.

Brief an Jæger: »Dienstag, 12 Uhr, nach dem Tivoli. Da siehst du, wie nervös ich bin. Wie halte ich das bloß aus. Das ist nicht so leicht, wie du glaubst, obwohl du es weiß Gott nicht leicht nimmst. Aber Christian vergißt du völlig in deiner Berechnung, stimmt's? Du machst dir nicht klar, daß es vorbei ist mit ihm, wenn ich ihn nicht heirate, sobald ich frei bin. Es besteht kein Zweifel, daß er sich dann umbringt. Vielleicht nicht hier im Atelier, aber da, wo dieser Goldstein ist, den er bewundert und der ihn immer auffordert, sich das Leben zu nehmen, *dort* macht er es, da bin ich mir sicher – und das halte ich nicht aus. Denn du kannst dir vorstellen, daß das nicht in aller Stille vor sich geht. Alles andere als das. Er wird mir einen Brief hinterlassen so voller Leiden, Trauer und Not, daß ich das nie vergesse. Nein, nein, nein.
Ich weiß nicht mehr weiter. Wenn ich dir nur um den Hals fallen könnte, mein geliebter Freund. Jetzt auf der Stelle. Du kannst dir nicht vorstellen, wie die sonst so fröhliche Oda jetzt verzweifelt ist, zum Gotterbarmen verzweifelt! Wenn ich mich doch eine Weile bei dir ausweinen könnte. Ich kann nicht auf dich warten. Sobald es mir möglich ist, werfe ich mich Christian in die Arme. Aber vorher komme ich zu dir. Und dann ist mir das Loch in der Tür egal! Dann wirst du mich so küssen, wie du es immer gemacht hast. Machst du das, mein Lieber? Du wirst verstehen, warum ich so nervös

bin in deiner Zelle, dich nicht berühren, nicht mit dir reden will, nichts! Nur eklig zu dir sein, das ist das einzige, was ich darf, ohne daß das Guckloch aufbegehrt! Ich liebe dich, auch wenn du mich nicht berühren oder küssen kannst, ich werde dich immer lieben. Ich brauche es nicht, dieses ›Miteinanderschlafen‹, du könntest auch etwas anderes mit mir machen. Nur bei Christian ertrage ich es nicht, verstehst du das nicht? Wenn er sich umbringt, belastet mich das mein Leben lang. Und seine Schwestern und sein Tantchen. Nein, ich werde ihn heiraten.
Und dann besuchst du mich und wirst mich trotzdem lieben.
Sei nicht böse auf mich wegen dieses idiotischen Briefes, ja? Wenn du mich sehen würdest, wäre dir klar, daß ich nicht verständlicher und vernünftiger schreiben kann. Ich sitze hier so tot wie ein Hering und mag nichts denken, ich bin einfach total niedergeschlagen und verzweifelt. Ich war noch nie in meinem Leben so unglücklich wie jetzt. Nie!
Jetzt würde ich am liebsten auf deinem Schoß sitzen. Und du müßtest mir sanft über den Kopf streichen und zärtlich mit mir reden, nicht klar und vernünftig. Nur sinnlose Worte, daß ich davon einschlafen kann. Du weißt ja nicht, wie traurig ich bin.
Freitag.
Ich werde dir wohl diesen alten Brief schicken, denn ich schaffe es nicht, einen neuen zu schreiben. War es angenehm für dich, eine so schöne Frau wie Frau Thaulow zu sehen? Am Sonntag komme ich.«

September.
Ich bin so unglücklich und traurig und schlapp. Ich weiß weder aus noch ein, weiß nicht, was mit mir los ist. Nur der Briefwechsel zwischen Jæger und mir bedeutet etwas. Ich schreibe:
»Montag abend. O weh. Kein Brief, als ich heimkomme. Aber das ist ja normal, du hattest ihn eben abgeschickt, als

ich kam. Ich wüßte so gerne, was in dem Brief steht, der nun morgen früh kommen wird. Bist du böse auf mich? Bin ich für dich jetzt so, daß du mich niemals geliebt hättest, wenn ich früher so gewesen wäre? Du liebst mich aber jetzt trotzdem, oder? Ich habe gestern einen langen Brief an dich begonnen, aber mir fehlt die Kraft. Ich kann dir das alles nicht erklären. Wenn ich dich nur eine Stunde für mich allein hätte, dann würde es mir gelingen, dir alles verständlich zu machen, aber was nützt es, zu schreiben, wenn man nicht danach darüber reden kann. Mein Gott, wie war ich heute glücklich bei dir, du hast zweimal aus vollem Herzen gelacht, wie ein großer Junge. Ich habe dich ja so lieb, so schrecklich lieb. Wenn ich dich nur in den Arm nehmen und dir über die Wange streicheln dürfte.
Sei nicht unzufrieden mit der Oda, die du hast! Vergiß nicht, es gibt nur *eine* Oda, du kriegst keine bessere. Ich bin ganz schrecklich glücklich mit dir. Du wünschst dir sicher machmal, wenigstens zwei Glasplatten in meinem Kopf anzubringen. Das willst du doch gerne, oder?
Mein süßer Liebling. Wenn ich doch nur wüßte, was in dem Brief steht, den ich morgen früh ans Bett bekomme.«

Ein paar Tage später schreibe ich:
»Mein armer, armer Liebling. Das war der traurigste Brief, den ich je von dir bekommen habe. Ich weine und weine die ganze Zeit. O Gott, ich bin so verzweifelt. Kann ich dir denn gar nicht helfen, wenn es dir so schlecht geht? Am liebsten würde ich jetzt auf deinem Schoß sitzen und weinen, und die Tränen würden beim Schreiben auf meine Hände tropfen. Ich kann heute abend nicht schreiben, ich muß nur weinen. Und dann muß ich meine roten Augen mit kaltem Wasser waschen und mich pudern, weil ich heute abend zusammen mit den Thaulows bei Carl eingeladen bin.
Adieu, mein Liebster. Denn der bist du wahrhaftig. Und meine Liebe zu dir wird nie vergehen.«

Brief an Jæger, 8. September:
»Hier hast du einige Aufzeichnungen, den Rest bekommst du, wenn ich sie abgeschrieben habe, aber den Mondschein von Hvitsten hat Christian. Glaube bloß nicht den Unkenrufen, daß wir nicht mehr miteinander reden könnten, daß wir einander vergessen würden. Du weißt ja genau, daß wir beim ersten Mal, wenn wir uns außerhalb des Gefängnisses treffen, wieder miteinander reden. Ist doch wahr, oder?
Und du brauchst wirklich keine Angst haben, daß du dich verlierst, wenn du bei mir bist. Nein, mein Liebster, diese Befürchtung ist unnötig! Adieu, ich liebe dich.«

Zwei Tage später gehe ich die Møllergate hinunter bis zur Nummer 19. Unter der kleinen Fensterluke, die zu seiner Zelle gehört, bleibe ich stehen und pfeife unser Signal. Sofort ist er da, ganz blaß und nervös, der Arme.
»Guten Tag«, sage ich. »Ich habe Ihnen einen Brief geschickt. Würden Sie ihn gleich lesen?«
In dem Brief steht: »Was du da geschrieben hast, halte ich einfach für brillant! Kein überflüssiges Wort. Aber mein Urteil hat ja für dich keine Bedeutung, weil ich, wie du weißt, nichts davon verstehe.
Ich würde so gerne heute kommen, aber meine beiden Jungs sind verreist. Ich bin heute ziemlich traurig. Ich kann nicht schreiben, und du meinst, ich wirke gedämpft, und selbst finde ich mich häßlich und eklig. Daran siehst du, daß ich momentan nicht schreiben kann. Warum quält ihr mich, es zu tun? Als könnte jeder schreiben!«
Jæger kommt ans Fenster, hat den Brief gelesen. Er lächelt.
»Nun, haben Sie ihn gelesen?« frage ich.
»Ja«, antwortet er. »Wie können Sie behaupten, Sie verstünden nichts davon? Es gibt niemanden der es besser versteht als Sie. Erinnern Sie sich an den Tag, an dem wir unter vier Augen reden wollten, aber nicht durften? Sie haben sich stattdessen damit beschäftigt, zu lesen, was ich geschrieben hatte, und zeigten mir, was nicht gut war. Und alles, was Sie sagten,

war richtig! Sie wissen gar nicht, wie ich mich freue, daß Sie es gut finden! Und Sie wollen nicht schreiben können? Schreiben Sie doch etwas über diesen Sommer. Wie gerne würde ich das lesen. Schreiben Sie über den Tag, den auch ich beschrieben habe.«

Ich lächle zurück, mit steifem Nacken vom Nach-oben-Schauen.

»Was *ich* über diesen Tag schreiben würde, wäre ganz anders als das, was Sie schrieben.«

»Natürlich! Gerade deshalb! Mein Gott, wie gerne würde ich das lesen.«

»Ich kann aber nicht. Aber *Sie* müssen weiterschreiben! Ich möchte schrecklich gerne lesen, was Sie schreiben.«

»Ja, jetzt kann ich wieder schreiben, weil Sie hier gewesen sind. Gestern abend wollte ich schon alles aufgeben. Ich war so verzweifelt und bin es bis jetzt gewesen, habe die ganze Nacht nicht schlafen können und war heute zu nichts fähig. Das war so schlimm gestern. Ich dachte, Sie würden sich nicht mehr für mich interessieren. Lieben Sie mich noch ein bißchen?«

Ich sage nichts. Ich versuche zu vergessen, daß zwischen uns eine Mauer ist. Aber ich vergesse es nie, und es kommt mir vor, als würde sie mit jedem Tag höher.

Krohg ist gefahren. Wieder nach Dänemark. Skagen hat er im Kopf, seine alte Bastion. Dort kann er seine Fahne wieder hissen, sobald er mich zu seiner Frau gemacht hat. Weil Jæger noch im Gefängnis ist, hat er nicht so viel Angst, mich mit ihm alleine zu lassen. Er wirkt irgendwie anders, neu und siegessicher. Ich habe einen Brief von ihm bekommen, und ich schreibe nicht zurück, schicke statt dessen Jæger einen Brief: »Mein Lieber. Ja, gestern war es nett. Um so mehr weinte ich daheim. Ich legte mich sofort hin und weinte und redete laut mit dir bis spätabends. Dann kam Frau Thaulow, die auch unglücklich war. Gegen 12 Uhr stand ich auf und begleitete sie nach Hause. Ich finde, der kleine Schluß, den

ich mit nach Hause nahm, war auch sehr traurig. Im übrigen war ich gestern abend so nervös und bin die ganze Nacht wach gelegen, und jetzt geht es mir schlecht, aber erträglich. Ich bin ›krank‹, verstehst du?
Gott, was war das für ein törichter Brief, den ich heute von Christian bekam! Über eine schwedische Malerin in Skagen, die sich für ihn interessiert und die er umwirbt. Ich verstehe nur nicht, warum er mir das schreibt. Damit ärgert er mich nicht, falls *das* der Sinn sein sollte! Wenn es ihm Vergnügen bereitet, andere Frauen zu umwerben, dann kann ich mir sparen, ihn zu heiraten. Dann ist er nicht so unglücklich, daß es nötig ist.
In einem Brief, den ich vorige Woche von ihm bekam, schreibt er: ›Es geht kein Weg mehr von meinem Herzen zu deinem. Sollte ich wieder der einsame Mann werden, der ich früher war, der niemanden hat, der ihm nahesteht, und niemanden, dem er sich mitteilen kann, dann kannst du sicher sein, daß das, was ich sage, wahr ist, auch wenn ich nicht mehr alles wie früher sage.‹ Und dann schließt er, daß es höchstens noch drei Wochen sind, bis wir heiraten können.
Was denkt dieser Mann, wenn er solchen Unsinn schreibt? Kannst du mir das sagen? Warum will er, daß wir heiraten, wenn kein Weg mehr von seinem Herzen zu meinem führt? Wenn er das meint, warum will er dann?
Adieu, mehr kann ich mit meinem elenden Kopf nicht schreiben. Adieu mein Liebster! Deine Oda.«

Dieser Brief macht Jæger verrückt. Er schickt mir einen verzweifelten Brief, in dem er mich beschuldigt, ihn aus ökonomischen Gründen nicht heiraten zu wollen. Ich habe nie versucht, mir mit meinen Gefühlen Vorteile zu verschaffen, und trotzdem trifft er einen sehr empfindlichen Punkt, denn Krohg kann mir Sicherheit geben, und die Sicherheit ist eine Chance für Sacha und Ba.
Nein, rede ich mir ein. Ich bin nicht unselbständig! Wenn alle Stricke reißen, werde ich eine Kokotte in Paris! Diese

Vorstellung erschreckt mich merkwürdigerweise nicht. Alle neuen, zufälligen Bekanntschaften sind irgendwie unheimlich unverbindlich und verlockend.
Ich besuche Jæger im Gefängnis, aber es ist hoffnungslos. Wir sind beide so nervös und erschöpft, daß ein gemeinsamer Zusammenbruch jederzeit erfolgen kann. Und ich habe Jæger gegenüber einen fürchterlichen Verdacht. Will er das alles nur erleben und erleiden, um naturalistisch darüber schreiben zu können? In einigen seiner Kapitel schildert er unsere Beziehung eher feindlich und kalt. Er *weiß*, daß er lügt. Ich habe mich nicht so verhalten, wie er behauptet, und trotzdem will er das veröffentlichen, will eine neue Boheme-Sensation, die mich auf Lebenszeit zum Gespött der Leute macht.
Ich verspüre einen Drang, zu fliehen, mich zu verstecken. Warum erschreckt mich Jæger plötzlich? Ich liebe ihn wirklich, aber wir stehen mit dem Rücken zueinander, und wir sind so mißtrauisch und verletzbar, daß Treue und Vertrauen zwischen uns nie eine Chance haben. Ich schreibe ihm eine Nachricht: »Mein Lieber. Nyhuus und ich sitzen hier im Gravesen, er vertilgt eine Menge Brot und Fisch. Sei mir doch bitte nicht böse, ich wollte heute so gerne nett zu dir sein, aber ich bin zu angespannt. Wenn ich das Gefühl habe, jemand erwartet von mir, daß ich freundlich bin, dann *muß* ich doch eklig sein, oder? Verstehst du das? Nyhuus hat doch von mir erwartet, daß ich nett bin, oder? Adieu, mein lieber Freund.«
Etwa gleichzeitig erhält Jæger einen positiven Bescheid auf sein Gesuch um Reduzierung des Strafmaßes. In vierzehn Tagen ist er auf freiem Fuß. Dann ist meine Ehe mit Jørgen Engelhart endgültig aufgelöst und ich wäre eine ledige Frau. Aber Krohg kommt nach Hause und hat alles in die Wege geleitet. Ich nehme ein bißchen Morphium und lebe wie eine Schlafwandlerin. Wenn er in der Nähe ist, kann ich nichts machen. Er schläft mit mir. Wie ein Verrückter reitet er mich, bis ich das Gefühl habe, daß daraus ein Kind wird. Ja, ich

bin wieder schwanger, Krohg streicht mir über den Kopf, ich bin ein braves Mädchen gewesen und habe es verdient.

Am 28. September 1888 wird meine Ehe mit Jørgen Engelhart aufgelöst. Eine Woche später, am Donnerstag, dem 4. Oktober, heiratet mich Christian Krohg. Vier Tage später wird Jæger aus dem Gefängnis entlassen. Da sind wir abgereist, Krohg hat mich mitgenommen nach Skagen. Das ist der erste Schritt in seinem Plan. Er glaubt, etwas gewonnen zu haben. Er ist glücklich. Er hat so viel Schlaues gesagt über pragmatisch denken, über Zeit vergehen lassen. Er ist so großzügig und verständnisvoll, und er schmiedet so viele Pläne für uns. Ich hätte ihn ja gar nicht richtig geliebt, diesen Jæger, sagt er, hätte ihn nicht geliebt. Nicht richtig. Er bringt mir Absinth ans Bett, und wir reden: »Das war doch irgendwie krank«, sagt er. Diese Liebe paßte nicht zu dir, degradierte uns alle. Gut, daß wir verheiratet sind. Es ist am besten für Sacha und Ba.«
Ich höre ihm zu und nicke zustimmend. Als er eingeschlafen ist, stehe ich auf und schreibe. Ich schreibe über diese Monate mit Jæger, meinem Geliebten. Manchmal führen mich meine Gedanken weit weg, hinein in die Zukunft, und *dort* erschrecken sie mich am meisten. Dann lösche ich die Lampe und lege mich ins Bett zu meinem Mann, so wie es sich für eine Ehefrau gehört.

5

Eine Ehe

»Ich habe mich Hals über Kopf in etwas Neues gestürzt. Ich will alles tun, um mit Leib und Seele fest an Christian gebunden zu sein. Ich sitze folgsam da und höre ihn an. Einwände, die ich haben könnte, mache ich nicht. Was er malt, studiere ich so lange, bis ich es für ausgezeichnet halte. Ich finde ihn schön, nett und tüchtig. Meine Kinder habe ich bei Papa gelassen, nur, um ausschließlich an ihn denken zu können. Da, wo wir wohnen, habe ich alle meine Decken und Gardinen aufgehängt, die Betten stehen nebeneinander, zugehängt mit Gardinen, so daß ein abgeschlossener Raum entsteht, mit einer kolorierten Lampe an der Decke. Die zünde ich abends, bevor wir zu Bett gehen, an. Dann legt er sich zu mir und erzählt mir, wie glücklich er ist und daß an der Ehe doch etwas sein muß.«

Oda hatte diese Ehe nicht gewollt. Sie wußte, daß etwas in ihr gestorben war, und in Skagen wurde der Leichenschmaus gehalten, dort hatte Krohg sie hingebracht, eingeladen von Krøyer, der unbedingt ein Bild von den Festen in Brøndums Garten malen wollte. Oda tat alles, um Jæger zu vergessen, und mit Anchers und Krøyers kam sie gut aus. Im Brøndums Hotel konsumierten die Künstler beträchtliche Mengen Alkohol, während sie über die Zukunft der Malerei sprachen und kleine, nette Porträts von sich anfertigten. Sie waren vor Jæger geflohen, und Krohg blühte auf. Er malte *Et Nødskud* und ein kleines Porträt von seiner Frau, das er stolz aller Welt zeigte.

Ihr ganzes Leben hatte sich Oda abhängig gefühlt, zuerst von ihrer Mutter, dann von ihrem Vater und dem Bruder Per.

Jetzt war es Krohg gelungen, die Fäden so zu verknüpfen, daß sie zu einer Fessel wurden: Sie würde ein zweites Kind mit ihm haben, sie würde nie mehr von ihm loskommen. Deshalb hoffte sie, zurückzufinden zu ihrer alten Rolle der treusorgenden und liebevollen Frau, die dafür lebte, glückliche Augenblicke zu gestalten, koste es, was es wolle.
Skagen. Der äußerste Vorposten Dänemarks. Ein Strand und ein Leuchtturm und ein Hotel mit einem Garten, der für Feste wie geschaffen ist. Aber auch die Familie Gaihede, die Oda kennenlernt, dieser ärmliche Haushalt, in dem Krohg 1879 bei seinem ersten Aufenthalt in Skagen landete. Oda sah, daß Krohg diesen Ort liebte, denn hier hatte er sich frei entfalten können. Und mit seinem glänzenden Redetalent und all seinen Bildern von der Familie Gaihede erwarb er sich den Ruf eines Propheten des Nordens. Bei den Dänen war er ein angesehener europäischer Intellektueller, geläutert von all den Neurosen, die ihm Jæger und die Boheme aufgebürdet hatten. Oda schrieb Briefe an Jæger ins Gefängnis und berichtete ihm, daß sie und Christian ein aktives Sexualleben hätten.

Um Jægers, Krohgs und ihrer selbst willen wollte sie ihre Version der stürmischen Monate schreiben. Im Garten von Brøndum saß Krohg und sah, daß sie einen Brief aus Kristiania las, von Jæger, und daß ihr die Tränen in die Augen stiegen.
»Du darfst dieses Buch nicht schreiben«, murmelte Krohg.
»Warum nicht?« Oda schaute ihn mit großen ernsten Augen an. »Ich dachte, du wolltest auch schreiben?«
»Ich habe mich umentschieden. Jetzt sind wir ja verheiratet. Was hat es da für einen Sinn, die alten Geschichten breitzutreten?«
Oda faltete den Brief zusammen und seufzte. »Und du bezeichnest dich als Naturalist?« sagte sie. »Für dich war demnach bei allem immer nur dein Ansehen wichtig? Wolltest du schreiben, um mich zu erobern? Wolltest du ihn nur ausste-

chen? Und jetzt hast du das nicht mehr nötig, weil du denkst, daß ich dir gehöre?«
Er antwortete nicht. Sie saßen im Garten, und schwere Wolken trieben über das Kattegat heran. Die anderen Künstler waren zu Bett gegangen. Tagsüber hatten sie nie Gelegenheit, miteinander zu reden, da waren immer Menschen um sie. Jetzt saß sie in einem Korbstuhl und blickte hinauf zum Himmel, wo sich ein abnehmender Mond mehr und mehr hinter schweren Wolken verbarg.
»Wie schön du bist in diesem Licht, Oda. So will ich dich malen.«
»In der Nacht? Nein, da möchte ich endlich schlafen, sonst werde ich verrückt.«
»Ja, das ist wahr. Wir müssen wieder zu Kräften kommen, damit wir gemeinsam die Fahne hissen können.«
»Welche Fahne?«
»Die der Boheme.«
»Ach Knist. Gehen wir zum Strand.«
Sie gingen das kurze Stück hinunter zum Strand. In der Ferne hörten sie Stimmen. Skagen schlief nie. Fast wie Paris, dachte Oda. Sie wollte hier eigentlich ihr Gleichgewicht wiederfinden, wenn es das gab. Aber bald kam Jæger aus dem Gefängnis, und sie wußte, daß er sie verfolgen würde, daß er ihre Flucht nicht akzeptieren würde. Sie wußte, daß es in ihrem Leben nur zwei Möglichkeiten gab: zu fliehen oder sich selbst in die Augen zu schauen.

Es war ein Umweg zur bürgerlichen Ehe, die Krohg glaubte verwirklichen zu können. Durch die Künstlerfreunde von Skagen würde der Übergang nicht so schmerzhaft.
»Hier geht es genauso zu wie in einer Ehe ohne frische Luft«, sagte Oda an einem Sonntag Ende Oktober zornig. »Jeder hat genug mit sich zu tun.«
Krohg streckte die Hand nach einer Flasche aus.
»Das ist doch nicht dein Ernst, Oda? Hier ist doch alles so freizügig.«

Sie schüttelte den Kopf. »Das erscheint dir nur so, weil sie dich in den Himmel heben, Christian. Aber die Phrasen gelingen ihnen besser als die Kunst, und die Ehe gelingt ihnen besser als die Liebe.«

Krohg brummte. Er versuchte einer Diskussion mir ihr auszuweichen. Es war Sonntag, und er lehnte sich tief befriedigt im Bett zurück.

»Komm Oda.«

Sie kam. Und danach, als er wieder eingeschlafen war, nahm sie ihre kleine Staffelei und ihre Malutensilien und ging hinunter zum Strand. Noch war keiner der Künstler aufgestanden. Der Strand lag weit und verlassen da, der Wind wehte aus Südwest, und sie fand einen windgeschützten Platz bei den grasbewachsenen Dünen. Es war sehr hell, und in der Ferne streunte ein sehr brauner Hund, auf dem Weg zum Leuchtturm. Draußen auf dem Meer fuhren zwei Schoner und eine Brigg mit Kurs nach Norwegen. Oda versank in Gedanken. Sie bemerkte nicht die aufziehenden Wolken, nicht den leichten Regen, und begann schließlich zu malen. Eine unbedeutende Krøyer-Imitation: ein Strand und ein Meer. Vielleicht sollte sie ganz rechts ihren Mann plazieren und den braunen Hund? Sie lachte und bemerkte, daß sie es genoß, allein zu sein. Das war sie lange nicht mehr gewesen. Manchmal kamen Leute vorbei, die ihr bekannt vorkamen. Sie grüßten, und Oda grüßte zurück. Dann hatte sie das Gefühl, mit dem Bild eigentlich fertig zu sein. Ein schlechtes Bild, idyllisches Pastell, Munch würde das kalte Grausen packen. Sich *ihn* hier vorzustellen, unter diesen selbstzufriedenen Zechgenossen, fiel ihr schwer. Wo war denn der braune Hund geblieben? Jetzt war er verschwunden. Dafür kam Krøyer. Er hatte sich bereits einiges zu Gemüte geführt und starrte mit anerkennendem Blick auf das Bild.

»Besser als Anna«, sagte er.

»Aber schlechter als Michael?«

Sie lachte, als sie seinen erstaunten Blick sah, und fuhr fort: »Nehmen Sie das nicht ernst. Ich bin zur Zeit ein Amateur,

sowohl als Frau wie als Malerin, also vergleichen Sie mich nicht, weder mit Anna noch mit Michael Ancher.«
Krøyer sah sie stirnrunzelnd an. »Was reden Sie da für einen Unsinn? Sie sind außerdem mit einem bedeutenden Maler verheiratet. Sie sollten nicht so unberechenbar und launisch sein, Frau Krohg. Sehen Sie denn nicht, daß die Welt offen vor Ihnen liegt? Sie haben einen Mann, der in kurzer Zeit eine nationale Berühmtheit sein wird, und was noch besser ist, Sie bekommen von ihm ein Kind.«
»Ich möchte in erster Linie malen, lieber Krøyer.«
»Aber was haben Sie denn in der Hand? Ist das nicht ein Pinsel?«
Oda sah ein, daß es vorbei war mit ihrer Arbeitsruhe, und während sie ihre Sachen zusammenpackte, hörte sie sich Krøyers Loblied auf das Leben an, ekstatisch wie sein Bild *Hip, hip, hurra!*, auf dem auch sie mit dem Becher in der Hand verewigt sein würde. Sollte sie ihm sagen, wie abscheulich sie es fand, was er malte, hochgeschnürte Modepuppen mit edlem, geistreichem Gesichtsausdruck, brutale Gutsherrengestalten mit klaren, unschuldsblauen Kinderaugen, von Rechtschaffenheit und Seelenadel strotzende Börsenspekulanten, lässig im tiefsten Dunkel des Weltschmerzes schmachtende junge Schauspielergrößen. Nein, das wäre zwecklos. Er war ein freundlicher Mann, und Oda fühlte sich zu seiner feinen und sehr schönen Frau hingezogen. Waren zwei so schöne Menschen imstande, auch nur einen Bruchteil des Gefühlsinfernos zu erleben, dem sie glaubte gerade entkommen zu sein? Nein, die Skagen-Maler fühlten nur durch ihre Kunst und lebten im übrigen glücklich in ihren kleinen, idyllischen Häusern. In üppigen Blumengärten tranken sie ihren Wein und malten, was ihnen einfiel, sei es Seelenqualen oder ein Spaziergang am Strand. Krøyer und Oda gingen nebeneinander hinauf zu Bröndums, und Oda sagte:
»Das eine will ich Ihnen sagen, Krøyer. Auch wenn ich mich für eine sogenannte bürgerliche Ehe entschieden habe, bedeutet das noch nicht, daß ich beabsichtige, gefühlsmäßig

abzustumpfen. Ihnen dürfte ja bekannt sein, daß ich den Schriftsteller Hans Jæger liebe?«

»Daß Sie ihn *liebten*, ja,« berichtigte Krøyer. »Jetzt lieben Sie doch Krohg.«

Sie nahm seinen Arm und redete mit ihm wie mit einem Kind:

»Ich habe Krohg geheiratet, weil es meine einzige Möglichkeit war, mein einziges reelles Angebot. Sie verstehen, eine Frau in meiner Situation muß nehmen, was sie kriegen kann. Ich will nicht, daß sich meine Kinder an mich erinnern als eine versoffene, bettlägerige Vettel, die nach etwas jammert, was wir mit einem armseligen Wort Liebe nennen. Zu viele Menschen haben Macht über mich gehabt, verstehen Sie, und haben gewußt, sie zu gebrauchen.«

»Aber Frau Krohg!« Krøyer starrt sie überrascht an. »Für mich waren Sie die ganze Zeit eine Frau voller Selbstbewußtsein und Stolz.«

Oda lächelte das Lächeln, von dem sie wußte, daß es Jæger als grausam empfand, und erwiderte:

»In diesem Fall haben Sie ein sowohl bedeutendes wie eigentümliches Wissen über Huren.«

Oben in Brøndums Garten setzten sie das Gespräch fort. Krohg fand seine Frau in glücklichem Beisammensein mit den Freunden. Er holte eine Flasche Schnaps, und Krøyer legte noch letzte Hand an *Hip, hip, hurra!*. Wenn er nicht malte, unterhielt er sich mit Oda, die Wein trank und gegen ihre unerträglichen Stimmungsschwankungen kämpfte. Sie wandte sich Krøyer zu und sagte:

»Wie Sie ja wissen, habe ich zwei wunderbare Kinder. Können Sie sich denken, warum die nicht hier bei mir sind?«

Nein, das konnte Krøyer nicht. Er warf einen unsicheren Blick zu Krohg, der mit Anna Ancher über ein ganz anderes Thema redete.

»Es war so ein Gefühl von mir«, fuhr Oda fort, »daß Christian meinte, wir sollten diese Reise alleine machen. Was

meinen Sie, Krøyer, finden Sie, daß wir hier so schrecklich viel alleine sind?«
»Nein«, lachte Krøyer. »Ihr seid ja die ganze Zeit mit uns zusammen.«
»Genau.« Oda nickte übertrieben mit dem Kopf und trank einen Schluck Wein. »Krohg ist ständig mit euch zusammen.«
»Ja, und Sie auch«, sagte Krøyer.
Oda schaute ihn mißbilligend an. »Finden Sie wirklich? Ab und zu beschleicht mich das Gefühl, überhaupt nicht hier zu sein. Wissen Sie, wo ich dann bin? Da bin ich hinter einem Busch, nur ich. Verstehen Sie, ich weiß einfach nicht, was daran falsch sein sollte, wenn Sacha und Ba hier wären.«
»Daran wäre sicher nichts falsch«, sagte Krøyer versöhnlich. »Aber Krohg wollte Sie offenbar ganz für sich haben, weil er Sie so sehr liebt.«
»Ja, sehen Sie ihn nur an«, sagte Oda. »Sehen Sie, wie er mit Frau Ancher redet. Finden Sie nicht, daß man förmlich sieht, wie er mich liebt?«
»Herrgott Frau Krohg, er führt doch nur eine ganz gewöhnliche Unterhaltung.«
»Dagegen habe ich gar nichts«, antwortete Oda. »Ich stelle nur fest. Seine Liebe ist so ungeheuer vorhersehbar, verstehen Sie. In wenigen Augenblicken wird er merken, daß ich mich im Garten aufhalte, und er wird mir zuprosten, aus tiefstem Herzen, und dann wird er begeistert sagen: ›Ist sie nicht wunderschön?‹ und dann wird er vielleicht herkommen und mich auf die Wange küssen, denn er ist so liebevoll, und dann wird er vielleicht mit Ihnen und Anchers Pläne machen über mögliche Ausstellungen, und vielleicht wird er mich plötzlich in unser Schlafzimmer ziehen müssen, um es mit mir zu machen, und mich danach wieder herausholen, damit mich alle Welt betrachten kann, und meine Kinder sind weit weg in Norwegen, damit ich mir keine Sorgen um sie zu machen brauche. Verstehen Sie jetzt, wie glücklich ich bin?«
Krøyer schaut sie erschrocken an.

»Sie sind sehr eigensinnig«, flüsterte er.
Sie warf den Kopf zurück und lachte ein lautes, hysterisches Lachen, bei dem die Männer am andern Ende des Tisches die Köpfe hoben.
»*Ist* sie nicht wunderschön?« sagte Krohg. Er stand auf und steuerte auf seine Frau zu.

In derselben Nacht versteckte sie sich am Strand. Aber sie versteckte sich nicht gut, denn sie wollte gefunden werden. Die Fischer drüben bei den Booten riefen, daß es vielleicht Sturm geben würde. Als der Mond durch die Wolkendecke brach, bildeten sich kränklich bleiche Flecken auf der aufgewühlten See. Sie fühlte sich wie tot, als würde das Kind in ihr nicht mehr leben, und Sacha und Ba schienen so unerreichbar weit weg. Sie hatte sich auf diese Einsamkeit gefreut, und jetzt erkannte sie voller Schrecken: Allein war sie niemand. Allein war sie noch mehr erniedrigt als in ihrer Beziehung zu Jæger und Krohg. Allein war sie nur eine Unmenge von Bildern, die mit irrsinniger Geschwindigkeit durch sie strömten. Allein war sie nicht einmal ein sehr brauner Hund in einer öden Straße und schon gar keine Tigerin. Sie erkannte, was geschehen war: So sehr war sie zum Mythos geworden, daß sie sich diesem Mythos angepaßt und versucht hatte, ihn zu verwirklichen. Jetzt befand sie sich auf der Flucht vor diesem Mythos. Und Krohg begnügte sich damit, die Reste davon aufzuheben.
Sie konnte den Gedanken nicht zu Ende denken, denn jetzt kam die Künstlerschar daherspaziert, mit Hut und Stock und Schal, schwatzend und fröhlich. Sie hatte sich verstekken wollen, wenigstens ein bißchen, aber Krohg sah sie sofort und kam auf sie zu:
»Ich wußte doch, daß du hier sitzt. Genießt du die frische Abendluft?«
Sie war zu keiner Antwort fähig, war nicht imstande, diese Banalitäten zu ertragen. In ihr war ein großer, blauer Tod, und diese fröhlichen Menschen redeten nur von hip hurra.

»Seht euch den Mond an«, rief Krøyer begeistert.
Oda warf einen kurzen Blick auf Frau Krøyers Gesicht und wußte, daß *die* sie verstand, als sie abrupt von Krohg weglief hinunter zum Wasser und anfing, sich auszuziehen, sich mit solcher Geschwindigkeit auszuziehen, daß niemand sie aufhalten und dazu bewegen konnte, sich zu benehmen, wie es sich gehörte. Allein war sie niemand, und in Gemeinschaft war sie verrückt. Welch wunderbares Motiv für Christian. Ein alternder und schwangerer Körper, den sie vor ihren verunsicherten Zuschauern entblößte. Aber sie empfand keine Scham. Sie sehnte sich nur nach Wasser und hoffte, daß es kalt genug war, sie zu betäuben, damit sie endlich ruhiggestellt war. In diesem Zustand sollte Krohg sie haben, so wollte er sie wahrscheinlich auch haben: schläfrig, passiv und empfänglich. Sie warf das Kleid zu Boden, achtete nicht darauf, ob es naß wurde. Die protestierenden Rufe erreichten sie nicht. Sie ging ins Wasser, wie es Tausende von Frauen vor ihr getan hatten, mit der gleichen großen Selbstverachtung. Vielleicht war *ihre* Selbstverachtung größer, aber der Mut war kleiner, sie konnte nicht sterben, weg von Sacha und Ba.
»Bei der Kälte baden!« rief Krøyer fröstelnd.
»Brrr!«
»Ist sie nicht wunderschön?« sagte Christian Krohg.
»Malt ein Bild!« rief sie aus dem Wasser. »Oder traut ihr euch nicht? Vielleicht müßtet ihr ein Motiv nehmen, das die Kritiker anstößig fänden. Die badende Mutter, die ihrem Jungen das Spielzeug wegnimmt, um einen Rahmen für ihr Bild zu haben, die sich den Namen Krohg gekauft hat, weil er im Angebot war. Das würde sicher ein gutes Bild werden. *Eine Frau für die neue Zeit*. Ist das nicht ein toller Titel?«
Sie sagte nichts mehr, die Hysterie hatte sie erfaßt, und sie hatte mehr als genug zu tun, um wieder an Land zu kommen. Dort nahm Krohg sie beiseite und sagte:
»War diese Kinderei nötig? Jæger ist wahrscheinlich unterwegs hierher. Wir müssen morgen früh abreisen.«

Sie floh gerne, denn auf Skagen wollte sie nicht mit Jæger reden. Heimlich, still und leise fuhren sie für ein paar Tage auf einen Bauernhof. So waren sie schließlich allein, und sie hatten sich nichts zu sagen.

Als sie zurückkamen nach Skagen, war Jæger bereits auf dem Rückweg nach Norwegen. Die »Baldur« hatte die Landspitze beim Leuchtturm noch nicht passiert, da stand Oda bereits mit Jægers Brief in der Hand am Ufer. »Lieber hätte ich dich als Kokotte nach Paris verschwinden sehen, als zu sehen, wie du hier endest.«

Sie blieben in Dänemark bis kurz vor Weihnachten. Mit Beginn des Winters intensivierten sich die Farbkontraste. Nie war das Meer so spiegelblank wie jetzt, nie so aufgewühlt. Die Künstler kehrten in ihre Winterquartiere zurück. Krohgs verließen Skagen als letzte. Brøndum wünschte ein Wiedersehen im nächsten Sommer, aber Oda wollte nicht mehr dorthin.

Sie fuhren über Kopenhagen, wo sie von ihrem grenzenlosen Bewunderer Emmanuel Goldstein sowie Amalie Skram erwartet wurden. Von beiden angeregt, beschlossen sowohl Krohg wie Oda, ihre Darstellungen der dramatischen Dreiecksbeziehung mit Jæger fertig zu schreiben. Aus Norwegen bekamen sie die *Kristiania-Bilder* zugeschickt, verfaßt von Nyhuus/Jæger. Das Buch enthielt Jægers Darstellung des Selbstmordversuchs auf Holmen. Oda erkannte sich wieder in der Gestalt der Vera, Christian Krohg hieß Waldemark Bjørck und kam in ihren Augen nicht gut weg. Trotzdem fand sie nicht, daß Jæger die Wahrheit verfälscht hatte. Auch Krohg las das Buch mit einem steifen Nicken. Daß diese intimen Details jetzt veröffentlicht wurden, erschreckte sie weniger als der Gedanke, nach Kristiania zurückzukehren und Jæger wieder von Angesicht zu Angesicht gegenüberzustehen. In der letzten Nacht, bevor sie mit dem Schiff nordwärts fuhren, weckte Krohg seine Frau und sagte:

»Ich ertrage es nicht, wenn du den Umgang mit ihm wieder anfängst.«

Sie antwortete: »Ich kenne die Regeln meiner Ehe.«

Krohgs trafen Jæger am Heiligabend 1888 bei Michelsen. In *Gefängnis und Verzweiflung*, das Jæger fünfzehn Jahre später veröffentlichte, beschreibt er die Stimmung als absolut »glacé«. Sie sprachen vor allem über die Zeitschrift *Impressionisten*, die Jæger und *sein* Teil der Boheme herausgegeben hatten, während Krohgs in Skagen waren. Oda sah, daß ihr Mann kreidebleich wurde, bei ihm Ausdruck einer starken Gemütsbewegung. Was sie betraf, so empfand sie eine seltsame Distanz zu beiden, zu sehr kreisten ihre Gedanken um Sacha und Ba. In der Grønnegate waren sie um den Weihnachtsbaum getanzt, und Sacha hatte mit ihrer Kleinmädchenstimme gesungen, und Ba war so liebevoll gewesen, wie sie ihn noch nie erlebt hatte. Sie erkannte, daß sie zu viel von ihnen weg gewesen war, als daß diese Kinder noch ganz die ihren sein könnten. Bokken war jetzt der feste Punkt in ihrem Leben. Sie brauchten eigentlich sonst niemanden, jedenfalls keine Mutter, die kam und ging und krank war und unberechenbar. Das war eine schmerzliche Entdeckung, und sie hatte zum ersten Mal in ihrem Leben das Gefühl, überflüssig zu sein.

Oda versuchte, Hans Jæger auf angemessene Weise offen zu begegnen. Sie hatte ihn nie so schwach erlebt, wie er sich selbst in *Kristiania-Bilder* darstellte. Während sie und Krohg im Ausland waren, hatte er sowohl an seinem Buch als auch an der Zeitschrift gearbeitet. Er war der aktivste Mensch, den sie kannte. Sofort als sie ihn wiedersah, wußte sie, daß es für immer vorbei war. Sie würden nie mehr zueinanderfinden können. Es erstaunte sie, daß Krohg das nicht merkte. Er stand Todesängste, aus und seine einzige Waffe war ein großbürgerliches Gehabe, das ihr einfach lächerlich vorkam. Richtig wütend konnte sie nicht werden. Sie beschloß, sich zurückzunehmen, nicht nur im eigenen Interesse, sondern auch, um die Boheme als Gruppe nicht zu gefährden, es gab schließlich viel zu tun. *Albertine* zeigte konkrete politische Wirkung. Die Regierung befaßte sich endlich mit dem Problem der Prostitution. Deshalb wäre es tragisch gewesen,

wenn persönliche Konflikte denen alles zerstören würden, die das Engagement und den Unternehmungsgeist hatten, den sie schon verloren hatte.
Eine paradoxe Situation: Um die anti-bürgerliche Boheme zu retten, hielten es die Krohgs für nötig, gutbürgerlich zu leben.
Der Winter 1888/1889 sollte für lange Zeit Christian Krohgs letzter glücklicher Winter sein.

Frühling 1889. Oda ist mit Per schwanger. Krohg und Oda schreiben. Besonders Oda. Christian vollendet *Der Kampf ums Dasein* und versucht, seine Stellung als Maler zu festigen. Jæger und Oda haben einige mißglückte Begegnungen, bei denen sie darum streiten, wer das Recht auf die Briefe hat und wer sie in seinem Buch verwenden darf.
Im Mai stellt Krohg sein großes Bild in der Kunstgalerie Abel aus. Die *Aftenposten* schreibt: »Indem wir uns von diesem bedeutungsvollen Werk des Herrn Krohg distanzieren, verbinden wir damit den aufrichtigen Wunsch, daß es dem Künstler gelingen möge, die Ruhe und das Gleichgewicht wiederzufinden, die ihm bisher gefehlt haben, und damit seine Fähigkeiten auf große und wichtige Aufgaben zu konzentrieren, statt seine Kraft in einem unfruchtbaren, agitatorischen Einsatz zu vergeuden, einer nutzlosen Beschäftigung mit Problemen, die für die Kunst herzlich wenig Bedeutung haben.«
Für die Krohgs erwies sich ihr neues Leben keineswegs als problemlos. Aus Angst, sich völlig zu isolieren, suchten sie die Nähe zur Boheme. Deshalb übernahmen sie zusammen mit Michelsen die Redaktion des *Impressionisten* Nr. 8, wo sie folgende Boheme-Gebote veröffentlichten:
Du sollst dein Leben aufschreiben.
Du sollst mit deiner Familie brechen.
Man kann seine Eltern nicht schlecht genug behandeln.
Du sollst deinen Nächsten nie für weniger als fünf Kronen verprügeln.

Du sollst alle Bauern hassen und verachten, zum Beispiel: Bjørnstjerne Bjørnson, Kristoffer Kristofersen und Kolbenstvedt.
Du sollst nie Zelluloid-Manschetten tragen.
Verzichte nie darauf, im Chria Theater einen Skandal zu machen.
Du sollst nie etwas bereuen.
Du *sollst* dir das Leben nehmen.

Jæger, der erneut im Gefängnis gesessen hatte, um eine seiner Verfehlungen gegen die öffentliche Moral abzubüßen, fragte Oda, ob sie bei der Formulierung des letzen Gebotes an ihn gedacht hätten. Das bestritt sie mit einem intensiven Gefühl versäumter Taten, eines versäumten Lebens. Dann richtete sie ihren Blick nach vorne, auf Per.
Als sich der Sommer ankündigte, wollte Krohg wissen, wohin sie fahren sollten.
»Überallhin, nur nicht nach Hvitsten«, antwortete Oda. Die Erinnerung an den letzten Sommer saß zu tief. Sie wollte ihr Kind nicht in einem Haus zur Welt bringen, das der Schauplatz einer kranken Liebe gewesen war. Sie fanden ein Gehöft in Åsgårdstrand, nicht weit vom Meer, das sie mieten konnten. Es gab dort einen Fliederpavillon, der es Oda angetan hatte, die Glasveranda des Hauses war für sie als Atelier geeignet, und Krohg konnte in der Stube arbeiten.

Sie sah Munch auf dem Markt und lief sofort zu ihm.
»Ach Munch, sind Sie auch hier?«
Sie freute sich aufrichtig, ihn wiederzusehen, und auch er wirkte erfreut. Seine feindliche Haltung Krohg gegenüber war im April abgeklungen, als Krohg im Zusammenhang mit Munchs erster eigener Ausstellung ihn und nur ihn allein zur dritten Generation bedeutender norwegischer Maler erklärte. Seit dieser vorbehaltlosen Anerkennung seiner Kunst in *Verdens Gang* hatte ihn Oda nicht mehr gesehen.

»Ich bin hier, um zu arbeiten«, sagte Munch. In seiner Art, zu reden, lag immer eine abwehrende Haltung. Jetzt nahm Oda seine Hand und drückte sie lange. Sie fühlte sich ihm gegenüber wie eine Mutter, und sie wußte, daß er immer Angst vor ihr gehabt hatte.

»Haben Sie immer noch Angst vor mir?« Sie schaute ihn ernst an. Er wich zurück.

»Was meinen Sie damit?«

Sie spürte seine Qual und versuchte, unbekümmert zu lachen. »Nichts. *Das kranke Mädchen*, Sie erinnern sich, ich war so gerührt, daß Sie das Bild ausgerechnet mir geschenkt haben.«

»Sie müssen wieder malen«, sagte Munch. Er errötete so leicht. »Ich finde, Sie malen sehr gut. Was haben Sie als letztes gemalt?«

Sie lachte wieder. »Sehen Sie denn nicht, daß ich vor allem schwanger bin? Wissen Sie, ich bin sehr glücklich, wieder ein Kind zu bekommen. Glauben Sie an Wiedergeburt, Munch? Es hat so viele Erniedrigungen gegeben. Jetzt lege ich mein Leben in die Hand des Kindes. Es braucht jede Menge Sympathie und Verständnis. Ich habe eine glänzende Idee. Würden Sie den Taufpaten machen?«

»Ich?« Munch schluckte schwer. Er war immer so nervös. »Natürlich gerne, aber gibt es nicht andere, die Ihnen näherstehen?«

»Sie meinen, es gäbe solche?« Sie schaute ihn nachdenklich an. »Ich wüßte nicht, wer das sein sollte.«

Sie nahm seinen Arm.

»Jetzt begleiten Sie mich nach Hause«, sagte sie. »Und dann erzählen wir Krohg die Neuigkeit. Ich kann die Geburt kaum erwarten. Ich möchte wieder ein braves Mädchen werden, können Sie das verstehen? Und ich weiß, daß das meinem Papa gefallen würde. Er wird dann denken, daß wir eine kleine Familie sind. Sagen Sie, was malen Sie gerade?«

»Ach, ein Abendmotiv, eine Abendstunde mit zwei Menschen. Ich setze ganz auf die Farben.«

Wenn es um seine Arbeit ging, wurde Munch immer mitteilsam.
»Es sind Inger Munch und Sigurd Bødtker. Krohg hat es schon einmal gesehen.«
»Ja, ich erinnere mich, er hat davon gesprochen. Ach Munch, ich bin so froh, daß Sie hier sind. Sie sind ein Mensch, der nie lügen kann, oder? Und dann haben Sie einen so rührenden Glauben an die Liebe, das gibt es fast nicht mehr, wissen Sie. Könnten Sie nicht in diesem Sommer viel bei mir und Krohg sein und uns daran erinnern, daß es sie gibt?«

Als Oda die ersten Wehen spürte, legte sie sich im hellsten Zimmer des Hauses ins Bett. Es war dieselbe Jahreszeit wie damals in Belgien. Jetzt wollte sie endgültig die düsteren Erinnerungen abschütteln. Sie wollte Krohg so viel wie möglich um sich haben und sagte es ihm. Er wurde zu einem Häuptling, mild und schwer und unerschütterlich. Sie mochte ihn so, wenn nicht zu viele Künstler um ihn waren. Dann wurde die Umgebung bedeutungslos und die Schmerzen bestimmend.
Am achtzehnten Juni brachte sie Per zur Welt. Sie hatte die ganze Zeit gewußt, daß es ein Junge war. Christian schlug vor, ihn Georg Anton zu nennen, aber Oda erwiderte:
»Wie kommst du darauf, Per den Namen Georg Anton zu geben?«
Er schrie. Ein Menschenleben in ihrem Bett. Eines, das weinte und das all ihre Liebe erhalten würde. Sie dachte an das Lächeln des sterbenden Per beim Leuchtturm Færder.
»Ich werde dich lebendig verspeisen«, lachte sie ihn an. »Wenn du dir ein friedliches Leben wünschst, hast du dir die falsche Mutter ausgesucht.«
Sie lag mit ihm im Bett, und ständig waren Menschen um sie, eine Amme, die ihn noch nicht anfassen durfte, Freunde der Boheme auf der Durchreise, Krohgs Schwestern, Sigurd Bødtker und Edvard Munch. Und Krohg, der bis zuletzt mißtrauisch gewesen war, stellte eine beruhigende Famili-

enähnlichkeit fest, was die Schwestern bereitwillig bestätigten.
Eine dörfliche Idylle, wie nach einem russischen Drehbuch. Bokken wurde gerufen. Sie kam mit einem ganz anderen Glauben als dem Glauben an Priester und Kirche. Jetzt glaubte sie an den einen und schwärmte für ihn im Fliederpavillon. Ihre gute Laune steckte alle an. Krohg malte sie schnell und leicht und fast verliebt. Er hatte endlich bekommen, wovon er träumte: Ungestörtes Arbeiten und eine glückliche Familie.
Oda hatte keine Kopfschmerzen mehr. Sacha und Ba waren bei ihr, glücklich und gesund. Per war geboren, und Krohg wußte sich nicht zu fassen vor Glück. Das war wie ein unglaublich schöner Traum. Sie ging auf in einem Mikrokosmos, lag stundenlang im Bett und studierte die Nasenlöcher ihres Sohnes, einen Bogen an seiner Oberlippe, eine Falte hinten im Nacken. Sie sprach mit ihm in Versen und gab ihm eine Einführung in Kjerulfs Romanzen. Sie lehrte ihn einige nützliche Armbewegungen und behauptete steif und fest, sie habe ihm das Pfeifen beigebracht. Sie hielt ihn für das intelligenteste und begabteste männliche Wesen, das ihr je begegnet war. Seine Art, die Welt mit einer gewissen distanzierten Überlegenheit zu betrachten, faszinierte sie. Wenn sie mit ihm darüber sprach, antwortete er mit Spuckebläschen, die durch die Sonnenstrahlen glänzten und sich seltsam färbten. Außerdem roch er besser als alle ihre früheren Männer, und er pupste so unbekümmert, als hätte er ein Dutzend Naturheilkundige konsultiert. Daß er sich außerdem übergab, wenn ihm das Essen zuviel wurde, hielt sie für eine eindeutige und brauchbare Art, eine Mahlzeit zu beenden. Sie fand heraus, daß er wahrscheinlich ein großer Neurotiker war, denn er schlief viel und hatte ein hysterisches Lachen, das sehr schnell kam und wie Weinen klang. Sein kleines Pimmelchen war süß und optimistisch, und die Einfälle seiner Geschwister ertrug er mit Fassung. Mit Krohgs langem Bart hatte er seinen Spaß, und die Kraft seiner Finger reich-

te für ein ganzes Klavierkonzert. Ein Zeichen von Stil und Geschmack war es außerdem, daß er mit grünem Stuhlgang sein Einverständnis erklärte.

Oda verließ das Bett und stellte zu ihrer Überraschung fest, daß sie wirklich Lust hatte, zu arbeiten. Ebenso verwundert war Krohg, als er sah, wie sich seine Frau des Kindes entledigte und die Tür zur Glasveranda öffnete.

»Ich werde ein Bild malen, das *Die Laterne* heißen soll«, sagte sie. »Ich stelle es mir ein wenig japanisch oder chinesisch vor, vielleicht etwas blau, aber nicht ganz, wie das andere. Was meinst du?«

Krohg umarmte sie und murmelte:

»Ich bin ja so glücklich.«

»Ach Christian, ich habe dich etwas gefragt!«

»Du weißt, was ich meine. Ich bin nur einfach gerührt. Wenn du so stehst und malst ...«

»Ich versuche, mit dir etwas Fachliches zu besprechen«, seufzte Oda. »Kannst du deine prachtvolle Familie nicht für einen Moment vergessen?«

Da ging er zu ihr und äußerte sich zu dem zierlichen Busch, den sie bereits angedeutet hatte. Der Anfang ging bei ihr sehr schnell. Sie mußte nicht lange stehen und um das Motiv kämpfen. Sie wußte selbst, daß sie es manchmal zu leicht nahm, und dann brauchte sie seine Hilfe. Ihr Vorteil war ihre Dreistigkeit, aber ihr fehlte die analytische Distanz zu ihren Arbeiten. Da war ihr Krohg eine wichtige Stütze. In diesem überaus harmonischen Sommer, in dem ein neugeborenes Kind ihren Hausfrieden segnete, hatten Oda und Christian Krohg oft stundenlange Gespräche über Kunst und Probleme des Malens. Zusammen mit dem wortkargen und selbstbewußten Munch erörterten sie in den langen, hellen Nächten die Möglichkeiten des Impressionismus und schmiedeten Pläne für eine wirkliche *Akademie* der Malerei in Norwegen.

Munch wollte nach Paris. Er war nervös und hektisch. Oda

merkte, daß er nach seiner großen Ausstellung noch nicht zur Ruhe gekommen war. Vielleicht wollte er das auch gar nicht. Er hatte das Porträt von Hans Jæger gemalt, Ausdruck quälender Verkommenheit bei gleichzeitigem Eigensinn, wie sie meinte. Außerdem *Frühling*, um das ihn Oda beneidete.
»Ich beneide dich, Munch«, sagte sie.
Er lächelte.
»Um was? Um meine schwachen Nerven?«
»Nein, davon habe ich selbst genug. Ich beneide dich um deine Unabhängigkeit.«
Er holte etwas zu tief Luft. »Sie vergessen meinen Vater, meine Familie«, murmelte er.
»Die Familie ist gewissermaßen etwas Beständiges«, antwortete sie. »Man kann sich an ihr orientieren, seinen Platz darin finden und sie akzeptieren. Aber alle die anderen, die sich frei bewegen, die deine unbenutzten Gefühle aufspüren und sie in Ketten legen ...«
»Warum sagen Sie nicht mehr *Sie* zu mir?«
Sie antwortete nicht. Sie wußte, daß sie eine eigentümliche Macht über ihn besaß, eine Macht, die sie nicht anwenden wollte. Längst hatte sie erkannt, daß er tatsächlich ein Genie war. Längst hatte sie begriffen, daß er bereit wäre, sie zu lieben, sie anzubeten und um ihretwillen zugrunde zu gehen. Sie wollte nicht, daß das passierte.
»Ich möchte auch gerne nach Paris«, sagte sie schließlich. »Wenn Christian und ich einige Jahre verheiratet sind. Aber Munch, haben Sie ganz mit dem Rauchen aufgehört?«

Sie schrieb, wenn es regnete oder wenn sie in schlechter Stimmung war. Sie schrieb über sich selbst vor dreihundertsechzig Tagen, oder sie schrieb über sich an diesem Morgen. Es gab kein festes Konzept. Jæger war in Paris. Sie hatte ständig Lust, einen Boulevard zu malen. Zum ersten Mal seit der Pubertät erschien ihr das Sexuelle abstrakt und fremd. Die Schmerzen von Pers Geburt saßen noch im Unterleib.
»Mußt du darüber schreiben?« sagte Krohg leise.

Sie schaute ihn verwundert an.
»Aber Christian, du hast doch Frau Skram einige Seiten vorgelesen und eine Subskription des Buches förmlich angekündigt?«
»Das war damals. Wir waren alle jung und verrückt.«
»Vor einem Jahr? Ich finde, ein Idiot kann man zu jeder Zeit sein.«
»Ja, aber ich schreibe jedenfalls nicht mehr auf diese Weise, nicht über ihn. *Dich* will ich ausdrücken. Uns. Jetzt, nachdem ich mit dem Badewannenbild fertig bin ... Ich habe da eine Idee. Wie du heute mit Dedichen zusammen im *Verdens Gang* gelesen hast, das war ein höllisch gutes Motiv. Meinst du, ich soll ich das versuchen?«
Sie lächelte ihn an.
»Wie geschickt du vom Thema ablenkst, Christian. Ja, das meine ich unbedingt. Außerdem möchte ich dich in meiner Nähe haben.«
Das wollte sie wirklich. Oda stellte fest, daß sie auf junge Männer eine starke Faszination ausübte. Hagbarth Dedichen war erst achtzehn, aber seit über einem Jahr hinter ihr her, und damit war er wahrlich nicht der einzige. Sie hatte eine Liebesaffäre mit Hans Jæger gehabt, die keinem verborgen geblieben war, und das fanden diese Jungen offenbar erregend. Sie fühlte sich etwas erniedrigt, obwohl es ihr keine Probleme bereitete, auf sexuelle Signale zu reagieren. Aber sie hatte den Eindruck, als Kokotte betrachtet zu werden, und darin sah sie eine Degradierung ihrer Gefühle. Als hätte niemand ihr Verhältnis mit Jæger wirklich ernst genommen. Man glaubte, sie habe nur gespielt, und Jægers Buch enthielt auch nicht direkt einen Hinweis auf das Gegenteil. Nun kam da ein Haufen junger Männer, und die wollten auch spielen. Sie fand das gar nicht lustig. Eben wieder Mutter geworden, träumte sie nicht in erster Linie davon, mit grünen Jungs ins Bett zu steigen. Zu Dedichen sagte sie:
»Ich bin keine erotische Maschine. Ich wünsche ausdrücklich, daß Sie Ihre Hand von meinem Knie nehmen.«

»Aber ich liebe Sie«, erwiderte Dedichen.
»Das ist Ihr Problem, nicht meines. Und jetzt lassen Sie mich in Frieden arbeiten. Krohg hat übrigens vor, uns zu malen, während wir zusammen Zeitung lesen. Glauben Sie nicht, das könnte ein nettes Bild werden?«

Dort, in Åsgårdstrand, gelang es ihr also nicht, das zu vergessen, was Jæger aus ihr gemacht hatte: »la vraie princesse de la bohème!« Sie und nur sie war imstande gewesen, die Boheme zu spalten. Sie und nur sie hatte es gewagt, die freie Liebe zu verwirklichen. Jetzt war sie sowohl ein Begriff für die Träume der Boheme wie deren leibhaftige Verkörperung. Daran wurde Oda erinnert, als Krohg, stolz wie ein Hahn, die Freunde aus Kristiania einlud, damit sie zu Augenzeugen einer Familienidylle werden konnten, die gleichzeitig bewies, was für ein Liebhaber er war.
Oda erkannte, daß an der Misere ganz sicher ihre ziemlich direkten Umgangsformen schuld waren. Sie hatte sich in der Beziehung zu Männern stets wohlgefühlt, und in jedem Gespräch verbarg sich ein erotischer Dialog, was sie als ganz natürlich empfand, da sie nun mal eine Frau war, die mit einem Mann redete. Das bedeutete jedoch nicht, daß sie mit jedem Beliebigen ins Bett gehen wollte. Der Geschlechtsakt war für sie von untergeordneter Bedeutung. Das, was zwischen ihr und Krohg abgelaufen war, hatte bald die Erotik verloren, die für sie wesentlich war und deren Vorhandensein er eigentlich nie wahrgenommen hatte. Davon war sie überzeugt, wenn sie ihren Mann im Gespräch mit anderen Frauen beobachtete. Er würde nie ein Liebhaber werden, nur ein Verehrer. Egal worüber er redete, es waren immer Themen, und wenn ihn eine Frau auf den Mund küßte, wurde er stolz, nicht erregt.
Mit Per auf dem Arm empfing sie die Gäste des Sommers. Sie vollendete ihre chinesische Laterne und begann mit einem neuen Motiv. Und eines Tages kam plötzlich ihr Papa zu Besuch.

Er stand in der Tür, als sie gerade in der Küche war, und sie zuckte derart zusammen, daß ihr beinahe Per auf den Boden gefallen wäre. Als sie begriff, daß die große, schwarze Gestalt wirklich *er* war, klammerte sie sich an Per. Die Fronten zwischen ihr und dem Regierungsrat waren geklärt, aber keiner von ihnen hatte je zum Problem Christian Krohg Stellung bezogen. Das hatten sie vor sich hergeschoben und sich im Praktischen arrangiert, um jede Konfrontation zu vermeiden.

»Mimi hatte den Einfall, doch vorbeizuschauen«, sagte Lasson kurz. Er war sehr krank gewesen und sprach langsam und umständlich. »Ich bin auf dem Weg nach Larvik, und da wollte ich mein neues Enkelkind begrüßen.«

»Du weißt natürlich, daß Christian Krohg hier ist?« sagte Oda ruhig.

Er nickte und wich ihrem Blick aus. Das hatte er in den vergangenen Jahren immer öfter tun müssen.

»Ich wollte auch *ihn* begrüßen.«

Die Stimme zitterte. Er schwitzte in der Wärme. Sie nahm seinen Geruch wahr. Der Geruch nach der Grønnegate. Der Geruch nach Beständigkeit. Sie streckte ihm Per entgegen und wandte sich ab, diese Art Tränen ertrug sie nicht, jedenfalls nicht bei ihm.

»Er gleicht dir, Ottilia. Die gleichen Augen, der besondere Zug um den Mund.«

»Ein bißchen Krohg ist schon auch vorhanden.«

Sie bekam Per zurück, und der Regierungsrat nahm ein Taschentuch.

»Jetzt möchte ich meinen Schwiegersohn begrüßen«, sagte er mit einem Seufzer.

Oda kam nicht umhin, ihn zu bewundern. Was jetzt geschah, erschien ihr wie eine regelrechte Kapitulation, und er versuchte nicht, das zu verbergen. Er hatte sich lange genug gegen das Neue gewehrt. Viel Klatsch und Tratsch mußte er über Krohg und sie gehört haben. Kein Wort hatte er darüber verloren, seit sie verheiratet waren. Er hatte im Grunde

Krohgs Namen überhaupt nicht erwähnt. Als sie von Skagen zurückkehrten und Oda in die Grønnegate kam, fragte er sie nach ihrer Reise, als sei sie alleine unterwegs gewesen.

Krohg trat aus dem Wohnzimmer. Zum ersten Mal sah Oda die beiden Hünen nebeneinander. Sie ließ sich von dem physischen Anblick nicht beeindrucken. Sie war dicke Männer gewöhnt. Aber sie so dicht beisammen zu sehen machte ihr doch Angst. Blitzartig wurde ihr klar, daß die beiden sie ihr Leben lang begleiten würden, Seite an Seite, jeder mit demselben Besitzanspruch, wie ein Vater, der seine Tochter zum Altar geleitet.

»Christian Krohg«, sagte Regierungsrat Lasson langsam. »Sie sind der Mann meiner Tochter. Erlauben Sie, daß ich Ihre Hand drücke?«

Was besaßen sie? Nicht ihre Gedanken. Aber all das Andere, Unbestimmbare, das sie Gefühle und Angst nannte und das für ihr Handeln so große Bedeutung hatte. Ihr wurde klar, daß diese zwei Männer sie nie wirklich gekannt hatten. Sie hatten nur immer etwas von ihr erwartet. In vielen Kleinigkeiten war sie ungehorsam, aber in den großen, entscheidenden Fragen gehorchte sie. Auf diese Weise hatte sie ein Kind verloren. Auf diese Weise war sie Ehefrau geworden.

Sie kam sich wie eine schlechte Ehefrau vor, als sie die beiden in das unaufgeräumte Wohnzimmer führte, Per an Bokken weitergab und eine Flasche Wein holte. Es schien ihr ewig lange her zu sein, daß sie russischen Tee und geröstetes Brot anbieten wollte.

Wenn die Stimmung bei Michelsen vor einem halben Jahr »glacé« gewesen war, dann war die Stimmung zwischen Krohgs und Lasson absolut »dégelant». Obwohl Krohg es mit keinem Wort erwähnt hatte, wußte Oda, daß es ihm viel bedeutete, als Schwiegersohn von Regierungsrat Lasson akzeptiert zu werden. Jetzt sah sie, daß er unter dem Bart errötete, als er sagte:

»Ich hatte ja bereits Gelegenheit, einige Ihrer Töchter kennenzulernen. Sie wissen natürlich …«
»Einige meiner Töchter?« unterbrach Lasson amüsiert. »Ich will doch nicht hoffen, daß noch mehr Bohemiens in der Familie sind außer Ottilia und Mimi?«
Krohg lachte dröhnend. Oda sagte:
»Zählst du Alexandra nicht mit, Papa?«
Lasson bekam einen Hustenanfall. Als er sich wieder erholt hatte, erwiderte er: »Thaulows führen eine anständige, bürgerliche Ehe, Ottilia. Ich glaube, es ist mir gelungen, sie zu erziehen.«
Sie tranken Wein. Oda merkte, daß ihre Hand zitterte.
»Ich hoffe, es ist Ihnen bewußt«, sagte Krohg, »daß ich Ihnen stets meinen tiefsten Respekt zollte.«
»Das fehlte gerade noch. Nein, ich spaße natürlich nur. Aber warum kommt ihr nicht und besucht mich in Hvitsten? Ottilia hat Ihnen sicher erzählt, daß wir dort ein nettes, kleines Domizil haben. Zwei Häuser und ein Haupthaus. Drei Häuser also.«
»Ich weiß«, sagte Krohg. »Ich habe einige Sommer in Filtvedt verbracht.«
»Tatsächlich? Wie schön. Dann sind Sie vielleicht vorbeigesegelt?«
»Einige Male. Oda hat mir die Lage des Anwesens erklärt.«
»Aha, Sie sagen Oda zu ihr? Ja, das machen inzwischen viele. Das ist diese Abkürzungsmanie. Das kann sehr amüsant sein. Ich möchte Sie übrigens beglückwünschen zu *Der Kampf ums Dasein*. Ein ausgezeichnetes und vielversprechendes Bild. Überhaupt warte ich gespannt auf Ihre weiteren Werke, Herr Krohg. Jeder muß schließlich einmal jung sein dürfen, aber soweit mir bekannt ist, waren Sie immer von der Malerei besessen?«
Krohg lächelte. »Das glaube ich wohl. Wie Sie sich erinnern, unterrichte ich dieses Fach.«
»Gewiß.« Lasson machte eine unbestimmte Handbewegung. »Und ich muß sagen, Sie sind sehr tüchtig gewesen. Zu tüch-

tig, wenn Sie mich fragen. Hätte ich geahnt, daß wirklich Künstlerblut in Ottilia fließt, hätte sie damals nicht die Erlaubnis für den Unterricht bekommen. Aber ihre letzten Bilder finde ich durchaus bemerkenswert, obwohl ich, wie Sie verstehen werden, auf eine andere Zeit schwöre.«
»Sie ist sehr begabt«, sagte Krohg. »Sie könnte die größte unserer Malerinnen werden.«
»Das ist sehr interessant. Ich glaube, wir haben eine Menge Gesprächsstoff. Es ist mir natürlich ziemlich schwergefallen, euch Bohemiens zu akzeptieren, aber soweit ich sehen kann, habt ihr doch die Spielregeln eingehalten, na ja, abgesehen von diesem Jæger, aber über *ihn* haben wir genug geredet. Ist das Wetter nicht wunderschön? Ich habe vor, meinen Freund, den Minister, in Stavern aufzusuchen. Er hat wirklich ein wunderschönes Anwesen. Viel Wald, mit dem er nur Arbeit hat, aber einen wirklich zauberhaften, kleinen Strand. Deshalb kann ich nicht sehr lange bleiben.«
»Noch ein Glas Wein, Papa?«
»Ein Gläschen.«
»Ich möchte Ihnen gerne ein Bild zeigen.« Krohg erhob sich unvermittelt und hätte beinahe ein Piedestal umgeworfen. »Es ist Bokken, Sie kenne sie ja. Sie ist verflu …, äußerst malerisch. Darf ich?«
»Mit dem größten Vergnügen!«
Krohg drehte eine Leinwand um, die an die Wand gelehnt war. Sie zeigte Bokken mit offenem Haar und Blumenkranz. Lasson nickte anerkennend:
»Einfach entzückend«, sagte er. »Man sieht deutlich, daß sie nicht mehr so nonnenhaft ist. Ein schönes Gesicht haben Sie da hervorgebracht. Vielleicht sollten Sie sich auf die Porträtmalerei spezialisieren, lieber Krohg. Das dürfte auch finanziell attraktiver sein.«
»Zweifellos. Und hier sind einige Bilder von Oda und Per. Per in der Badewanne.«
»Ja. Tatsächlich. Sehr nett, wenn auch etwas zu nahe. Aber ein schönes Licht vom Fenster her. Sie merken, daß ich Sie

schätze? Wundern Sie sich nicht, wenn ich eines Tages komme und ein Bild bei Ihnen kaufe. Aber jetzt *muß* ich aufbrechen. Darf ich Per einmal halten? Er ist doch schon getauft, nehme ich an?«

»In der Kirche von Borre«, sagte Oda rasch.

»Wer war Taufpate?«

»Munch ...«

»Welcher Munch?«

»*Edvard* Munch.«

»Ach der, dieser junge Rebell? Nun ja. Er ist der Sohn eines Arztes?«

»Ja.«

»Ehrenwerte Familie, aber etwas gezwungen, habe ich gehört. Na ja. Ich würde einem jungen Künstler vielleicht keine derartige Verantwortung übertragen. Da ist schließlich der Alkohol, obwohl ihr noch jung und frisch ausseht!«

Sie brachten ihn zur Tür. Danach wurde es sehr still. Oda begann zu weinen, sagte aber, Krohg solle sich keine Gedanken machen. Sie sei »krank«.

»Ich mochte ihn sehr«, versicherte Krohg. »Er hat Witz und weiß sich auszudrücken. Er ist mir bereits sympathisch.«

»Ja«, sagte Oda. »Daß ihr euch finden würdet, war mir klar, das ist ja ganz natürlich.«

»Aber es hat dich bedrückt wie ein Alp. Freust du dich nicht?

»Doch, ja«, sagte Oda und ging hinaus in die Glasveranda. Die ganze Nacht und den nächsten halben Tag schrieb sie wie besessen.

Herbst 1889. Oda versucht sich von Per begeistern zu lassen, aber er ist ein drei Monate altes Kind, und mit ihren Problemen, mit ihrem ständig nagenden Zweifel bleibt sie allein. Sie weiß, daß sie sich selbst etwas vorspielt. Als Krohgs zurückkehren nach Kristiania, wird Christian Krohgs Atelier in der Nedre Slottsgate 3 Treffpunkt für den Teil der Boheme, der zu ihm hält. Die finanzielle Situation ist erbärmlich, und Krohg fängt an, Artikel für *Verdens Gang* zu schreiben. Das wirft mehr ab als die Bilder. Die Wohnung in der Pilestrede wird beibehalten. Krohgs Tante und die Schwestern empfangen Per mit offenen Armen. Zum ersten Mal in ihrem Leben hat Oda das Gefühl, wirklich malen zu können. Munch inspiriert und ermutigt sie, ehe er nach Paris und zur Riviera aufbricht. Dorthin würde sie auch gerne reisen.

In Kristiania haben Krohgs Kontakt zu allen, die dem Familienleben nicht trauen. In diesem Herbst nehmen sie endlich Gunnar Heiberg in ihren Kreis auf. Er ist weggezogen von Bergen und gilt nach seinem aufsehenerregenden Stück *Tante Ulrikke* als umstrittene Persönlichkeit. Er hat ein neues Stück verfaßt, *König Midas*.

»Das Stück ist der Boheme wie auf den Leib geschrieben«, sagte Krohg begeistert. »Ramseth ist ein Bjørnson-Porträt! Sein untergründiger Haß auf die Jugend, seine erotischen, perfiden Sehnsüchte, so dröhnend und doch so miefig!«

»Und Anna Hielms«, unterbrach ihn Oda, »ich fühle sie wie ein Teil von mir selbst. Sie ist lebendig, ohne Vorurteile und äußerst leidenschaftlich.«

Heiberg lachte zufrieden. »Wenn das keine Bestätigung ist. Das Stück wird zwar in Norwegen nicht angenommen, aber in Kopenhagen habe ich eine Chance.«

»Warum nicht Norwegen?«

»Wegen Bjørnson natürlich. Bjørnson ist im Theater, Bjørnson ist überall.«

»Na, dann müssen wir eben etwas unternehmen«, sagte Oda zornig.

Sie musterte ihren neuen Freund, den sie ja eigentlich schon seit Jahren kannte. Er war ein Raubtier, wie sie. Deshalb fiel es ihr leicht, ihn zu verstehen, seine Ausdrucksweise, seinen trockenen, bösartigen Humor. Sie sah, daß Christian ihn rückhaltlos bewunderte. Krohg war brauchbar als Fahnenträger, selbst eine herstellen konnte er nicht. Immer war ihm einer voraus. Jetzt versuchte er den Bohemien in sich aufleben zu lassen, jedenfalls solange er mit Heiberg zusammen war.

Oda war oft in der Grønnegate. Sie wurde die Seelentrösterin für die Schwestern. Jetzt waren Soffi und Betsy an der Reihe. Sie merkte auch, daß der Regierungsrat immer mehr Forderungen an sie stellte. Als die Ärzte im Vorfrühling etwas von Krebs gemurmelt hatten, war er völlig zusammengebrochen, und Oda hatte es geschafft, ihn wieder auf die Beine zu bringen. Damals war ihre Haltung zum Elternhaus allerdings noch distanziert gewesen und Krohg eine persona non grata. Nach dem Besuch im Sommer hatte sich alles verändert. Jetzt redete der Regierungsrat von dem großen Familienfest, das er veranstalten wollte. Sogar Mimis Geliebter, Erik Thoresen, sollte anwesend sein, obwohl er einige Monate vorher vom Grundstück gejagt worden war.
»Krohg ist ein so gemütlicher Mensch«, sagte Lasson. »Ich hätte ihn am liebsten täglich hier im Haus.«
Oda begriff, daß es Zeit war, nach Kopenhagen zu fahren.
Das deckte sich mit Krohgs Interessen. Jæger war in Paris, aber es ging das Gerücht, daß er bald zurückkehren werde. Krohg wollte unter keinen Umständen mit ihm in derselben Stadt leben.
In diesem Herbst dachte Oda oft an Schjander, der nach Südamerika gegangen war, um vielleicht ein Land für die Bohemien zu finden, einen Ort, wohin sie auswandern konnten, wenn hierzulande alles scheitern sollte. Sie erinnerte sich an seine beunruhigend blauen Augen.
Jæger kehrte Ende Oktober zurück. Krohgs hatten ihren ersten Hochzeitstag gefeiert. Oda wollte sich sofort mit ihm treffen. Sie hatten die ganze Zeit wegen der Bücher, die sie schreiben wollten, Briefkontakt gehabt.
Jæger las Odas Nachricht falsch und erschien im Grand um sieben statt um vier Uhr. Da war das Versöhnungsfest in der Grønnegate bereits in vollem Gange. Die ganze Familie, vier Schwiegersöhne und ein Verlobter. Oda betrachtete die

Szenerie mit einem starken Gefühl von Wehmut. Sie ahnte nicht, daß auch sie betrachtet wurde. Jæger stand im Dunkeln zwischen den Fliederbüschen und spähte durchs Fenster, unglücklich und entsetzt. Vielleicht deckten sich trotz allem ihre Gefühle. Oda war klar, daß die Liebe in dieser spießbürgerlichen Atmosphäre endgültig verloren war. Sie betrachtete ihre Schwester Alexandra, Hausfrau in Grini und Stord, jetzt auf dem Weg hinaus nach Europa, um ihrem vom Erfolg umbrausten Salon-Maler zur Seite zu stehen. Oda versuchte ihren Blick aufzufangen. Erinnerte sie sich noch daran, wer sie zum erstenmal ins Grand mitnahm? Erinnerte sie sich noch an die Zeit der Heimlichkeiten, in den Ateliers, den möblierten Zimmern und den Weinstuben? Das hatte inzwischen keinen Reiz mehr, und Alexandra träumte von großen Häusern und privater Bildung. Dann richtete Oda den Blick auf die Bruns. *Marie* war jedenfalls wie immer: sicher und mutig und ohne Vorurteile. Vielleicht führten sie und ihr Bürochef Johan Lyder ein unauffälligeres Leben als Thaulows, vielleicht führten sie ein Leben, das ihr fremd war. Trotzdem wüßte sie genau, an welche Tür sie klopfen würde, wenn Verzweiflung sie überfiel. Sie begegnete Maries Blick mit einem zweideutigen Lächeln. Das wurde von Mimi bemerkt und danach von allen Geschwistern mit Ausnahme von Nastinka. Der alte Lasson hielt eine Rede, und seine vielen Töchter summierten stumm, was all diese Jahre für sie gewesen waren. Abgesehen von Bokken waren sie alle unsentimentale Realisten. Deshalb nahmen sie die uneingeschränkten Lobpreisungen der Segnungen und Möglichkeiten des Familienlebens mit einer gewissen Skepsis auf. Sie hatten inzwischen alle die Familienbande als Fesseln erfahren. Da war so viel Unausgesprochenes. Da war so viel Machtkampf im Verborgenen, den sie nicht vergessen konnten. Oda wußte, daß die Rollen sich verändert hatten. Alle Schwestern liebten ihren Vater, aber es war eine merkwürdig mitleidige Liebe. Und es erstaunte Oda, daß er das nicht unerträglich fand, daß er nicht merkte, wie seine Autorität schwand und ihm keiner mehr zuhörte. Keiner außer den Schwiegersöhnen. Sie lauschten und nickten beifällig zu all dem Gerede über Werte. Ingstad, Brun, Thaulow und Krohg. Eine unmögliche Kombination, aber so, wie sie da saßen, erschienen sie Oda sehr ähnlich. Eine tiefe und heftige Unruhe ergriff sie. Vielleicht dachte Jæger in diesem Moment, nur wenige Meter von ihr entfernt: »Die Tigerin ist verschwunden, geblieben ist eine Hauskatze, die am Ofen schnurrt. Wohin soll ich meine Schritte lenken? Es gibt sie nicht mehr, als wäre nun die ganze Welt seelenlos, weil *sie* weg ist.«

War sie weg? Für alle außer für ihre Kinder war sie eine Schale, ein Lächeln, ein Geschlecht. Jetzt repräsentierte sie. Jetzt waren Lichtjahre zwischen den Gedanken, die sie dachte, und den Wörtern, die sie sagte. Sie glaubte, blind und egoistisch gewesen zu sein. Sie war auf etwas herumgetrampelt, das aussah wie sie selbst.

Aus den Stubenfenstern der Grønnegate drang ein warmes, versöhnliches Licht. Ein Schatten stahl sich davon und verschwand in der Nacht. Am nächsten Morgen um 10 Uhr saßen die Krohgs auf dem Dampfschiff nach Kopenhagen.

Für Christian Krohg wurde es kein erfolgreicher Winter. Das Ehepaar hatte in der Herbstausstellung ausgestellt, und obwohl sie beide Anerkennung gefunden hatten, mußte Krohg das Feld räumen, während sich Oda auf dem Vormarsch befand.

In Kopenhagen malte und modellierte sie und schrieb gleichzeitig weiter an ihrem Manuskript. So stark fühlte sie sich mit Per verbunden, daß ihr das Äußerliche an der Künstlerkarriere egal war. Dadurch wurde sie der Kritik gegenüber unempfindlich. Sie hatte keine Angst vor Mißerfolg.

Während Frits Thaulow im Ausland ständig berühmter wurde, zeigte Krohgs Fundament Risse. Er trank mehr denn je, und er redete nervös mit Oda über eine Ausstellung, die in Kopenhagen stattfinden sollte.

Sie wohnten in Frederiksberg, Allégade 23. Gunnar Heiberg

kam, um bei der Premiere von *König Midas* anwesend zu sein. Frau Skram und eine Reihe anderer Norweger wohnten in der Stadt. Oda fühlte sich absolut nicht verbannt, aber Kopenhagen war nicht die Weltstadt, wie ihr Krohg vorgemacht hatte. Der Klatsch wütete ebenso gnadenlos wie zu Hause.

Oda war auch ebenso umschwärmt wie zu Hause. Als sei ganz Europa von einer schrecklichen Epidemie heimgesucht, die besonders für junge Männer lebensgefährlich war. Das äußerte sich in Weltschmerz, Fieberphantasien, Alkoholmißbrauch und Brunftverhalten.

Oda klammerte sich an ihren Sohn als letzte Hoffnung, etwas zu retten, woran sie nicht glaubte: die Familie. Das Zusammenleben mit Krohg war im Grunde nicht anstrengend. Sie stritten selten bis nie und waren sehr höflich zueinander.

Oda kannte niemanden, der so deprimierend *nett* war wie Christian Krohg.

Bis er plötzlich die Zähne fletschte. Vielleicht hatte er das Gefühl, ihm würde alles entgleiten. Vielleicht wurde ihm plötzlich klar, daß Per nicht genug war, daß mehr dazu gehörte, um ihn und Oda zu verbinden. Er suchte nach dem erotischen Wunder, aber das traf niemals ein, und das war für beide ermüdend. Vielleicht war es in einer nervenaufreibenden Nacht, als er erstmals ihren Namen aussprach:

»Nana.«

Oda erstarrte. Das war ein Wort, so erfüllt von Niederlage und Scham und Verlust, daß sie sich für einen Augenblick im Bett aufsetzen mußte, um wieder ins Gleichgewicht zu kommen. Nana? Das war ein Name, der nie zwischen ihnen ausgesprochen wurde. Das war nicht nötig. Er rauschte ständig in ihren Ohren. In all diesen Jahren hatte Oda immer genau gewußt, wie alt ihre Tochter war, und hatte unbewußt ihr Gesicht bei allen gleichaltrigen Kindern gesucht, die ihr begegneten und die sie in den Arm nahm. Es war ihr immer noch ein Rätsel, wie sie damals so schwach hatte sein können.

Nana war zu einem Kürzel für tiefe Liebe und blinden Haß geworden.

»Ich möchte sie wiederhaben«, sagte Krohg leise. »Du weißt, daß sie wie ein Schatten zwischen uns ist.«

Oda sank zurück ins Bett.

»Du hast mir versprochen, sie nie mehr zu erwähnen.«

»Und du«, sagte er mit überraschender Verbitterung, »du hast dich nie verpflichtet gefühlt, deine Versprechen einzuhalten, für dich stand immer das Leben in seiner Veränderlichkeit an erster Stelle. Ich sehne mich nach ihr, Oda.«

»Tust du das wirklich?«

»Ja. Ich habe sie damals so herzlos verraten.«

»Hast du das wirklich so empfunden?«

»Natürlich. Aber das erstaunt dich offenbar. Du glaubst, ich bestünde nur aus seelenlosen Begriffen.«

»Ach Christian, rede bitte nicht so.«

»Du hast Per«, fuhr er fort. »Ihr seid ein Bündnis, eine Allianz. Ihr teilt Geheimnisse, von denen ich nie etwas erfahre. Aber egal wie du denkst, wir sind eine Familie, und wir haben eine Tochter in Belgien. Es kommt mir so herzzerreißend absurd vor, sie nicht zu uns zu lassen.«

»Aber ich schaffe das nicht, Christian. Für mich ist in Belgien etwas zerbrochen. Damals begann all der Schmerz, und du hast es nicht gemerkt. Ich empfinde etwas für sie, das an Haß grenzt. Nicht gegen sie natürlich. Sie ist nur eine Art Zeuge für all meine schlechten Seiten.«

»Aber Du kennst sie doch gar nicht?«

»Das ist nur eine Frage der Zeit. Eines Tages wird sie alles verstehen, und dann wird sie *mich* hassen.«

»Das weißt du nicht. Zum Teufel mit dir und deinen Schuldgefühlen. Du degradierst dich selbst ohne Grund. Schließlich war es dein Vater, der provozierte, daß ...«

»Oder ein Traum.«

»Wie meinst du das?«

»Ich bin mir wirklich nicht sicher, daß es passiert ist. Vielleicht weiß er überhaupt nichts von Nana.«

»Du willst doch nicht behaupten, diesen schrecklichen Auftritt hättest du dir nur eingebildet?«
»Ich weiß es nicht. Woher soll ich das wissen? Für *mich* war es unwirklich, egal was passierte.«
»Herrgott! *Familie* ...«
»Die willst du ja unbedingt.«
Sie lösten das Problem nicht in dieser Nacht. Es folgten viele solcher Nächte. Odas Kopfschmerzen flammten auf. Sie hatte nie eine Begabung für eine andere Strategie, Moral oder Analyse gehabt als die, die ihr immer wieder blitzartig durch den Kopf schoß.
Krohg zog keine Konsequenzen, er redete weiterhin von ihr. Was *er* in all den Jahren gelitten hätte. Er sei trotz allem der Vater. Ob sie sich nicht vorstellen könne, daß er sich immer eine Tochter gewünscht habe? Ob sie sich nicht vorstellen könne, wieviel bittere Tränen er in der Nacht, als man sie holte, vergossen hatte? Außerdem brauche Per eine Schwester, die ihm altersmäßig näher war als Sacha. Und was war mit den Leuten? Früher oder später würde es herauskommen, daß die Belgienreise alles andere als eine Studienreise gewesen war. Würde sie die Schande aushalten? Zwei relativ junge, gesunde Menschen wie sie hätten keinen Grund, ein Kind zu verstoßen.
Oda gab auf und kapitulierte. Ihr wurde klar, daß es eigentlich keine Rolle spielte. Nana würde ihr Alptraum bleiben, egal wo in der Welt sie sich befand. Ihr gegenüber hatte sie als Mutter versagt, und zwar an dem Tag, an dem sie das Mädchen zur Welt brachte.

Nana. Ein fröhliches Mädchen, bald sechs Jahre alt. Im Frühling 1890 erfolgte die Wiedervereinigung mit ihren Eltern. Sie hatte es gut gehabt. Sie sprach eine fremde Sprache, als der große, bärtige Mann zu ihr kam und sagte, er sei ihr Vater. Und sie sah eine hochgewachsene, schöne Frau, die sie mit rotgeränderten Augen anschaute und ihren Namen flüsterte. Nana.

Es war ein Traum. Eine wahnsinnige Hoffnung auf Verzeihung. Aber Nana war bereits eine selbständige kleine Frau. Sie akzeptierte ihre neuen Eltern ohne Hintergedanken. Es war eine gebrochene und verzweifelte Oda Krohg, die im selben Sommer mit ihrer Familie nach Norwegen zurückkam und sofort hinauszog nach Fildvedt, in das Haus, das Krohg gemietet hatte. Sie hatte gesehen, daß Nana ihr aufs Haar glich. Sie hatte gesehen, daß Nana eine frische und gesunde und offene kleine Frau war, die ihre Umwelt mit furchtlosen Augen betrachtete. Sie hatte ungekünstelte Liebe gesehen. Sie hatte Nähe gesehen. Sie hatte Vertrauen gesehen.

Sie hatte gesehen, was sie verloren hatte.

Nana lebte sich rasch ein. Sie lernte Norwegisch, und sie lernte schwimmen. Eines Tages kam Regierungsrat Lasson von Hvitsten herübergerudert. Er hatte Tochter und Schwiegersohn nach deren Rückkehr aus dem Ausland nicht gesehen. Am Ufer spielte ein Mädchen. Sie hatte halblange, blonde Haare, klare, tiefe Augen und ein Lächeln, das ihm bekannt vorkam. Oda und Christian waren nicht da, aber vielleicht war Bokken da oder ein Kindermädchen. Später wurde Oda mitgeteilt: Regierungsrat Lasson sei dagewesen. Er habe mehrere Minuten bewegungslos bei Nana gestanden.

»Grüße deine Mutter, mein Kind«, sagte er endlich.

Dann hatte er sich hinuntergebeugt zu seinem Enkelkind und es an sich gedrückt. Lange.

Der Klatsch war schadenfroh und unerträglich. Es erschien eine letzte Nummer des *Impressionisten*, die krampfhafte Belebung einer Leiche. Alle, die einmal zur Boheme gehörten, hatten inzwischen genug mit sich zu tun.

In diesem Jahr brachte Oda für die Herbstausstellung kein Bild zustande. Sie war Mutter von vier Kindern. In Filtvedt bemühte sie sich, dieser Rolle gerecht zu werden. Als sie Nana holten, waren sie auch in Frankreich gewesen, ohne neue Impulse mitzubringen. Obwohl Krohg natürlich ein

Bild gemalt hatte. Oda verspürte ihr ewiges Bedürfnis zu fliehen. Sie träumte von Boulevards. Jæger war da. Munch war da.
Alle, die später über Oda schrieben oder jetzt ihren Nachlaß verwalten, berichten von einer Frau, die ihr Leben meisterte, trotz allem. Dem Scheitern war sie nie näher als im Sommer und Herbst 1890. Krohg kämpfte mit Malproblemen, wußte nicht weiter. Gleichzeitig versuchte er mit aller Kraft, sich in der Kunstdebatte zu engagieren. Dabei unterstützte ihn Oda. Zu keinem Zeitpunkt ihres merkwürdigen Zusammenlebens wandten sie der Welt den Rücken zu. Daraus läßt sich schließen, daß Michelsen, die Brüder Heiberg, der ewige Hagbarth Dedichen, Thaulows sowie andere Boheme- und Künstlerfreunde bei ihnen verkehrten.
Absinth war nie ein anerkanntes Heilmittel für schlechte Nerven gewesen.

Oda muß immer wieder geglaubt und gehofft haben, sie könnte Nana näherkommen und allmählich ihr Vertrauen gewinnen. Was die praktische Seite betraf, funktionierte das sofort, denn Oda hatte nie Probleme, etwas zu organisieren. Sie verstand sich auf die Kunst, einen tristen Alltag schön zu gestalten. Aber das kostete sie so viel von ihrer Kraft, daß kaum etwas für Christian Krohg übrigblieb. Seine Träume von einer glücklichen Familie mit vielen Kindern zerplatzten.
Eines Tages sagte Oda:
»Ich halte das nicht aus.«
Sie sah, daß er wieder sein bleiches Gesicht hatte. Er war der einsamste Mensch, den sie kannte, und sie empfand keine Abneigung gegen ihn. Deshalb wählte sie ihre Worte mit Bedacht:
»Das wird zu eng. Ich merke, daß ich kleinlich und böse und ungerecht werde. Ich weiß, daß Nana gekommen ist, um zu bleiben, aber das schaffe ich nicht alleine.«
So kümmerten sich Krohgs Schwestern viel um Nana. Die Pilestrede wurde zu ihrem zweiten Zuhause. Oda hatte nun

das Gefühl, wieder atmen zu können, aber da kam sofort ein Mann und warf sich über sie, »Doktor Mørch«, wie Jappe Nielssen ihn später nennen sollte. Sie kam sich vor wie in eine Ecke gedrückt. Ein Mann kam und sagte, daß er sie liebe. Ungefähr zur selben Zeit, noch im Sommer, wollte sich Oda mit Hans Jæger treffen. Erst am 15. November 1890 schickte ihr Jæger einen Brief aus seinem Zufluchtsort Hov i Land. Er nannte diesen Ort Scheißloch-Alm.

In dem Brief erzählt er Oda von all den Schwierigkeiten, die er hatte, um genug Geld zu beschaffen für einen Aufenthalt in Kristiania, um die Möglichkeit zu haben, sie zu sehen. Er lieh sich 400 Kronen, eine enorme Summe für einen entlassenen und arbeitslosen Parlamentsstenografen. Dann logierte er im Grand.

»Ich glaubte ja nicht besonders an Ihren Wunsch, wieder mit mir zusammensein zu wollen, aber ich wollte nichts unversucht lassen. Und da lief mir Sørensen über den Weg. Auf ihn mußte ich einen Monat warten, und meine Schulden im Grand Hotel stiegen von Tag zu Tag. Aber – ich wartete. Dann kamen Sie in die Stadt. Sie hatten bereits jede Verbindung mit mir abgebrochen, hatten mir nicht wie versprochen geschrieben, hatten nichts Neues geschrieben und mir geschickt, was Sie auch versprochen hatten. Nichts! Und jetzt kamen Sie endlich und wollten trotzdem nicht mit mir sprechen. Das machte mir nicht gerade Mut. Aber dann hatte ich Sie eines Tages fünf Mal getroffen – oh, wie zuckte ich beim ersten Mal nervös zusammen und eilte rasch weiter. Bis ich Ihnen plötzlich von Angesicht zu Angesicht gegenüberstand, obwohl Sie vielleicht denken, ich hätte das exprès getan. Aber dann kam mir Krohg nachgelaufen, und er sollte mich fragen, ob ich abends zu euch kommen wolle. Ich mußte in diesem Fall Sivert mitnehmen, damit er auch mit jemandem reden kann, während ich mit Ihnen rede, denn er wußte nicht wohin, der Arme. Ich stutzte einen Moment, es gab schließlich genug Restaurants, in die er sich setzen und einen Abend verbringen konnte. Würde er anwesend sein, könnten wir nicht miteinander reden, das wußte ich. Aber dann dachte ich, daß ihr sicher zwei Zimmer hättet, und dann würde es trotzdem gehen, und so sagte ich ja. Ich wollte keine Gelegenheit versäumen. Aber als ich dann in das eine große häßliche Zimmer kam, das ihr hattet, begriff ich sofort, wie es laufen würde. Und wie befürchtet begannen Sie über die komische Situation, in die Sie mich gelockt hatten, hysterisch zu lachen. Und ich saß zu Eis erstarrt da und dachte nur, wie seltsam es ist, daß Sie sich über so etwas amüsieren können.

Aber Sie hatten immerhin Ihre Einladung noch nicht zurückgezogen. Ich hatte immer noch Sørensen in der Hinterhand. Und alles, alles wollte ich versuchen.

Aber dann klappte es nicht mit Sørensen, und mein Mut war am Ende. Geld für etwas Positives zu erhalten, für etwas, was man tun will und an das man glaubt – all right! Dann bin ich fähig, von Geldmensch zu Geldmensch zu gehen, durch ganz Kristiania, wenn es sein muß. Aber von wildfremden Leuten Geld zu erbetteln, um jemandem hinterherzureisen, der mich bei meiner Ankunft aller Wahrscheinlichkeit nach zum Teufel wünscht, das brachte ich nicht über mich. Und da beschloß ich, das Almosen anzunehmen, das mir Sørensen bot, und aus dem Grand Hotel zu fliehen und zu sehen, ob ich wenigstens soviel Geld auftreiben konnte, um hier zu leben.

Wie ich am Abend oben in meinem kleinen Zimmer im Grand sitze, zusammen mit Arentzen, einem jungen Taugenichts, aber sonst ein netter und umgänglicher Bursche, für den es nur eines auf der Welt gibt, die Liebe – mit ihm also dasitze und das Notwendigste in ein kleines Paket schnüre, das ich aus dem Hotel schmuggeln kann, ohne daß es auffällt – da kommt ein Brief von Ihnen. Ich öffne ihn und lese:

»Es ist offenbar so, daß Sie keinen Wert mehr darauf legen, dort zu sein, wo ich bin?«

Da geht mir ein Stich durchs Herz. So wollte sie es also: *Ich* sollte nicht mehr da sein wollen, wo *sie* ist, und nicht sie, die

mich nicht da haben wollte! Jaja! Und erregt steckte ich den Brief in die Tasche.
»Etwas Schlimmes?« fragt Arentzen teilnehmend.
»Nein, nein ... nichts Besonderes ... Gestern wäre es noch schrecklich schlimm gewesen, aber jetzt ist sowieso alles aus, es spielt keine Rolle mehr für mich.«
Und ich verknote mein Bündel und verlasse unauffällig das Hotel, verbringe die Nacht auf einem Sofa in K. F. Dahls Büro und fahre am nächsten Morgen hier herauf und habe alles aufgegeben, weil ich verstehe, daß ich Ihnen nichts bedeute und Sie nicht mit mir zusammensein wollen.
Dabei glaube ich keineswegs, daß es sich so verhält, wie die anderen glauben:
»Herrgott Hans Jæger«, sagen sie zu mir, »begreifst du immer noch nicht, daß die Menschen kein Interesse an dir haben, daß es nur eine Falle ist, in die sie dich locken, um deine Manuskripte zu bekommen? Mein Lieber, das haben wir längst durchschaut.«
»Ich weiß verflucht noch mal, daß das wahr ist!« antworte ich, »aber es gibt keine menschliche Handlung auf dieser Welt, die nicht aus tausend anderen Motiven entsprungen sein kann als eben denen, die am nächsten zu liegen scheinen.«
»Gott, was bist du naiv, Hans Jæger!« Und sie zucken die Schultern.
Ich besaß einmal drei Dinge:
Das eine war meine Liebe zu Ihnen. Sie war grenzenlos, jede Faser von mir gehörte Ihnen.
Das zweite war Ihre Liebe zu mir, wenn man das so nennen kann. Sie war unstetig und wechselhaft wie Wind und Wetter, aber sie *war* da, und das genügte mir armem Teufel. Der kleinste Platz in Ihrem Herzen war für mich der Himmel.
Und dann das dritte: Mein Buch, mein Schrei! In dem ich alle meine Ängste ablade.
Ich besaß diese drei Dinge, und wie arm ich auch war, fühlte ich mich trotzdem reich.

Aber Ihre Liebe zu mir, die kostete Sie zu viel. Die war Ihnen zu lästig. Und dann schlugen Sie diese Liebe kaltblütig tot. Sie ermordeten das, was Sie für mich empfanden und damit alles, mit dem wir hätten leben können, wir zwei, die wir uns so nahestehen, wie es auf dieser Welt nur möglich ist. Sie töteten diese Liebe, obwohl Sie genau wie ich wußten, daß ich das nie überstehen würde, töteten kaltblütig alles und machten aus meinem Leben eine öde Wüste der Verzweiflung, töteten, um Frieden zu finden und zur Ruhe zu kommen, Sie, die dazu geboren sind, Unruhe und Bewegung und Liebe zu schaffen. Und Sie wurden damit nicht einmal glücklich!«

Es war ein Netz, das sich zusammenzog.
Sie war nie alleine.
Krohgs Blick. Pers Zuneigung. Nanas Tapferkeit. Der Traum von den Boulevards wurde zu einer fixen Idee.
Jæger war nach Paris gefahren.
Oda Krohg – panisch, deprimiert und verzweifelt – beschloß, ihm zu folgen.

Spätwinter 1891.
Sie hatte mehrere Monate gebraucht, das Geld zu beschaffen. Den wahren Grund verschwieg sie Krohg. Sie schob es auf ihre Nerven. Auf Nana, »Doktor Mørch« und den Kristiania-Klatsch. Ein Versprechen gab sie ihm nicht. Wenn er wollte, konnte er sie verstehen und der Wahrheit ins Auge blicken.
Krohg blickte lieber zur Seite.

Rue St. Georges. Neuntes Arrondissement. Direkt unterhalb der Place Pigalle, einen Steinwurf vom Boulevard de Clichy. Paris war eine Krankheit, eine ewige, quälende Sehnsucht. Das wurde ihr klar beim Anblick der Boulevards, Cafés und Droschken, der armen und der aufgeputzten Menschen: Die Stadt war ein Spiegelbild ihrer Seele, war eine ewiges Brausen der Gefühle, die ihren Weg bestimmten. Der Weg hatte sie hierher geführt, zur Stadt der Unrast, der Bewegung und der Liebe. So vergeblich ihr Unterfangen, das Glück zu konkretisieren, es festzuhalten. Sie hatte nur mit einer Nadel hineingestochen, und es war geplatzt, ehe sie ihm eine Form geben konnte.

Paris – das war ihre Stadt. Die Stadt der Liebenden, ihre und Jægers Stadt.

Und sie war Hunderte von Meilen entfernt von ihrer Ehe.

Nie mehr wollte sie um der Liebe willen lügen. Nie mehr wollte sie halbherzig leben. Wie ein glänzendes Licht besuchte sie Dørnberger und erfuhr, daß sich Jæger überhaupt nicht in der Stadt aufhielt. Er war vor einigen Wochen zurückgefahren nach Kristiania und wollte dort offenbar bleiben.

Rue St. Georges. Oda Krohg verließ ihr Zimmer in dem schäbigen Hotel und hängte den Schlüssel an das Brett in der Pförtnerloge. Ein Mann, fast noch ein Junge, kam nach ihr und hängte seinen Schlüssel daneben.

»Frau Krohg«, sagte Jappe Nilssen zögernd.

»Guten Tag, Nilssen. Ich habe Sie sofort erkannt.«

»Ja, natürlich sind Sie es. Jetzt sehe ich es genau. Dieser dunkle Schleier hat Sie so unkenntlich gemacht. Und dann ist es ja schon verwunderlich, in einem fremden Hotel mitten in Paris jemanden aus Norwegen zu treffen.«

Sie hatte geweint. Deshalb der dunkle Schleier. In den vergangenen drei Tagen hatte sie erfahren, was es bedeutete, allein in Paris zu sein. Sie durchlebte Jægers ersten Brief an sie Wort für Wort. Aber sie konnte nicht sofort nach Kristiania zurückkehren. Es hatte sie so viel gekostet, hierher zu reisen.

Jappe Nilssen war höflich und sehr entgegenkommend. Er verstand nicht, daß sie in einem so einfachen Hotel abgestiegen war. Sie antwortete, daß sie hier einmal mit ihrem Mann gewohnt habe.

»Wie wahr«, sagte Jappe Nilssen lächelnd. »Sie haben ja einen Mann.«

»Einen Mann muß man doch haben, wenn man verheiratet ist. Das macht die Ehe erst richtig langweilig.«
Sie war selbst überrascht, daß sie witzig sein konnte. Vielleicht lag es daran, daß Jappe Nilssen denselben Humor hatte. Etwas an ihm erinnerte sie an Gunnar Heiberg, aber als sie seine Augen musterte, sah sie darin ein dunkles Flackern. Sie zweifelte nicht daran, daß er scheitern konnte. *Das* konnte Heiberg nicht.
Sie fühlte sich nicht mehr so müde. Sie hatte das Bedürfnis, sich mit ihm zu unterhalten, sich ihm vielleicht anzuvertrauen. Deshalb fragte sie schnell, ob er mit ihr essen gehen wolle, und dachte im selben Augenblick, daß in Kristiania eine solche Frage noch vor fünf Jahren unerhört gewesen wäre.

Sie gingen den Boulevard hinunter und plauderten miteinander. Wie heilsam, dachte Oda, einfach reden, spaßen, formulieren zu können. Nilssen gab sich den Anstrich des Lebensmüden. Oda versuchte jung zu wirken. Sie war zehn Jahre älter als er. Sie fanden ein Café und prosteten sich zu. Oda benutze die ersten Augenblicke bewußt dazu, mit ihm zu flirten, vielleicht wollte sie ihn testen, wollte herauskriegen, ob man ihm trauen konnte.
»Sagen Sie, Jappe, haben Sie sich schon etwas ausgedacht für heute abend, was wir Verrücktes anstellen könnten, denn so schnell werden Sie mich jetzt nicht mehr los.«
»Da habe ich nichts dagegen«, erwiderte Jappe.
Sie schauten sich in die Augen, aber sie wich schließlich aus, hatte plötzlich Jægers Blick vor sich.
»Habe ich Sie betrübt, Frau Oda?« fragte er und nahm ihre Hand.
Es dauerte einige Zeit, bis sie die Frage erfaßte. Sie strich sich über die Stirn und lächelte ihn etwas gezwungen an.
»Mich? Nein. Ich dachte nur ...«
»Was dachten Sie?«
Sie wollte ihm nicht antworten. »Ein andermal ...«
»Versprechen Sie mir das?«

»Wenn Sie lieb sind ...«
Sie stießen miteinander an. Sie dachte, daß er eine gute Partie für Bokken wäre. Sie wollte den Gedanken festhalten, aber ein anderer drängte sich vor, und der war ziemlich verrückt. Wie aus weiter Ferne hörte sie ihn über die Skandinavier in der Weltstadt erzählen: die betrunkenen Norweger, die gemütlichen Dänen und die schrecklichen Schweden. Alle waren sie abscheulich. Sie solle sich von ihnen fernhalten. Er redete belehrend, fast beschützend. Sie fühlte sich plötzlich viel älter als er.
Am späten Abend stiegen sie die Treppe hinauf zu den Séparées im Café Américain. Oda hatte viel darüber gehört und wollte unbedingt hin. So wie der Kellner Jappe umschwänzelte, mußte er, soviel war ihr klar, schon öfter hier gewesen sein. Sie lächelte.
»Das ist also euer berüchtigtes »cabinet particulier«, sagte sie und kauerte sich auf einen Diwan zusammen, lehnte sich an die Wand und umfaßte mit den Armen die Knie. Der Kellner kam mit Kaffee. An der Tür drehte er sich um und sagte:
»Wenn der Herr etwas wünscht, möge er nur läuten. Der Herr weiß ja, daß er ungestört sein wird.«
Der Ober ließ einen Schlüssel um den Finger kreisen und lächelte breit. Dann schloß er die Tür hinter sich.
»Es läuft hier recht zwanglos ab«, stellte Oda nüchtern fest. Sie wurde übermannt von Traurigkeit. Nilssen hielt ihr eine Tasse Kaffee hin und wollte, daß sie vertraulich sein sollte.
»Erzählen Sie alles«, forderte er sie auf.
Sie wünschte, dazu fähig zu sein, wußte aber, daß sie in jedem Fall lügen würde, daß sie an einen Punkt käme, an dem sie sich verschließen müßte, um zu überleben. Alles, was sie sagte, konnte schließlich gegen sie verwendet werden. Niemand sollte so gnadenlos über sie Bescheid wissen.
Die Geschichte von Oda besteht aus tausend verschiedenen Geschichten.

In einem der separaten Räume des Café Américain saßen zwei Menschen, und jeder erzählte seine Geschichte der Treulosigkeit. Beide waren sie geflohen, sie vor Christian Krohg und vor »Doktor Mørch«, er vor Frau Klein.
»Ein Spiel des Schicksals«, sagte Jappe düster.
»Es gibt doch kein Schicksal«, wandte Oda ein. »Glauben Sie vielleicht auch an Gott?«
»Ja, wenn Gott das Schicksal ist, dann glaube ich an Gott.«
»Nein, er ist nicht das Schicksal, Jappe. Das Schicksal, das ist unser eigener Wille.«
»Und wer bestimmt über den Willen?«
»Das macht unser Gehirn.«
»Das wird nun ein Disput über die Existenz Gottes, und wir enden bei der Urzelle. Um die kommt man nicht herum. Im übrigen ist das eine Gefühlsangelegenheit. *Ich* glaube an ein Schicksal, an das Fatum. Ich beuge mich stets vor dessen Wink. Ich meine, es nützt wenig, sich ihm entziehen zu wollen.«
»Schicksalsglaube«, sagte Oda, »ist die Religion des schwachen Willens.«
Es tat ihr gut, das zu sagen. Sie mochte ihre Rolle als Flüchtling. Sie mochte keine Lügen. Sie wollte ihren Trieben ins Auge blicken und sich in ihnen wiedererkennen.
Aber sie war verwirrt. Der Verlust von Jæger fraß in ihr wie eine Krankheit. Sie verließen das Café und nahmen eine Droschke.
»Wollen wir Freunde sein, Jappe Nilssen?« fragte Oda, ohne ihn anzusehen.
»Ich will immer ihr bester Freund sein«, antwortete er.
Ihre Zimmer lagen direkt nebeneinander.
»Gute Nacht«, sagte sie. Dann fügte sie hinzu: »Und wenn ich heute Nacht ermordet werden sollte, klopfe ich an die Wand.«
»Ja, seien Sie versichert, ich werde kommen.«

Sie lag die ganze Nacht wach, konnte nicht schlafen. Sie hatte Lust auf ihn, aber es war eine kalte, genau berechnete Lust.
Sie dachte an den Verlust von Per, und ein anderer Per lächelte ihr zu, erschöpft und übermütig, und ihr kam ein brauner Hund in einer öden Straße in den Sinn, alles Bruchstücke von ihr, aber wer war *sie*?
In den nächsten Tagen mieden sie alle Skandinavier. Jappe Nilssen erwies ihr tausend kleine Aufmerksamkeiten. Sie dankte mit einem Händedruck oder einem Lächeln. Jeden Morgen klopfte er an ihre Tür und überreichte ihr einen Strauß Veilchen oder Anemonen. Sie versuchte es mit der kameradschaftlichen Tour und sprühte von Geist und Witz, ließ aber gleichzeitig bewußt vertrauliche Saiten erklingen. Sie merkte, daß es ihr nicht gelang, so berechnend zu sein, wie sie gedacht hatte. Die Wörter liefen ihr einfach davon. Sie konnte ihn nur in tiefes Wasser locken, wenn sie sich selbst dort befand.
Es dauerte knapp einen Tag, und sie wußte, daß sie ihn hatte, daß Jappe Nilssen, der zynische Weltbürger, in seinem Zimmer auf dem Sofa lag und wie im Fieber ihren Namen flüsterte. Sie zwang sich, ihn zu warnen:
»Denken Sie daran, daß es allen, die sich in mich verliebt haben, schlecht ergangen ist, mich begleitet das Unheil. Sie sehen mich nicht an, Jappe. Warum sehen Sie mich nicht an, und warum reden Sie nicht mit mir? Woran denken Sie?«
Sie saßen in Jappe Nilssens Zimmer auf dem Sofa. Er antwortete mit ausweichendem Blick:
»An Sie, Oda.«
Nie hatte sie sich selbst so bewußt dargestellt, nie hatte sie ihren eigenen Mythos schamloser akzeptiert. Trotzdem erfaßte sie ein Gefühl des Erschreckens und der Verzweiflung, als sie sich zurücklehnte, die Hände hinterm Kopf verschränkte und ihn mit einem aufreizenden Lächeln ansah:
»Und was denken Sie von mir?«
Das war der Augenblick der Wahrheit. Hier und jetzt erhielt

er den Todesstoß, bevor noch ein weiteres Wort zwischen ihnen gesagt worden war. Sie hatte ihn, und sie wußte es. *Er* wußte es auch. Sie konnten nie mehr ebenbürtig werden. Sie würde ihn möglicherweise töten, und ihr Lächeln wurde grausam, als sie wiederholte:
»Und was denken Sie von mir?«
Er sank willenlos auf die Knie und gestand:
»Ich liebe dich.«
Ein Schauder überlief sie. Das war das Brutalste, was sie je erlebt hatte, und sie vergaß keine Sekunde, daß *sie* das Verbrechen beging. Wie konnte sie seinen Schmerz lindern? Der dunkle, frühreife Junge drückte seinen Kopf gegen ihre Knie. Sie strich ihm übers Haar.
»Ja, Jappe. Aber ist das so schlimm? Ist das so schwer zu ertragen?«
Er stand auf und wirkte größer als sonst. Dann hob er sie hoch und trug sie ins Schlafgemach.
»Sie tun das nicht, Jappe«, sagte sie.
Er hörte sie nicht. Sie wiederholte:
»Sie tun das nicht, Jappe. Nicht, wenn ich nicht will.«
Der Ton war eiskalt. *Jetzt* hörte er. Er ließ sie sofort los und sagte:
»Nein, ich tue es nicht.«
Er krümmte sich unter ihrem Blick. Sie ging zurück ins Wohnzimmer und setzte sich wieder auf das Sofa. Er kam hinterher, und sie mußte ihn trösten. Er war völlig verzweifelt. Es war sehr spät, als sie schließlich in ihr Zimmer gehen konnte, erschöpft, besessen von dem Gedanken, ihn zu lieben, ihn zu zerstören.

Am nächsten Abend speisten sie in Pierre's Restaurant in der Rue du Faubourg-Montmartre. Sie genoß es wirklich, mit ihm zusammenzusein, und sie tranken beide viel zuviel. Über alles konnte sie mit ihm reden. Außer über Jæger. Der junge, sonderbare Jappe, getriebener als Munch, aber unglücklicher, denn er hatte keine Arbeit, hatte kein klares Ziel

in seinem Leben. Sie hatte noch nie jemanden getroffen, der so verantwortungslos war.
Dann hörte sie auf zu denken.
Sie aßen fast schweigend. Danach sagte Jappe Nilssen:
»Oda, wir wollen heim. Laß uns gehen.«
Sie folgte ihm, und sie war nicht mehr zynisch. Sie wollte dasselbe wie er, und sie sagte es fast treuherzig, ohne Hintergedanken:
»Jappe, ich liebe dich.«
So viele Nächte war sie von ihrem Ehemann genommen worden, ohne gegenwärtig zu sein. So viele Nächte war sie gegenwärtig gewesen, ohne von Jæger genommen zu werden. Jappe Nilssen nahm sie, und sie war sehr gegenwärtig.

Am nächsten Morgen überfiel sie die Reue. Sie hatte das Gefühl, Per verraten zu haben. In ihrer wilden Leidenschaft hatte sie ihn fast vergessen. Wie hatte sie ihn nur vergessen können. Wenn sie jetzt mit Krohg brach, mußte sie Mutter und Vater für ihn sein. Das würde Krohg niemals zulassen. Er würde sie für verrückt erklären, und dann würde sie ihn verlieren. Nur eines auf der Welt würde sie niemals überleben, und das war, Per zu verlieren.
Ursprünglich hatte sie die Sache kontrollieren wollen; Jappe sollte dazu benutzt werden, über Jæger hinwegzukommen. Jetzt war er an die Stelle von Jæger gekommen. In ihr vermischten sich Erinnerungen und Sehnsüchte zu einem einzigen, großen Wirrwarr. Es quälte sie, daß sie seine Mutter sein könnte, wie sie sagte.
»Aber es sind doch nur zehn Jahre«, sagte Jappe dumpf. Er begriff nicht, was in ihr vorging.
»Das kann nichts werden zwischen Ihnen und mir. Ich *kann* Krohg nicht anlügen, und er würde mir Per wegnehmen.«
Sie wußten beide nicht weiter.
»Lieber Jappe, ich wollte Ihnen doch nicht weh tun. Verstehen Sie das? Aber Sie sehen selbst, daß ich das nicht aushalte.«
Sie weinte.

Ein häßlicher Gedanke schlich sich ein: wenn sie sich jetzt von ihm trennte, würde vielleicht mit Krohg alles leichter werden. Jæger würde verblassen, unwirklicher werden, und sie könnte sich voll und ganz um Per kümmern. Da fing Jappe Nilssen zu räsonieren an, und er war sehr wortgewandt:
»Es kann nie richtig sein, aus Angst vor einem Phantom das Glück zu zerbrechen.«
»Sagen Sie das nicht, Jappe.«
»Doch Oda, jetzt *muß* ich es sagen, das und vieles andere. Ich würde Sie ja nicht lieben, wenn ich es Ihnen nicht sagen würde, und dann hätten Sie das Recht, mich wegzuschicken. Schicken Sie mich nicht weg. Alles will ich tun, wenn Sie mir erlauben zu bleiben. Und alles soll so geschehen, wie Sie es haben wollen.«
»Aber Jappe, verstehen Sie denn nicht, daß ich mich ebenso fürchte, wie ich Sie fürchte?«
»Ich möchte doch nur mit Ihnen zusammensein dürfen, wenigstens ein bißchen. Sie können mich wegschicken, wann Sie wollen. Erlauben Sie mir nur, in Ihrer Nähe zu sein. Wir sind doch Freunde? Ich werde nie sagen, daß ich Sie liebe. Aber gute Freunde sollten wir bleiben und gut zueinander sein.
»Ach Jappe, Sie wissen, daß das nicht funktioniert.«
»Man muß es nur wollen, Oda, und ich werde es für uns beide wollen.«
»Jappe, hören wir auf, uns etwas vorzumachen, schauen wir den Tatsachen ins Gesicht. Warum glauben Sie, alles würde so gehen, wie Sie sagen? Es wird *nicht* so gehen. Wir sind doch auch nur Menschen, wir beide.«
»Dann werde ich Sie verlassen, Oda«, flüsterte Jappe Nilssen.
Sie zögerte einen Augenblick.
»Nun, in Gottes Namen, laß es uns versuchen. Ich halte sie nicht aus, Ihre dunklen, betrübten Augen.«

Sie glaubten beide, klare Grenzen setzen zu können. Da war es bereits zu spät.
Der Flieder blühte. Für ein paar kurze Wochen liebten sie sich ohne Vorbehalte. Dann kam der Brief von Krohg, daß Per krank sei. Sie fuhren mit dem Nachtzug über Köln, ohne sich von jemandem zu verabschieden.

Oda hatte die Parisreise als endgültigen Bruch mit Krohg betrachtet. Sobald sie ihm wieder in die Augen schaute, begriff sie, daß es vergeblich war. Mit seinem Blick bettelte er um sie. Sie dachte an einen sehr braunen Hund in einer öden Straße. Krohg war der mutigste und der feigste Mensch, den sie kannte. Er wollte nichts wissen von ihr und Jappe, obwohl ganz klar war, was zwischen ihnen passiert war. Es war Sommer, und Krohg hielt Hof im Grand. Er war der treueste Gast in dem Kaffeehaus. Mit seinen abwesenden, traurigen Augen lauschte er den freimütigen Äußerungen der Kollegen. Manchmal ließ er ein merkwürdiges, dumpfes Lachen ertönen, immer gefolgt von einem heftigen Hustenanfall. Er war ein Häuptling, um den sich niemand scherte. Zu Hause wirkte er wie ein Fremder, der seine Gäste tun ließ, was sie wollten. Gegen Abend schlief er sitzend in seinem Lehnstuhl ein. Sein gleichmäßiges, nachhaltiges Schnarchen war die Begleitmusik zum Gespräch der andern.
Per war nicht sehr krank. Krohg wollte sie beide malen, behauptete, er habe Ideen für fünf große Motive. Oda ließ ihn gewähren, und jeden Tag kam Jappe Nilssen und flehte sie an, mit ihm zu verreisen. Oda zögerte. Da nahm Nilssen die Sache selbst in die Hand und ging zu Inge Heiberg. Klein-Per sei doch recht blaß und schmächtig, würde es ihm nicht guttun, aus der Stadt zu kommen und frische Luft zu atmen?
Inge Heiberg unterstützte den Vorschlag. Aber Krohg hatte Verpflichtungen in Kristiania, konnte nicht weg. Oda war lange alleine mit ihm. Sie sagte:
»Wir fahren hinaus nach Åsgårdstrand, lieber Christian. Und ich glaube, Jappe kommt mit.«

»Aha, kommt er mit?« sagte Krohg mit flackernden Augen. »Das ist schön für dich.«

Endlich fühlte Oda, daß sie von einem Punkt hoch oben herunterstürzte und eine Wand durchbrach. Sie lag in Embryohaltung und spürte, wie Jappe Nilssen mit ihr schlief.
»Wir sind zwei Kinder«, sagte sie glücklich.
Sie mußten ganz leise reden. Sie mußten vorsichtig miteinander umgehen. Mit Per zwischen sich lagen sie nackt beisammen. All das, was sie so gerne mit Jæger erlebt hätte, erlebte sie jetzt mit diesem jungen, eigenartigen Mann. Sie merkte, daß für ihn diese Tage sorglos vergingen. Aber wenn sie ihn spätnachts bat, heimzugehen in seine Unterkunft, und wieder allein war mit Per, spürte sie Angst in sich aufsteigen. Eine Stimme fragte sie: Wohin willst du eigentlich?
Sie wußte es nicht. Per gab ihr Halt. Alles übrige war Abhängigkeit oder Schuldgefühl. Einige Wochen lebten sie ungestört in Åsgårdstrand. Dann schrieb Krohg ihr einen Brief. Jappe Nilssen erwähnte er mit keinem Wort. Er war angeschlagen und unglücklich, und er wollte mit Nana nach Grimstad, um mit den Illustrationen für *Terje Vigen* zu beginnen. Er bat sie, mitzukommen. Es würde nicht mehr als vierzehn Tage dauern.
»Du verstehst mich doch, Jappe«, sagte Oda unsicher, »daß ich fahren muß. Ich schulde ihm so viel, und er ist immer so gut und nett zu mir, und du weißt genauso wie ich, daß dieser schweigsame, verschlossene Mann mir das nie geschrieben hätte, wenn er nicht in Not wäre.«

»Ich dachte nicht, daß du kommst«, sagte Krohg. Seine Augen waren rot.
»Ich kam so rasch ich konnte, Christian. Das ist nicht so leicht zu organisieren, wenn man Kinder hat.«
»Schau dir nur Nana und Per an, wie gut sie sich verstehen.«
»Das also ist Grimstad. Und ich habe mir solche Sorgen um dich gemacht!«

»Ich wollte nur, daß wir eine Familie sind, Oda. Das ist schon so lange her. Willst du ein Glas mit mir trinken? Es ist so schön hier im Hotelgarten. Können wir nicht den ganzen Sommer zusammenbleiben? Ich habe ein fabelhaftes Modell für den Terje gefunden. Du wirst ihn morgen kennenlernen. Einer von den altbewährten Grimstad-Lotsen. Erzähl mir von Jappe Nilssen. War er nett zu dir?«
»Ja, er war sehr freundlich und aufmerksam. Und er versteht sich so gut mit Per.«
»Wie schön. Munch soll demnächst aus Frankreich zurückkommen, habe ich gehört. Vielleicht könnten wir diesen Sommer alle zusammen in Åsgårdstrand verbringen? Ich glaube, das könnte eine verdammt gemütliche Sache werden.«
»Manchmal verstehe ich deine Gedanken nicht, Christian.«
»Wie meinst du das?«
»Du bist einerseits zutiefst unglücklich, und dann ist plötzlich alles vergessen.«
»Weil ich dich habe, Oda. Du weißt ja, wenn du mich verlassen würdest, würde ich mich sofort erschießen. Du darfst mich nie verlassen, Oda. Ist dir das bewußt? Du *kannst* mich nie verlassen.«
»Nein, das kann ich nicht, das weiß ich sehr genau. Ach Christian, ich bin so müde. Ich glaube, ich gehe in mein Zimmer und ruhe mich ein bißchen aus. Kümmerst du dich in der Zwischenzeit um Nana und Per?«

Jappe Nilssen kam ein paar Tage später mit dem Dampfschiff. Er hielt es ohne sie nicht aus, und sofort als sie ihn auf der Landungsbrücke sah, wußte sie, daß er zuviel getrunken hatte. Alkohol machte ihn sehr nervös.
Sie gaben sich die Hand. Das Treffen war vorbereitet. Er hatte ein Telegramm geschickt. Zusammen gingen sie hinauf zum Hotel. Dort kam Krohg auf sie zu und begrüßte Jappe höflich. Er war schließlich ein Freund. Sie setzten sich in eines der Privatgemächer. Oda bat Krohg, Sherry zu holen. Kaum war sie mit Jappe allein, warf er sich auf sie. Er erschien ihr

fremd und überdreht mit seinem theatralischen Gehabe, und sie verhielt sich etwas zurückhaltend. Seine Augen waren so merkwürdig. Ihr dämmerte, daß sie vielleicht niemals aus dieser verrückten Situation herauskommen würde. Das war nicht Liebe, das war reine Abhängigkeit. Sehnsucht und Abhängigkeit.
Beim Sherry saßen sie alle drei mit übergeschlagenen Beinen da und redeten über Kunst und Menschen. Nana und Per spielten im Hotelgarten. Oda starrte durchs Fenster hinaus zu ihrer Tochter. Ihre Kinder, in alle Winde verstreut. Stücke von ihr überall. Sie hatte nur noch nicht den eigentlichen Schmerz gespürt.
Dort, im Hotel in Grimstad, begann Oda den wirklichen Schmerz zu spüren.

Krohg ging früh zu Bett. Oda hatte ihr eigenes Zimmer und Jappe Nilssen auch, aber sie blieben lange auf und redeten.
»Oda, du mußt es mir glauben. Ich liebe dich. Ich kann ohne dich nicht leben. Ich ertrage es nicht, wenn deine Gedanken nicht ständig bei mir sind. Hier kniee ich vor dir und flehe dich an, bitte um ein liebes Wort. Du darfst mich nie verlassen, Oda. Ist dir das bewußt?«
»Ja, Jappe. Aber du hättest nicht kommen sollen. Ich bin müde. Wir müssen jetzt ins Bett gehen. Du hast versprochen, morgen früh mit dem Schiff zurückzufahren. Erinnerst du dich?«
»Ja, ich werde fahren. Keine Sorge. Aber wenn ihr nach Åsgårdstrand kommt ...«
»Ja, das werden wir sehen.«
Oda verabschiedete sich von ihm. Dann ging sie auf ihr Zimmer. Aber sie konnte nicht schlafen. Es waren Spiegel an der Decke, an den Wänden, am Boden. Von überallher leuchtete ihr leichenblasses Gesicht. Sie sah es deutlich. Sie war dazu geschaffen, alles zu zerstören. Sie brauchte jemanden, der ihr sagte, daß alles nur ein Traum war, ein Alptraum. Im Halbschlaf lief sie hinüber zu Krohg. Er schlief und spürte

nicht, daß sie kam, sich dicht an ihn schmiegte und seinen Arm um sich legte.
»Mein Papa«, flüsterte sie. »Mein lieber, lieber Papa.«

Sie erwachte davon, daß jemand versuchte, die Tür aufzubrechen. Es war Jappe, der zum Schiff wollte. Als er sie nicht in ihrem Zimmer fand, wurde er wahnsinnig vor Eifersucht. Sie gehörte ihm, er wollte sie für sich allein haben. Krohg stand auf und schaute seine Frau fragend an. Sie schüttelte unglücklich den Kopf.
»Er ist so nervös, der Ärmste. Könntest du nicht hinunter in den Salon gehen und Kaffee holen, dann sage ich ihm inzwischen Adieu.«
Krohg hüllte seinen gewaltigen Körper in einen Morgenrock. Dann öffnete er die Tür, die Jappe Nilssen gerade zertrümmern wollte.
»Guten Morgen, Jappe«, sagte er. »Ich hole mir Kaffee.«
Dann ließ er sie allein. Jappe stürzte fast blind vor Eifersucht hinein zu Oda.
»Komm her, Jappe. Es ist nichts passiert. Ich hatte nur Angst heute nacht. Du weißt doch, wie nervös ich bin. Ich habe es nicht allein im Bett ausgehalten.«
»Du gehörst mir, nur mir!«
»Ja, Jappe.«
»Ist das sicher?«
»Habe ich dich jemals belogen, Jappe? Habe ich dir nicht immer alles gesagt? Glaube mir um Gottes willen, ich belüge dich nicht.«
Sie küßte ihn und wußte, daß sie ohne Lüge nicht existieren konnte.

Als die Krohgs schließlich nach Åsgårdstrand kamen, war alles für das Delirium vorbereitet. Jappe Nilssen hatte das Haus der Krohgs mit Blumen überhäuft. Er erwartete die beiden mit gekühltem Champagner. Aber sie kamen erst am folgenden Tag und hatten Gäste mitgebracht. Munch hat die

dramatischen Ereignisse in seinem violetten Buch als Stenogramm festgehalten. Sofort als Oda ihren Jappe Nilssen wiedersah, wußte sie, daß das tödlich enden würde. Munch war da, außerdem Inge Heiberg, Sacha, Ba und Per. Vielleicht Nana. Oda empfand es als ungeheure Erleichterung, Munch wiederzutreffen. Jappe Nilssens Hysterie steigerte sich. Sie wußte nicht, was sie mit ihm anstellen sollte, und die wenigen Momente, die sie zu zweit waren, lösten keine Probleme.
»Mir scheint, daß es jetzt viele Unterredungen geben wird«, sagte Krohg unglücklich.
Munch fing seine Melancholie-Bilder zu malen an, mit Jappe Nilssen als Modell.

Munch wohnte im Hotel. Oda nahm Sacha und Ba mit und klopfte an, obwohl sie wußte, daß er zu Bett gegangen war. Er öffnete, war verlegen, weil er fast nichts anhatte. Sie achtete nicht darauf, sie brauchte jemanden zum Reden. Sie redeten französisch, und Sacha schlief mit dem Kopf auf den Armen auf dem Tisch. Ba schlief in der Sofaecke. Oda schlief in dieser Nacht bei Munch.

Dann verlagerten sich die dramatischen Ereignisse nach Kristiania.
Jæger war in Kristiania.
Im Grand hörte Oda folgende Gesprächsfetzen:
»Na, wie sieht es in Åsgårdstrand aus? Finden da Messerstechereien statt? Oder prügelt man sich?«
»Jappe wollte sich offenbar erschießen.«
»Jappe?«
»Ja, das wollte er.«
»Die sind dort alle sturzbetrunken, weich in der Birne.«
»Sind sie Freunde?«
»Ja. Krohg ist jetzt imbezil. Etwas anderes als Freundschaft hat er nicht anzubieten.«
»Sie haben den ganzen Vormittag zusammen gesoffen.«

»Wie ekelhaft.«
»Ich wüßte zu gerne, worüber sie geredet haben. Es würde Krohg ähnlich sehen, Jappe gerührt zu umarmen.«
»Gemeinsamer Schiffbruch vereint.«

Er saß allein am Ecktisch und sah frischer und gesünder aus, als sie ihn je erlebt hatte.
»Jæger ...«
Er stand auf, nervös. Sie bat ihn, sich zu setzen, blieb aber selbst stehen.
»Ich suchte in Paris nach Ihnen.«
Sie sah, daß er ihr nicht glaubte.
»Ihr letzter Brief hat mich so verletzt.«
Er begegnete ihrem Blick.
»Ich schreibe an dem Buch«, sagte er. »Und ich werde es veröffentlichen.«
»Natürlich. Sie verstehen mich falsch, wenn Sie mir vorwerfen ...«
»Ich werfe Ihnen überhaupt nichts vor. Ich glaube Ihnen.«
»Danke. Es ist so schwierig. Sie verstehen es vermutlich nie.«
»Haben Sie *so* viel vergessen?«
»Nein. Ich werde es nie vergessen. Ich werde mich daran erinnern wie an etwas sehr Schönes.«
»Jetzt ist Jappe dran. Sie treiben ihn in den Wahnsinn. Glauben Sie nicht, daß ich das bemerkt habe?«
»Verurteilen Sie mich bitte nicht. Das ist eine unglückselige Geschichte, und eigentlich ist es Ihre Schuld, aber ich kann es nicht erklären.«
»Nein, das können Sie wohl nie.«
»Alle sind hinter mir her.«
»Tatsächlich?«
»Ich bin ein Opfer, ebenso wie Sie.«
»Nicht diese Tour. Ich habe keinen Sinn für Ihr Selbstmitleid. Krohg liebt Sie übrigens. Haben Sie das nicht gemerkt?«
»Er glaubt, mich zu lieben. Aber es ist etwas anderes.«
»Was denn?«

»Abhängigkeit.«
»Ach so.«
»Sie werden das nie begreifen.«
»Ich habe alles verstanden und hole mir einen Whisky.«
»Ich erkenne Sie nicht wieder, Hans Jæger. Adieu.«
»Oda ...«
Aber sie ging. An einem anderen Tisch sagte Michelsen zu Munch:
»Es ist übrigens komisch mit Oda. Sie schwimmt überall obenauf, frisch und lächelnd, und alle Männer liegen im Morast und verkommen.«

Eines Nachts lief Oda nackt hinaus in den Garten und setzte sich auf den Zaun. Sie rief Jappes Namen. Krohg nahm sie behutsam in den Arm und führte sie wieder ins Haus.
An Tag darauf war sie davon überzeugt, daß das Wasser vergiftet sei.
Sie bat Jappe, nicht mehr mit ihr zu schlafen.
»Ich schaffe das nicht«, sagte sie. »Nicht, solange ich es mit Christian mache.«
»Alles ist vorbei«, murmelte Jappe. »Aus und vorbei.«
»Armer Junge.«
»Ich werde sehen, ob ich künftig meine Nerven unter Kontrolle bekomme. Aber ich *muß* dich haben.«
»Ich kann nicht, Jappe. Ich meine es nur gut mit dir. Ich sage es nicht, um dir weh zu tun.«
»Dann hast du einen andern.«
»Nein, ich habe keinen andern. Ich bin müde und krank.«
»Warum verläßt du ihn nicht, diesen imbezilen ...«
»Unterstehe dich, häßlich von ihm zu reden!«
»Hör zu, Oda. Ich lasse dich nie los. Du bist mein Eigentum. Ich gebe dich nie frei. Ich habe dich mit dem Kostbarsten, was das Leben hat, gekauft. *Alles* habe ich aufgegeben, aber *dich* habe ich noch. Du bist *alles*. Ich werde dir folgen wie deine Gedanken, wie dein Schatten.«

Der Bruch mit Jappe Nilssen. Ein Schrei auf einer Brücke zwischen zwei Welten. Dann breitete sich eine Schallwelle aus und verklang. Oda erwachte eines Morgens und fragte: »Wo *bin* ich?«
Jappe Nilssen beging nicht den Selbstmord, den alle erwartet hatten. Munch atmete erleichtert auf. Jæger verschwand. Oda meinte ein listiges Funkeln in Krohgs Augen gesehen zu haben. Er war allen Konfrontationen aus dem Weg gegangen.
»Wir sollten gemeinsam eine Ausstellung machen«, sagte er. Es wurde ein beinahe ruhiger Winter. Sie hatte Per. Er hatte Nana. Sie stand morgens zeitig auf und malte. Das Gefühl eines Sinns würde sich allmählich einstellen. Jede Nacht träumte sie von Jappe Nilssen. Er hatte sich in den Kiefer geschossen, das Gesicht war verzerrt, wie das von Per damals in Halle. Er sagte:
»Jetzt bin ich tot. Jetzt wirst du mich nie mehr los.«

Krohg meinte, sie male besser und besser. Krohg redete fast nur über Bilder und war so hellauf begeistert von Munchs Bild auf der Herbstaustellung, das im Grunde ziemlich direkt Jappe Nilssens Depression des vergangenen Sommers wiedergab:
»Ein langer Strand, der ins Bild hineinläuft und an einer hübschen Linie endet, die wunderbar harmonisch ist. Das ist Musik. In einer sanften Biegung setzt sie sich mit diskreten Unterbrechungen – ein Haus und ein Baum – fort bis zu dem stillen Meer, und der Maler hat souverän darauf verzichtet, auch nur einen Ast anzudeuten, weil das die Linie zerstört hätte. Draußen in dem stillen Wasser ein Boot – ein gelbes Boot parallel zum Horizont – eine meisterhafte Wiederholung der Linie im Hintergrund.
Munch gebührt Dank, weil das Boot gelb ist – wäre es nicht so, hätte er das Bild nicht gemalt.«
»Das ist hübsch ausgedrückt«, sagte Oda nachdenklich.
»Bist du einverstanden, Oda?«

Sie nickte.
»Es ist ein phantastisches Bild. Mir ist es nur nicht möglich, das Motiv so nüchtern zu sehen.«
»Darüber will ich nicht reden.«
»Nein, ich weiß. Manchmal beneide ich dich. Deine Fähigkeit, sachlich zu sein, das Große in allem zu sehen. Ach Christian, manchmal siehst du zu sehr das Große.«
»Nicht weinen, gehe jetzt lieber ins Atelier. Ich bringe Per und Nana zu den Schwestern. Du mußt diese Woche mit dem Bild fertig werden. Dann kannst du ein neues anfangen.«

Der Vorschlag kam von Engelharts. Oda Krohg hatte sich den Ruf erworben, als Mutter ungeeignet zu sein.
Oda fragte Sacha und Ba, was sie meinten.
Sie antworteten, daß sie sich durchaus vorstellen könnten, bei Engelharts zu bleiben.
Da wurde Oda klar, wieviel sie verloren hatte. Oder hatte sie es überhaupt jemals gehabt? Die Liebe ... das war etwas, was sie mit Familie verband. Mamas Liebe. Der Flieder zu Hause in der Grønnegate. Aber dann spürte sie förmlich den Schmerz von einem Schlag, und sie erinnerte sich an alle Gedanken, die sie nicht hatte denken dürfen. Ihr ganzes Leben hatte sie nette Menschen um sich gehabt. Gegen nette Menschen ist man wehrlos.
Jetzt verstand sie, was passiert war. Sie hatte angefangen etwas zu tun. Sie hatte aufgehört zu schonen. Sie hatte zugegeben, wer sie war. Sie hatte versucht, wahrhaftig zu sein.
Sie hatte einen Weg gewählt, und sie wußte, daß es zu spät war, umzukehren.
Jappe Nilssen war ein Unglücksfall. Etwas Derartiges würde nie wieder passieren. Das nächste Mal würde sie sich zusammennehmen und auf die fatalen Kompromisse verzichten. Sie würde die Liebe auf ein Niveau heben, auf das sie gehörte, und niemand würde kommen und ihr erzählen, sie sei egoistisch und rücksichtslos. Nein, von der *Nettigkeit* hatte sie endgültig genug.

»Ich habe den Pavillon in Studenterlunden gemietet«, sagte Krohg. »Wenn du mit deinen letzten Bildern fertig wirst, haben wir zusammen sechzig.«

»Keine Sorge, ich werde fertig«, sagte Oda.

Sie malte ein Kind, blind egoistisch, ein grausames, nacktes und empfindsames Wesen. Sie hätte es am liebsten Selbstporträt genannt, ließ es aber bleiben.

Am Sonntag, dem 1. Mai 1892, öffnete die Ausstellung in Studenterlunden. Dem Kunstkritiker des *Morgenbladet* erschien der Eintrittspreis von 50 Øre zu hoch.

6

Der Löwe und der Zwilling

In der Zeit, die Oda Krohg in den Kaffeehäusern verbrachte, hörte sie so viel über die freie Liebe, daß sie selbst darüber zu reden begann. Bis dahin hatte sie ihren Witz und ihre Energie für die Malerei und den Klatsch verwendet. Zu ihrer Freude bemerkte sie, daß Christian Krohg sich für Gunnar Heibergs Frau Didi interessierte. Aber kaum hatte sie das bemerkt, hörte er auf.

Nach der Ausstellung war Krohg sehr zufrieden. Das war ein Denkmal für die Ehe. Er hatte *gemeinsam* mit seiner Frau ausgestellt! Oda ließ ihm seinen Triumph und versuchte sich auf Per zu konzentrieren. Es könnte ein glücklicher Sommer werden. Oda war heilfroh, Gunnar Heiberg, »Doktor Mørch», abgewiesen zu haben, als er auf seine trockene, intellektuelle Weise feststellte, daß er sie liebte. Das war, als sie nach Paris gefahren war, und danach hatte sie das Gefühl, daß sie sich offenbar genügend erniedrigt hatte und er sie in Ruhe ließ. Sie atmete erleichtert auf, als er das Land verließ. Wahrscheinlich gab es in diesen Jahren in Odas Leben viele solche Episoden. Die Nachwelt hat nur von denen erfahren, die sie erhörte, nicht von denen, die sie abwies.

Zwischen Oda und Munch bestand eine merkwürdige Freundschaft. Er respektierte ihre Arbeit, interessierte sich für ihre Bilder. Ende Oktober begab er sich nach Berlin, und Oda wußte, daß sie ihn vermissen würde. Krohg, inzwischen angesehener Journalist bei *Verdens Gang*, bezahlt von seinem alten Freund Thommessen, schrieb an einem Interview mit Munch, das er vor dessen Aufbruch nach Berlin geführt hatte und das er Oda zeigte:

»›Sie glauben natürlich nicht, daß es außer Ihnen noch andere gute Maler gibt?‹
›Ehrlich gesagt‹, sagte er, ›glaube ich das nicht. Na ja, Werenskiold zeichnet schon ganz gut.‹
›Was halten Sie von Heyerdahl?‹
Er zuckte die Schultern.
›Wentzel?‹
›Wentzel ist ein Ästchennmaler!‹
›Was halten Sie von mir?‹
Er lachte: ›Man ist ja nicht immer in der Stimmung, andere zu verdammen.‹
›Wie lange bleiben Sie in Berlin?‹
›Ich bleibe vielleicht den ganzen Winter.‹
›Wieviel Geld haben Sie dabei?‹
›Zweihundert Kronen.‹
›Hm!‹
›Sagen Sie mal, Krohg. Sie waren doch in Berlin, braucht man dort bei Gesellschaften einen Frack?‹
›Ja, den braucht man. Haben Sie keinen?‹
›Nein, so etwas besitze ich nicht.‹
›Meinen kann ich Ihnen nicht anbieten. Er würde nicht passen.‹
›Stimmt, aber ich kann mir ja einen kaufen.‹
›Hm. Ich dachte an die 200 Kronen. Wenn Sie in Schwierigkeiten kommen sollten, schreiben Sie mir, vielleicht kann ich Geld beschaffen.‹
›Ach nein, das ist nicht nötig‹, sagte er und klopfte auf seine Brieftasche.
Ich drückte ihm die Hand zum Abschied in der festen Überzeugung, daß ich ihn bald wiedersehen würde.«
Oda wußte nicht, was sie von dem Interview halten sollte. Merkte Krohg denn nicht, wie sehr das ein Selbstporträt war? Seine irritierende Großmütigkeit.

Fünf Monate früher:
Obstfelder kam mit seiner Geige. Er war aus Amerika zu-

rückgekehrt, war in einem Pflegeheim gewesen und schrieb angeblich an einer Gedichtsammlung. Oda hörte ihm fasziniert zu:

»Erinnern Sie sich, daß ich über Freude redete? Ich könnte das *Wort* Freude einfach ausrufen. Die Freude ohne Wirkung, ohne Anspruch auf Folgen. Musikfreude.«

Sie nickte. Sie begriff nichts.

»Früher eher wie eine Ahnung«, fuhr er fort. »Jetzt spüre ich sie öfter, ständig, könnte ich sagen.«

Er trank sein Glas leer und sah tieftraurig aus.

»Reden Sie weiter.«

»Ja. Ich war also an Bord des Schiffes, in Hekla. Es war so still, wie es ein Ozean nur sein kann. Der Ozean wird immer benutzt als Bild für die großen Leidenschaften. Das Meer steht für das große Bewußtsein. Sein Ausbruch ist gewaltig, ist genial ideal.«

Sie nickte.

Mai 1892.

Krohg arbeitete ungewöhnlich intensiv. Oda ging ins Kaffeehaus, und plötzlich war Obstfelder da.

»Sterben! Ertrinken!« Er schaute sie wehmütig an. »Ja, dann müßte ich ganz gewiß in einem großen Musikreich landen, in dem alle ein Gehör haben, in dem alle hören, daß im Wind Tartinis Töne sind und Äolsharfen in Webers Musik.«

»Das trifft sicher zu«, sagte Oda zögernd.

»Stellen Sie sich vor, man sitzt im Konzert und hört ein Klavierkonzert von Liszt, du sitzt da, die Augen ängstlich, beinahe flehend auf die Tasten geheftet, den transzendenten Lauf beobachtend. Die Seele ist am Klavier, der Körper auf der Galerie, und dann, verdammt noch mal, redet einer hinter dir. Der Körper hält verzweifelt Ausschau nach der Seele, die Seele flieht, saust wie eine aufgescheuchte Fliege vom Klavier weg und hinauf zur Galerie und starrt wild aus ihren Augenhöhlen.«

Obstfelder stand auf und ging.

Oda wechselte zum anderen Tisch und fragte, wer das gewesen sei.
Man wußte nur, daß er Obstfelder hieß.
Oda fand den Namen ungeheuer häßlich und versuchte, nicht daran zu denken.

Er kam wieder, und Oda bemühte sich, da zu sein. Sie sah, daß er jung war und schwermütig, vielleicht depressiv. Deshalb liebt sie es, ihn lächeln zu sehen.
»Ich habe ein Atelier«, sagte sie vorsichtig.
»Und ich wohne im Studentenheim. Wissen Sie, ich bin gerade aus Amerika zurückgekommen. Das heißt aus Stavanger. Sagen Sie nicht, wie Sie heißen. Ich kenne hier fast niemanden, und Namen können wirklich eine Belastung sein. Macht Sie das froh? Ich habe die letzten Nächte nicht geschlafen. Ich spiele Geige, wissen Sie. Ich habe einige klagende Töne, mit denen ich sehr zufrieden bin. Aber dann das mit diesem Zwischenruf. Mit dem mich dieser Mann aus Anholt oder Langeland oder woher zum Teufel er kam, folterte, mich zwang, ihn zu hören, mich seiner gemeinen Denkart anzupassen. Fürchterlich.«
»Ich verstehe Sie«, lachte Oda.
»Ich freue mich, daß Sie lachen. Wissen Sie, wie Sie aussehen? Sie wirken angestrengt.«
»Wollen Sie mit mir ins Freie gehen?«
»Auf die Straße, meinen Sie?«
»Ja, auf die Straße.«
Sie gingen. Er hatte die Geige dabei, und er sprach viel oder war ganz still.
»Wissen Sie, ich bin Parlamentsreferent. Sagte ich etwas Falsches? Ich finde, Sie wirken auf einmal so blaß.«
»Nein, alles in Ordnung.«
»Ich habe eine sehr seltene Stelle. Man muß sicher schrecklich begabt sein, um sie zu bekommen. Finden Sie, daß ich begabt aussehe? Ich werde Ihnen von den Nächten in diesem Jahr erzählen, ich habe den Flügelschlag gefühlt, wie sich der

Rhythmus des Flügelschlags nähert, über mir schwebt, sich entfernt. Atemzüge. Die verrinnende Zeit.«
»Sagen Sie, schreiben Sie das auf?«
»Krag meint, es könnte eine Gedichtsammlung werden.«
»Kennen Sie Krag?«
»Der beste unserer Dichter.«
»Ich möchte Sie gerne zeichnen, möchte Sie malen.«
»Ach ja? Wissen Sie, nach meiner Rückkehr aus Amerika habe ich einen großartigen Menschen getroffen, den Maler und Journalisten Christian Krohg. Ich bin sein Atelier-Freund geworden, verstehen Sie? Wir treffen uns ab und zu und reden über die ganz großen Dinge. Vielleicht sollten wir jetzt zu ihm gehen? Kennen Sie ihn?«
»Ja, nein. Wollten Sie nicht für mich spielen? Wir gehen in mein Atelier, oder wir gehen zu Ihnen.«
Sie gingen zu Obstfelder. Kaum hatte er die Tür hinter ihnen geschlossen, warf sie sich in seine Arme und weinte. Sie hatte das Gefühl, zweiunddreißig Jahre weinen zu können, so lange, wie sie gelebt hatte. Behutsam strich er ihr übers Haar.
»Denken Sie daran, Sie haben eine Sonne in der Brust«, murmelte er. »Wollen Sie, daß ich für Sie spiele?«
Sie küßte ihn nur.
»Ich liebe Sie«, sagte sie. »Glauben Sie es mir, wenn ich sage, daß ich Sie liebe? Sie dürfen nie fragen, wie ich heiße. Niemals.«

Sie kam manchmal zu ihm. Sie kam oft zu ihm.
»Ich bin glücklich heute«, sagte sie dann, bevor sie in Tränen ausbrach. »Bei niemandem kann ich weinen, außer bei Ihnen. Wissen Sie, ich habe vier Kinder. Aber ich muß einfach zu Ihnen gehen.«
»Warum auch nicht?«
»Wußten Sie, daß ich verheiratet bin?«
»Nein.«
»Und ich kann ihn nicht verlassen. Wenn er mich mit seinen

Augen ansieht ... Sie können das nie verstehen. Er würde mich den Rest meines Lebens verfolgen.«

»Und Sie wollen eigentlich weg von ihm?«

»Ja! Ja! Glauben Sie mir denn, wenn ich sage, daß ich Sie liebe?«

»Warum sollte ich Ihnen nicht glauben?«

»Ach, Sie kennen mich nicht. Sie wissen nicht, was ich erlebt habe. Ich bin alt, das sehen Sie. Alt und verdorben.«

»Nein, nicht verdorben.«

»Besuchen Sie mich? Ich wohne allein mit meinem Sohn Per draußen bei Hvitsten. Mein Papa ist hinunter nach Europa gefahren, und alle meine Geschwister sind jetzt bei ihm ...«

»Warum erwähnen Sie Ihren Vater?«

»Warum? Ach, ich dachte ... wissen Sie, er ist sonst jeden Sommer in Hvitsten. Aber heuer ist er krank. Sie haben einen Kurort für ihn gefunden.«

»Ich komme.«

Hvitsten. Sie fing an, von den Tagen der Kindheit zu erzählen. Bilder, die hinter der Hektik des Lebens in Vergessenheit geraten waren, stiegen vor ihr auf, und mit dem Kopf an seiner Schulter saß sie da und ließ Tag für Tag an ihm vorbeiziehen aus der Zeit, bevor ihr etwas widerfahren war. Später schrieb er, daß sie sich benahm wie ein Hund, der sich verlaufen und nun seinen Herrn gefunden hat.

»Ich erinnere mich«, sagte sie, »wie ich einmal, ich glaube, ich war vierzehn Jahre alt, hinunter zum Strand ging. Ich ging und ging und kam an Orte, wo ich nie gewesen war. Das war wie im Märchen, und ich ging voller Angst. Ich blieb oft stehen und preßte die Hände an die Brust. Ich schaute auf das Meer hinaus, und es war auf einmal so unendlich groß geworden, dasselbe Meer, das nicht weit von hier unser Haus umspülte. Ich hatte nicht bemerkt, daß es so groß war, und ich wagte nicht, es anzusehen. Ich richtete meine Augen auf das Land, aber dort war es so unendlich

wild, und hinter den Bergen war eine ewige Dunkelheit, und ich wagte nicht, landeinwärts zu schauen.
Dann ging ich weiter, die Hände vor der Brust, bis ich etwas leuchtend Blaues vor mir im Sand erblickte. Es war eine Pflanze, die ich noch nie gesehen hatte. Sie hatte große, blaue, fleischige Blüten. Das Blau war so hell und seidenartig, als sei es vom Sand erzeugt. Und die ganze Nacht träumte ich von dieser wunderbaren Pflanze. Und seitdem – ist das nicht komisch? – ging ich jahrelang, ohne die Pflanze wiederzufinden, und sie wurde für mich immer wunderbarer, und ich habe sie seitdem nie mehr gefunden. Und jetzt, jetzt, wo ich zurückblicke und die großen Kindersorgen vergessen sind, erinnere ich mich daran.«

Sie versanken in einer Traumwelt, denn sie hatten entdeckt, daß sie ähnlich träumten, Obstfelder, der im Vorjahr splitternackt bei seiner Familie aufgetaucht war und danach ins Pflegeheim kam, und Oda, die fast zur gleichen Zeit splitternackt auf dem Gartenzaun gesessen und von Krohg geholt worden war. Die Gefühle hatten beiden ziemlich zugesetzt. Aber bei keinem konnte sie so übermütig lachen wie bei ihm.
»Ich liebe dich«, sagte er endlich. »Ich liebe dich bis zum Wahnsinn.«
Sie hörte ihn an. »Mit stillen Augen», wie er später schrieb. Ihre Brust hob und senkte sich, während er das sagte. Sie warf sich in seine Arme und weinte wie nie zuvor. Und mitten im Tränenfluß stand sie auf und sagte, wobei sie jedes Wort betonte:
»Jetzt weine ich alles aus, was ich gelebt habe.«
Nach einer Weile sagte sie:
»So werde ich nie wieder weinen.«
Da hat er sie das letzte Mal weinen gesehen.

Sie wußte, daß es nicht von Dauer sein konnte. Früher oder später *mußte* er herausfinden, wer sie war, obwohl sie noch nie einem Menschen begegnet war, der sich so schlecht in der äußeren Welt orientieren konnte und sich so teuflisch genau in der inneren Welt auskannte. Früher oder später mußte er ihren Fluch erkennen: daß sie Oda Krohg war.

Wenn sie Krohg in Kristiania sah, war es wie in Trance. Sie träumte jede Nacht von ihm. Sie träumte, daß er sich umbrachte. Sie träumte den sterbenden Blick, den er ihr zuwarf. Zeitweise sah sie nichts anderes als die dunklen, schwermütigen Augen. Sie sah sie überall. Sie zogen sie magnetisch zu ihm. Eines Tages besuchte sie ihn in seinem Atelier. Krohg legte seinen Kopf in ihren Schoß. Er weinte. Der starke Mann weinte, daß es ihn schüttelte. Fast automatisch nahm sie seinen Kopf und sagte:

»Ich gehe nicht weg von dir, lieber Christian. Hab keine Angst. Ich gehe nicht weg von dir.«

Krohg sagte nichts zu Obstfelder. Oda traf Obstfelder in seinem Atelier. Am selben Nachmittag fuhren sie hinaus nach Hvitsten. Sie setzten sich auf einen Stein. Sie sagte:

»Jetzt schlinge ich mein Haar um dich.«

Dann schlang sie das Haar um ihn und versteckte ihn darin.

»Liebst du mich?« sagte sie.

»Ich liebe dich.«

Dann schlug sie das Haar zurück und sagte:

»Schreie es übers Meer: Ich liebe dich.«

Er rief:

»Ich liebe dich.«

In Kristiania fertigte Munch die ersten Skizzen zu *Vampyr* an, eine Frau und ein Mann in der Umarmung. Die rötlichen Haare der Frau fließen über Kopf und Schultern des Mannes. Alles blutet.

Aus Sigbjørn Obstfelders Liebesgeschichte *Das Kreuz*:

»Es war gegen Mitternacht, daß ich von einer Stimme aufgeschreckt wurde, die mir unangenehm schien:

›Wo wollen Sie eigentlich hin?‹

Es war ein großer, breitschultriger Mann.

›Ja, denn Sie treiben sich hier ständig im gleichen Viertel herum.‹

›Ich treibe mich ständig im gleichen Viertel herum?‹

›Ja weiß Gott, das tun Sie.‹

Mir kam es vor, als sei Ironie in seinen Worten.

›Wollen Sie nicht mit mir reinkommen auf ein Glas Whisky. Ich kenne Sie, Sie sind ... (er nannte meinen Namen). Ich wollte schon lange mit Ihnen reden.‹

Sein Wesen stieß mich ab, aber ich folgte ihm.

›Ich habe hier gleich in der Nähe ein Zimmer.‹

Mehr wurde nicht gesprochen, während wir gingen. Erst als wir uns die Treppe hinaufgetastet hatten und in der Stube waren, schaute er mir mit einem verbindlichen Lächeln direkt ins Gesicht.

›Ich bin ihr Mann. *War* ihr Mann, genauer gesagt. Wir standen gemeinsam vor dem Altar. Sie können mir glauben, sie war reizend in ihrem Brautkleid, reizend.

Ich weiß, daß Sie – ja, wie soll ich es ausdrücken ... ihr Bewunderer sind ... momentan. Sie interessiert mich, müssen Sie wissen. Und deshalb macht es mir Spaß, ihr Tun und Treiben ein bißchen zu verfolgen.‹

Während er das letzte Wort sagte, hielt er mir die Zigarrenkiste hin und sah mich dabei an. Dann huschte ein Schatten über sein Gesicht. Er sagte in einem etwas verwunderten Ton:

›Es schmerzt Sie, daß ich einen solchen Ausdruck gebrauche? Ich dachte ... Ich bitte um Verzeihung, wenn ich Ihre ... Ihre Gefühle verletzt haben sollte. Wie gesagt, sie interessiert mich. Sie gehört zu dem Typ von Frauen, den ich mir erlaube, vielseitig zu nennen. Sie sind am besten, wenn man sie auf Abstand hält. Wenn man sie unvoreingenommen studieren kann. Ich habe dieses Zimmer behalten, das ich einmal aus bestimmten Gründen genötigt war zu mieten. Es macht mir Spaß, manchmal ihr Tun und Lassen zu verfolgen.

Aber ein Rivale bin ich nicht. Ich werde demnächst wieder heiraten. Sie können also vor mir sicher sein. Ich war auch zu grob für sie. Zu grob. Sie sagte es mir: Ich wäre zu grob. Ich würde ihre feineren Gefühle mit Füßen treten.

Sagen Sie, haben Sie feinere Gefühle? Nun, ich brauche ja nicht zu fragen, aber haben Sie schon einmal einen Frauenabsatz auf Ihren feineren Gefühlen gespürt?

Ach, das ist lustig ... das ist lustig, kann ich Ihnen sagen ... das ist der reine Hochgenuß! Der allerhöchste!

Nicht so, daß ich ihn hätte. Ich bin grob, sehr grob. Aber ist das nicht eigenartig, erst als alles vorbei war, begann sie mich zu interessieren, psychologisch, als sie, wenn ich so sagen darf, auf meine zweitklassigen feinen Gefühle getreten war.‹

Nach einer Pause fuhr er fort:

›Immerhin war *ich* es, der das Erste von ihr bekam. Sie können mir glauben, sie war wunderschön damals ... wie ein Hermelin ... wie ein Hermelin.

Sie behauptete, daß ich nur den Körper lieben würde. Nach meiner Anschauung ist das nun mal das einzige, was Sinn hat. Es ist etwas verdammt Krankhaftes in dem anderen. Die junge, frische Liebe, das ist die körperliche, ist der Körper, den es zum Körper zieht. Alles andere sollte am besten ein verschlossenes Buch sein, das mit der Seele und all dem soll sie für sich behalten. Haben Sie gemerkt, wie verdammt weh es tut, zu vergessen? Dieses Hermelin, sehen sie, dieses Hermelin ...‹

Während er das sagte, ging er zum Fenster und rollte die Gardine nach oben. Erst jetzt begriff ich, daß das Zimmer dem Atelier direkt gegenüberlag.

›Da ist Licht.‹

Eine Frage drängte sich auf, aber der Widerwille davor, diesem mir so fremden Menschen meine Bewegung zu zeigen, hielt mich davon ab, sie zu stellen. Schließlich ließ sie sich nicht mehr zurückhalten:

›Glauben Sie, daß sie da ist?‹

Er schaute mich an – ich weiß nicht, ob es Mitleid war oder Schadenfreude – dann sagte er:
›Natürlich ist sie da. Ohne sie würde es doch verdammt noch mal keinen Spaß machen.‹
Er kam näher. Er sagte:
›Sagen Sie ... haben Sie ihn geküßt ..., das ist ein so niedlicher, kleiner, unschuldiger... haben sie den geküßt ... er sitzt auf der linken Seite ... haben sie den geküßt ... direkt unter der Brust ... haben Sie den geküßt ...‹
Er war ganz dicht vor mir, starrte mich an, beugte sich zu meinem Ohr und blies ein Wort hinein, das immer noch da drinnen rauscht.«

Oda schrieb: »Ich kann nicht verstehen, daß ich gelebt habe, daß es so viele Tage gewesen sind. Das ist alles wie Nebel. Ich erinnere mich nur an eines: daß ich geboren habe. Alles andere ist in einem Nebel. Die Schlafkammer. Das Gesicht, das sich über mich beugte. Nein! Ich wage nicht daran zu denken!
Und dann kommen die vielen Männer, und Briefe, viele Briefe, und Blumen.
Warum läßt man mich nicht in Ruhe? Ich meine, der große Bart berührt mich schon wieder. Warum muß es gerade jetzt sein? Weg! Weg!«

Obstfelder kroch vor Oda auf den Knien.
Per war drei Jahre alt. Er sagte:
»Hör auf damit. Du quälst Mama.«
Aber Oda wußte, daß *sie* der braune Hund war. Sie war nie eine Tigerin gewesen. Sie hatte immer mit dem Schwanz gewedelt in der flehenden Erwartung, jemand würde sie lieben. Aber sobald sie jemanden liebte, verlor sie ihn. Sie ertrug es nicht mehr, auf diese Weise verehrt zu werden.
»Du könntest dich erkundigen«, sagte sie. »Du würdest eine Menge über mich erfahren können. Die Leute wissen ja alles. Du würdest erfahren, daß ich geschieden bin. Man würde

sagen, es sei *mein* Fehler gewesen. Du würdest von meiner Beziehung mit Krohg erfahren, wie sie eigentlich ist. Ach, du würdest nicht das geringste erfahren! Die Leute wissen nichts. Das, was ein Mensch gelebt hat, weiß keiner. Das, was zwei füreinander empfinden, kann niemand ergründen. Weißt du, mein ganzes Leben hatte ich nur *eine* positive Eigenschaft: die Treue.«

Aber Obstfelder hörte nicht zu. Eine Mazurka von Chopin fuhr sein Rückgrat hinunter. Er kroch auf den Knien und stieß mit dem Kopf gegen die Wand.

Eines Tages schnitt er sich in die Finger. Mit Händen, von denen das Blut tropfte, stand er vor dem Fenster. Sie sah es nicht. Da kaufte er für sämtliche Finger Fingerhüte und trommelte an die Scheibe.

Nana, dachte Oda. Ich brauche dich mehr, als du ahnst.

Sie holte ihre Tochter bei Krohgs Schwestern. Nana schaute Obstfelder mit großen Augen an. Sie hatte lesen gelernt, und sie deklamierte:

»Der Wald steht und murmelt. Mama, warum murmelt er?«

Obstfelder schaute sie unglücklich an.

»Fräulein, ich bitte Sie, zitieren Sie mich nicht.«

Oda wußte, daß ihre Vergangenheit nicht ausgelöscht werden konnte. Auf Obstfelder ging das wie ein Erdrutsch nieder.

Engelhart, Krohg, Jæger, Nilssen, alles. Und dazu noch die, die damit rechneten, die nächsten zu sein. Die sich ihr gegenüber noch würden behaupten müssen.

Krohg sagte: »Obstfelder ist ein großer Lyriker.«

Obstfelder behauptete sich nicht. Die Eifersucht fraß ihn auf, es war wie ein uraltes Ritual. Aber für ein paar kurze Wochen hatte Obstfelder sie ihre Vergangenheit vergessen lassen. Auch wenn sich ihre Wege trennten, fühlte sie sich

gestärkt. Er beabsichtigte eine längere Reise zu machen. Er *wollte* überleben. »Abends, wenn die Sonne in einem Farbenrausch untergeht, so als hätte das am Morgen gesäte Blut ein Tausendfaches gezeugt und das Rot in all die Millionen Nuancen verwandelt, die zu versprühen, zu gebären und töten und erneut zu gebären eine ewige Freude ist, – seht, dann ist sie da, die verwunderte Frage: Was mag es sein, was ihre wunderbare Seele prophezeit hat, ist es wie dieses Herrliche, diese Erdenschönheit?
Ich versuche es mir vorzustellen. Aber meine irdischen Sinne reichen nicht aus.«

Berlin.
Munch als Wegbereiter. Zu Hause in Kristiania hatten sie von dem Skandal gehört. Man hatte seine Ausstellung nach wenigen Tagen geschlossen. Krohg führte mit seiner Frau lange Gespräche über die darstellende Kunst. Seine Journalistentätigkeit ging ihm auf die Nerven. Sie lenkte ihn ab von seiner eigentlichen Lebensaufgabe.
»Wir müssen hinfahren«, sagte er. »*Alle* sind dort. Gunnar Heiberg, Strindberg, Krag, Segelcke. Ich stelle mir vor, ein Porträt von Strindberg zu malen. Ich glaube verdammt noch mal, daß ich ihn besser hinkriege. Da ging Munch einfach zu weit.«
Oda dachte beunruhigt an Gunnar Heiberg. Und an Munch. Zugleich wußte sie, daß sie den Winter in Kristiania nicht aushalten würde. Der Klatsch war zu aufdringlich, der Verlust von Obstfelder zu schwer. Sie hatte einen Traum:
Sie fuhren nach Paris, und Krohg legte dreihundert Kilo zu. Er wurde zu einem Koloß. Alle betrachteten ihn voller Begeisterung. Er lächelte und winkte allen zu und war überall, wo er ging und stand, selbstverständlicher Mittelpunkt. Sie dagegen wurde kleiner und kleiner. Schließlich war sie so klein, daß er sie nicht mehr bemerkte. Eines Abends, als er sich mit seinem ebenso enormen Schwager Frits Thaulow unterhielt, nahm Oda allen Mut zusammen und rannte aus dem Lo-

kal. Zuerst erschien es ihr unglaublich: Er rief nicht hinter ihr her! Er rief *nicht*! Sie war frei! Gerade als sie um die nächste Ecke biegen wollte, fiel ein großer Schatten über sie. Sie wußte, wer es war, zwang sich aber doch, umzublicken. Es war Regierungsrat Lasson, der ängstlich und verwundert fragte, wohin sie gehen wolle.

Berlin.

In ihren Gedanken eine letzte Möglichkeit. Gunnar Heibergs trockener Sarkasmus war vielleicht für sie beide eine Medizin. Aber sie wollte Per mitnehmen.

»Natürlich«, sagte Krohg. »Ihr seid ja unzertrennlich.«

Es war spät im Jahr. Europa war abgeblüht. Im Zug saß Oda am Fenster und durchlebte noch einmal den Sommer mit Obstfelder. Und sie dachte an ihre Ehe mit Krohg.

»Weißt du, Christian«, sagte sie. »Ich glaube nicht, daß eine Beziehung zwischen zwei Menschen jemals endet. Sie geht weiter, entwickelt sich, man kann keinen Menschen hinter sich ablegen. Das, was man gelebt hat, wird zu einem Teil der eigenen Persönlichkeit, vor der man nicht fliehen kann, nicht wahr?«

Er sagte, sie habe recht, aber sie war sich nicht sicher, ob er gehört hatte, was sie sagte.

Oda dachte an Nana. Wenn sie nicht in ihrer Nähe war, empfand sie diese Abwesenheit mit einer physischen Intensität, die einer Krankheit glich. Aber sie wußte, wenn die Tochter mitgekommen wäre, würde das bei ihr zu einem aufbrausenden und unberechenbaren Verhalten führen, zu einer hysterischen Angst vor einem feindlichen Blick oder einem unfreundlichen Wort.

»Woran denkst du?« fragte Krohg plötzlich. Er hatte lange dagesessen und sie betrachtet.

»Ich denke an Nana«, antwortete sie.

Er sah aus, als glaubte er ihr nicht. Nana, das hätte sein Triumph werden sollen. Statt dessen wurde sie zu einem lebenden Denkmal für alles Verlorene.

Ankunft Berlin.
Oda begrüßte Munch mit Verwunderung. War das *ihr* Munch? Der furchtsame, schöne, geniale Junge, ihr jüngster Ritter? Er wirkte freudlos und überreizt. Und seine neue Selbstsicherheit war unerträglich.
»Aha«, sagte er, »sind Krohgs gekommen, weil sie meinen, es müsse noch eine andere Welt geben als das Grand in Kristiania? Da muß ich Sie enttäuschen, hier gibt es keine Boheme. Sie verstehen, hier geht es um Leben oder Tod. Hier *verwirklichen* die Menschen ihre Selbstmorde.«
Odas Gefühl für Munch verwandelte sich plötzlich in Feindseligkeit. Sie ertrug es nicht, einer solchen Ironie ausgesetzt zu werden.
»Wirkt sich so Ihr Umgang mit Strindberg aus?« fragte sie.
»Strindberg? Wer ist Strindberg?« antwortete er. »Ich glaube nicht, daß ich ihm irgend etwas zu verdanken habe. Die Ausstellung ist ein Skandal, aber das habt ihr sicher gehört. Und Sie, lieber Krohg, schreiben einen Artikel?«
Krohg murmelte verlegen. Er fühlte sich auf unsicherem Terrain. Munch war mit der Ausstellung auf Tournee gewesen. Der Skandal hatte damit zweifellos Weltformat.
»Was ist los mit Ihnen, Munch?« fragte Oda, als sie endlich einige Stunden alleine hatten.
Er schaute sie unglücklich an.
»Was soll ich Ihnen darauf antworten?«
»Ist es wahr, daß Sie sich das mit Dagny Juell so zu Herzen nehmen? Ist sie nicht nett zu Ihnen?«
»Sie kennen mich, Frau Oda. Sie wissen doch, Munch und die Liebe ...«
»Fangen Sie jetzt bitte nicht an, von sich in der dritten Person zu sprechen. Noch nicht.«
»Ich habe Obstfelder getroffen. Wissen Sie, was Sie Obstfelder angetan haben?«
»Ach, das ist es. Jetzt verstehe ich.«
»Ich habe ein Modell hier in Berlin gefunden. Sie hat rotes Haar, genau wie Sie. Ähnelt außerdem Dagny Juell, ja, in ge-

wissem Sinne *allen* Frauen, die ich gekannt habe. Ich werde das Motiv Vampir nennen.«

»Mein armer Munch, steht es wirklich *so* schlimm um Sie?«

»Sie haben keinen Grund, so großartig aufzutreten. Ziehen immer noch herum mit diesem fürchterlichen Mann, Ihrem Ehemann, diesem armseligen Idioten. Hören Sie nie auf mit ihm? Wollen Sie alles umbringen, was Ihnen in den Weg kommt?«

Sie ging zu Gunnar Heiberg.

Krohg war bei ihr. Heiberg empfing sie mit einer begeisterten Umarmung und einem sarkastischen Grinsen. Oda wußte, daß man ihn ein Schwein nannte. Wegen seines angeblich häßlichen und runden, unappetitlichen Gesichts. Ihr schwebte ein anderes Tier vor, aber sie wußte noch nicht, welches. Sie kannte ihn nicht gut genug.

»Willkommen in der Stadt der Künstler«, sagte Heiberg und öffnete eine Flasche. »Wie geht es euch? Hier sind nur Munch und Strindberg, Munch und Strindberg, und dann dieses gräßliche Weibsbild, Dagny Juell. Munch und Strindberg tun immerhin etwas. Malen, schreiben, arbeiten, prügeln. Dagny Juell dagegen schwebt herum und redet Quatsch, während dieser geniale Pole Chopin spielt, bis ihm die Finger brechen.«

Krohg seufzte. »Trotzdem sehr aufregend, in der Nähe solcher Ereignisse zu sein. Ich rechne damit, hier meine besten Bilder malen zu können.«

»Und Sie?« Heiberg schaute Oda mit unergründlichem Gesicht an.

»Ich?« sagte Oda unsicher.

»Sie haben Obstfelder nicht mehr gesehen?«

»Nein. Ich dachte, er würde sich hier in der Gegend aufhalten.«

»Ja, das ist richtig. Er wandert durch den Wald und entwikkelt Ideen. Das sei ihm gegönnt. Er schreibt unglaublich gute

Gedichte. Das ist komisch mit solchen Begabungen. Plötzlich sind sie etablierte Genies. Woher haben sie das?«
»Und was ist mit Ihnen?«
»Ich habe dieses Schauspiel geschrieben, *Die Künstler*. Ich lese es euch gerne bei nächster Gelegenheit vor. Aufgeführt wird es sicher nicht. Wegen Bjørnson natürlich.«
Oda lachte wissend.
Sie hatte sich aus dem Streit um *König Midas* herausgehalten, der Kristiania in zwei Lager spaltete. Zum einen hielt sie sich in Kopenhagen auf, zum anderen stand Jæger im Mittelpunkt der Ereignisse, und Krohg bewachte sie wie eine Katze.

Am selben Abend traf sie Strindberg im »Ferkel». Krohg vereinbarte sofort mit dem Dichter, sein Porträt zu malen. Sie wollten am nächsten Morgen beginnen. Strindberg beachtete Oda nicht. Er sprach überhaupt nicht mit ihr. Sein Verhalten war irgendwie schmollend hysterisch, was sie nicht verstand, denn sie hatte noch Obstfelder im Blut. Die Stimmung erinnerte sie an Fieber, Größenwahn, Chloroform. Hier in Deutschland war ihr geliebter Per zu Tode gekommen. Sie sah, daß sich Munch tatsächlich in Dagny Juell verliebt hatte.
»Ich zeichne Augen«, sagte Munch. »Sie sind ganz schwarz. Haben Sie schon einmal von schwarzen Augen gehört?«
»Die Liebe«, sagte Strindberg gedämpft und übertrieben ruhig, »hat eine so erniedrigende, so höllisch vernichtende Wirkung. Aber Sie glauben das nicht, Munch, und begehen immer wieder denselben Fehler.«
Krohg warf seiner Frau einen unsicheren Blick zu. Oda nahm seine Hand, wandte sich aber an Strindberg:
»Ich habe so viel von Ihnen gehört, Strindberg. Ich bin wirklich gespannt darauf, was Sie zu sagen haben. Haben Sie etwas zu sagen?«
»Diese Frau ...« Strindberg wandte sich an Munch. »Ist sie auch eine von euch?«

Munch schloß die Augen. »Kein Wort mehr. Ich sehe nur Bilder.«
Odas Augen wurden immer größer.
»Dann singen Sie, Strindberg«, sagte sie. »Wir wissen, daß Sie eine Gitarre haben!«

In der ersten Zeit suchte Oda Trost bei Per. Sie ging mit ihm in die Parks, versuchte etwas zu finden, von dem sie gehört hatte, daß man es Gleichgewicht nannte. Aber Heiberg verfolgte sie. Wenn Per dabei war, verbot sie ihm jedes vertrauliche Gespräch. Das akzeptierte er ohne weiteres und mobilisierte statt dessen seinen ganzen Witz für Per, der von all dem Quatsch, den der große Mann machte, entzückt war.
Krohg arbeitete an den Vormittagen und verstand nicht, warum Oda nicht dasselbe machte.
»Hier hast du alle Möglichkeiten«, sagte er. »Wir mieten dir ein Zimmer, dann kannst du ungestört arbeiten.«
Sie sagte nein. Außerdem hatte sie bereits ein eigenes Zimmer. Mit Krohg schlief sie schon lange nicht mehr im selben Zimmer.
»Warum sind wir hierher gekommen?« fragte sie mißmutig. »Hast du keine Angst vor Heiberg, Christian?«
»Vor Heiberg?« Krohg lachte. »Er ist doch einer meiner besten Freunde.«
Das traf zu. Die beiden redeten oft stundenlang miteinander, Krohg glühend und heftig, Heiberg beißend und kontrolliert. Oda hatte fast das Gefühl, nicht vorhanden zu sein, aber kaum ging sie auf die Toilette, folgte ihr Heiberg zur Tür.
»Sie haben nicht vergessen, was ich einmal zu Ihnen sagte?«
»Nein. Sie sagten, Sie würden mich lieben.«
»Sehe ich aus wie ein Mensch, der seine Auffassung ändert?«
»Ich begreife Sie nicht, Heiberg. Was ist mit Didi?«
»Sie wissen genau, Frau Oda, daß ich vor ihr davongelaufen

bin. Wenn sie wollte, könnte sie an jedem Theater die Primadonna sein. Leider glaube ich, daß sie trinkt.«
»Wie gemein. Man kann doch nicht einfach von einem Menschen *davonlaufen*. Das verstehe ich nicht.«
»Nicht?« Heiberg schaute sie mit einem fast lustigen Augenzwinkern an. »Erinnern Sie sich nicht mehr, als Sie seinerzeit nach Skagen fuhren, zwei Wochen bevor Jæger aus dem Gefängnis entlassen wurde ...«
»Sie wissen offenbar alles über mich, was, Heiberg?«
»Ja, ist das nicht komisch? Und ich liebe Sie trotzdem.«

Krohg war beinahe glücklich.
»Das ist ja fast wie Skagen«, sagte er begeistert. »Die Weinstube ist unser Zuhause, und dann haben wir unsere Ateliers, unsere Lohnkammern, wo wir in aller Ruhe an unserer Kunst arbeiten können.«
Er saß mit Drachmann und Oda in der Weinstube »Zum schwarzen Ferkel», wie Strindberg G. Türkes Weinhandlung und Probierstube getauft hatte, und hatte eben ein Telegramm an Frits Thaulow in Paris geschickt. Dieser Ort war für Krohg ein kleines Wunder, ein Labyrinth mit Glasmalereien und rustikalen Möbeln. Es gab außerdem für große Feste einen Saal, und an der Bar konnte man zwischen neunhundert Sorten Branntwein wählen.
Oda betrachtete ihren Mann, der schwer am Tisch saß und glücklich hinüberblickte zu dem Tisch, an dem Strindberg immer saß, meistens in Gesellschaft von Munch, Adolf Paul oder Lidforss. Heiberg, Drachmann und Krohgs saßen gewöhnlich am Nebentisch, und im Laufe des Abends entstand ein einziges Gemenge aus Wehmut, Wahnsinn und Inspiration.
»Woran denkst du, Christian?«
Krohg schaute etwas benebelt zu Oda.
»Ja«, sagte er, »ich denke, die ganze Gesellschaft sollte so sein, unsere Wohnungen sollten offen sein wie eine Weinstube. Da würden wir uns nicht mit unseren Problemen ver-

stecken können. Da müßten wir sie vor aller Welt offenlegen und lösen, gemeinsam!«
»Ja, ja«, sagte Oda nervös. »Aber mit welchen Folgen?«

Oda und Dagny hatten sich einige Jahre nicht gesehen und kannten sich kaum. Aber sofort als Oda diese hochgewachsene, rothaarige Frau erblickte, begriff sie, daß sie eine Schicksalsgefährtin gefunden hatte: heimatlos wie sie.
»Guten Tag Dagny. Wie schön, Sie hier zu treffen.«
Dagny strich Oda rasch über die Wange. Das war eine seltsame Geste, vertraulicher, als es ihren Gefühlen entsprach. Oda spürte, das Dagny alles wußte, daß die Hand, die über ihre Wange strich, die einer Mutter war oder die einer großen Schwester.
Sie zogen sich sofort aus der Arena der Männer zurück, und als sie gingen, blickte ihnen Strindberg so haßerfüllt hinterher, daß Oda dachte: Ein wirklich wahrhaftiger Mensch wird in dieser Gesellschaft, die auf Hinterhältigkeit, Unterdrükkung und Lüge beruht, nie lebensfähig sein. Als Oda Dagny Juell sah, erkannte sie sofort, daß diese Frau schutzlos war. Sie war zwar fähig, ihre Triebe zu kontrollieren, konnte sie aber niemals verbergen, konnte nie etwas vortäuschen. Und Oda wußte, daß Dagny Juell, weil sie wahrhaftig war, nie akzeptiert werden würde. Oda schaute ihr in die Augen und empfand plötzlich so etwas wie Todesangst. Vielleicht spürte sie das Unausweichliche: wenige Jahre später sollte Dagny Juell von einer Pistolenkugel getötet werden.
»Wohin gehen wir?«
»Laß uns einfach gehen und reden«, sagte Dagny. »Ist Ihnen aufgefallen, daß die Häuser hier fast schwarz sind? Rot und schwarz. Ich habe dieses Bild von Ihnen gesehen, diese Laterne, und ich verstand auf einmal, daß Sie meine große Einsamkeit gespürt hatten.«
»Sie sind doch von so vielen Menschen umgeben«, sagte Oda vorsichtig. »Haben Sie keine Angst davor, daß einer von ihnen plötzlich die Kontrolle übernimmt?«

»Zwang, meinen Sie?«
»Ja.«
»Sie versuchen es unablässig, liebe Oda. Sie spielen ständig und haben große Freude daran, sich in Positur zu werfen. Haben Sie Strindberg beobachtet, wenn er über Frida redet, oder über mich? Diese arme Frida wartet in München auf ihn, und Strindberg schindet damit wirklich Eindruck. Aber kurz darauf findet er es amüsanter, über mich zu reden, und dabei versteht er es hervorragend, seinen Haß zu zeigen, denn das gibt einen tollen Effekt.«
»Mögen Sie keinen von diesen Menschen?«
»Ich mag sie alle. Deshalb bin ich hier. Aber ich bin auf der Suche nach einem wahren Gefühl, nach einem Wort, das aufrichtig ist, dem ich trauen kann, das nicht in einem Jahr in irgendeinem Theaterstück auftaucht. Verstehen Sie, wenn ich lächle, dann nicht, um verewigt zu werden. Aber diese Männer sind besessen von Porträts, von Dingen, die sie an die Wand hängen oder zwischen zwei Buchdeckel pressen können. Das verstehe ich nicht. Für meine Gefühle gibt es kein Archiv.«
»Ich verstehe Sie, Dagny. Ich fühle mich völlig verzweifelt, ausgehöhlt. Vielleicht liegt das daran, daß ständig dieser Hintergedanke da ist, dieser Versuch, den Augenblick zu verewigen. Mein Mann und ich ... Sie haben vielleicht gemerkt ...«
»... daß er Sie vergöttert?«
»Ja, glauben Sie das wirklich? Ich glaube, er hat sich einfach für mich entschieden. Deshalb hat er aufgehört, mich zu erleben. Er ist so nett, daß es fast eine Qual ist. Unbewußt treibt er mich in neue Beziehungen, weil er weiß, daß ich sonst verrückt werden würde. Er weiß, daß ich mich nicht von ihm lösen kann. Ich stelle mir das wie einen Krieg vor, nichts anderes, und mein ganzes Leben bin ich von dem einen oder anderen Mann abhängig gewesen. Immerzu hat der eine oder andere Mann etwas von mir. Aber ich schaffe es nicht, diese Erwartung zu erfüllen. Ich *muß* untreu werden, gerade weil erwartet wird, daß ich nicht untreu werde.«

»Sie wehren sich ganz einfach dagegen, daß andere Sie definieren wollen?«

»Ja, so kann man es vielleicht sagen. Aber mein Protest ist lächerlich. Ich glaube bald, ich könnte mit jedem beliebigen ein Verhältnis anfangen, nur um meine Unabhängigkeit zu bestätigen. Und dabei sehne ich mich nach nichts so sehr, wie bei jemanden zu sein, ihn verwöhnen zu dürfen, kurz, zu lieben.«

»Ja, das ist ein lächerliches Wort, und diese Männer in dieser Weinstube haben daraus eine Idee gemacht. Das ist irgendwie schamlos.«

»Halten Sie Munch für schamlos?«

»Nein, ihn nicht. Er kann nicht lieben. Er weiß nicht, was das ist, ein Verhältnis mit jemandem zu haben. Er wird ein großer Maler werden, weil er seine ganze Energie darauf verwendet, die Gefühle zu malen, die er nicht hat. Ich nenne das Kräfte sparen. Dazu dieser unerträgliche Drang, sich unsterblich zu machen.«

Oda lachte. »Und das sagen Sie ihnen?«

»Ja, das treibt sie völlig zur Verzweiflung, denn sie wollen so gerne alles, und dann erheben sie mich zu einem gottähnlichen Wesen. Eine feige Art, mit der Liebe umzugehen. Etwas so Erbärmliches, sich wegen eines Bildes in den Kopf zu schießen. Keiner von ihnen kennt mich. Keiner ist wirklich an mir interessiert, aber es gefällt ihnen, mich als Bild zu benutzen. Dann fühlen sie sich lebendig. Künstler haben ein starkes Bedürfnis danach, sich lebendig zu fühlen. Aber das wissen Sie ja selbst, Sie als Malerin.«

»Nein, ich bin keine Malerin mehr. Ich versuche, die Mutter eines Jungen zu sein. Ich habe sehr wenig, was ich rein malerisch ausdrücken könnte. Vielleicht, weil mein Mann für alles eine treffende, malerische Perspektive findet.«

»Er ist das, was man einen Fachmann nennt.«

»Richtig. Und ich werde ihn nie verstehen. Diese Gruppe, die Boheme, zu der ich auch gehöre, zu der mich die Leute zählen, hat die Frau und die Liebe zu einer Idee gemacht.

Also versuche ich, wie eine Idee zu leben, all diesen Worten zu entsprechen. Das ist wie ein Luftreich und wird außerdem schlimmer und schlimmer. Ich weiß nicht, was ich mit meinem Mann tun soll.«
»Doch, das wissen Sie ganz genau. Sie werden ihn natürlich verlassen.«

Aus Dagny Juells Mund klang das so einfach. Oda beneidete sie um ihre Natürlichkeit. Strindberg nannte sie einen Seelenvampir, und vielleicht hatte er recht. Sie gab nicht auf, bevor sie nicht bis zu den innersten Kammern vorgedrungen war. Dort fingen die Männer an, über ihre Kunst zu sprechen.
Krohg drängte, sie müsse malen. Aber sie sagte nein. Sie machte lange Spaziergänge mit Per, manchmal alleine, manchmal mit Heiberg, der höflich und zurückhaltend ihre Gedankenreihen unterstützte. Manchmal wurde er auch persönlich. Dann erzählte er von Didi, von der er sich seit vielen Jahren zu befreien versuchte.
»Ich war für sie immer wichtiger geworden«, sagt er. »Ich war ihr Theaterchef, ich schrieb die Rollen für sie. Sie erwartete, daß ich die Kontrolle über ihr Leben übernehmen sollte. Ich merkte plötzlich, daß sie mich in Eisen gelegt hatte, daß es völlig unerheblich war, was ich dachte und fühlte. Ich durfte mich nicht verändern. Nichts sollte sich entwickeln, alles sollte festgebunden werden. Für mich eine unhaltbare Situation.«
Oda schaute ihn argwöhnisch an.
»Sagen Sie das nur, weil Sie wissen, daß es mir mit Krohg ebenso geht?«
Heiberg lächelte ironisch.
»Ich schäme mich meiner Strategie nicht, Frau Oda. Aber im großen und ganzen sage ich die Wahrheit.«
Was Oda suchte, war eine andere Form der Unabhängigkeit. Sie hatte das Gefühl, mit der Kunst fertig zu sein. Wenn sie im »Ferkel« saß und stundenlang den Gesprächen der Männer zuhörte, klang alles nach Flucht, nach ewiger Selbstver-

teidigung. Sie hatte kein Selbstbild von sich, und wenn die Rede auf sie als Malerin kam, protestierte sie. Die Abende verbrachte sie mit Per.

Dieses Schauspiel dauerte mehrere Wochen. Strindberg war Regisseur. Von seinen Schauspielern verlangte er Loyalität und Durchhaltevermögen. Bühne war das »Ferkel», die Szenenwechsel waren dramatisch, das Stück geschwätzig.

Wenn Oda zu passiv war, provozierte Strindberg sie und sang zotige Lieder zur Gitarre. Sie ließ sich nicht beeindrukken. Sie hatte gesehen, wie Strindberg auf der Straße Munch ein Bein gestellt hatte, als sie nebeneinander gingen. Munch wurde wütend.

Krohg liebte es, sie vorzuzeigen. Wenn sie nicht ins »Ferkel« mitkommen wollte, flehte er sie auf Knien an. Jetzt habe er doch seine gute Periode, ob sie das nicht bemerke? Das Porträt von Strindberg war fast fertig, und Oda mußte zugeben, daß es meisterhaft war, vielleicht besser als das von Munch, das kostbare, infame; Strindberg von Frauen umringt und der Name falsch geschrieben: Stindberg.

Oda sah, daß sich etwas zusammenbraute. Trotz all der Umarmungen, mit denen sie sich jedesmal begrüßten, konnten sich diese Menschen, mit denen sie verkehrte, nicht leiden, sie konkurrierten, belogen und zerstörten einander. Nur Krohg und Heiberg schienen sich über den Drang nach Selbstbehauptung zu erheben.

»Ich glaube, Sie werden sich von Krohg trennen«, sagte Heiberg.

»Sie sprechen von Ihrem besten Freund«, sagte Oda.

»In der Liebe spielt das kaum eine Rolle. Sie sind wie ich, Frau Oda. Sie ertragen nicht zu viele Kompromisse, nicht zu viele Lügen. Sie wollen Ihr Innerstes verwirklichen, wollen es nicht zum Schweigen bringen.«

Sie saßen im »Ferkel», als es eines Abends krachte. Munch ärgerte sich kolossal über Krohg, über sein Benehmen, sein Gespür für das, was zur Zeit in Bewegung war. Und Strindberg ärgerte sich kolossal über Oda, über ihr fehlendes Interesse an seinen Leiden, ihre durch und durch weibliche Verlogenheit. O ja, er wußte über ihre Vergangenheit Bescheid. Sie sah es an den Blicken, die er ihr zuwarf. Sie blitzten vor Erniedrigung: Hure.

Strindberg wollte nach München zu Frida, vielleicht, weil Dagny ihn jetzt völlig links liegenließ und sich mit Lidforss und Przybyszewski zurückzog. Der ewige Paul wollte für Strindberg ein Abschiedsfest arrangieren, und widerwillig verließ Oda ihr Zimmer in der Pension. Sie wäre nicht hingegangen, wenn sie nicht gewußt hätte, daß Drachmann wieder da war, ihr guter Freund, Krohgs dänischer Zwilling. Für Krohg bedeutete es viel, sich von Strindberg zu verabschieden. Gemeinsame Stunden im Atelier verbanden sie, und wer weiß, worüber sie da gesprochen hatten, dachte Oda. Krohgs Frauenbild schien immerhin nicht verdunkelt worden zu sein. Im Gegenteil.

Oda sah Munch und wußte sofort, daß sie sich am besten abseits hielt. Sie hatte den Kontakt zu ihm verloren. Daran war Dagny Juell schuld, die ihn als Liebhaber lächerlich gemacht hatte. Er redete pausenlos von sich und äffte Strindbergs Manieren nach, ein unerträglicher Anblick.

»Lassen Sie sich von diesem Monster dominieren, Munch?« fragte Oda. »Sehen Sie nicht, daß Strindberg ein Nihilist ist? All dieser Unsinn mit dem Gold und dazu seine arrogante Analyse der Frau. Dabei hat er nichts begriffen außer seinem eigenen, primitiven Instinkt.«

Munch hörte nicht zu. Er hatte interessante Ausländer getroffen, und daneben existierte nur Aspasia, wie sie Dagny Juell nannten. Das bestätigte Odas Gefühl, daß sie Theater spielten und nicht den Mut hatten, sich ohne Masken unter richtigem Namen in die Augen zu schauen, sondern nur durch Bilder oder Manuskripte.

Das Fest begann, und die schöne Frau an der Theke hatte viel zu tun. Oda starrte sie fasziniert an. Sie war ein erotisches Monster. Sie öffnete das Tor zum Reich des Alkohols, und

man hatte den Eindruck, als komme all die Flüssigkeit von ihrem Körper. Das erregte Strindberg und frustrierte Munch. Krohg sagte, er habe Lust, sie zu malen.
»Die Beichte einer Törin«, schlug Strindberg als Titel vor und erwartete Beifall. Dann verlangte er Champagner und schaute mit gehässigen Augen in die Runde, obwohl Oda sah, daß er aufgeheitert, fast glücklich war.
Oda saß zwischen Krohg und Heiberg und wünschte sich sehnlichst, Dagny Juell würde da sein. Jetzt mußte sie alleine das Weibliche vertreten.
»Seien Sie sich darüber im klaren«, sagte Heiberg, »daß es ein grausamer Abend werden wird. Merken Sie es nicht? Die Stimmung ist giftgrün. Schauen Sie nur Munch an. Er ist tierisch eifersüchtig auf Strindberg, obwohl Dagny Juell es zur Zeit mit Lidforss und Przybyszewski treibt.«
Heiberg wandte sich an Munch:
»Apropos Strindberg, er ist Ihr Rivale, ein Frauenhasser. Er hat eine solche Angst vor Frauen, daß er sie haßt.«
Strindberg hörte es und rief:
»Aspasia? Sie glauben, ich hasse Aspasia? Morgen fahre ich nach München, zu meiner Verlobten. Nein, ich hasse Aspasia nicht, ich verachte sie, bin abgestoßen von ihr. Sie will sich an mir rächen, weil ich mich mit einer richtigen Frau verlobe. Eine richtige Frau braucht nicht ständig neue Knappen. Dieses feige, bleiche Weibsbild. Glauben Sie mir, ich kenne sie nur zu gut.«
»Ja, Sie haben sie geliebt, nicht wahr?« Heibergs Augen leuchteten vor Bosheit. Oda sah, daß seine Zielscheibe eigentlich Munch war. Munch, bereits betrunken, tierisch eifersüchtig. *Er* bildete sich ein, sie zu lieben. Jetzt stellte er sich Lidforss und Przybyszewski vor, beide nackt und mit steifem Glied, wie ein gezücktes Schwert! Ach, sein zerstörter Körper …
»Ich habe sie tanzen sehen«, fuhr Heiberg fort. »Ja, das kann sie. Dieser harmonische Körperausdruck. Ich verstehe einfach nicht die Verachtung, die ihr über sie ausgießt, letztlich das Fehlen jeder klaren Einsicht …«

»Aufhören«, sagte Munch gereizt. »Wissen Sie, daß Sie aussehen wie ein Schwein? Mit ihrem zu großen, runden Kopf. Ich finde, Sie sollten den Mund halten und Theaterstücke über wirkliche Menschen schreiben, nicht über Künstler, von denen Sie sowieso keine Ahnung haben. Künstler, das ist nicht etwas, was man wird, Heiberg. Dazu ist man geboren.«
»Ja, nehmen wir nur Strindberg,« fuhr Heiberg fort. »Wie wütend Sie sind! Aber Sie sind ein echter Künstler, oder ein Narr, wie Sie sich selbst bezeichnen. Das mag sogar passender sein. Als das sind Sie geboren. Dagegen läßt sich nichts machen.«
»Und ich komme von Dänemark hierher, um mir das anzuhören?« sagte Drachmann unglücklich.
»Wir versuchen es mit einem Prosit«, donnerte Krohg. Er blickte unsicher in die Runde.
Oda reagierte nicht, nur Strindberg trank, mit sich, für sich.
»Redet nur«, fauchte er. »Das prallt an mir ab. Ich lasse mich nicht beleidigen. Wenn ihr wüßtet ... Mehr sage ich nicht. Ich rede nur mit Menschen, die mich verstehen. Ich *verlange* Aufmerksamkeit von denen, die mich verstehen. Aber wenn ihr wüßtet ... Schaut euch Frau Krohg an. Eines von diesen zauberhaften Geschöpfen, die Gift verspritzen, die dazu geschaffen sind, Asche zu produzieren, während ich, wenn ihr nur wüßtet, nein, ich lasse mich nicht beleidigen, ich habe zu viel gesehen. Ich finde das nur komisch. Gebt mir eine Gitarre, dann singe ich euch ein Lied. Vielleicht erweist uns Frau Krohg die Ehre und fällt in den Refrain ein? Sie hat ja in diesen Tagen nicht gerade viel gesagt. Sie plant den nächsten Zug. Habt ihr vom nächsten Zug gehört? Den gibt es immer im Kopf einer Frau. Gebt mir mein brillantes Saitenspiel. Laßt mich das Lied singen. Ich glaube, es heißt: Not lehrt nackte Frau zu verschwinden. Nein, es heißt, Not lehrt nackte Frau beißen, oder vielleicht Not lehrt nackte Frau zupacken, oder, oder, oder ...«
Jemand reichte Strindberg die Gitarre. Oda sah, wie er sie

mit theatralischer Bewegung entgegennahm, auf den Saiten klimperte, sich räusperte.

»Klingt ziemlich falsch«, sagte Oda sachlich.

Strindberg warf ihr einen wütenden Blick zu.

»Wenn Sie schon kein Gehör haben«, sagte er, »könnte man vielleicht erwarten, daß Sie wahre Musiker in Ruhe lassen. Also: Not lehrt nackte Frau das Finden. Was findet sie? Richtig, einen Mann, oder eine Tasse voll Asche, was weiß ich. Stellt sich die Frage: Wo soll sie hineinbeißen? Die Frau braucht mehr als eine Tasse zum Hineinbeißen. Die Frau braucht Blut, nicht wahr, Munch? Sie haben immer wieder diese Krankheiten, die Sie so einfallsreich einsetzen. Ich glaube, die Frau braucht Blut, viel Blut. Also: Not lehrt nackte Frau trinken. Laßt mich beginnen. Stellt euch die Bühne vor: Ein Künstler, ein Verrückter oder wer auch immer fährt nach München, um sich zu verloben. Am Tag der Abreise kommt seine ehemalige Geliebte, die er nicht mehr liebt, die er nie geliebt hat, mit einer Pistole. Also: Not lehrt nackte Frau schießen. Ich glaube nicht, daß die Frau vorhat, mit ihm so ohne weiteres abzurechnen. Sie hat vor, ihm die Pistole zu geben, er soll sie mitnehmen auf die Reise, soll mit ihr leben, soll sie ständig im Auge haben, bis er eines Tages aufgibt. Denn die Frau hat gelernt zu kriechen. Not lehrt nackte Frau kriechen. Aber wir vergessen einige wichtige Details. Wir nehmen den Schluß vorweg. Wir vergessen, daß sie viele Männer gehabt hat. Ich bezeichne sie als eine Art Loch, ein Stück Fleisch mit Loch, das gestopft und geleert und wieder gestopft wird. Sie hatte einmal eine Ehe. Sie hatte einmal etwas Heiliges. Aber Not lehrt nackte Frau, sich zu beschmutzen. Ich singe …«

Strindberg sang, aber die Gitarre war so verstimmt, daß er keine Melodie zustande brachte.

»Sie klingt falsch«, wiederholte Oda.

»Nein«, sagte Strindberg. »Das ist meine besondere Art, sie zu stimmen. Das ist mein übersensibles, musikalisches Ohr. Ich vermag in diesem Lärm nicht zu musizieren. Ich würde

diese Gitarre fast als heilig bezeichnen, als mystisch, als religiöses Faktum, als Kathedrale. Not lehrt nackte Frau ...«
Er sang aus vollem Halse. Drachmann fing an zu lachen. Strindberg schlug mit der Hand auf die Saiten und unterbrach sein Spiel.
»In einer solchen Versammlung soll ich mich mitteilen können? Hier sollten nur Frauen für Unterhaltung sorgen, mit Liedchen und heißa und hopsasa. Sie, Frau Krohg, Sie sind doch heute abend besonders gut in Form? Können Sie nicht ein Lied für uns singen? Not lehrt nackte Frau ... Na, was fällt Ihnen dazu ein?«
Er reichte ihr die Gitarre. Sie ergriff das Instrument und fing sofort an, es zu stimmen.
»Not lehrt nackte Frau, rein zu singen, Herr Strindberg.«
»Unterstehen Sie sich, mein Instrument zu verstimmen!«
Im Strindbergs Augen glänzte Angst. Er griff nach der Gitarre, reichte aber nicht über den Tisch, und Oda lehnte sich triumphierend zurück.
»Ich stimme sie nur richtig«, sagte sie ruhig.
»Das ist ein Verbrechen. Sie ist rein!«
»Nein, man kann unmöglich darauf spielen. Sie taugt nichts.«
»Herrgott, begreifen Sie denn nicht, daß diese Gitarre ihre ganz besondere, also heilige Stimmung hat?«
Oda schlug einen munteren Akkord.
»Sie reden so viel über das Heilige, Strindberg. Das ist wohl wieder diese Religion. Mit Symbolen ist ja alles einfacher.«
Strindberg schlug auf den Tisch.
»Meine Gitarre!« schrie er. »Die Frau befummelt meine Gitarre! Wer ist dieses ungeheuerliche Wesen? Und wie konnten Sie, Krohg, sich um Himmels willen unterstehen, ein solches Beispiel an Vulgärkultur an *meinen* Tisch zu schleppen?«
Krohg wurde krebsrot im Gesicht. Er hatte Strindberg geliebt in diesen Tagen, in denen er ihn gemalt hatte. Wie konnte er ihm jetzt so in den Rücken fallen?

»Sie ist meine Frau«, brummte er. »Außerdem ist die Gitarre verstimmt.«
Jetzt mischte sich Heiberg ein:
»Gestimmt oder nicht gestimmt, das ist eine interessante Fragestellung, Strindberg. Ich interpretiere Sie gemäß Ihrem Benehmen und Ihren Werken und muß bedauerlicherweise feststellen, daß Sie einen keineswegs harmonischen Eindruck machen.«
»Aber ich habe mein Gehör!« Strindberg war jetzt richtig wütend. Oda merkte, daß sie zu weit gegangen war. Sie wollte nicht in diese Art von Polemik hineingezogen werden. So wie Strindberg dasaß, war er eine Bedrohung. Sie wußte nicht, wie sie sich seinem Haß gegenüber verhalten sollte. Er brauchte sie nur anzusehen, und sie fühlte sich gedemütigt. Mit jedem Blick unterstellte er ihr schmutzige Motive. Wenn er sie anschaute, fühlte sie sich nicht mehr wie ein Mensch, sondern wie ein brauner Hund, der gehorchen muß. Sie erinnerte sich, daß sie in diesen Tagen mehrmals den erniedrigenden Drang verspürt hatte, vor diesem Meister aus Schweden mit dem Schwanz zu wedeln und alles aufzugeben, nur um ihn lächeln zu sehen. In seiner unbändigen Wut flehte er darum, von allen anerkannt zu werden. Sie hatte noch nie einen so schlauen Menschen getroffen.
»Sie ist eine Frau«, schrie Strindberg. »Sie hat nicht recht, und sie bekommt nicht recht. Daß sie rein in falsch verwandelt, ist ebenso natürlich wie ihre Art, Wahrheit in Lüge, weiß in schwarz oder schön in häßlich zu verkehren. Ihr habt hier ein eklatantes Beispiel für die weibliche Vernunft. Jeder, der in diesen Wochen an meinem Tisch gesessen hat, hat gehört, daß meine Gitarre rein klingt, wunderbar rein. Ich habe für meinen Gesang Applaus geerntet, und so mancher ist zu mir gekommen und hat mich zum Musiker ernannt, vielleicht zum größten. Denn wer vermag Klänge und Obertöne besser zu erfassen als ein sensibler Mensch? Und wenn die Tragödie, die Erniedrigung und der Betrug über ihn hinweggefegt sind, hat das seine Sensibilität nur geschärft!«

Oda sah, daß sich Drachmann erhoben hatte. Natürlich er, wer sonst. Es hätte allerdings auch Krohg sein können. Oda sah in seinen Augen eine große, schwere und dumme Versöhnung. Jetzt solle man miteinander anstoßen und fröhlich sein. Oda spürte eine akute Übelkeit.

»Und nun leeren wir unsere Gläser zu Ehren unseres Freundes Strindberg«, sagte Drachmann und warf einen zufriedenen Blick in die Runde. »Sein Frauenhaß ist bankrott, wird in die Knie gezwungen vom Meisterwerk der Schöpfung: *der Frau*! Morgen verläßt er uns, um in den Armen der Geliebten die Heimsuchungen dieser Welt zu vergessen. Dazu wollen wir ihm viel Glück wünschen! Ich bin nicht wie Sie, Frau Krohg, die ihn insgeheim haßt wegen all der Gemeinheiten, die er über die Frauen geschrieben hat, die es verdienen. Ich bin auch nicht wie Krohg, der Strindberg gemalt und ein Bild geschaffen hat, das uns nichts über Krohg und noch weniger über Strindberg sagt. Und aus diesem Grund ist er wütend auf sein Modell! Ich bin auch nicht wie Heiberg, der mit Strindberg einen Zechkumpan verlieren wird und eine gute Zielscheibe für seine sarkastischen Bemerkungen. Ich bin auch nicht wie Munch, der hierher nach Berlin kam und einen Skandalerfolg hatte und jetzt vor lauter Wichtigkeit nicht mehr fröhlich sein kann! Ich bin nur ein Zigeuner. Ich bin ein Freund der sanften Wesensart und möchte gerne auch *dein* Freund sein, Strindberg, selbst wenn mir dein Humor nicht immer zusagt, am wenigsten heute! Nun wollen wir auf den *guten Humor* trinken und daß der heutige Tag keine Schatten auf das Kommende werfen möge!«

Drachmann hob sein Glas. Munch fuhr in die Höhe.

»Nach dem, was Sie gerade über mich gesagt haben, Drachmann, kann ich Ihrem Toast nicht folgen. Bitte sehr!«

Munch blickte in die Runde.

»Silentium für Munch!« rief Heiberg ironisch. »Munch will eine Rede auf Drachmann halten!«

»Die Rede wird so aussehen, daß ich diesen Ort verlasse«, antwortete Munch.

»Warte«, sagte Krohg. »Es gibt gewisse Grenzen, gewisse Grenzen, Munch. Sie gehören einem Kreis gebildeter Künstler an. Sie können sich nicht so benehmen, als gehörte Ihnen die Welt. Ist Ihnen Ihre Malerei total zu Kopfe gestiegen? Sie reden mit einem der größten Schriftsteller Dänemarks. Haben Sie keine Achtung vor einem Künstlerkollegen? Ohne Achtung wird man kein Künstler, Munch. Hier verläuft die Grenze zwischen Ihnen und mir. Sie achten nur sich selbst, und das ist sehr bedauerlich.«

»Widerlich!« heulte Munch. Er war jetzt hysterisch und konnte die Verachtung, die er all diese Jahre für Krohg empfunden hatte, nicht mehr zurückhalten.

»Ein abscheulicher Floskelmensch!« rief Munch, »Das sind Sie! Zwischen uns beiden besteht keine Verbindung mehr!«

Munch nahm seinen Hut und ging zur Tür. Strindberg rief ihm nach:

»Du hast recht, Munch! Hättest du es nicht gesagt, hätte *ich* es getan!«

Krohg wischte sich den Schweiß von der Stirn und sagte nachdrücklich:

»Du hast Drachmann mißverstanden, lieber Strindberg.«

»Lieber Strindberg?« sagte Strindberg. »Wer hat Ihnen das Recht gegeben, mich lieber Strindberg zu nennen?«

Da wurde es Oda zu viel.

»Jetzt sind Sie wirklich *zu* dumm, Strindberg!«

Es wurde ganz still. Oda begriff, daß sie den Meister beleidigt hatte. Jetzt richtete sich sein Haß gegen sie persönlich.

»Darf ich fragen«, sagte er gedämpft, »mit welchem Recht Sie sich zum Richter über mich erheben? Man sollte von jedem, der sich in unserer Gesellschaft zum Richter macht, erwarten, ein Minimum an Moral zu besitzen.«

»Trauen Sie mir keine Moral zu?«

»Nein, meine Liebe. Wie könnte ich?«

»Sie meinen mich also zu kennen?«

»Natürlich kenne ich Sie, Frau Krohg.« Strindbergs Augen glänzten vor Boshaftigkeit. »Sie sind schließlich der Prototyp, wenn ich so sagen darf. Der Prototyp des Oberflächlichen, Verantwortungslosen. Ich weiß genau, wie Sie gelebt haben. Ihr erster Mann hatte Geld, deshalb haben Sie ihn geheiratet. Dann betrogen Sie ihn mit Ihrem zweiten Mann, weil er einen gewissen Bekanntheitsgrad besaß. Das Betrügen wurde eine Gewohnheit, Frau Krohg. Für Menschen, die keine Kathedrale haben, nichts Heiliges, wird der Betrug, die Lüge und die Beschmutzung eine Lebensnotwendigkeit. Was glauben Sie, ist Ihr Leben bisher gewesen? Die Ehe haben Sie besudelt. Die heilige Ehe, der höchste Pakt zwischen zwei Menschen, haben Sie kaltherzig zertreten, und ein Kind haben Sie ausgesetzt. Schamlos haben Sie beim erstbesten Unterschlupf gesucht. Sie haben über die Liebe gesprochen, bis sie selbst daran glaubten. Aber was haben Sie wirklich gemacht, Frau Krohg? Sie haben den Mann zum Sklaven gemacht. Ihr Ehemann ist zum Sklaven geworden, sehen Sie ihn nur an. Und alle Ihre Liebhaber. Wer wird der nächste? Wer wird der nächste? Ich denke, es wird Heiberg, der arme Kerl. Ich habe doch einen ständigen Blickwechsel zwischen euch gesehen …«

Oda brach mit einem Weinkrampf zusammen. All diese Jahre hatte sie um eine Identität gekämpft. Innerhalb weniger Minuten zerpflückte Strindberg ihr Selbstbild. Sie hörte sich schreien:

»Ich brauche mir eine solche Behandlung von Ihnen nicht bieten zu lassen!«

»Sie können schon noch mehr geboten bekommen«, rief Strindberg zurück, »und dann nehme ich kein Blatt mehr vor den Mund.«

Strindberg warf ihr Feder und Papier zu.

»Und Sie wollen eine Künstlerin sein?« fuhr er fort. »Sie wollen die Geschichte Ihres Lebens schreiben? Sie wollen sich in Ihrer eigenen Nichtswürdigkeit baden, wollen sich in Ihrer Sünde wälzen?«

Oda starrte ihn verständnislos an.

»Warum *hassen* Sie mich so?«

Aber er hörte ihr nicht zu. Er formulierte bereits in Gedanken weiter. Er war Dichter. Sein Anliegen war es, sich auszudrücken.

»Sie können nicht lieben, Frau Krohg. Sie können einfach nicht lieben. Sie können nur betrügen, im Stich lassen. Wäre ich Ihr Mann, ich würde Sie verprügeln, würde Sie einsperren, würde Ihnen zeigen, daß die Frau die *Dienerin* des Mannes ist und nicht sein Alptraum. Jetzt haben Sie Heiberg gewählt. Ich weiß es, ich kann es sehen. Hat man Sie nicht die Prinzessin der Boheme genannt? Aber ich habe ein Buch gelesen, das gerade erschienen ist und *Kranke Liebe* heißt. Sein Autor ist der berühmte Hans Jæger, und das Buch handelt von *Ihnen*, Frau Krohg.«

»Das haben Sie nicht gelesen! Das ist nicht wahr!«

»*Kranke Liebe*«, sagte Strindberg unbeirrt. »Das ist ein treffender Titel, wenn auch Liebe in anderem Zusammenhang, sonst wäre das Wort falsch verwendet.«

Oda spürte eine Hand auf ihrem Rücken. Es war Krohg.

»Nimm es dir nicht zu Herzen«, murmelte er. »Ich werde mit Strindberg abrechnen.«

Aber Heiberg war aufgestanden. Er stellte sich drohend vor Strindberg. Jetzt sah Oda, welchem Tier Heiberg glich. Er glich einem Löwen, einem abwartenden Raubtier, träge beobachtend, und genau im richtigen Augenblick bereit zum Angriff. Sie sah, daß das Tier rasend war:

»Wirst du jetzt um Verzeihung bitten?«

Strindberg schüttelte energisch den Kopf. »Nein.«

»*Wirst* du um Verzeihung bitten?«

»Nein. Und ich prügle mich auch nicht mit Bauernlümmeln in Wirtshäusern, stehe im übrigen aber zu Diensten, wann und wo du willst.«

Heiberg hatte die Hand zum Schlag erhoben. Jetzt senkte er sie wieder, steckte sie in die Tasche und ging hinüber zu Oda. Sie spürte, daß er sie um die Taille faßte und vom Stuhl hochzog.

»Komm, wir gehen«, sagte er.

Dann gingen sie. Heiberg und Oda Arm in Arm. Krohg hinterher.
»Adieu, du lieber, dummer Freund!« rief ihm Strindberg nach. Krohg war zum Vertreter des gesamten versklavten männlichen Geschlechts geworden, als er gebeugt seiner Frau und seinem besten Freund folgte.

Später in der Nacht sagte Krohg zu Oda:
»Ich habe es die ganze Zeit gewußt. Du möchtest dich von mir trennen. Aber davon will ich nichts hören. Ich wußte das mit dir und Heiberg, das habe ich lange gespürt, und Heiberg ist nicht einer, der aufgibt. Trotzdem ist er mein bester Freund, hörst du? Ich glaube, du hast mich nie verstanden. Ich verlange nichts von dir. Ich verehre dich und werde dich immer lieben.«
»Aber Christian, warum sagst du das? Siehst du mich mit Strindbergs Augen? Willst du mich gerne loswerden?«
Krohg schüttelte den Kopf. »Ich glaube, du hast mich nie verstanden. Aber ich denke so: Du erlebst mich als eine Bedrohung, als ein Gefängnis, und ich würde es nicht ertragen, wenn du anfangen würdest, mich zu hassen. Als Heiberg den Arm um dich legte, war mir klar, daß es kein Zurück gibt. Jetzt ist Heiberg an der Reihe.«

Heiberg war an der Reihe. Er kam zu ihr, wenn Per schlief. Und sie merkte, daß er ein Löwe war. Er hatte auf den richtigen Augenblick gewartet und dann zugeschlagen. Aber sie liebte ihn nicht, fühlte nichts.
»Ich liebe dich nicht, Gunnar Heiberg«, murmelte sie.
»Ich weiß«, keuchte er. »Aber ich habe so lange gewartet, und ich werde dir beibringen, mich zu lieben.«
»Ich werde immer vor Strindbergs Blick fliehen«, fuhr sie fort. »Und mich nie davon befreien.«
Sie war ein Mensch ohne Identität. Sie war für alles empfänglich, und Gunnar Heiberg wußte das.

Krohg fuhr kurz darauf mit Per nach Paris. Heiberg und Oda nahmen einen Umweg durch die deutschen Wälder. Es wurde Frühling in Europa, und Heiberg versuchte Oda in Frühlingsstimmung zu bringen. Er holte die größten Wörter hervor, die er in seinem Theaterstück *Der Balkon* finden konnte, in dem er Julie und die grenzenlose Liebe beschrieb.
Sie wohnten in einem abseits liegenden Hotel, wo Oda, still, verletzt und verwundert zusah, wie er sich entfaltete, felsenfest von seiner Attraktivität überzeugt und davon, sie zu erringen.
Aber die Zeit war kurz. Sie wollte nach Paris, zu Per.
Heiberg verstand ihre Sehnsucht, und statt sie ihr auszureden, fing er an über die Unantastbarkeit der Liebe zu reden, über Mutter und Kind als unauflösliches Bündnis. »Strindberg hat sich hier getäuscht«, sagte er. »Strindberg sieht nur den Machtkampf zwischen den Geschlechtern, weil er selbst ständig an der Liebe scheitert, aber wer wirklich liebt oder geliebt wird, erlebt das nie in dieser Weise.«
»Es stimmt«, sagte Oda, »Ich habe mich geliebt gefühlt und gleichzeitig gefangen.«
»Du mußt im Licht spielen«, sagte Heiberg nachdenklich. »Alles an dir verlangt nach Licht. Wo bleiben die Strahlen? Sie dringen nach innen, sie verzehren dich, sie brennen dich leer. Ich werde dir keine Ruhe lassen. Bereust du es, mit mir gereist zu sein?«
Sie lächelte ihn müde an.
»Du hast mir keine Wahl gelassen. Du bist selbstsicher, aber du erdrückst mich nicht. Und du weißt, was ich weiß: daß ich nie wieder mit einem Mann zusammenziehen werde.«
»Warum?«
»Weil ich es nicht mehr ertrage, die Liebe zu verhöhnen.«
»Ja, ich verstehe dich. Das ist wie bei mir und Didi. Aber vielleicht ist es gerade deshalb unsere große Chance. Siehst du das nicht? Wir begegnen uns als *freie* Menschen, verlangen nichts anderes als Wahrheit. *Das* nenne ich Treue. Ach Oda, ich bin so glücklich. Auch wenn du mich jetzt nicht

liebst, weiß ich, daß du wieder lieben wirst. Du wirst tanzen, du wirst dich in deine Farben kleiden und das Auge erfreuen. Du wirst lachen. Du wirst reiten. Champagner wird dein Getränk sein. Dein Geist wird sprühen. Du wirst schöne Worte hören. Es ist so schön auf der Welt. Und es ist deine Natur – folge ihr! So wie ich. Ich mache, wozu ich Lust habe. Du wirst dich über deine Freiheit freuen und ihr vertrauen.«

Heiberg war in einem Rausch. An den Vormittagen schrieb er an seinem Theaterstück. Dann unternahm Oda lange Waldspaziergänge. Das war nicht einsam. Sie wollte es so. Sie hatte aufgehört zu schreiben und hatte keine Sekunde vor zu malen.

Eines Tages kam mit der Post ein Päckchen. In einem abseits gelegenen Hotel in Süddeutschland las Oda zum ersten Mal *Kranke Liebe*. Sie las ihre eigenen Briefe wieder, und sie las Jægers Briefe. Heiberg wollte darüber reden, aber sie untersagte ihm, das Buch auch nur zu erwähnen.

Heiberg öffnete eine Flasche Champagner. Sie stieß mit ihm an und hatte das undeutliche Gefühl, daß in der Nacht jemand mit ihr Liebe machte.

Es war noch Frühling, als Oda in Paris eintraf. Sie fuhr sofort zu ihrer Schwester Alexandra, die auf der Ile St. Louis mit ihrem Mann ein gastfreies Haus führte.

»Aber Oda«, sagte sie, »Du siehst ja völlig erschöpft aus. Warum bist du nicht früher gekommen?«

»Frag Heiberg.«

»Dann ist es also wahr?«

»Hat Krohg etwas gesagt?«

»Nichts. Das ist nicht seine Art.«

»Ich will alleine wohnen, Alex. Zusammen mit Per. Ich will mich nicht erniedrigen, weder mich noch andere. Vielleicht bin ich ungeeignet für das Leben, ich bin ja nur ein schlechter Ruf, deshalb kann ich mir nicht einmal das Leben nehmen, denn ein schlechter Ruf ist schließlich unsterblich.«

»Ich habe davon gehört«, sagte Alexandra wütend. »Aber

Strindberg ist danach bei uns zu Besuch gewesen, und er erinnert sich überhaupt nicht daran. Er muß ziemlich betrunken gewesen sein.«
»Darum geht es nicht«, sagte Oda. »Das war nur eine Episode. Aber jetzt ist auch noch Jægers Buch erschienen, und ich weiß, daß sowohl Jappe wie Obstfelder an etwas schreiben, und was ist mit Krohg? Sollte er den Mut haben, alles zu veröffentlichen, was sich in seinem Kopf bewegt, dürfte es für mich nicht sehr rosig aussehen.«
»Aber Oda, über so etwas bist du doch immer erhaben gewesen?«
Oda schaute ihre Schwester unglücklich an und erwiderte:
»Wie kann ich über mich selbst erhaben sein?«

Oda wohnte mit Per in einem billigen Hotel. Krohg wohnte im selben Hotel, und wenn sie zusammen aßen, alle drei, spürte Oda, wie das Altvertraute wiederkam und wie unmöglich es sein würde, je von ihm loszukommen.
Sie aßen schweigend. Krohg fragte vorsichtig, wie es ihr ergangen sei. Sie erzählte, daß Heiberg an zwei neuen Stücken schreibe und wieder nach Berlin gefahren sei. Krohg nickte und versuchte, begeistert zu wirken.
»Ich kenne niemanden, der bessere Dramen schreibt als er«, sagte er. »Ich hoffe, daß sie aufgeführt werden.«
Den Rest der Mahlzeit redeten sie mit Per. Er war bald vier Jahre alt und konnte seine Umwelt kommentieren. Jeder, der in den Speisesaal kam, wurde genau gemustert und beurteilt. Der Kleine benutzte eine sehr phantasievolle, bildhafte Sprache.
Es war ein bleicher und windstiller Sonntagnachmittag in Paris. Christian Krohg, der große, schwere Mann mit dem über die Brust wallenden Bart, versuchte zu lachen:
»Hast du bemerkt, wie aufmerksam er ist, Oda? Ich glaube verdammt noch mal, er wird Maler, so wie wir.«

Windstille in Paris. Als warteten alle auf etwas. Oda hatte jeden Morgen Kopfschmerzen. Am Vormittag ging sie mit Per und Bokken in den Parc du Luxembourg. Bokken war auf ihrer ersten großen Auslandsreise. Sie war offen für die Welt, für Operetten, Cabarets und merkwürdige Männer mit Bärtchen. Oda war froh um den Kontakt mit ihrer jüngeren Schwester. Sie wollte alles über das Leben wissen, und Oda bemühte sich, heitere Erinnerungen hervorzukramen, Verse aus den Liedern von Yvette Guilbert. Sie bemühte sich zu sehen, daß Frühling in Paris war, daß die Kastanien blühten, daß auf der Place du Théâtre Français die Blumenwagen auftauchten und langsam am »La Régence« vorbeigezogen wurden, wo Bokken, Oda und Alexandra manchmal nachmittags saßen, zur Stunde des Aperitivs, der grünen Stunde, und heißen Toddy mit Rum tranken, während Per sich in einen gewaltigen Kuchen vertiefte. Sie bemühte sich, den Duft der Zigarren zu riechen, die Geräusche der Wagenräder zu hören, die Sonnenstrahlen zu sehen, wie sie plötzlich im Laubwerk explodierten, den Geruch druckfrischer Zeitungen aufzunehmen, und dabei beobachtete sie die Veränderungen in Bokkens jungem Gesicht, das Gesicht eines Mädchens voller Vertrauen, eines Mädchens, das bald eine Frau sein würde mit so viel Schönem vor sich.
An einem dieser windstillen Frühlingstage kam eine Botschaft von zu Hause, aus der Grønnegate: Der Regierungsrat war auf dem Weg hierher. Er wollte nach Vichy und es mit einer weiteren Badekur versuchen, und Oda sollte ihn begleiten.

Obwohl das kein Befehl war, fühlte Oda, daß sie keine Wahl hatte. Sie sollte ihrem Vater helfen zu sterben. Lange war er eine Bedrohung gewesen, ein Schatten über ihren Gedanken. Er hatte so viel Schuld daran, daß sie so war, wie sie war. Jetzt stand sie an der Gare du Nord und holte ihn ab, den steifen, müden, alten Mann, und merkte, daß zwischen ihnen nichts ausgesprochen worden war.

»Oda«, murmelte er. »Ohne dich hätte ich es nicht geschafft.«
Sie verstand, was er meinte, obwohl sie sich die letzten Jahre fast nicht gesehen hatten.
»Sind meine Schwiegersöhne in der Stadt?«
Oda nickte. Er sprach, als würde er sie besitzen, als hätte er ein Recht auf sie und könnte ihre Aufmerksamkeit verlangen, wann er wollte. Aber zugleich stellte Oda fest, daß er nicht mehr mit derselben Autorität auftrat. Seine Art, sich auszudrücken, hatte etwas Jammerndes.
Er zog bei Thaulows ein, und Oda bat Krohg, Per zu übernehmen, denn sie wußte, daß von ihr jetzt viel verlangt werden würde. Sie versuchte, sich nicht über Alexandras diktatorischen Haushalt zu ärgern. Die Schwester rauchte Zigaretten und lief in Künstlerklamotten herum, war aber trotzdem eine Pfarrersfrau mit kräftigen Händen, geschaffen zum Entsaften und Marmeladekochen. Oda wußte, daß sich Alexandra im Innersten übergangen fühlte. Warum war nicht sie oder Nastinka ausersehen, mitzufahren zur Badekur nach Vichy, dieser Reise ins Jenseits.
Für Alexandra war es selbstverständlich, zu allen ein gutes Verhältnis zu haben, auch zu ihrem Vater. Für sie war es selbstverständlich, Freunde um sich zu haben. Dazu zählten beispielsweise Monet und Meissonier. Und Strindberg und Madame Curie? Aber der Regierungsrat hatte Oda gewählt. Vielleicht einfach deshalb, weil sie schon einmal ein Mitglied der Familie zu einer Badekur begleitet hatte?
»Deine Briefe damals«, sagte der Regierungsrat und nippte an einem Glas Wein mit Wasser verdünnt, während die Töchter bei ihm saßen und Schnaps tranken, »waren vollendete kleine Meisterwerke, sie leuchteten vor weiblicher Sorge, vor Loyalität. Man kann meinen Töchtern vieles vorwerfen, und dir, Oda, vielleicht am meisten, aber du warst immer loyal.«
»Das war eine schwierige Zeit«, antwortete Oda unangenehm berührt, weil die Schwestern dabei waren. »Ich habe doch nur geschrieben, was nötig war.«

»Familienzusammenhalt«, sagte der Regierungsrat gerührt, während Frits sich unauffällig in sein Atelier zurückzog, »ist das Wunderbarste, das Reinste, absolut Uneigennützigste, ja, ich hätte beinahe gesagt Heiligste, wenn ich mich nicht so lange Zeit von jedem kirchlichen Glauben distanziert hätte. Doch das kommt jetzt wieder, kannst du mir nicht aus der Bibel vorlesen, Bokken? Deine Religiosität bedeutet mir jetzt viel.«

Bokken schaute ihren Vater verständnislos an. Sie hatte schon vor vielen Jahren die Bibel ein für alle Mal zugeklappt.

»Was soll ich dir vorlesen?«

»Etwas über die Liebe. Ich denke an eure Mutter. Könnt ihr euch noch an eure Mama erinnern?«

Die drei Schwestern nickten, ohne einander anzusehen, ohne ein Wort zu sagen. Aus dem Atelier von Frits hörte man ein intensives Schaben. Oda bekam Lust auf eine Zigarre.

»Und wenn ich mit Menschen- und Engelszungen redete«, las Bokken langsam, »hätte aber die Liebe nicht, da wäre ich ein tönernes Erz und eine klingende Schelle.«

»Hör mir mit Schellen auf«, seufzte der Regierungsrat. »In dem französischen Zug haben sie ständig gebimmelt, der Kondukteur wollte offenbar etwas bekanntgeben.«

»Soll ich weiterlesen?« fragte Bokken.

»Ja natürlich. Ich möchte gerne noch mehr über die Liebe hören. Aber du mußt mit mehr Innigkeit lesen. Damit ich daran glauben kann.«

»Die Liebe ist langmütig, die Liebe ist gütig, sie ereifert sich nicht, sie prahlt nicht, sie bläht sich nicht auf …«

»Nein, das geht nicht«, unterbrach Lasson. »Deiner Stimme fehlt das richtige Gefühl. Wenn du vom Aufblähen liest, bekomme ich unangenehme Assoziationen. Ich denke an Geschwüre.«

»Ach Papa. Du bist sicher müde.«

»Ja, ich werde mich hinlegen.«

»Wann fahren wir nach Vichy?«

»In drei Tagen.«

Nachdem er sich hingelegt hatte, redeten die Schwestern noch weiter. Aus dem Atelier hörte man Frits schnarchen.
»Schaffst du das denn?« fragte Bokken bekümmert. »Wolltest du nicht malen oder schreiben? Für Papa ist es ganz selbstverständlich, daß du ihm zur Verfügung stehst.«
»Mach dir keine Gedanken«, lächelte Oda. »Ich male zur Zeit nicht. Außerdem gibt es etwas zwischen mir und Papa, das ihr nie verstehen werdet, und ich verstehe es selber nicht, aber es ist fast so, als müßte eine Ehe beendet werden.«
»Eine Ehe?«
»Nein, ihr versteht das nicht. Er ist meine Entschuldigung gewesen. Bald habe ich keine Entschuldigung mehr.«

Wie geplant bestiegen sie den Zug nach Vichy. Krohg und Per begleiteten sie zum Bahnhof. Lasson drückte seinem Schwiegersohn die Hand und steckt ihm ein Geldstück zu, um Per etwas Süßes zu kaufen.
»Ich bin so froh, daß du und Oda glücklich seid«, sagte er. »Nur das bedeutet etwas, wenn man in mein Alter kommt. Dann ist es gut, zu wissen, daß die Kinder weiterführen, was begonnen worden ist. Aber Krohg, du solltest sie nicht ewig weitermachen lassen mit dieser Malerei. Sie ist zu Größerem ausersehen. Schau sie dir an, sie muß viele Kinder bekommen. Meine Frau hatte viele Kinder, und ich wage zu sagen, daß wir eine glückliche Familie waren.«
Krohg klopfte ihm auf die Schultern und brachte ihn ins Abteil. Dann nahmen sie voneinander Abschied, und Oda war mit ihm allein.
Sie stiegen im Hotel Pavillon Sevigné ab. Der Park war voller Blumen. Oda begann ihren Vater zu pflegen, gehorsam, untertänig, er würde sagen hingebungsvoll, ohne Trotz oder Fragen.
»Das ist die Liebe«, sagte er beinahe glücklich.
»Ja, es ist sehr still«, sagte Oda.
»Was meinst du?«
Sie wußte selbst nicht, was sie meinte. Sie studierte den Diät-

plan von Doktor Strohler. Er war kein Wunderheiler wie der damals in Halle. Zu Oda sagte der Doktor:
»Er wird noch vor Ablauf des Sommers sterben. Aber die Bäder können ihn kräftigen, können seine Stimmung heben.«
»Wie viele muß er haben?«
»Vierzig«
»Du sollst kein Salz essen«, sagte Oda zu ihrem Vater. »Ich verstehe nicht, welche Rolle das spielt.«
»Kein Salz? Ach Ottilia, manchmal habe ich solche Angst. Vor mir ist eine große Dunkelheit. Und ich denke an Bokken, Soffi und Betsy. Was, glaubst du, wird aus ihnen werden? Ich bin froh, daß sie dich haben.«
Über Wochen und Monate waren sie in Vichy. Von Heiberg bekam Oda glühende Liebesbriefe. Sie las sie mit einem gewissen Vergnügen, sehnte sich aber nicht nach ihm. Trotzdem zwang er sie dazu, nachzudenken. Sie sah ihr Leben von außen. Sie sah sich, wie sie mit ihrem Vater Arm in Arm durch die Parks von Vichy ging. Sie sah sich, wie sie für einen Mann die Beine breit gemacht und ihn in sich aufgenommen hatte.
»Woran denkst du?« fragte der Regierungsrat und blickte von einer Zeitung auf, in der er gerade las.
»An nichts, glaube ich.«
»Langweilst du dich?«
»Nein, ich langweile mich nicht, Papa. Du brauchst dir meinetwegen keine Sorgen machen. Denke jetzt nur an dich.«
»Ich habe doch immer an euch gedacht, weißt du das?«
»Ja, Papa, du hast gewiß immer an uns gedacht.«
Dort, in Vichy, war Oda endlich imstande, mit ihrem Vater zu reden. Und das war nur möglich, weil der alte Mann allmählich in anderen Dimensionen zu denken begann, in größeren und mit Angst verbundenen, und sie aufgab. Er gab sie wirklich auf, sie hätte tausend Bilder malen können, und es hätte ihn nicht gestört, sie hätte ebenso viele Zigaretten rauchen können und er hätte ihr mit der größten Selbstverständlichkeit Feuer gegeben. Wenn sie nachmittags,

umgeben von den Kurgästen, im Salon des Hotels saßen und die in der Sonne tanzenden Staubkörner beobachteten, trank Oda ihren Absinth nach Pariser Art, und der Regierungsrat blickte nicht einmal auf von seinem Tee mit all den gräßlichen Kräutern.

Er wollte mit ihr über den Tod und das Leben reden, und sie beantwortete seine zweifelnden Fragen mit Geschichten aus ihrem Leben. »Jæger sagte einmal ...« oder: »Ich weiß noch, als ich mit Obstfelder am Ufer saß ...« Und eines Tages fragte der Regierungsrat verlegen, nachdem er sie lange mit einem fremden und neugierigen Blick angesehen hatte, als sähe er seine Tochter zum ersten Mal:

»Sag mal, hast du eigentlich alle diese Männer geliebt?«

Sie beantwortete die Frage ebenso ernst, wie er sie gestellt hatte:

»Natürlich, sonst wäre ich nie von Krohg weggegangen.«

»Wirklich?«

Der Regierungsrat stutzte nicht einmal über dieses Eingeständnis. Sie gingen zwischen hohen Bäumen und hörten die Musik von rieselnden Springbrunnen und einem französischen Hornorchester in einem öffentlichen Gebäude mit allzu dicken Säulen.

»Ich kenne ja Krohg nicht«, sagte der Regierungsrat. »Ich dachte, er sei ein netter Mann.«

»Ja, genau das ist er, Papa. Er ist viel zu nett. Aber das tut nichts zu Sache.«

»Nein, das tut nichts zur Sache«, wiederholte Lasson. Es gurgelte in seinen Lungen, und er hatte keine Kontrolle über seine Schließmuskeln.

»Ich war deiner Mutter niemals untreu«, fuhr er fort. »Es fällt dir vielleicht schwer, das zu glauben. Du hast sicher Beamte in zweifelhaften Situationen erlebt. Aber ich hatte die Musik, weißt du, und ich liebte sie wirklich, deine Mutter. Ich habe alles abgeschottet, was *du* geöffnet hast. Können wir uns nicht ein wenig auf die Bank setzen? Ich bin so schrecklich müde.«

»Ich hätte nie gedacht, daß du es wie ich erleben könntest. Aber weißt du noch, daß du mich einmal verprügelt hast?«
»Ich habe dich doch nie geschlagen, mein Kind?«
»Erinnerst du dich nicht? Damals, als ich mit Nana schwanger war?«
»In Filtvedt, meinst du?«
»Nein, da war Nana schon sechs Jahre alt. Bevor ich nach Belgien fuhr.«
»Daran erinnere ich mich nicht. Du mußt dich irren. Hast du wirklich ein so grausames Bild von deinem Vater?«
»Das ist kein Bild. Das war entweder ein böser Traum oder blutiger Ernst.«
»Aber wir haben uns doch immer geliebt, als Familie, meine ich?«
»Was bezeichnet man nicht alles als Liebe.«
»Das Riechfläschchen, Ottilia. Es wird so dunkel in meinem Kopf. Wir müssen von etwas anderem reden. Kannst du nicht von einem freundlichen Ort erzählen, wo du gewesen bist?«
Oda erzählte von Bokken und Paris. Das fiel ihr nicht schwer. Sie war frei.
Eine halbe Stunde später gingen sie zurück zum Hotel, beide in heiterer Stimmung.

Er war zu krank für tiefergehende Geständnisse, und alles drehte sich um Kräuter und das Essen. Er war alt und geistig geschwächt, aber eigenwillig. Er gab seine Moral auf, ließ sie fallen, um mit seiner Tochter sorglos spazierengehen zu können und so etwas wie seelische Gemeinsamkeit zu empfinden.
»Ich habe keine Angst vor dem Sterben«, sagte er. »Ich habe Angst vor dem Tod, aber *sie* ist ja dort. Und Per. Glaubst du, daß ich sie dort treffe?«
Was sollte sie antworten? Sie brauchte keine Religion, weil sie der Natur vertraute. Ganz instinktiv wußte sie, daß da ein Zusammenhang bestehen mußte. Aber wenn man aus

dem Jenseitigen kam und das Leben diese sehr kurze Chance war, zu erfahren, was es bedeutete, Geist und Fleisch zu sein, ein Mensch zu sein, verstand sie dieses starke Heimweh nicht, die Religiosität, die die Menschen davon abhielt, die Erfahrung des Lebens zu machen. Diese Art des Denkens war ein Teil ihrer Persönlichkeit geworden, was klar in den Krisen zum Ausdruck kam, die sie durchlebte. Es gab immer solche, die in schwierigen Situationen von Klöstern träumen. *Sie* träumte eher von einem Freudenhaus.
Vielleicht bestand darin der Unterschied zwischen ihr und dem Regierungsrat: Sie hatte nie das Gefühl gehabt, sie hätte genügend Zeit. Deshalb nahm sie sich nicht die Zeit, etwas zu besitzen, auf Haus und Heim zu setzen, wie Alexandra und Frits das machten. Sie setzte darauf, sich völlig auszuleben, setzte darauf, daß die Rätsel durch Erfahrungen ihre Klärung finden, daß die Funken, die bei der Berührung von Menschen flogen, mitgelebt wurden.
Der Regierungsrat hatte immer von Haus, Möbeln, Gemälden und geordneten Familienverhältnissen geträumt. Jetzt träumte er von Klöstern, von verständnisvollen Mönchen, die erklären konnten, daß es sinnvoll war, zu sterben.
»Hast du keine Angst vor dem Sterben?« fragte er fast verdrossen.
Sie überlegte.
»Nein«, sagte sie. »Und das Merkwürdige ist, daß unter meinen Bekannten, vielleicht abgesehen von Munch, der Tod immer sonnenklar gewesen ist.«
»Sonnenklar?« Der Regierungsrat blickte argwöhnisch und nippte an ausgekochten Blütenstengeln.
»Ja, er ist etwas Natürliches, eine Macht, die so groß ist, daß man nicht anders kann, als ihn zu akzeptieren.«
»Aber ihr glaubt doch nicht an Gott? Warum habt ihr keine Angst?«
»Wer weiß schon, was wir glauben, Papa. Wir wissen es selbst nicht. Aber wir benutzen die Zeit nicht dazu, um uns zu verleugnen. Das ist das einzige, was ich sagen kann. Die

Tiere zum Beispiel, sie haben akzeptiert, aber sie versuchen auch alles mögliche. Sie erscheinen gedankenlos, primitiv, aber wer akzeptiert das Rätsel des Lebens heroischer und gleichzeitig vertrauensvoller als eine Katze, die sich in ihr Versteck zurückzieht, um zu sterben? Nein, für mich ist der Tod weit weniger erschreckend als der Gedanke, ein sinnloses Leben leben zu müssen.«

»Was ist sinnlos, Ottilia?«

»Ohne Liebe zu leben. Für die eigene Erlösung zu leben.«

Bei ihrem Gespräch fiel ihr unwillkürlich Heiberg ein, eine bestimmte Handbewegung, etwas, was er mit ihr gemacht hatte. Jetzt wünschte sie sich zum ersten Mal, daß er es wieder machen sollte. Sie fühlte eine tiefe, sinnliche Erregung, als sie da im Salon des Spukhotels beim Absinth saß und mit ihrem Vater über den Tod redete. Heiberg war dazu fähig, die Liebe metaphysisch zu machen und die Erotik zu einem Glaubensbekenntnis. Sie hatte nur nicht den Mut gehabt, ihm zu glauben.

Am selben Abend schrieb sie einen Brief: »Lieber Gunnar. Ich sitze im Salon des Hotels und spreche schon den ganzen Tag mit meinem Vater über den Tod. Er ist ein bißchen schwermütig, weil die Angelegenheit so unsicher ist. Was heißt es, zu sterben? Ich bin seltsam unberührt von der Tatsache, ihn zu verlieren, denn seit ich lebe, habe ich nur versucht, vor ihm zu fliehen. Jetzt ist es, als hätte er mich freigelassen, und danach habe ich mich in meinen glücklichsten Träumen gesehnt. Ich habe mir fast gewünscht, er würde mir dabei zusehen, wie ich liebe, denn ich wollte ihn zwingen, *meine* Lebensart zu akzeptieren. Jetzt fragt sich, ob ich *seine* akzeptiert habe. Nur glaube ich nicht, daß er eine hat. Nur wenig von dem, was er gemacht hat, entsprach seiner Natur. Das meiste waren Verhaltensnormen. Er ist rührend, wenn er versucht, einzugestehen, was war. Aber der Schleier des Vergessens hat sich über ihn gelegt, und ich bin froh darum. Sonst wäre das zu aufreibend. Ich mag ihn auf eine merkwürdig pathologische Art. Aber ich wollte eigentlich erzählen, daß ich, wenn ich mit ihm rede, deine Worte benutze und deine Erklärungen, was »das Leben ist». Ich, die so lange deine kranke Oda war, entdeckte, daß ich wieder gesunde. Heute beim Absinth hatte ich schrecklich Lust auf dich. Ist das nicht ein gutes Zeichen, mein Lieber? Ich habe auch Lust, dir kleine Wahrheiten der intimsten Art zu erzählen, aber das muß wohl noch warten.«

Einige Nächte später erwachte sie, vielleicht, weil der Geruch fehlte. Sie schlief im selben Zimmer wie ihr Vater. Sie hatte schnell gemerkt, daß er sie am liebsten bei sich haben wollte, bis zum Schluß, bis zur Schwelle zum Jenseits. »Du erinnerst mich so an sie«, hatte er gesagt, und Oda verstand, daß er die Mutter meinte, sie, die immer in der Küche gestanden hatte. Für Oda war das eine beruhigende Erkenntnis. Sie hatte gerne etwas gemeinsam mit diesem überirdischen Wesen, das nie, darauf hätte sie schwören können, untreu gewesen war, sondern gehorsam und loyal bis zum Überdruß.

Er war nicht da. Sie stand auf. Der schwere Duft nach altem Mann und Chemikalien, der Geruch nach verdorbenen Aprikosen, manchmal nach Käse, war weg. Sie stand auf, ohne zu erschrecken, obwohl etwas in der Luft lag, eine Stimmung von plötzlichem Tod. Nachdem sie sich einen Morgenmantel übergeworfen hatte, öffnete sie die Tür zum Gang und dort war der Geruch. Hier mußte er gegangen, vielleicht gekrochen sein. Sie schaute ängstlich zur Toilette und ging in diese Richtung, aber der Geruch nahm ab. Deshalb drehte sie sich um und wandte sich der Treppe zu. Es war ganz still in dem Hotel. An der Rezeption saß ein Mann und schlief. Sie wollte ihn nicht wecken und folgte dem Duft nach Aprikosen, der jetzt stärker wurde. Es hatte ihn offenbar hinaus in den Park gezogen. Die Bäume standen unbeweglich, wie Tod und Passion. Sie mischte sich in die Angelegenheiten eines anderen Menschen. Er hatte das Recht, zu tun, was er wollte, auch nachts. Warum sollte sie ihn verfolgen, ihn degradieren, ihn zu einem Menschen ohne eigenen Willen machen? Sie folgte ihm, weil es ihm nicht ähnlich sah, nachts unterwegs zu sein. Sie setzte also voraus, daß er sich immer und ewig so benahm wie am Tag vorher. Sie setzte voraus, daß ihn nichts beeinträchtigen konnte mit Ausnahme der natürlichen Zellauflösung, dem lebenslangen Todesprozeß. Niemand konnte von seiten des Regierungsrats besonders dramatische Launen erwarten. Deshalb ging sie nicht in den Park hinaus, sondern blieb unschlüssig an der Rezeption stehen, wo immer noch ein Mann schlief.

Ein Scharren hinter der Tür zur Restaurantküche veranlaßte sie, dorthin zu gehen. Dort saß der Regierungsrat. Und der Tisch, an dem er saß, war voll mit Eßbarem, kalte Saucen, Hähnchenflügel und Salz, gutes Fleisch aus Grenoble, Butter und Brot, Gruyère und Emmentaler, Oliven, Salatblätter und ein Sahnekuchen.

»Aber Papa, willst du das alles essen?«

Lasson versuchte nicht, seine Würde zu retten. Er hatte ein Hühnerbein in den Händen und ließ es nicht los.

»Die Diät ist es«, sagte er, »die mich krank macht. Ich will nicht sterben.«

Er nahm ein Stück Butter und klatschte es auf das Hühnchen und spülte es mit Wein, Talbot 1889, hinunter.

»Weißt du noch, in der Grønnegate,« fuhr er fort. »Mamas Mahlzeiten, die hatten es in sich! Das hatte sie raus mit dem Truthahn, ihn richtig saftig zu machen. Ich erinnere mich, was Professor Nicolaysen einmal sagte. Bei einer solchen Kost wirst du sicher hundert Jahre, sagte er. Wenn ich damals gegessen habe, wurde mein Körper so leicht, Ottilia. Kannst du dir das vorstellen, dein alter Vater meinte dann, er könne tanzen. Diese perfekte Art, das Fett zu verwenden. Und das Fett, das ist das Salz des Lebens, verstehst du. Warum verweigert man mir Salz? Mit der Diät bringen sie mich langsam um. Sie verweigern mir Fett, aber was wäre ich denn ohne Fett?«

»Aber du verträgst das nicht, Papa.«

»Ich habe es immer vertragen, warum sollte ich es jetzt nicht vertragen?«
Sie nahm ihn am Arm, wollte ihn wegziehen vom Tisch. Da blieb ihm der Hühnerknochen im Hals stecken.
»Ich will nicht sterben!« gurgelte er, die Augen voller Panik.
»Nein«, sagte sie, »das wirst du nicht.«
Er klammerte sich an sie, bekam aber keine Luft. Sie klopfte ihm auf den Rücken, und das Hühnerbein fiel auf den Tisch. Wütend warf er es gegen die Wand. Dann fing er an zu weinen.
»Sie müssen mich leben lassen«, schluchzte er, »sie müssen etwas erfinden, daß es so wird wie früher. Das kann nicht so aufhören. Können sie nicht ein bißchen norwegisches Fett besorgen? Ich *weiß*, daß ich es vertrage.«
»Wieviel hast du gegessen?«
»Ach, nur einige Scheiben Brot. Ein wenig gesalzenes Fleisch, Butter und Geflügel.«
Er fing an sich zu erbrechen. Sie bugsierte ihn zur Toilette, und als sie glaubte, daß der erste Schub vorüber war, schleppte sie ihn die Treppe hinauf ins Zimmer. Nachdem er alles Essen erbrochen hatte, kam all das andere, das, was eigentlich er selbst war, ein grünlicher Saft, wie Absinth. Es roch fürchterlich.

Im Sommer 1893 nahm sie ihn mit, zurück nach Hause. Er hatte gebadet und war folgsam wie ein Lamm. Er ertrug keine weiteren falschen Hoffnungen.
Sowohl von Krohg wie von Heiberg hatte Oda Briefe erhalten. Beide hielten es für sinnlos, daß sie sich so aufopferte. Es müsse doch andere geben, die das übernehmen könnten? Sie hätte sich schließlich um ihre Karriere zu kümmern. Heiberg schrieb vom Egoismus als dem Positiven, Tragenden im Leben. Es gebe so viel falsch verstandenes Mitleid.
»Ihr versteht das nicht», schrieb sie zurück. »Für euch hat es immer einen Plan gegeben, ein Ziel, ihr habt euch immer angestrengt, Dinge zu meistern, die ihr nicht versteht, eine

Wirklichkeit, die vielleicht größer ist als ihr. Nur aus diesem Grund habt ihr Begriffe eingeführt wie freie Liebe und Revolution. Aber auch wenn man zweifellos wird sagen können, daß ihr weit gekommen seid, habe ich manchmal das Gefühl, daß ihr dabei zu kurz kommt, denn ohne die Sprache und all die Begriffe seid ihr hilflos. Da muß ich etwas Merkwürdiges erzählen. Zwischen Papa und mir herrschte in den letzten Tagen eine große Stille. Wir haben fast nicht miteinander gesprochen, und ich meine nun endlich, ihn zu kennen. Was uns immer trennte, war die Sprache. Er hatte seine Begriffe und ich die meinen, und wir fochten damit, so gut wir konnten, weil wir dachten, es müsse so sein. Die ganze Zeit betrachtete ich ihn als einen Feind. Jetzt sitze ich still da und halte seine Hand. Ich frage mich, ob ihr jemals Tag für Tag still dasitzen und einem Menschen die Hand halten könntet.«

Alle kamen sie nach Hause, um für ihn da zu sein und es ihm leichter zu machen. Was in aller Welt *sagt* man bei solchen Gelegenheiten? Es ging ganz schnell, und Oda war gar nicht auf das Fest eingestellt, das die Schwestern zum Geburtstag des Regierungsrats veranstalteten, aber es wurde ein einfaches Fest unter dem großen Ahornbaum, und es schien ihm zu gefallen. Er verteilte alle seine Zigaretten, und Betsy schaute ihn skeptisch an und murmelte:
»Jetzt ist er aber nett geworden.«
Es hatte geregnet. Dann kam die Sonne. Die Blätter der Laubbäume glänzten, fast fettig, dachte Oda, und sie fand einen letzten Hauch von Flieder, ein Duft, der in einem abgeblühten Busch zurückgeblieben war.

In der Nacht, in der der Regierungsrat starb, schrieb Oda an Heiberg: »Ich war immer abhängig von ihm, krankhaft abhängig. Deshalb war es wunderbar, sich von ihm befreit zu haben, während er noch lebte. Die Menschen können also *immer* zu einem gegenseitigen Verständnis gelangen, auch wenn es schmerzhaft ist. Was da in Vichy geschehen ist, könnte das auch zwischen mir und Krohg geschehen? Nichts wünsche ich mir mehr, als wirklich den Mann zu verstehen, der mir so viel gegeben hat und der so lange ausgehalten hat. Ich glaube, hier ist die Rede von einem sehr tiefen Respekt, der nichts mit der üblichen Nettigkeit und Geduld zu tun hat, sondern mit dem Willen, das zu akzeptieren, was jeder von uns ausleben muß, ich schreibe ausleben *muß*, um sich selbst treu zu sein.«

Oda blieb in der Grønnegate wohnen. Krohg kam mit Per und Nana, und auch Sacha und Ba kehrten von Engelharts zurück. Sacha war untröstlich. Sie hatte ihren Großvater immer sehr geliebt. Für einige Tage waren Odas Kinder beisammen, zwei Mädchen und zwei Jungen mit sehr unterschiedlichen Erfahrungen und trotzdem Geschwister. Immer wieder hatte sich Oda vorgeworfen, den Kindern keine Mutter zu sein. Jetzt fragte sie sich, ob dieser Vorwurf nicht eher eine Gewohnheit war, hinter der kein Gefühl steckte. Es waren frische und gesunde Kinder. Oda nahm Nana beiseite und fragte:
»Hast du mich manchmal vermißt, Nana?«
Nana mit dem hübschen hellen Haar warf den Kopf zurück. Vermißt?
»Ich freue mich, daß du da bist, Mama.«
Oda seufzte. Sie erhielt nicht die Antwort, die sie sich gedacht hatte. Das hatte mit Belgien zu tun.
»Hat dir Belgien gefehlt?« fragte sie und errötete, weil es so plump klang, so unsinnig.
»Belgien ist schön, Mama. Bist du traurig Mama?«
Aber Oda brauchte keinen Trost, nicht von ihr. Sie drückte das Mädchen an sich, was ihr immer schwerfiel, und schickte sie dann zurück zu den Geschwistern.

Alexandra traf pünktlich zum Begräbnis ein und begann sofort, alles zu regeln. Soffi und Bokken wurden nach Sandvika geschickt, und Mimi wohnte bei Thoresens in Eidsvoll. Der Nachlaß mußte geordnet werden, und das übernahm

Alexandra. In einigen hektischen Tagen organisierte sie alles, abziehen, zusammenzählen, dividieren. Dann rauschte sie wieder ab nach Paris, mit Betsy buchstäblich unterm Arm. Sie sollte zur Hebamme ausgebildet werden. Arme Betsy, siebzehn Jahre alt und mit einer älteren Schwester, die es gewohnt war, das Leben zu organisieren. Oda atmete erleichtert auf, als sie allein in der Grønnegate zurückblieb. Hier würde sie wohnen, bis das Haus verkauft wurde, und das konnte Jahre dauern.

Odas Schwestern trauerten. Sie selbst ging still von Zimmer zu Zimmer, die jetzt geplündert aussahen, und sie spürte, daß sie atmen konnte, daß das einzige Gespenst, das es noch gab, die Gestalt ihrer Mutter war, und das war ein freundliches Gespenst.

Draußen spielten die Kinder. Sie brachte es nicht fertig, von *ihren* Kindern zu sprechen, dazu hatten alle bereits ein zu selbständiges Leben. Nur von Per stahl sie sich schamlos etwas Liebe, wenn sie mit ihm allein war. Bei ihm spürte sie eine Loyalität, die von ihr leicht mißbraucht werden konnte. Erstaunt mußte sie feststellen, wie sie ihn aussaugte, wie sie ganz bewußt bestimmte Reaktionen bei ihm hervorrief. Das war nichts Besonderes, das machten alle Mütter, trotzdem war es Diebstahl, weil es heimlich geschah, weil sie von ihm mehr forderte, als er einlösen konnte. Aber er war so jung, und er war noch so freigebig.

Oda fühlte sich gereinigt und gleichzeitig in einem Dämmerzustand. Am Abend malte sie mit den Kindern, ohne das Bedürfnis zu haben, selbst zu malen. Die Karriere, ihr eigenes Leben, bekümmerte sie nicht. Das einzige, was sie bekümmerte, war dieser schreckliche Geldmangel und ihre Unfähigkeit, zu sparen. Das konnte die Kinder in Mitleidenschaft ziehen. Um es wiedergutzumachen, nähte sie ihnen Kleider.

Krohg kam eines Abends, nachdem sie schon zu Bett gegangen waren, und Oda sah, daß er das weiße Gesicht hatte. Beim Begräbnis hatte er neben ihr gestanden, aber sie hatten keine Gelegenheit gehabt, miteinander zu sprechen. Jetzt

lotste sie ihn in das einzige leere Zimmer. Ein Stuhl für ihn, ein Stuhl für Oda, und dann natürlich Wein. Er kam gleich zur Sache:
»Siehst du Heiberg?«
»Aber Christian«, antwortete sie, »du siehst ihn doch viel öfter als ich.«
»Er behauptet, dich nicht zu sehen.«
»Dann ist das wahr. Du weißt ja, daß ich in Vichy gewesen bin.«
»Ich meine *jetzt*. Verstehe mich nicht falsch, Oda, ich möchte ja, daß ihr euch seht, ich habe nämlich die Idee für ein Bild, weißt du? Mir schwebt der große Ahornbaum hier im Garten vor, die Bank und der Tisch, und da sitzt ihr, du und Heiberg, auf dem Tisch Gläser und Flaschen und all das, vielleicht eine Decke, jedenfalls Sommer, und dazu ein kleines Mädchen, vielleicht Sacha, in einem hellen Kleidchen und mit Hut, ja, ein Mädchen an der Schwelle zur Welt der Erwachsenen, und ihr seid die Erwachsenen. Bist du einverstanden?«
In seiner Art, das zu sagen, lag etwas Kriecherisches. Hundeaugen und unmerklich zitternde Hände beim Greifen nach dem Glas, um sich daran festzuhalten. Er stöhnte und schnaufte, wie es seine Gewohnheit war. Danach zündete er sich eine Zigarette an.
»Wir hier zu dritt?« sagte Oda und trank. »Das gefällt mir nicht, Christian. Warum *davon* ein Bild?«
»Weil es wahrhaftig ist«, sagte er beinahe zornig. »Ich habe meinen künstlerischen Anspruch noch nicht vergessen. Ich bin noch nicht so weich in der Birne wie Jæger. Dieses verdammte Buch.«
»Bist du jetzt verletzt? Wirklich?«
»Es stimmt nicht, was er schreibt. Ich habe keine Tricks und Kniffe angewandt, um dich zu halten. Für mich warst du *immer* vollkommen frei.«
»Vom Begriff her, Christian, als Lippenbekenntnis, und jetzt als Bild. Das ist Freiheit unter speziellen Voraussetzungen.«
»Aber ich brauche ein solches Motiv, Oda!«

»Meinetwegen«, sagte Oda plötzlich todmüde. »Du sollst dein Motiv haben.«

In derselben Nacht versuchte sich Soffi das Leben zu nehmen. Man weckte Oda früh am Morgen. Im Rikshospitalet lag ihre Schwester, zwanzig Jahre alt, und schwebte zwischen Leben und Tod. Nein, sie schwebte nicht, sie lag da wie ein Stück Fleisch, mit einem Loch im Bauch, und tief in sich. Es war die schöne junge Soffi, Odas unbewußte Verbündete unter den Geschwistern, bereits zerstört von verdrängten Träumen, von einem verdrängten Leben. Oda hatte nur vage gewußt, daß die Schwester draußen in Sandvika eine Beziehung hatte. Was macht einen so verletzbar, daß man sich ein Loch in den Bauch schießt oder ein Loch in den Kopf schießen will, sobald man sich nicht mehr geliebt fühlt? Oda erschien das wie ein Fluch. Sie und die Schwester, vielleicht auch Bokken und die andern, waren offenbar ungeeignet für das Leben. An irgendeinem Punkt, irgendeiner Situation reagierten sie zu empfindlich. Aber wo lag der Auslöser? War es die allzu frühe Entdeckung, daß es möglich war, auch als Frau ein wahrhaftiges Leben zu führen? War es eine Entdekkung, zu der die Gesellschaft noch nicht reif war und die deshalb bei denen, die die Entdeckung ernst nahmen, zu katastrophalen Folgen führte? Soffi war bewußtlos, und Doktor Aksel Thoresen, der zufällig in der Nähe war, als es geschah, wich nicht von der Seite seiner künftigen Schwägerin.
»Ausgerechnet Soffi«, sagte Oda, und ihre Stimme klang gepreßt. »Und dabei hielt ich sie für die stärkste von uns.«
»So ist das immer wieder«, sagte Thoresen. »Aber es gibt keinen Stärksten, nur den Einsamsten, den Unglücklichsten.«
»Sie wird sterben, nicht wahr?«
»Vielleicht.«
Auch Bokken, Soffis beste Freundin, saß da. Oda sagte:
»Das bindet uns zusammen, Bokken, nicht als Familie, denn damit sind wir fertig, aber als Frauen allen Alters überall auf diesem Erdball. Wir brauchen Hilfe, und wir können einan-

der helfen, hörst du? Wir sind ein paar verdammte Frauen, und wir müssen einander helfen.«

Das weiße Zimmer, der Geruch nach Tod, Soffi im Bett. Oda hatte die andern hinausgescheucht, die sie nur störten. Sie saß an ihrem Bett und wollte sie auf andere, schöne Gedanken bringen. Aber als Oda ihrem Blick begegnete, nach der letzten, anstrengenden Operation am Vortag mit Blutverlust und überreiztem Arzt, war es als Schwester, als Mitwisserin.
»Das«, gestand Oda, »hätte ich wahrhaftig nicht von dir gedacht.«
Soffi umklammerte die steife Bettdecke und lächelte schwach.
»Ist das die Zurechtweisung der älteren Schwester?«
»Nein, die Anerkennung.«
Eine Krankenpflegerin kam herein und hörte die letzten Worte. Sie musterte die beiden mit erstaunter Verachtung. Dann überprüfte sie die Flaschen und Schläuche.
»Ihre Schwester braucht Ruhe,« sagte sie und rückte an ihrem Häubchen, das in einem Wust von zornigen Locken verrutscht war. »Sie dürfen keinesfalls lange bleiben.«
»Keinesfalls, nein«, sagte Oda ruhig. Ein Laken wurde glattgestrichen und ein Tablett auf dem Nachttisch kontrolliert. Dann war offenbar alles getan, und die Krankenpflegerin entfernte sich. Der letzte Blick, den sie Oda durch den Türspalt zuwarf, war die stumme Drohung einer Meldung beim Oberarzt.
»Anerkennung?« fragte Soffi.
»Nicht was du getan hast«, sagte Oda rasch und nahm die Hand ihrer kleinen Schwester, die welk herabhing und Wasser brauchte. »Nein, nicht was du getan hast«, wiederholte sie. »Aber was du fühltest, als du es getan hast. Warum hast du es getan?«
»Weil er nicht kam, wie er versprochen hatte.«
»*Was* hat er versprochen?«
»In jener Nacht zu kommen, nachdem mich Thoresen heimgebracht hatte.«

»War es ein Verhältnis, so richtig ernst, meine ich?«
»Ja, und das erste. Nicht wie bei dir damals. *Ich* wußte, wen ich mir aussuchte. Betsy, die Hexe, hat mir beigebracht, wie man nein sagt.«
»Und die Pistole, woher hattest du die?«
»Von einem Freund, das ist lange her. Ich wußte genau, wenn ich diese Gefühle zulasse, muß ich eine Rückzugsmöglichkeit haben. Die sind dann so stark, Oda. Ich kann nicht leben ohne diese ... Dimension. Andere Menschen kommen durchs Leben, ohne das zu vermissen, nutzen nicht die Augenblicke, sehen nicht die Gesichter, lesen nicht die Gedanken ... ach, es ist unerträglich. Ich liebe ihn, liebe, liebe, liebe ihn. Trotzdem werde ich es nicht wieder tun. Ich habe einen Vorgeschmack des Todes bekommen, und er schmeckte schlecht. Blutgeschmack im Mund, Oda. Ich muß mir keine Löcher mehr in den Körper schießen. Aber wie soll ich das Leben deichseln? Ich möchte werden wie du.«
»Was redest du da bloß, Mädchen?«
»Doch, ich möchte werden wie du, brauche jemanden wie dich, will wie du gebraucht werden.«
»Aber schau mal, was aus mir geworden ist.«
»Ein Kind, Oda. Du bist ein Kind, du hast große, kluge Kinderaugen, und für ein Kind ist es unerträglich, nicht suchen, nicht finden zu können. Ich weiß, du hast gefunden, in kurzen Augenblicken, nicht nur in einem, aber ein bißchen in vielen.
Das kann man nicht erklären, das muß man nicht erklären, aber ich weiß, du hast gefunden, und du läßt es nicht los, stimmt's? Versprich mir, daß du nie losläßt, daß du dich nie veränderst und nie so langweilig genügsam wirst, du weißt schon, wie damals in den Teegesellschaften.«
»Nein Soffi, so werde ich nie. Ich lasse nicht los.«
Oda drückte die welke Hand der Schwester. Es war ein Versprechen.

7

Flieder im Oktober

Die letzten zehn Jahre ihres Lebens wohnte Oda in der Halvdan Svartes Gate. Sie war nicht einsam. Junge Künstler scharten sich um sie, fragten sie um Rat, wollten wissen, wer das war, die alte, von Mythen umgebene Dame mit dem ausdrucksstarken Gesicht und den lebendigen Augen, la vraie princesse de la bohème.
Vielleicht schickte sie einem von ihnen einen Brief:

1935. Mein junger, stürmischer Freund. Wie soll ich dir das alles erklären? Du hast in all den Büchern über mich gelesen. Das ist jetzt lange her, und die, die geschrieben haben, erzählten nie, was *ich* sagte, sondern nur, was sie hörten oder meinten, daß ich es gesagt hätte. Ich habe versucht, über alles, worüber wir heute nacht sprachen, nachzudenken. Du warst so verzweifelt, so aufrichtig ungeduldig. Du sagtest, du brauchtest einen Mythos, etwas, das dem Leben eine höhere Weihe gibt. Ich habe das nie so empfunden. Ich habe mir aufrichtig gewünscht, die Mythen überflüssig zu machen, weil das Leben an sich etwas Höheres ist. Daß ich für dich und einige deiner Gleichaltrigen trotzdem zu einem Mythos geworden bin, dafür müssen diese Schreiber die Verantwortung übernehmen. Es besteht ein fundamentaler Unterschied zwischen Männern und Frauen. Neulich saß ich in diesem Zimmer und spielte mit Knut Hamsun Karten. Es wurde spät, d.h. es wurde früh, und schließlich stand ich auf und trat ans Fenster: »Komm her, Knut«, sagte ich, dann siehst du einen herrlichen Sonnenaufgang.« Aber mein alternder Freund stand nicht auf. Er murmelte:

»Bis jetzt habe ich noch nie einen perfekten Sonnenaufgang gesehen.«
Ich glaube, daß alle Männer, die mir begegnet sind, auf die eine oder andere Weise vor der Realität geflohen sind. Sie erwarteten immer etwas anderes, erwarteten mehr, als es gab. Sie hatten eine Vision, aber einen Menschen unter einem Schleier kann man nicht sehen. Alle meine Männer waren sehr einsam.
Heute nacht versuchte ich dir meine Version von dem, was du gelesen hast, zu geben. Du schienst mir nicht recht zu glauben. Als hätte ich es nötig, zu umschreiben, mich zu verstecken! Mein ganzes Leben habe ich das Gegenteil versucht: Gesicht zu zeigen, die Dinge beim Namen zu nennen. Du sagtest, du würdest meine Treulosigkeit bewundern. Dabei wollte ich nichts anderes, als treu sein.
Du hast mich heute nacht verlassen, als wir im Jahre 1893 angekommen waren, dem seltsamen Jahr, in dem Soffi versuchte, sich das Leben zu nehmen, in dem mein Vater starb, in dem ich fort mußte. Du sagtest, du hättest genug gehört, du brauchtest nichts mehr zu hören. Von dem, was du in den Büchern gelesen hattest, wolltest du meine Version hören. Du sagtest, was danach geschah, sei unwesentlich, verglichen mit der Boheme, von der du so viel hältst. Aber du irrst dich. Was von 1893 bis 1913 passiert ist, Herrgott, in zwanzig Jahren, das war wesentlich, wenn die Beziehung Mann – Frau die Hauptsache sein soll, für diese Geschichte und für dich.
1893 liebte ich Heiberg nicht. Soffis Selbstmordversuch fiel mit einem Tiefpunkt in meinem Leben zusammen. Die schwierige Beziehung zwischen mir und meinem Vater war zwar zu einem Ende gebracht worden, und die Art, wie wir voneinander schieden, gab mir einen gewissen Frieden. Aber es war mir nicht gelungen, etwas von dem zu verwirklichen, für das ich kämpfte. Krohgs Abhängigkeit von mir und Didis Abhängigkeit von Heiberg machten es unmöglich, die Dinge bei ihrem Namen zu nennen. Lügen und Verschweigen

waren lebensnotwendig für uns. Keiner wollte den anderen verletzen, mit zu starken Banden waren wir miteinander verknüpft.
Man nennt das gegenseitige Achtung, aber ich frage mich, was das ist. Krohg malte das schöne Bild von Sacha, Heiberg und mir. Es heißt *Grønnegate Nr. 19*, und wir sitzen unter dem Ahornbaum auf der Gartenbank, der Tisch mit Tischdecke und natürlich all die Getränke, und Krohg konnte sich hinter dem Malerischen verstecken. Ein Motiv suchen, das ist eine künstlerische, fachliche Angelegenheit. Aber was machte er? Er sorgte dafür, so oft in Heibergs und meiner Nähe zu sein, daß wir keine Chance hatten, unsere Beziehung zu klären.
Heiberg und Krohg, sie waren zu dieser Zeit die besten Freunde. Abends saßen sie bei mir in den leeren Zimmern meines Elternhauses, rauchten, tranken, tauschten endlos Gedanken aus. Drei erwachsene Menschen in einem gefühlsmäßigen Vakuum. Krohg war unfähig, es zu zeigen, den Schrei in sich, seine übergroße Sinnlichkeit, die man spürte, wenn er seine Artikel in *Verdens Gang* schrieb oder Porträts von mir und meinen Schwestern malte. Ständig redete er von der Zeit. Die Zeit damals, die Zeit jetzt, die künftige Zeit. »In dieser Zeit«, sagte er. Und Heiberg hörte aufmerksam zu, immer bereit zu diskutieren, über Malerei, Theater, Politik, die Boheme. Weder Heiberg noch Krohg wohnten in der Grønnegate. Trotzdem taten sie so, als wohnten sie dort. Sie blieben bis in die Nacht hinein sitzen. Sie saßen um die Wette. Der Ablauf war jedesmal derselbe: Krohg schlief ein, Heiberg warf mir einen bedeutsamen Blick zu, und wir weckten ihn: »Du bist jetzt müde, Christian. Sollen wir dich nach Hause bringen?« Aber der große, unglückliche Mann stand nur auf, vermied jedes Mitleid und sagte: »Um Himmels willen nein, ich finde den Weg alleine.« Aber draußen im Gang fiel ihm immer etwas ein, ein Theaterstück, über das sie zu reden vergessen hatten, die Idee zu einem Motiv. Heiberg hörte aufmerksam zu, ich starrte halb schlafend auf

den Boden. »Nicht wahr, Oda?« fragte Krohg plötzlich. Ich nickte dann, ohne zu wissen, was gesprochen worden war. Dann ging er. Herrgott, wie deutlich ich mich daran erinnere. Er nahm Stock und Hut. Er ging. Mein Mann wollte nach Hause in sein Bett. September 1893. Draußen auf dem Hofplatz drehte er sich um, warf uns, die wir an der Tür standen, einen glasigen Blick zu. Sein weißer Bart, das weiße Gesicht und seine ruhige, allzu ruhige Stimme:
»Danke für diesen Abend.«

War das die freie Liebe? Nein, und das weißt du genau. Ich möchte dir nichts kaputtmachen. Ich habe gesehen, wie Jæger seinen wahnwitzigen Kampf kämpfte. Das half ihm nicht, das half uns nicht. Alle waren sie Missionare, Jæger, Krohg und Heiberg. Missionare in meinem Leben, von *denen* kann ich dir viel erzählen. In ihrer tiefen Freiheitssehnsucht lag immer der Wunsch, die Menschen zu bevormunden, auch wenn sie wütend geworden wären, wenn man ihnen das gesagt hätte. Mich allerdings hatten sie in gewisser Weise gezwungen, die Boheme-Ideale von freier Liebe und ewiger Treue gegen jedes Gefühl zu leben. Sie wollten mit der Liebe experimentieren. *Das* war für mich unmöglich.
Eine Sache hast du die ganze Zeit vergessen oder übersehen: Ich habe vier Kinder, und, ob du es glaubst oder nicht, ich habe versucht, ihnen eine Mutter zu sein. Das war nicht so einfach, wie es Jæger in seiner Trilogie über unsere Liebesbeziehung erscheinen läßt. Ich hatte nicht immer eine Schwester oder ein Dienstmädchen, wo ich sie unterbringen konnte. Gemessen an dem totalen Unverständnis der Männer für die Bedürfnisse der Kinder war das noch das kleinere Problem. Ich erlebte, daß Jæger, Krohg und Heiberg mit den Kindern ausgelassen spielten, um sie im nächsten Augenblick völlig zu übersehen. Als ich dir von Jappe Nilssens Zusammenbruch in Åsgårdstrand im Sommer 1891 erzählte, wolltest du vor allem etwas über Munch erfahren und ob »Dr. Mørch« wirklich Gunnar Heiberg war, ob ich vier Bälle gleichzeitig

in der Luft hatte, wie du es ausdrücktest, und das sogar in bewunderndem Tonfall. Etwas über Per, Sacha und Ba zu erfahren, die mit ansehen mußten, wie die Erwachsenen mit Pistolen herumfuchtelten, war nebensächlich. Ich erzählte dir von der Nacht, in der wir zu Munch flohen. Findest du es richtig, mich »la vraie princesse de la bohème« zu nennen, eine Frau, die bereit war, mit je einem Kind an der Hand bei beliebigen Männern Unterschlupf zu suchen?

Zwischen mir und Heiberg standen Didi, meine Kinder und ich. Ja, ich. In jenem Herbst 1893 hat mich Heiberg mit seiner Überlegenheit eingeschüchtert. Er dachte, er könne mich manipulieren, er nannte meinen Körper ein Instrument, auf dem er spielte. Er hat sich drei Jahre an mich gehängt. Aber ich wollte nicht, daß er in der Grønnegate an meiner Seite erwacht, als neuer Mann und ich als neue Frau. Es war unvorstellbar für mich, daß Per, besonders Per, aber auch Nana, Sacha und Ba sich zu ihm als Vater verhalten sollten. Ich hatte Angst vor all den Ritualen, dem Finanziellen, den Forderungen und Erwartungen, die er uns unterschieben würde in dem Glauben, wir seien einzigartig, wir würden das alles besser bewältigen als alle andern. Mir wird das jetzt klar, daß ich mich leidenschaftlich danach sehnte, die Grenzen zu sprengen, die mich damals in so unmögliche Situationen brachten. Ich sprengte damals keine Grenzen, ich übersprang sie nur, befand mich plötzlich außerhalb und wartete, daß auch die anderen sprangen. Ich rief und rief meinen Namen, als würde ich dadurch erfahren, wer ich bin.

Didi. Du fragtest mich nach Didi, wolltest wissen, ob sie eine Bohemienne war. Ich weiß nur eines: Sie war die Frau eines anderen Mannes. In der Nacht, als sie zu mir in die Grønnegate kam und Heiberg, aufgeschreckt wie ein Tier, versuchte, sie davonzujagen, da wollte ich ihr entgegenkommen, aber sie verstand mich nicht, denn sie war eine Frau, die vorgab, zu lieben, und zwischen uns waren Lichtjahre. Sie konnte sich kaum auf den Beinen halten. Heiberg sagte, sie hätte getrunken, so als sei das in diesem Moment eine wesentliche Mitteilung. Ich forderte ihn auf, nach Hause zu gehen. Didi verstand das falsch, dachte, das sei ein Komplott, während ich das Gefühl hatte, jetzt müßten wir Frauen miteinander reden. Sie roch nach Absinth, Verzweiflung, Geistesabwesenheit. Sie hatte immer kämpfen müssen. Die Oberklasse war ihr fremd, die Oberklasse, für die sie spielen mußte und von der sie beklatscht wurde, halb herablassend, weil die selbstsichere Sprache letztlich nicht die ihre war, weil sie dünnhäutig war, genauso dünnhäutig wie die Frauengestalten, die sie auf der Bühne zu verkörpern hatte. Ich bewunderte Didi damals im Zuschauerraum, lange vor Heiberg. Ihre vielen Gesichter, zwischen denen es keinen Widerspruch gab. Und unbewußt wurde sie vom Publikum geliebt, weil sie den Mut hatte, mehrdeutig zu sein, weil sie sich weigerte, zu dem zu stehen, was sie noch Sekunden vorher gesagt hatte. Didi Heiberg, ich mußte sie hereinführen in die trostlose Wohnstube, und als sie sich setzte, sah ich ihre Augen, sah, wie sie ihn anschaute, bevor er ging, wie sie ihn haßte, ihn verachtete, ohne sich dessen bewußt zu sein. Denn sie war ein unberechenbares Tier, sie hatte sich an die Kette legen lassen, und er war gegangen, ohne zu begreifen, was eigentlich passiert war. Viel zu lange hatten die zwei über Liebe geredet. Sie hätten die Zeit dazu verwenden sollen, über Macht zu reden, über Abhängigkeit. Mein Freund, mein junger, stürmischer Freund, weißt du eigentlich, daß zwischen Menschen nichts umsonst zu haben ist?

Didi starrte meine Wände an, die hellen Quadrate, die von einem früheren Leben zeugten, einem verlorenen Leben, von Gemälden in Goldrahmen.

»Warum nimmst du ihn mir weg?« sagte sie. »Und warum *wohnst* du so?«

Ich weiß noch, daß sie dieses eine Wort betonte, *wohnen*. Die Schauspielerin sprach.

Dann sagte ich in irgendeinem Zusammenhang Sie zu ihr, und sie wurde wütend, wollte von mir nicht gesiezt werden.

Ich mußte an die Sünde denken, die junge, hilflose Nutte, die seinerzeit in meiner Kindheit im Garten der Grønnegate hinter mir stand. Didi war nur darauf fixiert, daß Heiberg viele Frauen gehabt hatte. Nicht ohne Grund habe Munch ihn als Schwein gezeichnet, meinte sie. Aber sie betonte, daß er nur sie liebe, und auch wenn er von mir ein bißchen »oh, là, là« bekomme, wie sie sich tatsächlich ausdrückte, langweile ihn das auf die Dauer, und er würde zu ihr zurückkehren.
»Das ist sicher richtig«, sagte ich. »und warum kommst du dann zu mir?«
Da legte sie den Kopf in den Nacken und erwiderte mit Würde, mit sehr viel Würde:
»Sie sollen ihn nicht so ablenken, wie Sie das tun. Ihre unglaubliche ... Nymphomanie macht Sie zu einer Bedrohung für jede Ehe. Sie verfolgen mit einer Schamlosigkeit berühmte Männer, daß man in der Geschichte weit zurückgehen muß, um etwas Ähnliches zu finden, und dann auch nur bei Männern.«
»Wollen Sie damit andeuten, daß ich, wie Sie sagen, Gunnar Heiberg verfolgt habe?«
»Ja, beste Frau Krohg, das will ich andeuten.«
»Ihnen ist also nicht in den Sinn gekommen, daß es Heiberg war, der geile Mann, der Liebesdirektor, der jahrelang hinter mir hergewesen ist, auf der verzweifelten Flucht vor Ihnen?«
»Sie sind gemein. Sie sind gemein. Du gemeines Luder, du ...«
»Versuchen Sie nicht, ihn zu bändigen, das würde scheitern.«
»Wie meinen Sie das?«
»Er hat einen freien Willen, einen sehr freien. Vielleicht versucht er, in Übereinstimmung mit sich selbst zu leben, was weiß ich?«
»Ja, was wissen Sie?«
»Sie wollen die Liebe bevormunden, Didi. Sie wollen daraus Regeln und Absprachen machen, die auf ganz anderen Werten beruhen als denen der gegenseitigen Achtung, des gegenseitigen Vertrauens. Das nennt man Ehe.«

»Ein Grundpfeiler unserer Gesellschaft.«
»Stimmt genau. Werfen Sie einen Blick auf unsere Gesellschaft.«
»Mein Gott, wie gemein Sie sind. Jæger hat nicht im mindesten übertrieben.«
»Halten wir uns in diesem Augenblick lieber an Sie und Heiberg. Ihr liebt euch wie zwei tote Heringe, die nebeneinander auf dem Mittagstisch liegen. Ich meine das nicht spöttisch, ihr wart sicher einmal das Liebespaar des Jahrhunderts, nenne es, wie du willst. Aber dann wurdet ihr eine Institution, habt sie patentieren lassen, so wie Krohg und ich, und jetzt ist eine Geschäftsverbindung übriggeblieben.«
»Ich liebe ihn!«
Sie schrie es. Ich erinnere mich, als sei es gestern gewesen. Mein Freund, warum ist es so entwürdigend, wenn Liebe stirbt?
Warum akzeptieren wir das nicht, wie wir den Lauf der Natur akzeptieren? Didi, dieses arme, veränderliche Geschöpf, kam zu mir und suchte das Unveränderliche, in der Hoffnung, daß *das* menschlich sein würde. In dieser Nacht, in der wir redeten, uns anschrien, miteinander heulten, lehrte sie mich eine Menge über Feigheit. Danach schliefen wir im selben Bett. Ich dachte, sie würde so erschöpft sein, daß sie mit mir und den Kindern am nächsten Tag frühstücken wollte, aber als ich erwachte, war sie bereits gegangen. Sie hinterließ einen Zettel mit der fast herzlichen Botschaft, daß sie sich erschießen wolle. Ich wußte natürlich, daß sie das nicht tun würde, denn sie war nicht Soffi, die die Liebe als Beweis ihrer Existenz suchte, das Ewige im Flüchtigen, wie sie es nannte. Didi suchte das Gegenteil: etwas Handfestes, Konkretes, einen Platz in der Geschichte, weltberühmt sein, oder vielleicht nur einen winzigen, unvergänglichen Beweis für ein flüchtiges Leben.

Mir ist so merkwürdig zumute, wenn ich diese Zeilen schreibe. Als du heute nacht bei mir gesessen und mich gebeten

hast, zu erzählen, glaubte ich, zu meiner Geschichte genügend Abstand zu haben. Aber fünfundsiebzig Jahre sind kein Alter, und 1893 war gestern früh.
Gestern früh, ein Novembertag. *Die Künstler* hatte Premiere in Kopenhagen und wurde ein gründlicher Reinfall. Hans Aanrud schrieb: »Es gab nicht einmal die Andeutung dessen, was man Beifall nennen könnte, das Publikum verließ das Theater mit einem überlegenen, vielleicht auch etwas schadenfrohen Lächeln.«

Der Löwe wackelte, gekränkt in seinem Stolz. Trotzdem kam Heiberg mit Champagner nach Kristiania zurück. Er füllte meine leeren Zimmer in der Grønnegate mit all seinen Freunden. Das was so peinlich, so gezwungen. Krohg sagte: »Gunnar! Du hast an den Prinzipien der dramatischen Komposition gerüttelt. Prost auf alle Prinzipien, die du in Fetzen reißt!«
Aber in Wirklichkeit war Heibergs Stellung als Dramatiker in Dänemark vernichtet. Edvard Brandes sagte, er habe gegen alle Regeln der dramatischen Poesie verstoßen. Ich glaube, in einer solchen Situation wäre jede Frau in Tränen ausgebrochen. Sie hätte mit dem Kopf gegen die Wand gestoßen und die große Niederlage eingestanden. Heiberg aber hob das Glas mit dem Champagner und prostete allen zu. Das wirkte sowohl prahlerisch wie unwahr. Und mir, die alles so ernst nahm, kamen unangenehme Gedanken. Was verband mich mit diesen Menschen?
Das geschah zu einer Zeit, in der gesellschaftlich gesehen viel von mir verlangt wurde. Die Boheme war noch ein lebendiger Begriff. Man glaubte, sie würde sich erholen und genauso schlagkräftig wie 1887 wiederkommen. Da wurde von mir erwartet, mich meinem Mythos entsprechend zu benehmen.
Kannst du verstehen, daß in mir alles zerbrach? Ich erinnere mich an eine Begegnung mit meinem ersten Mann, Jørgen Engelhart. Das muß 1894 gewesen sein, und ich wollte gerade mit Krohg und Heiberg nach Kopenhagen fahren. Sacha und

Ba liebten ihren Vater, und das war nie ein Problem für mich. Ich wußte, daß er sie gut behandelte. Für mich war es normal, daß sie bei ihm wohnten, so wie mein Leben ablief. Ich dachte an ihn nur als den Vater meiner Kinder, aber er sagte:
»Wir waren Mann und Frau. Wir können uns fremd werden, uns für immer vergessen, aber solange wir Kinder zusammen haben, werden wir aneinander gebunden sein. Erschreckt dich das nicht?«
Er saß in einem Wohnzimmer, das eine Frau gestaltet hatte. Nicht ich. Jørgen hatte Familie. Er hatte eine Tochter, die Blümchen pflückte und sie in einen Eierbecher stellte.
»Warum sollte mich das erschrecken?« antwortete ich. »Das ist schließlich eine Tatsache?«
»Ja.« Er war plötzlich wütend. »Nie gibst du Ruhe, immer diese seltsame Möglichkeit, die keine Möglichkeit ist, Versöhnung, neue Chance, Herrgott, Oda, wie du mich in all diesen Jahren gequält hast. Und was da in Jægers Buch über mich steht, das mit dem Waschen, welches Bild sollen denn Sacha und Ba von ihrem Vater bekommen, wenn sie das später einmal lesen?«
»Ja, das tut mir leid, gerade das.«
»Gerade das? Gerade das?«
»Aber was soll ich denn tun, mein Lieber?«
»Komm nicht mehr hierher, höre auf, in meinen Gedanken aufzutauchen, schamlos, nackt, du hast dich nie befriedigen lassen, weißt du das? Du hast den Mann zu einem prustenden Wesen degradiert, *nie* hatte ich eine Chance.«
»Doch, immer. Aber was nützt es, jetzt darüber zu reden? Können wir nicht ...«
»Freunde sein?«
»Ja.«
»Herrgott. Die Boheme spricht. Aber ich muß weg, Oda. Bald. So wie Schjander, ab über den Atlantik nach Südamerika. Und ich werde Sacha und Ba mitnehmen, hörst du, daran kannst du mich nicht hindern!«
»Ich will dich nicht daran hindern.«

»Wie bitte?«
»Nein. Sie lieben dich, Jørgen. Ich habe es gesehen, sie brauchen dich mehr als mich. Wenn sie wirklich bei dir sein wollen, wäre es nicht richtig von mir, sie zurückzuhalten.«
»Ist *das* die freie Liebe?«
»Ja, Jørgen, du sagst es. Ich glaube, das ist die freie Liebe, oder sollte es sein.«

Warum schreibe ich dir das? Versuche ich mich zu verteidigen? Versuche ich die Ereignisse zu idealisieren? Nein, ich weiß, daß das unmöglich ist. Außerdem habe ich zu lange als Mythos gelebt. Ich habe mich immer nach der Wirklichkeit gesehnt.
Du sagtest, du hättest das Dreiecksverhältnis Oda/Krohg/Jæger bewundert. Dann will ich dir über das Dreiecksverhältnis Oda/Krohg/Heiberg etwas erzählen. Ich verkroch mich nur noch mehr, versteckte mich unter der Bettdecke, wenn Heiberg gegangen war, wartete, daß Per oder Nana am Morgen kommen würden, wartete, daß Kinderhände anderen Kinderhänden begegneten, wie Soffi sagte. Ein Kind ist nie sorglos, ist nie sicher, aber manchmal sehr glücklich und andere Male geblendet, geschlagen.
Im Frühling 1894 befand ich mich mit Krohg und Heiberg in Kopenhagen. Ich erinnere mich nicht mehr an den Anlaß, aber wir waren mit Künstlerfreunden zusammen, der großen Familie. Und ich mochte sie, ihre Geistesgestörtheit, ihren beschränkten Gesichtkreis, ihre Angst und Verzweiflung. Wir waren vom gleichen Schlag, aber ihre Methode sich auszudrücken war die Kunst. Gib dem Feind einen Namen, und er ist unschädlich gemacht, so glaubten sie.
Heiberg und Krohg, zu der Zeit die besten Freunde, waren unfähig, über das zu reden, was sie wirklich betraf, ihre Sorgen, ihre Eifersucht und natürlich die künstlerischen Widrigkeiten, über das Stück, das nicht gespielt wurde, oder Krohgs *Leif Erikssøn, der Amerika entdeckte*, das Gemälde, das keine Begeisterung weckte. In der Pension saßen sie beim

Frühstück beisammen, eifrig bemüht, Freunde zu werden. In einer solchen Stimmung unausgesprochener Sinnesverwirrung malte Knist Bilder von Per und Nana, während Heiberg in Gedanken ein neues Stück konstruierte, in dem er alles sagen wollte, was er in der Wirklichkeit nicht zu sagen wagte, infame Angriffe auf Krohg, verkleidet als langweilige Liebhaber.
Die Ritter der freien Liebe waren handlungsunfähig. Ich war die Verwirklichung des Begriffs. Und einen Begriff, den man selbst geprägt hat, bekleckert man nicht. Man geht sorgsam damit um.
Manche glaubten, ich würde mir absichtlich Mann und Liebhaber halten, weil ich beide damit demütigen wolle. Strindberg hatte eine solche Atmosphäre des Geschlechterkampfes geschaffen, daß wir vielleicht alle davon angesteckt wurden. Aber das traf nicht zu. Im Frühling 1894 versuchte ich ebenso verzweifelt wie in jenem Sommer mit Jæger, von Christian Krohg loszukommen.
Du sagtest letzte Nacht selbst, daß der Mythos von mir der Mythos der Rücksichtslosen ist, die lieben, die geben, aber nur nach eigenen Prämissen. In meiner Erinnerung sieht das anders aus. Eines Tages sagte ich zu Heiberg:
»Ich schaffe das nicht mehr. Du und er, das wird schlimmer und schlimmer. Ihr bekommt die gleiche Sprache, den gleichen Blick, alles.«
»Wir sind gebildete Menschen, Oda.« Heiberg schaute mich mit dem sarkastischen Blick an, den ich einmal an ihm bewunderte. »Wir kratzen uns nicht gegenseitig die Augen aus, wie Schauspielerinnen ...«
»Ich nenne das ein Löwen-Verhalten«, erwiderte ich. »Träge herumliegen, anschleichen, das simple Spiel.«
»Aber wir haben gewisse Ideale.«
»Nein«, protestierte ich, und es war sicher ein Weinglas in der Nähe. »Es geht um Macht, Anbiederung, Abhängigkeit, und von all dem will ich weg. Außerdem ist da noch dein ungeklärtes Verhältnis zu Didi.«

Zu diesem Zeitpunkt sagte Heiberg, wenn ich mich recht erinnere, daß er mich liebe. Ich erinnere mich an einen Fleck auf dem eleganten, natürlich viel zu teuren Anzug.
»Wie tief soll ich noch fallen?« nörgelte er.
Ich hätte nicht geglaubt, daß ich für ihn, den professionellen Seelenstürmer, so viel bedeutete.
»So tief du fallen willst«, erwiderte ich.
Er wurde weiß im Gesicht. Er glich Krohg.

Du merkst vielleicht, daß es mir schwerfällt, über Gunnar Heiberg zu schreiben. Wir wurden am Ende so erbitterte Feinde, und die Wunden, die er mir schlug, sind immer noch nicht verheilt. Aber ich möchte nichts überstürzen. Wir überstürzten übrigens beide nichts, keiner von uns.
Als ich aus Kopenhagen zurückkam, sollte Grønnegate 19 verkauft werden. Keine der Schwestern hatte genug Geld, das Haus zu halten, und mir war es egal. Da sah Krohg seine Chance. Er wußte, daß ich Per vergötterte, daß ich bereit war, fast alles für ihn zu tun. Jetzt stand er mit seiner Tante und seinen Schwestern bereit, eine vollständige Familie, wenn ich einwilligte. Das sagte er nicht direkt, aber es bestand kein Zweifel, daß Per den besten Kontakt zu seinen Schwestern, zu seinen Eltern hatte, kurz gesagt, stabile Verhältnisse.
Ja, ich war nicht stabil zu dieser Zeit, und sie müssen sich vor mir gefürchtet haben, besorgt darüber, was mir in den Sinn kommen könnte. Krohg sah, daß Heiberg nichts bei mir erreichte. Das deutete er als neue Möglichkeit für sich, ohne das offen aussprechen zu können.
»Du kannst tun, was du willst«, sagte er. »Ich werde dir nichts abschlagen, aber du mußt mit mir unter einem Dach schlafen, damit haben Per und Nana einen Vater und eine Mutter ...«
»Sie *haben* einen Vater und eine Mutter, Christian.«
»Ach, Oda, das ist rein praktisch gedacht. Was willst du sonst machen?«
Todmüde hörte ich mir alle seine Argumente an, und kaum

war er gegangen, stand Heiberg vor der Tür. Er schrieb *Das große Los* und betrachtete alles sehr großzügig. Vaillants Bombe war in der Deputiertenkammer explodiert. Das bürgerliche Europa rüstete zum Kampf gegen den Anarchismus. Für Heiberg war das ein willkommener Anlaß, seinen Begriffsapparat zu erweitern. Ach, mein Freund, ich fühle mich häßlich, wenn ich das schreibe, aber wenn ich heute Heibergs Schauspiel lese, bekomme ich das Gefühl, daß es nur dem Zeitgeist entspricht und unreflektiert Barrikaden stürmt, ohne Einsicht für das Kommende. Heiberg begann jedesmal von neuem, verspielt, mutig. Damals, 1895, war sein früherer bester Freund, Hans Jæger, unterwegs nach Paris, wo er anarchistische Attentate von ganz anderem Kaliber plante als Vaillant. Jæger wollte die Weltstadt in Schutt und Asche bomben, wollte die Geldbarbarei sprengen. Die Boheme hatte sich aufgelöst in eine Gruppe von Individualisten, die meinten, die Politik auf eigene Faust steuern zu können. So großartig das klang, so erbärmlich war es. Und dann kam Schjander aus Südamerika zurück, nach sechs Jahren, und berichtete, daß er Land für die Boheme gefunden hatte, auf den Hochebenen Patagoniens, im Land der Manzanero-Indianer. Wie traurig muß es für ihn gewesen sein, als er merkte, daß es die Boheme nicht mehr gab! Da hatte er am Lagerfeuer gesessen und von uns als der Vorhut des Anarchismus geträumt, und kehrte zurück in ein Kristiania ohne Jæger, aber mit einem Krohg und einem Heiberg, die alle praktischen Möglichkeiten für ein bürgerliches, harmonisches und monogames Familienleben ausknobelten. Ich hatte einige lange, deprimierende Gespräche mit Schjander, aber wir fanden nicht mehr zueinander. Er gehörte zu Jægers Mannschaft, und in seinen Augen hatte ich Jæger und mich, die Boheme und unsere heiligen Idee verraten.

Zwischen Schjander und Heiberg gab es überhaupt keine Möglichkeit eines Dialogs. Zu dieser Zeit entwickelte Heiberg ernsthaft seine Egoismus-Theorie: »Die soziale Frage ist nur lösbar, wenn das Fundament der Gesellschaft der Egois-

mus ist. Und zwar der *bewußte* Egoismus aller. Der Egoismus ist schon jetzt das Fundament, aber noch nicht der Egoismus aller. Nur der einer Minderheit.« Als politischer Denker war Heiberg eine Katastrophe, und seine politischen Gedanken übertrug er auf mich und mein Problem. Auf eine bestimmte Weise vergötterte er mich. Trotzdem hat er mich mehr gedemütigt als jeder andere Mann.
Aber das begriff ich damals nicht.

Bei unserem nächtlichen Gespräch, wenn auch ziemlich spät, hast du die 90er Jahre einfach als eine Zeit der Flucht, Schwärmerei und politischen Schwäche abgetan. Nun, die 90er Jahre hatten nichts Spektakuläres zu bieten, weder die Unionsauflösung mit Schweden noch einen Weltkrieg. Trotzdem waren sie das Jahrzehnt der Ideen, der Metamorphosen, viel stärker als die 80er Jahre, weil jeder für sich allein war, weil uns nur die Verzweiflung verband.
Ich halte mich nicht weiter bei den äußeren Ereignissen auf. Die sind dir ja alle bekannt, die soziale und politische Entwicklung. Und jetzt willst du meine Entwicklung präsentiert haben: die Metamorphose der Frau und der Liebe. Wozu? Für ein Gedicht? Für einen Roman? Es ist ein seltsames Paradox, daß ich, Großmutter und Geburtshelferin für so viele junge Künstler, immer an der Kunst gezweifelt, sie als störend empfunden habe. Sogar in Jægers Trilogie, die du, wie ich weiß, genauestens studiert hast, fällt auf, daß die Kunst, oder der Naturalismus, wie es Jæger nennt, die große Liebe der Liebenden in den Alltag hineintragen soll. Ich weiß noch genau, daß ich mich zutiefst unglücklich fühlte, wenn Jæger mit diesen Visionen ankam, die er als notwendige Voraussetzung betrachtete. Die Liebe, das Zusammenleben zweier Menschen, genügte sozusagen nie. Sie mußte unbedingt durch die Kunst eine höhere Weihe erhalten.
Die Verzweiflung der 90er Jahre hatte sich in mir eingenistet. Ibsen hatte *Kranke Liebe* gelesen und uns alle als Schweine abgestempelt. Ich glaube, Krohg nahm sich das tatsächlich

zu Herzen. Wie Heiberg bewunderte er den großen Meister, trotz dessen früherer Fehden mit der Boheme. Ich sagte, daß das Schweinische eher in unserem krampfhaften Herumdoktern an der Moral liege, in dem Wunsch, die bürgerliche Ehe und die freie Liebe gleichermaßen zu retten. Er wurde so wütend, wie ich ihn selten sah.
»Unsere Ehe ist *nicht* bürgerlich!« donnerte er. »Das zu verhindern ist *dir* wahrlich gelungen!«
Ich wies darauf hin, daß die Untreue eine Voraussetzung der bürgerlichen Moral sei, aber er war nicht mehr ansprechbar. Ich hatte eindeutig ein bißchen recht. Er war zu wütend, um recht zu haben.

Mein Freund, ich kann dich beruhigen. Ich erfüllte Krohgs Wunsch nicht, nicht zu dem Zeitpunkt. Es kam mir gemein vor, daß er Per als Druckmittel benutzte. Darauf fiel ich nicht herein, obwohl ich nicht unempfindlich dafür war. Schlechte Mutter war eine Rolle, an die ich mich längst gewöhnt hatte. Mir war klar, daß es zu einem Bruch kommen mußte, und der war weitreichender als die Tatsache, nicht mehr unter demselben Dach zu schlafen. Mein Traum war, Per nach Paris mitzunehmen, aber ich brachte es nicht übers Herz, ihn von seinem Vater, den er liebte, wegzureißen.
Ich beschloß, alleine zu fahren.
Das hieß nicht, daß ich Per und meine anderen Kinder aufgab. In solchen Situationen findet man immer Lügen, die alle praktischen Hindernisse überwinden, Geldprobleme, geografische Distanz und schmerzliche Gefühle. Für Per würde ich schon eine Regelung finden. Aber ich erinnere mich an die Angst. Worauf ließ ich mich da ein? Heiberg und Krohg redeten mit mir, einer nach dem anderen. Ich spürte plötzlich, daß sie mich seltsam anstarrten, daß sie mich für geistesgestört hielten. Das war die größte Angst: die Angst, eingeliefert zu werden, die Angst davor, daß Engelhart, Krohg und Heiberg sich verschwören und den Behörden mit Jægers Buch als Beweis erklären würden, daß ich eine hysterische

und unberechenbare Frau sei, die nicht auf sich selbst aufpassen könne. So etwas geschah damals, und es geschieht jetzt, wenn Frauen ihr eigenes Leben aufbauen und sich anfangs tastend bewegen, unsicher über die Vorgehensweise, unsicher über sich selbst, unsicher über alles. Das ist genau diese Unsicherheit, die die Männer von Kindesbeinen an lernen zu verbergen. *Ich* lernte es nie.

Dann floh ich. Ja, es war eine Flucht, und daran ist nichts Bewundernswertes, denn ich halste mir nur Probleme auf. Aber ich ertrug den Gedanken nicht, eingeliefert zu werden. Ich hatte jedes Vertrauen zu Männern verloren. Kannst du das verstehen? Kannst du verstehen, daß ich jahrelang, schon seit Obstfelder, nach Worten gesucht habe, die keine dahinterliegenden Motive verdecken?

Vielleicht hatte ich selbst ein dahinterliegendes Motiv, als ich Hals über Kopf das Land verließ. Ich hatte alte Bekannte in Paris, Menschen, die mich einmal verstanden hatten. Würden sie mich wieder verstehen? Das war 1895, und als ich im Hotel ankam, merkte ich, daß Frühling war.

Mein Freund, du wirkst irgendwie zu jung, um zu wissen, was Entbehrung ist, und definitiv zu jung, um zu bereuen. Gleichwohl, ich behellige dich nicht mit einer Altweibervertraulichkeit. Ich meine auch nicht, klüger zu sein als du, die Menschenseele besser zu kennen als du. Aber du hast durchblicken lassen, daß du ein Buch über mich schreiben willst, und ich habe Angst, daß du dem Leben Unrecht tun wirst und einen dramatischen Aufbau erfindest wie in einem Stück von Heiberg. In den klassischen Stücken gibt es selten mehr als zwei Rivalen. Als Heiberg mich kennenlernte und anfing, *Der Balkon* zu schreiben, mußte er drei einführen. Das war eine dramaturgische Grenze. Die Kunst kann ja keine Rücksicht auf das Leben nehmen, oder? Seltsam nur, daß sie trotzdem immer versucht, das Leben auszudrücken. Sogar Obstfelder vereinfachte meine Lebensgeschichte bis zur Unkenntlichkeit, als er *Das Kreuz* schrieb. Demnach suchte er gar nicht die Wahrheit über *mich*, sondern etwas allgemein Gültiges. Wenn du das Buch schreiben solltest, mußt du dich davor hüten, meinen Liebhabern Priorität einzuräumen. Ich selbst habe das nie geschafft.

Ich hatte sie verlassen.
Das ist mir nicht sofort klargeworden. Ich hatte das Schlimmste getan, was eine Mutter tun kann: Ich hatte sie verlassen. Du denkst natürlich an die Kinder, aber an die dachte ich am wenigsten. *Sie* würden es schaffen. Schlimmer stand es um Krohg und Heiberg, die jetzt keinen tieferen Grund mehr hatten, Freunde zu sein.
Nach Paris kommen im Frühling 1895 ... Ich wünschte, du könntest für einen Moment meine Erschöpfung fühlen, meine Ohnmacht, meine trotzige Hoffnung. Die Hysterie, der Todesrausch oder der einfache Selbstmord, das lag mir alles sehr nahe. Aber es ist so ungerecht eingerichtet, daß die Menschen, die dir fernstehen, zu denen du kein intimes Verhältnis hast, die Hoffnung wiederbeleben können, mit denselben Worten, die jene gesagt haben, vor denen du geflohen bist.
Ich bezog mein altes Hotel und stellte bereits wenige Stunden später fest, daß sich Johan Bojer, Vilhelm Krag, Just Bing und Knut Hamsun in der Stadt aufhielten. Ich war frei von dem braunen Hund! Keine bettelnden, immer traurigen Augen, kein wedelnder Schwanz, kein jammerndes Heulen vor verschlossenen Türen. Es war ein starkes Gefühl, als ebenbürtig empfangen zu werden. Für diese Männer war ich die Malerin Oda Krohg, nur Oda Krohg, ohne Zusatz, keine Kokotte, keine Hure, nicht einmal ein Ibsensches Schwein, sondern eine Frau mit eigenen Gefühlen, und als eine solche wurde ich geachtet!
Ich reagierte hysterisch, war so dankbar, warf mich einem nach dem andern an den Hals, trank mit ihnen. Dann ging ich ins Hotel und schrieb nach Hause an Per und fast ebensolange Briefe an Nana, Sacha und Ba. An Krohg und Heiberg

schrieb ich bedeutend kürzer. Ich schrieb, daß ich nicht dazu käme, zu schreiben. Das würden sie nur schwer verstehen. Ich hatte um ein Jahr gebeten. Sie verstanden mich nicht. Sie verstanden überhaupt nicht, warum ich so eigensinnig war. Begriff ich denn nicht, daß mich alle beide liebten? Ich hörte auf zu argumentieren. Alexandra und Frits waren in Dieppe. Das war ein Trost. Sie kamen des öfteren zu Besuch nach Paris und empfahlen mir ein kleines Hotel in der Rue de L'Abbé de l'Epée.

Ich sollte Obstfelder in Paris wiedertreffen. Das war vielleicht eines meiner heimlichen Motive, dorthin zu fahren. Aber etwas in mir sträubt sich, darüber zu schreiben. Nicht, daß ich nicht glaube, du könntest es verstehen. Nein, es ist mir einfach zu ernst, und das, was zwischen uns geschah, ist sozusagen etwas, das nur mich und ihn angeht. Du merkst es vielleicht, wenn du *Das Kreuz* liest. Er stellt mich nicht an den Pranger wie die andern. Er seziert nicht, will nicht alle Fakten auf dem Tisch haben. Da ist etwas, das ständig in ihm lebt, und er hat eine panische Angst, er könnte es töten. Ja, er war der Nächste, jederzeit bereit, den Menschen waffenlos zu begegnen. Auf einem Fest der norwegischen Kolonie trafen wir uns wieder. Er war, seiner Gewohnheit treu, von Berlin nach Paris gewandert, mit dem schweren Regenschirm unter dem Arm und einem kleinen Ranzen auf dem Rücken. Er hatte eine Gedichtsammlung veröffentlicht, und alle mochten ihn, obwohl man sich auch über ihn lustig machte. In Berlin hatte er sich an Thiis, Vigeland und Munch gehalten. Ich erinnere mich an einen schönen Satz, den Vilhelm Krag über ihn schrieb: »So viel Wissen hatte er sowohl über das schwierige Leben wie über die schwierigen Menschen, daß er am Grunde seiner Seele die viereckigen Gehirne verachtete, die glaubten, das Ganze ließe sich mit ihrem einfachen Einmaleins lösen.«
»Wo sind Heiberg und Krohg?« fragte er mich sofort. »Und wo sind deine Kinder?«

Ich sagte ihm die Wahrheit, vermied ängstlich zu harte Worte. Er war einmal vor mir geflohen, um zu überleben. Woher wußte ich so sicher, daß aus uns beiden nie etwas werden konnte?
Es war an einem dieser Maiabende. Die Kastanien am Boulevard hatten ihre Kerzen aufgesteckt. Über den weißen Kronen zogen die Wolken, fast genauso weiß, und es wurde nie richtig dunkel. Oben beim Bal Paré tanzten die Studenten. Es war Donnerstag, und ich ging mit Obstfelder durch die Straßen. Ich sagte zu ihm, daß ich das Gefühl hätte, die ganze Menschheit müsse an diesem Abend um uns versammelt sein. Die Menschheit, Millionen von Willen, und trotzdem im Ursprung so gleich. Da der Prasser, dort der Geizige, und ganz hinten im Café de la Régence die Liebenden und draußen die, die einander überdrüssig geworden waren, der Choleriker hinter dem Wagen des Waffelverkäufers am Boulevard Montparnasse und der Melancholiker mit leerem Notizbuch und Vin de table im Café de la Paix. Und die Studenten und die Alten, die Blassen und die Geschminkten, die mit den Worten und die mit den Blicken ... Zusammen mit Obstfelder wurde das anders, intensiver, als ich es je zuvor erlebt hatte. Und so, wie wir aufeinander eingespielt waren, schwiegen wir und ließen uns davon überwältigen, daß wir im Gewimmel waren, daß wir lebendig waren, daß wir wir waren.
Ich glaube, wir gingen vom Parnasse bis nach Clichy, ohne ein Wort zu sagen. Es dauerte die halbe Nacht, bis wir ein Café fanden, und als wir zu reden begannen, dämmerte der Morgen. Ich erinnere mich, daß er sagte:
»Was habe ich getan? Erst jetzt erkenne ich, wie zutiefst unglücklich du bist.«

War ich unglücklich? Ja, wenn Obstfelder das sagte, war ich es wohl. Viele Jahre später schrieb Heiberg sein Theaterstück dazu, über Obstfelder, mich und ihn. Er nannte es *Die Tragödie der Liebe*, und ich weiß nicht, was ich von dem

Titel halten soll, außerdem hat er Obstfelder in der Gestalt des Hadeln so unwirklich dargestellt. So war er nicht, nie, wenn er mit mir zusammen war. Wir brauchten diese ewigen Erklärungen nicht. Sie waren längst peinlich geworden. Ich saß in jener Nacht bei Obstfelder und wußte, daß ich ihn hatte, und daß ich ihn verlieren würde.
»Du bist damals von mir weggelaufen«, sagte ich. »Als du alles über mich erfahren hattest.«
In meinen Worten lag kein Vorwurf. Ich erinnere mich, daß ich mich schützen wollte.
»Du wolltest dich zur Jungfrau machen«, sagte Obstfelder. »Deshalb hast du dich selbst verachtet. Du hast nicht erkannt, daß wir füreinander tatsächlich Jungfrauen waren. Das war es, weshalb für mich alles zerbrach, weil du nicht an das glaubtest, was geschah, sondern nur an das, was geschehen war.«
»Ja, das ist wahr«, antwortete ich. »Die Vergangenheit hat immer ihren Schatten auf mich geworfen. Versprechungen, es liegt ein Fluch in Versprechungen. Du sagst etwas, vielleicht aus Versehen, und man nagelt dich darauf für alle Ewigkeit fest. Ich mußte immerzu nach der Erwartung anderer leben.«
»Ich erwarte nichts«, sagte Obstfelder.

Obstfelder teilte diese ersten Nächte in Paris mit mir. Wir gingen unsere langen Wege vom Montparnasse nach Clichy, und im Morgengrauen frühstückten wir in der Nähe der Hallen. Ich könnte dir von unseren Gesprächen berichten, von unseren langen Reisen im Land der Wörter. Wir wollten nicht die Gesellschaft verändern, wir hatten damals wenig Ahnung von den politischen und kulturellen Strömungen. Zwischen mir und Obstfelder gab es eine metaphysische Dimension und außerdem eine gute Portion Humor. Ich kann mich an niemanden erinnern, mit dem ich so viel gelacht habe. Er war schrecklich ernsthaft, aber nie ohne Ironie, und das wirkte auf mich sehr versöhnlich, war ich doch

Studenten, Visionen und die Boheme gewöhnt. Er hatte ein merkwürdig lautloses Lachen. Das lachte er, wenn er den Künstlerfreunden ins Gewissen geredet hatte. Obstfelder war sehr geschickt darin, Stichworte zu finden, bei denen die Künstlerfreunde aufblühten. Er lockte sie hinein in diffizile Reflexionen, und dann, völlig unerwartet, kam das lautlose Lachen. Darin lag keine Bosheit, es war nur seine angeborene Skepsis bei jeder Stümperei oder auch bei affektierten Kunstdiskussionen.

Nein, ich will es nicht leugnen. Ich versuchte, mein Leben in seine Hände zu legen. Ich signalisierte so deutlich ich konnte: nimm mich, liebe mich, rette mich vor den unglückseligen Freunden, die in Norwegen sitzen und Händchen halten! Mit allen Tricks der Welt versuchte ich, ihn zu meinem Ritter zu machen, mutig und unnachgiebig, bereit, meinen Mythos zur Strecke zu bringen.

Aber Obstfelder kümmerte der Mythos nicht. In seinen Augen war ich weder Freiheitsgöttin noch Nymphomanin.

Wir glichen uns allzusehr, und ich glaube, unsere große Möglichkeit erschreckte ihn. Es würde in uns keine heimlichen Kammern geben, wenn wir das verwirklichten. Aber gerade diese heimlichen Kammern waren für Obstfelder in seinem Kampf, das Pflegeheim zu vermeiden, lebensnotwendig.

Ohne es zu wissen trieb er mich zurück zu Heiberg. Ich war in einer seltsamen Verfassung. Ich konnte nichts aufgeben und lebte teilweise in der Welt der Erinnerung. Er verstand mich falsch, glaubte, es sei Selbstverachtung. Da begann er vom Leben zu sprechen, von der Zukunft.

Mein Freund, gibt es Männer, die den Wunsch haben, daß ihre Liebe von anderen vollzogen wird? Weil die Liebe in Obstfelders Augen eine metaphysische Dimension besaß, negierte er die sexuelle Lust und trieb mich zurück zu Heiberg und bestätigte so seine Ahnung.

Ich weiß, daß das, was ich hier schreibe, wenig wahrscheinlich klingt, aber das liegt daran, daß ich es nicht über mich bringe, die volle Wahrheit über mich und Heiberg zu schreiben. Vor sechs Jahren starb er, und zwischen uns blieb noch so vieles ungesagt. Ich weigere mich, es Haß zu nennen. Ich nenne es Verbitterung. Aber mit so viel Verbitterung einem Menschen gegenüber ist es unmöglich, die Wahrheit zu schreiben. Liebten wir wirklich einmal? Eine unbestreitbare Tatsache, jetzt nur noch eine zweifelhafte Behauptung.

Vielleicht trieb nur die infame Laune der Drüsen ihr Spiel mit uns. Obstfelder begehrte mich nicht auf dieselbe Weise wie 1892. Es hatte in der Zwischenzeit andere Frauen gegeben. Mit dem Schirm und seinem kleinen Rucksack war er um die halbe Welt gewandert. Eine solche physische Aktivität macht einen Mann nicht zu einem Liebhaber, aber zu einem Poeten, einem Fühlenden.

Ich habe einen abstoßenden Ausdruck: Fühlkamerad. Ich benutzte ihn sehr oft für Heiberg, in dunklen Augenblicken benutze ich ihn auch manchmal für Obstfelder, obwohl er mich nicht so tödlich verletzte, wie es Heiberg sechs Jahre später tun sollte. Trotzdem war es seltsam, damals in Paris, der Stadt der Möglichkeiten, zu erfahren, wie ein Tor geschlossen wurde.

Es war ein stilles Drama, ohne die lauten Repliken, die Heiberg später konstruierte, eigentlich ohne Sexualität, auch wenn ich weiß, daß du gerne das Gegenteil lesen würdest. Obstfelder sagte:

»Ich hörte einmal von einer Dame, die jedesmal, wenn sie sich neu verliebte, fest daran glaubte, den klügsten Mann der Welt gefunden zu haben. Sie sammelte förmlich kluge Männer. Und der letzte war immer der klügste. Und dann war es einmal ein Physiker, und sie lief herum und erzählte, er habe das Gravitationsgesetz erfunden.«

»Sie glaubte das?«

»Ja, aber das Beste war, daß er es am Ende auch selbst glaubte!«

Obstfelder war fest davon überzeugt, daß Heibergs hartnäckige Liebe zu mir von einer ganz alltäglichen Art war. Ohne es direkt auszusprechen, brachte er das ständig zum Ausdruck: Zwischen *uns* würde es nie gehen, aber du und Heiberg …

Ich bin an einem Punkt angelangt, wo es verlockend wäre, zu lügen. Es wäre verlockend, mein starkes Bedürfnis nach Unabhängigkeit zu betonen: die selbstbewußte Frau, fertig mit der Ehe und den entwürdigenden Formen des arrangierten Gefühlslebens, des Gefühlszwangs, des Machtkampfes. Nach mir sind zahlreiche solche Frauen gekommen, und es werden noch mehr kommen, Frauen von eigenständiger Charakterstruktur, mit klarem Intellekt, frei in ihrem Fühlen und Denken. Ich bewundere sie, aber sie sind nicht wie ich. Ich wünschte, ich wäre von ihrer Art, aber sie sind nicht wie ich.

Zu jener Zeit war ich eine Frau, die den verzweifelten Wunsch hatte, sich an einen Mann zu binden, sich unterzuordnen, sich hinzugeben. Das klingt vielleicht idiotisch, ich weiß, es klingt nach Verrat am Freiheitskampf der Frauen. Aber die Männer, mit denen ich bis dahin gelebt hatte, waren alle ihrer Zeit voraus gewesen, Engelhart eingeschlossen. Sie griffen nicht zur Rute, um ihre Frau zum Gehorsam zu zwingen, sie brüllten nicht, daß das Weib in der Versammlung zu schweigen habe. Was jetzt selbstverständlich ist, war auch für mich selbstverständlich. Ich war zu lange verehrt worden. Ich sehnte mich danach, zu geben, bedingungslos, freiwillig, all das, was ich tragischerweise weder meinem Mann noch Heiberg geben konnte, eben weil sie mich als Idee verehrten. Obstfelder verstand das, aber er fürchtete sich vor den Folgen, die es haben könnte, die Tür zu den heimlichen Kammern zu öffnen. Er würde seine Einsamkeit verlieren, seine kostbare Einsamkeit.

Hast du meine Zeichnung von Obstfelder gesehen? Ich weiß, daß ich eine schlechte Zeichnerin bin, aber diese ist gelungen. Durch ihn entstand der Wunsch in mir, etwas neu zu

gestalten, gerade weil er nicht so viel darüber redete. Die Kunst war wichtig, aber nicht das Wichtigste. Ich hatte es immer umgekehrt gehört.
Das könnte sich wie eine glückliche Periode anhören, trotz allem. Nach einigen Wochen in Paris erkannte ich, daß hier mein Zuhause sein müßte, weil alle, die herkamen, von einer Unruhe besessen waren. Ich erlebte diese Unruhe jeden Tag, in den Straßen, in den Cafés, wie einen tiefen Trost.
Obstfelder und ich, da gab es nie einen Bruch, ich sah ihn später noch oft, aber nie mit der Innigkeit und Vertrautheit, die uns 1895 beseelte auf unseren nächtlichen Spaziergängen über die Boulevards.

Ich fand wieder ein Gleichgewicht als Künstlerin, saß in den Cafés und sehnte mich nach Per. Du darfst nichts schreiben über diese Zeit, wenn du schreibst. Ich habe sie vor allem als Rekonvaleszenz in Erinnerung. Daß Obstfelder ausgerechnet da *Das Kreuz* beendete, verstand ich nicht. Hätte ich Gelegenheit gehabt, zu lesen, was er schrieb, wäre vielleicht alles anders gekommen. Ich hatte gerade Cora Sandels *Alberte und Jakob* und *Alberte und die Freiheit* gelesen. Ich traf Cora, als sie 1905 nach Paris kam, und sie hat geschrieben, wie das war, wie die Weltstadt auf eine Frau wirkte.
Ich weiß, daß diese Zeit für Krohg fürchterlich war. Er hat mich später immer wieder daran erinnert: Ich war abgereist, ohne reinen Tisch zu machen. Er wußte nicht, was er zu erwarten, was er zu erhoffen hatte. Mein Benehmen in diesem Jahr machte sowohl aus Krohg wie aus Heiberg sabbernde Alkoholiker. Ich bereue, was ich ihnen angetan habe. Das war unüberlegt, egoistisch, blind. Aber es war der Wendepunkt. Ich wußte plötzlich, was ich suchte:
Nicht Unabhängigkeit.
Ich suchte Bindung.

1896 war ich wieder in Norwegen, wegen Per. Nana brauchte mich nicht mehr. Sie war Krohgs Tochter. Ich war nur eine

komische Frau, die versuchte, Mutter zu sein. Dies ist die Geschichte einer Ehe, einer lebenslangen Ehe zwischen Krohg und mir. Deshalb werde ich dir von Heiberg erzählen.
1896 hielt er sich einige Zeit in Kongsberg auf, und hier ist ein Brief, den ich rekonstruiere: »Dein Jahr ist zu Ende gebracht, Gott sei Dank. Welche Konsequenzen es für mich hatte, hast du sicher von Krohg erfahren. Jetzt sitze ich hier in Kongsberg fest, unfähig, Nansen zu überreden, mir einen Vorschuß zu geben, der geeignet wäre, meine Ideen zu realisieren. Wie findest du das? Ich plane eine große Tragödie: *Das Freudenmädchen*, das wird, so hoffe ich, mein Hauptwerk. Sie, die jedesmal von neuem liebt, die liebt, aber nicht sündigt, die jedesmal Jungfrau ist. Das Stück beginnt mit einem Freudenfest, bei dem ihr die Leute als Königin der Anmut zujubeln, was das Beste in ihnen zum Ausdruck bringt, und es endet mit einem Spott- und Hohnfest, bei dem Hunderte von schmutzigen Fingern hoch erhoben auf sie gerichtet sind. Ich glaube, ich habe nie auf der Bühne so gewütet wie in diesem Stück und werde nie mehr so zart und anrührend schreiben. Dazu fürchterliche Ausfälle gegen den Tannhäuser-Quatsch, gegen Venus und Solveig. Zum Teufel, es ist ein Stück über *dich*, mein unmöglicher Schatz. Du treibst dich in dieser Scheißstadt Kristiania herum und erniedrigst dich selbst, glaubst, der Liebe ein für allemal Lebwohl gesagt zu haben, in einem Versuch von ... ja von was? *Keiner* hat dich so geliebt, gewollt, begehrt wie ich. Und trotzdem machst du aus mir einen Hampelmann. Aber ich bin jetzt von Didi geschieden, hörst du? Du hast keine Entschuldigung mehr. Was ist bloß mit uns allen geschehen? Die Boheme stürzt in den Abgrund, ein Krieg zwischen Norwegen und Schweden ist im Anmarsch, dein Mann Krohg hat begonnen, wieder seine alten Lotsenbilder zu malen, um sein Publikum zu befriedigen. Bjørnson ist ein größerer Bauer als je zuvor, und in Belgien sitzt Jæger mit seinen hoffnungslosen Revolutionsideen. Weißt du, entweder gehe ich nun hin und nehme mir das Leben, oder du akzeptierst Männer als einen Teil

des Daseins, nicht nur deinen wunderbaren kleinen Sohn Per. Weißt du, daß Obstfelder ein schönes Buch über dich geschrieben hat und Jappe Nilssen ein fürchterliches, voller Selbstmitleid? Bei mir wirst du nie Selbstmitleid zu sehen bekommen, Oda. Ich weiß, daß du mich fürchtest, daß ich sein sollte wie der liebe Christian, ein Hund, der dich nie aus den Augen läßt, der jedesmal mit dem Schwanz wedelt, wenn du Anstalten machst, aufzustehen, so daß du gar nie aufstehen magst. Es gibt Menschen, die sind so verletzbar, daß sie sich nie verletzen lassen. Ich bin nicht so. Ich liebe dich, hörst du? Mein alterndes Weib von sechsunddreißig Jahren. Wir sollten über all den Klatsch längst erhaben sein. Du verlangst Offenheit, ich öffne mich für dich: Ich bin ein gescheiterter Dramenautor, der sich eingebildet hatte, zu glauben, er könnte Chef des Nationaltheaters werden. Ich konkurriere mit Bjørn! Meine finanzielle Lage, vom täglichen Bier bis zu den täglichen Gläubigern, tief versackt in törichter und lähmender Untätigkeit, viele, viele innere Probleme, mit ewigem Herzklopfen und Türklopfen, bei all dem habe ich das Gefühl, als würde mir alles über den Kopf wachsen. Herrgott Oda, ich brauche dich.«

Heiberg hat immer an das Hysterische in mir appelliert. Ich übersprang die Floskeln im Brief und dachte: Er ist ein Mann, dem ich sehr weh getan habe. Es machte Eindruck auf mich, daß er nicht mehr mit Didi verheiratet war. Es machte Eindruck auf mich, daß es ihm so schlecht ging. Eigentlich machte der ganze Heiberg Eindruck auf mich, obwohl ich mich dagegen wehrte. Ich hatte mich sechs Jahre dagegen gewehrt. Ich hätte mich weiterhin gewehrt, hätte ich nicht begriffen, daß mir ohne Heiberg nur Krohg blieb.
Darin bestand in dieser Nacht das große Paradox, daß ich Krohg gegenüber immer loyal blieb. Du verstehst nicht, wie man gleichzeitig »betrügen und vergöttern« kann, wie du sagtest.
Ich traf Krohg im Spätherbst in Kristiania. Ich erinnere mich

noch an den Regen und das Laub im Studenterlunden. Irgendwie waren alle Menschen verreist. Jedenfalls die, die *ich* kannte. Im Grand saß eine neue Generation junger Leute. Sie sahen blaß und traurig aus. Krohg bat mich, in die Pilestrede zu kommen. Er wohnte wieder dort, seit seine Tante im Vorjahr gestorben war. Mit Nana und Per hatte ich bereits einige Wochen verbracht, während Krohg geschäftlich unterwegs war. Die Kinder waren bei Krohgs Schwestern, als Krohg und ich unsere Aussprache hatten.

Es war ein merkwürdiges Treffen. Ich war lange von ihm weg gewesen, ohne zu erkennen, daß er mir die ganze Zeit gefehlt hatte. Wir saßen in dem Zimmer, in dem einmal Jæger geschlafen hatte. Draußen regnete es. Auf dem Tisch standen zwei Gläser und eine Flasche Branntwein.

»Deine Artikel«, sagte ich vorsichtig. »Ich hatte im fernen Paris eine solche Freude daran. Du bist ein ... Erneuerer.«

Er lächelte, etwas ironisch, wie mir schien. Solche Floskeln aus meinem Munde, das paßte nicht, und das wußten wir beide.

»Damit verdiene ich das Geld für uns«, sagte er. »Ich weiß nicht, was wir ohne Thommessen gemacht hätten.«

»Sobald ich finanziell unabhängig bin«, ich trank nervös, als ich das sagte, »wird es leichter für dich. Ich hasse die Situation, in die ich uns gebracht habe.«

»Es ist nicht deine Schuld, Oda.«

»Wer ist dann schuld?«

»Alle, die die Boheme töteten. Alle, die immer gegen uns gearbeitet haben.«

Er war zurückhaltend, fast ängstlich. Ein Jahr war vergangen. Ich kam aus Paris, hatte offenbar einen Entschluß gefaßt. Er wußte nicht, welchen. Um das Unausweichliche zu verschieben, fing er an, mich nach unseren Freunden in Paris zu fragen. Ob ich Jæger, Nilssen, Obstfelder getroffen hätte. Vielleicht war diese Aufzählung meiner Liebhaber zufällig. Ich sagte die Wahrheit, nannte Obstfelder. Dann erzählte ich ein bißchen von Hamsun und Bojer, von Frits und Alex-

andra, die ich ja kaum gesehen hatte. Er fragte mich nach den Cafés, wer wohin ging. Er fragte, wie sich die Leute kleideten, was sie dachten, ob sie liebten. Und was mit dem Anarchismus und was mit Rochefort sei? Und was mit der Malerei? Was mit Rodin?
Ich erzählte, und er hörte zu. Dabei schaute er mich unverwandt an, und er wirkte glücklich, fast stolz.
»Warum starrst du mich denn so an, Krohg?« fragte ich mit einem zweifelnden Lachen.
Er antwortete:
»Du warst Königin in Kristiania, Oda. Und du wirst auch noch zur Königin von Paris!«
Ich betrank mich an diesem Abend. Und als ich die Wohnung in der Pilestrede nach vielen Stunden des Flehens verließ, bemitleidete ich ihn mehr, als ich es nüchtern hätte aushalten können.

Wir fanden eine Regelung für die Kinder. Krohg, dem es fast einen Schock versetzt hatte, daß es ihm nicht gelungen war, mich zu überreden, teilte mit, daß er für die Zeitung eine längere Reise nach Nordnorwegen unternehmen werde, vielleicht ein paar Bilder malen werde, kurz, versuchen wolle, darüber hinwegzukommen. Nana hatte Krohgs Schwestern, und die vergötterten sie. Ich sprach lange mit der zwölfjährigen Nana. Mir fiel plötzlich auf, daß Kinder, die ohne Familie als festen Wert aufwachsen, oft ein erstaunlich stabiles Selbstvertrauen entwickeln. Nana mußte sich an niemanden klammern, und zu ihrer Mutter sagte sie:
»Fahre du nur wieder nach Paris, Mama. Du weißt ja, ich muß hier in Norwegen bleiben und mich um Papa kümmern.«
Mit Sacha und Ba war es ähnlich. Aus ihnen waren zwei höfliche Jugendliche geworden, korrekt gekleidet, immer höflich. An dem Tag, bevor ich nach Paris zurückfuhr, trafen wir uns, so erinnere ich mich, in einer Pension. Herrgott, diese Pensionen in meinem Leben! Fremde Geräusche hinter der Wand!

Für Sacha und Ba, aufgewachsen im Hause der Engelharts, war es nichts Neues, daß ihre Mutter mehr oder minder ohne Wohnung lebte. Trotzdem war es mir unangenehm, sie nur in ein Gästezimmer einladen zu können. Aber eine persönliche Spezialität konnte ich doch anbieten: russischen Tee und geröstetes Brot.

»Russischer Tee«, sagte ich. »Das war Großmutters Lieblingsgetränk. Sie war ja eine halbe Russin und dachte vielleicht deshalb an Zaren und Fürsten und so etwas. Ich hätte so gerne für sie etwas Gutes getan. Ba, geh doch hinunter zur Pensionswirtin. Da ist ein Junge, mit dem du spielen kannst.«

Ich blieb mit Sacha allein, Ba war ja so artig. Allein mit Sacha. Ich schenkte Tee nach, strich ihr über ihr langes, blondes Haar, obwohl das ein bißchen verkrampft wirkte.

Sie begriff, daß ich mit ihr reden wollte, vielleicht über nichts Besonderes, nur einen Augenblick der Vertrautheit, mit dem man weiterleben konnte.

»Was ist denn, Oda?«

Sie schaute mich forschend an. Ich glaube, ich erwiderte: »Nun ja, daß ich jetzt nach Paris fahre, sonst nichts. Übrigens, sagst du Papa zu Jørgen?«

Sacha lachte. »Nein, warum denn? Zu Jørgen sage ich Jørgen.«

Ich zögerte, bevor ich es sagte: »Ba hat erzählt, daß du Papa zu ihm sagst, und Jørgen nur, wenn du mit mir sprichst.«

Sacha errötete. Mir lag es fern, sie in Verlegenheit zu bringen.

»Sei nicht böse auf Ba«, sagte ich schnell. »Ich habe ihn einmal danach gefragt. Ich wollte wissen, ob du mich schonst. Ich ertrage diese Art von Höflichkeit nicht, Sacha. Du weißt, ich freue mich, daß du mich Oda nennst. Das ist eine meiner fixen Ideen. Ich finde es *nicht* schlimm, daß du und Jørgen eine so enge Beziehung habt. Aber weil du nun mal eine Mutter hast, die an allem zweifelt, muß ich dich einiges fragen. Du weißt, wenn ich fahre, werden wir uns nur im Sommer sehen. Ich habe es immer für selbstverständlich gehalten, daß ihr mich nicht allzusehr vermißt. Aber nun stelle ich fest, daß du mir gegenüber höflich bist, und das macht mich unsicher. Was geschieht, wenn ich verreise? Habt ihr alles bei den Engelharts, oder fehlt etwas? Sag jetzt die Wahrheit, Sacha, es ist wichtig.«

Das war sicher etwas zu offen. Sacha kämpfte gegen ihre Jungmädchenverlegenheit. Sie sagte: »Ja, ich weiß schon, Mama, aber es fehlt uns nichts. Wir haben längst aufgehört, mit dir zu rechnen.«

»Was sagst du da? Mit mir zu rechnen?«

»Ja, daß du da bist, meine ich. Du hast schließlich immer genug mit dir zu tun.«

»Ich? Aber Mädchen, ich wollte doch nur, daß ihr euch frei für die Engelharts entscheiden könnt, wenn ihr das wirklich wollt.«

»Wie konntest du wissen, was wir wollen?«

Sacha hatte plötzlich Tränen in den Augen.

»Aber ihr habt es doch gesagt!«

»Wir waren Kinder, Oda! Nicht wir haben entschieden!«

Ich wäre beinahe ohnmächtig geworden, aber das geschah natürlich nicht. Da bekam ich die achtziger Jahre direkt ins Gesicht geschleudert, Freiheit und Wahl, die heiligen Kühe der Boheme. Auf die Kinder übertragen bedeutete das: Verrat.

Ich weiß nicht mehr, was ich Sacha an jenem Wintertag 1897 antwortete. Es war ein gewaltiger Schock, der für einen Moment alle meine Pläne über den Haufen warf. Aber Sacha, bereits so erwachsen, begriff, was mit mir los war, und verhinderte einen Zusammenbruch. Ich *müsse* nach Paris, meinte sie. Was sie gesagt hätte, beträfe die Vergangenheit, sei längst vergessen und vorbei. Das Gespräch wurde allmählich surreal. Sacha gestand, daß sie die Bücher von Jæger und Nilssen gelesen habe und mich deshalb kenne. Und dann fügte sie hinzu, sie wolle, wenn sie einmal groß sei, werden wie ich. Da gab ich auf. Da rief ich Ba. Aber zuerst hatte ich Sacha in den Arm genommen, lange an mich gedrückt, und ich glaube, wir weinten beide.

Es hatte nichts mit Stolz zu tun, daß ich Heiberg nicht entgegenkommen wollte. Er hatte so viel von Freiheit und Achtung gesprochen. Ich hatte das Gefühl, in seinem Sinne zu handeln, als ich, diesmal mit Per, wieder nach Paris aufbrach. Wahrscheinlich wollte ich, daß er nachkam. Vielleicht wußte ich auch schon, daß sowohl Heiberg wie Krohg nachkommen würden.

Zuerst kam Heiberg. Auf wunderbare Weise hatte er sich eine feste Stelle als Paris-Korrespondent von *Verdens Gang* verschafft, wo auch Krohg arbeitete. Gunnar Heiberg und Paris, das war eine intensive Liebesbeziehung, die mich ansteckte. Er war jetzt ein anderer, ein Seher, ein bemerkenswerter Zuhörer. Die Mißgeschicke hatten ihn älter gemacht. Trotzdem war es nicht Paris, was uns verband, nicht die blauen Stunden des Nachmittags, die Heiberg beim Absinth verbrachte und am liebsten allein, die langen Sonntagsspaziergänge in den Wäldern vor der Stadt, Pers Erwartung, Pers Lachen und mein Gefühl, den braunen Hund hinter mir gelassen zu haben, vielleicht für immer. Nein, was uns verband und paradoxerweise eine brennende Leidenschaft in uns beiden entfachen sollte, unerbittlicher, als wir es je erlebt hatten, war der unselige Mann, der sich Sebastian Menmouth nannte und dessen wirklicher Name Oscar Wilde war.

Ich kann mich nicht mehr erinnern, warum Heiberg, Per und ich eigentlich so rasch unseren Aufenthalt nach Dieppe verlegten. Es war sicher meine Rastlosigkeit, die uns antrieb, denn ich war noch sehr unsicher, wie das alles weitergehen sollte. Da war es eine willkommene Gelegenheit, bei Alexandra Unterschlupf zu suchen, meiner praktischen und erdverbundenen Schwester. Sie und Frits machten ihre Villa zu einem sehr gastfreundlichen Ort. Ich gehe davon aus, daß dort »alle« waren, wie man so sagt, neben den Malern sicher

auch Strindberg und natürlich Madame Curie, die so gerne Frits auf dem Cello spielen hörte.
Alexandra und ich hatten begonnen, Leder künstlerisch zu verarbeiten. Das war aus der Not eine Tugend machen, finanziell gesehen, und Alex erwies sich als Verkaufsgenie. Sie, meine zögernde Begleiterin auf der Karl-Johan, hatte sich gemausert, in jeder Hinsicht. Als Geschwister vertrugen wir uns immer schlechter, aber wir brauchten unsere Auseinandersetzungen, und wir hatten uns immer gegenseitig geholfen, sei es mit einer Wohnung oder mit einem Bett zum Schlafen. In dieser Hinsicht hege ich keinen Groll gegen die Familie.
Vielleicht war es diese Atmosphäre des behaglichen Künstlerlebens, die den Schock so groß machte. Heiberg und ich hatten eine Beziehung als gute Freunde gefunden. Wir waren kein Liebespaar, wir gingen aber gerne gemeinsam in Cafés oder spazieren, alles, was Menschen gemeinsam machen, ohne daß dabei jemals das Herz schneller schlägt. Wir hatten das Meer, wir hatten das Licht, wir hatten das Café des Tribunaux, und wir hatten Geld.
Wilde kam direkt aus dem Gefängnis über den Kanal nach Frankreich. All das ist dir ja bekannt, nicht wahr? Für mich war es ein Schock. Er, der einmal mit der grünen Orchidee im Knopfloch auf den Bühnen Londons stand, bejubelt, geliebt, und der mit der Zigarette im Mundwinkel seine neue Moral verkündete, so frech, so genial, so charmant, daß er sogar das starrsinnige englische Bürgertum gewann, war jetzt krank und zerbrochen, versehen mit dem Brandzeichen des Gefängnisses C.3.3., wo er bei Brot und Wasser einsaß, ohne reden, schreiben oder lesen zu dürfen. Man hatte versucht, aus ihm einen Idioten zu machen.
Jetzt kam er ins Café des Tribunaux, blaß und ernst. Die Engländer erhoben sich demonstrativ und verließen das Lokal. Wir blieben sitzen, denn wir hatten ihn erwartet.
»Was hat er denn Schlimmes angestellt?« fragte Per.
Und als ich über eine Antwort nachdachte, eine möglichst verständliche Formulierung, die auch ein achtjähriger Junge

verstehen kann, wurde mir erst richtig klar, was er eigentlich getan hatte. Und diese Entdeckung war so erschütternd, so eng verknüpft mit mir, meinem Schuldgefühl und der Entfremdung der bürgerlichen Gesellschaft, daß ich bei der Antwort schluchzte:
»Er hat *geliebt*, Per. Er hat lediglich geliebt.«

Ja, der desillusionierte, homophile, schöne und gebrochene Mann warf so viele Fragen auf, veränderte meine und Heibergs Einstellung, daß dadurch das Zusammenleben, das wir nun begannen und das fünf erstaunliche Jahre dauerte, geprägt wurde. Wildes Leidensgeschichte war für mich von Anfang an eine Geschichte der Bedingungen der Liebe auf unserer Welt, eine Geschichte der Lüge, der Schwäche und der Mißgunst, eine Geschichte, die den verfaulenden moralischen Apparat, die bestehenden Verhältnisse also, trotz der unerbittlichen Angriffe der Anarchisten in ein grelles Licht tauchte.
Jeden Tag unternahm er lange Spaziergänge allein. Wie gerne wäre ich mit ihm gekommen! Statt dessen gingen Heiberg und ich an den Klippen entlang nach Varengeville, und weil Heiberg meine Gefühle zu Wilde und der Liebe teilte, verwandelten wir uns in wenigen Tagen in prustende Halbwüchsige. Für Außenstehende muß das rührend ausgesehen haben. In unserer Welt gab es nur Oscar Wilde und uns als Vertreter der Liebe, als wirklich Liebende. Und irgendwann in der Zukunft natürlich Per. Ins Gefängnis müssen, weil man geliebt hatte! Das rief sowohl geistig wie physisch eine ungeheure Erregung und Empörung hervor. Wie sehr hatte mir die Liebe gefehlt! Wie sehr hatte mir die Leidenschaft gefehlt! Jetzt wurde Heiberg *mein* Opfer. Einige wilde, absurde Wochen muß ich mich auf ihn gestürzt haben, während Alexandra und Frits in ihrem Wohnzimmer saßen und Wilde zuhörten, der »reizende kleine Geschichten und Situationen aus seiner Glanzzeit« zum besten gab, die Alexandra wider besseres Wissen später aufschreiben sollte.

Ich muß Wilde geliebt haben, ohne mir dessen bewußt zu sein. Heiberg war ein Blitzableiter und ein williger Partner nach Monaten, nach Jahren des unfreiwilligen Zölibats. Wie er wuchs in meinen Augen! Wie schön er wurde! Wie klug er wurde! Und Per, glücklich über mein Glück, vergaß die Sehnsucht nach seinem Vater, bis Christian Krohg plötzlich eines Tages bei den Thaulows vor der Tür stand, blaß, still, mit der Rechtschaffenheit und Würde des lange verschmähten Liebhabers.

Er kam zu spät.
Ich hatte in Heiberg einen Liebhaber gefunden, zu guter Letzt. Nach sieben mühsamen Jahren war es ihm endlich geglückt, mich zu entflammen. Ich kann mich an keine Zeit meines Lebens erinnern, die physisch intensiver gewesen wäre als diese letzten Jahre des alten, müden Jahrhunderts. In der Luft lag eine brodelnde Erwartung des Kommenden. Paris wurde von Unruhen heimgesucht. Ein Krieg lag in der Luft. Der Konflikt zwischen Griechenland und der Türkei loderte am Boulevard St. Michel auf. Die Polizisten zückten die Knüppel und schlugen.

Ich wußte, daß Hans Jæger in Paris war, und in meiner erotischen Verrücktheit wünschte ich ihm, daß alle seine Attentatsversuche gelingen mögen. Krohg begleitete uns nach Paris, wollte verzweifelt wieder der beste Freund sein, aber vergeblich, denn jetzt hatte Heiberg die bessere Position, und er hatte nicht vor, sie aufzugeben. Klingt das zynisch? Ich glaube, es ist sehr zynisch, wenn drei Menschen brennen. Krohg hat das später gesagt. Unser Glück war schamlos. Heiberg und ich im La Régence. Das muß unerträglich gewesen sein, vernichtend. Krohg fuhr nach Norwegen zurück, zu Nana, und lebte die einsamsten Jahre seines Lebens.

Ich gehe jetzt schneller vorwärts, weil die Dinge sich festigten und weil das Glück historisch gesehen immer etwas lang-

weilig ist. Heiberg und ich schwangen uns in die höchsten Höhen der Leidenschaft, die nur von seiner Dramatik übertroffen wurden. Wir waren in der Weltstadt, und wir waren ein Liebespaar! Per fand seinen Platz in der Schule. Ich besorgte mir ein Atelier und verstand plötzlich nicht mehr, wie ich es ohne ausgehalten hatte.
Und überall waren Freunde, Herman Bang, Vilhelm Krag, Bojer, Hamsun, mit denen ich frei verkehren konnte. Schlimmer war es mit Jappe Nilssen und Hans Jæger. Was ich dir von ihnen erzählen kann? Daß wir uns praktisch nie begegneten. Beide hielten sich in Clichy auf, wohin ich nie ging. So viele Worte, so viele Versprechen, nie erfüllt.

Aber Obstfelder war da, glücklich über Heiberg und mich. Ich verlor ihn völlig, enttäuscht von seiner Feigheit, aber das war später. Erst waren es die guten Jahre. Wieder einmal kamen die Ideen in unser Leben. Die Ideen, der Champagner und Heibergs lyrische Erklärungen, wenn die Nacht zur Neige ging.
Nun willst du sicher wissen: War das die Wahrheit? So eindeutig? Nein, nichts war eindeutig. Aber ich ging völlig in ihm auf. Vielleicht wollte ich beweisen, daß ich nicht ausgeliefert war. Da geschah es. Fast unmerklich und ganz langsam. Aber es geschah. Heiberg beschrieb es als *Die Tragödie der Liebe*. Hier will ich es nur die Stunde der Wahrheit nennen. Ich schrieb damals ein Gedicht. Es lautet so:

Mein Geliebter ist ein ruhiger Mann.
Er schläft gut in der Nacht.
Steht auf etwas spät
frühstückt und macht
einen Ausflug in die Zeitungen des Tages.

Wenn dann sein Zimmer hergerichtet ist
geht er hinein, denn er muß arbeiten.
Allein lasse ich ihn ein Weilchen sitzen,

dann klopfe ich leise an die Tür –
Er ruft komm herein
denn er liebt mich sehr
und ist glücklich wenn ich es bin
die ihn bei der Arbeit stört.

Dann setze ich mich
auf seinen Schoß.
und er küßt mich
auf den Mund –
Er denkt an all das
was er voriges Jahr lebte
und ich an die Zeit
die kommt.

Mein Geliebter dichtet
die schönsten Dinge.
Aber versteht nicht alles im Leben.
Er weiß nicht
was Tränen bedeuten
und warum sie uns
sind gegeben.

Mein Geliebter ist
ein glücklicher Mann.
Nach dem Essen
denkt er im Kopfe.
Ich denke auch
an alles vorher
und sachte an die Tür ich klopfe.

Ach Verzeihung störe
ich vielleicht – was –
Er antwortet nicht,
er schläft!
Schläfst du?

Nein, bist du verrückt meine Liebe
ich liege hier und denke wieder.
An all die Tage,
die da schwanden dahin
und ich an die Tage
die kommen.

Ja, es geschah allmählich, mein junger, stürmischer Freund. Wir merkten fast nicht, wie sie sich zwischen uns einnistete: die Lüge. Und damit auch die Beteuerungen, die Worte, die immer stärker wurden. Nie vorher waren sie so stark gewesen. Obstfelder applaudierte hysterisch.

Mit Erling ist Heiberg in seiner *Tragödie der Liebe* ein überraschend ehrliches Selbstporträt gelungen. Es lief tatsächlich so ab wie in dem verfluchten Theaterstück. Er mußte um jeden Preis unsere Liebe verwerten, mußte sie sozusagen einheimsen. Das wurde die schlimmste Farce, die ich je erlebte. Mich trifft sicher ein Teil der Schuld. Ich wartete so viel, nach sieben Jahren des Drängens. Es hielt ein paar kurze Jahre und vielleicht nicht einmal das. Und gerade weil es so glückliche Jahre waren, wurde das Ende so schrecklich.

Es besteht ein Unterschied zwischen Erotik und Sexualität. Die Sexualität ist ein beinahe materielles Bedürfnis, das befriedigt werden kann. Die Sexualität ist für mich immer unwesentlich gewesen. Die meisten Männer, denen ich begegnet bin, mit Ausnahme von Obstfelder natürlich, haben sich als sehr sexuell erwiesen. Die Erotik dagegen ist eine ewige Kraft, sie sucht keine Befriedigung, will nur Dasein, Bestätigung. Ich hatte mir in meiner Verblendung eingebildet, Heiberg sei ein erotischer Mensch.

Ein erotischer Mensch will niemals die Liebe zu einem bestimmten Zweck benutzen.

Ein erotischer Mensch will nur benutzt werden.

Ich habe mir immer gewünscht, gebraucht zu werden.
Ich weiß, daß ich ungerecht bin, daß meine Verteidigung, die eher einer Anklageschrift gleicht, nur ein Versuch ist, dir zu gefallen nach meinen Prämissen.
Silvester 1899. Wir begruben ein Jahrhundert und stießen im Hôtel des Américains mit Champagner an. Lebt wohl, ihr alten Ideen. Ich erinnere mich, daß Gunnar Heiberg mit mir über Bjørnson sprach, den Erzfeind, Synonym für Floskeln, Bauernschläue und Scheinheiligkeit. Und trotzdem, vertraute er mir an, trotzdem konnte er nicht umhin, den Alten zu bewundern. Er hatte kaum zu Ende gesprochen, da sah ich, wie Heiberg in allem Bjørnson glich. Er polterte, daß er mich liebe, aber das war nur ein Poltern. Ich sagte es ihm. Das Ergebnis war eine unserer übelsten Auseinandersetzungen. Heiberg, der gealterte Heiberg, mit konkreten Plänen für das neue Jahrhundert.
Ich lief ins Quartier Latin und versteckte mich in einer Bar. Dort suchte ich Trost bei einem fremden Mann. Erst am späten Vormittag des 1. Januar 1900 tappte ich nach Hause. Dort lag Heiberg und schlief. Per war im Jardin du Luxembourg und machte Unfug.

Diese Dinge zu schreiben hat mich sehr deprimiert. Oscar Wilde, der uns wegstarb. Jæger und Jappe Nilssen, die ich nie traf. Ein Wort pocht ständig hinter der Stirn und will heraus:
Verstellung.

Krohg fand neuen Halt.
Er besuchte uns häufig in Paris, er überwachte meine Arbeiten, eine Serie von Porträts, angefangen natürlich mit Heiberg. Sie nahmen ihre Rollen als gute Freunde wieder auf, und das funktionierte, bis der Streit um Vigeland zum endgültigen Bruch führte.
Im Frühjahr 1900 stellten Krohg und ich im Dioramalokal aus. Krohg zeigte eine sorgfältige Auswahl seiner schönsten

Porträts, nicht zuletzt seine genialen Darstellungen meiner Schwestern. Finanziell war die Ausstellung eine Katastrophe. Holger Drachmann saß im Saal, um bei der Auktion zu bieten. Der Zuschlag lag oft bei hundert Kronen.
Ein Buch über Krohgs Künstlerleben sollte geschrieben werden, es sollte die unerträglichen Vorurteile gegen seine Kunst enthalten, seine enorme Kraft, sich gegen Engstirnigkeit und Verunglimpfungen zu behaupten. Mich berührte die Pleite im Dioramalokal nicht so sehr, ich versuchte trotzdem, meinen Qualitätsanspruch als Malerin zu halten, aber daß es Krohg so übel ergangen war, erschütterte mich schon. Ich denke an Kristiania, die regennassen Straßen, das Laub in Studenterlunden, die kalte Sonne über dem Fjord. Ich sehe eine beinahe ausgestorbene Straße mit den typischen dreistöckigen Wohnblocks zu beiden Seiten. Nur ein verbissener Mensch läßt sich blicken. Früher war das ein Hund. Jetzt ist es Krohg. Und er wächst. Er wächst unablässig. Bald füllt er die ganze Straße. Bald zertrampelt er die Häuser.

Ich meine dich lächeln zu sehen, wenn du das liest. Jetzt kommt es, denkst du. Oda Krohgs Kehrtwendung, die endgültige Niederlage, der klägliche Abschied der Bohemeprinzessin. Das macht mir nichts aus. Ich bin eine alte Frau, ich bin stur, und ich habe ein gutes Gedächtnis.
Obwohl, inzwischen steigen viele Stimmungen in mir auf. Sie sind undeutlich, ohne Zusammenhang, und ich weiß nicht, was ich damit anfangen soll.
Gunnar Heiberg kannte keine Eifersucht. Er war so von sich und von uns überzeugt, daß er den glücklichen Schluß bereits im Kopf hatte. Wir würden hundertjährig und altersschwach im selben Bett sterben. Er begriff nicht, daß wir bereits mit dem Rücken zueinander standen.
Heiberg war ein Eroberer. Und jeder Eroberer hat dasselbe Problem: Was soll er eigentlich mit dem Land anfangen, für dessen Unterwerfung er einen solchen Aufwand betrieben hatte? Nach sieben Jahre der Verehrung hatte sich Heiberg

ein Bild von mir gemacht, und weil seine Phantasie stärker war als sein Wirklichkeitssinn, blieb das Bild sehr lange unverändert, und mein Kampf gegen das Bild wurde gewaltsam.

Heiberg weigerte sich, die Wahrheit zu akzeptieren: Wir wurden uns zunehmend gleichgültig. Er hatte die Sprache unserer ersten glücklichen Tage in Dieppe konserviert, für immer und ewig sollte Hochzeitsnacht sein, und ich war Julia.

Romeo, mein armer, verwirrter Liebling. Es muß seine größte Niederlage gewesen sein, daß meine Liebe plötzlich größer war als seine. Wenn die Nacht kam, wurde er so müde, so müde. Dann hatte er so viel Arbeit, mußte so viele Stücke schreiben. Er begriff nicht, daß er ungestört arbeiten konnte, soviel er wollte, wenn wir nur den Mut gehabt hätten, offen zu sein. Aber unser Zusammenleben hatte seine Form gefunden. Die Versprechen waren gegeben, die Worte gesagt, der Rahmen festgelegt: glücklich zu leben bis ans Ende aller Tage.

Er wußte nicht, was er mit mir anfangen sollte.

Wer war ich in dieser Zeit? Ich glaube, in erster Linie war ich Pers Mutter. Die Künstler am Montparnasse haben ihren ganz eigenen Rhythmus und der war nicht gerade kinderfreundlich, aber Per lernte damit umzugehen. Er störte niemanden, streckte den Menschen nur freundlich die Hand hin und bekam immer einen herzlichen Händedruck zurück, sogar von dem Anarchisten am Ecktisch im La Régence. Wenn sich Heiberg in die Einsamkeit seiner blauen Stunde zurückzog, nahm ich Per mit in mein Café. Er war nicht mehr nur mein Sohn, er war mein engster Freund.

Wenn Heiberg aus seiner blauen Stunde zurückkam, dann mit flackerndem Blick. Schlechtes Gewissen ist unschön. Sah ich da nicht aus den Augenwinkeln den braunen Hund? Nein, Heiberg ließ so etwas nicht zu.

An einem Frühlingstag im Jahre 1901 verschwand er nach Kristiania. Vorwand war eine Wiederaufnahme von *Tante*

Ulrikke. Ich erinnere mich an den Brief auf dem Salontisch. Ich ließ ihn von meinem Fenster aus in die weiße Krone der Kastanie flattern.

Was stellen wir mit der Liebe an?
Wir schmücken uns mit ihr, wenn wir wissen, daß sie uns schön aussehen läßt. Heiberg liebte das Wort Wahrheit. Als ich ihn im Sommer in Drøbak aufspürte, verteidigte er sich mit einem Manuskript und sagte:
»Liebling, du weißt gar nicht, wie sehr ich dich vermißt habe!"

Wir fanden nie mehr zueinander.
Bei Herbstbeginn verließ ich Norwegen, verließ Heibergs Beschwörungen, alles würde wieder wie früher und er wolle nachkommen. Das Schiff, das uns mitnahm, hieß »Memento« und wir gerieten in einen fürchterlichen Sturm.
Soffi war bei mir, und sie wußte, was geschehen war. Zwölf Tage dauerte der Kampf mit Wind und Wellen, aber Soffi und ich befanden uns auf einer anderen Reise. Das Ruderhaus verschwand, und wir merkten es nicht. Das Schiff stand voll Wasser. Da läutete Soffi dem Matrosen, deutete auf den Boden und sagte:
»Bringen Sie bitte diese Wellen hinaus."
Olaf Gulbransson war voller Freude, daß wir überlebt hatten. Ich hatte keine Minute daran gedacht, daß wir sterben könnten. Wir kamen nach Paris, als das Laub fiel. Erst da nahm ich den Geruch wahr, das Laub im Herbst, und ich erinnere mich an Pers wunderbares Lächeln.

In diesem Winter liebte ich die Lüge, das Glas, die Malerei. Zusammen mit meinem Sohn stand ich im Atelier und malte Porträts. Er malte Porträts von Tieren. Ich überwand meine Unlust und malte Porträts von Menschen.
Hast du mein Porträt von Doktor Bjarne Eide gesehen? Er kam nach Paris, weil er glaubte sterben zu müssen. Sie sag-

ten, es sei eine unheilbare Krankheit. Wir waren zwei alternde, zermürbte Menschen, und wir wußten beide, daß es nur eine Episode sein würde, mein Kreis war geschlossen, und eines Tages würde all das Alte wiederkehren.
Aber bis zu diesem Tag logen wir uns eine Liebe vor und schirmten uns ab von den Wörtern. Wie zwei alternde Gaukler gingen wir Arm in Arm durch die Straßen. Alles, was wir sagten, war natürlich amüsant, treffend und intelligent. Aber alleine, wenn uns keiner sah, kratzten wir einander die Rükken, und die heiseren Laute, die wir hervorbrachten, waren ebenso einsam, ebenso seltsam zeitlos wie die Schreie der Tiere im Wald am Ende eines Sommers.

Der Krohg, den ich lieben lernte, war ein alter Mann. Er hatte mich so viele Jahre gekannt, hatte gesehen, wie sich mein Körper veränderte, wie Schriftzeichen auf mein Gesicht kamen. So lange hatte er hingeschaut, daß er lernte, die Zeichen zu deuten.
Es war ein Nachmittag auf dem Montparnasse. Draußen war dichter Nebel. Ich malte an dem Porträt des wütenden Arosenius. Krohg saß mit einem Stock zwischen den Beinen da, den Blick auf mich geheftet. Per war in der Schule. So war es oft gewesen. Ich spürte seine Anwesenheit nicht, spürte nicht seinen kritischen Blick. Meine Beziehung zu ihm war damals, als wir heirateten, erstarrt. Wir hätten ein glückliches, harmonisches Ehepaar sein können. Aber an jenem Nachmittag, als sich die Dunkelheit über die Stadt senkte und sich der Nebel wie ein Spiegel auf das Pflaster legte, ging Krohg ans Fenster und sagte:
»Alle meine Gefühle für dich sind tot. Wenn du willst, kannst du die verdammte Scheidung haben.«

Wir zeigten uns in den folgenden Tagen nicht in den Cafés. Es gab so vieles, was wir beweinen mußten. Ich sagte:
»Erinnerst du dich, als du aus Kopenhagen zurückkamst und ich sagte, daß ich Jæger liebe? Damals hast du mich

verloren, denn du hast eine Lüge von mir erbettelt, ich sollte sagen, daß ich dich liebe, so hohl das auch klang.«

»Ja«, sagte Krohg, »ich erinnere mich daran, und seltsamerweise war ich danach zufrieden, denn ich betrachtete die Liebe wie ein Kunstwerk, das heißt, die Form war wichtig und konnte so vieles andere verdecken. Ich war mir sicher, daß ich dich noch überlisten würde.«

»Ich wurde dann egoistisch«, fuhr ich fort. »Denn ich wollte nicht getötet werden, nicht auf diese Art. Du hast mich zu einer Idee gemacht, denn eine Idee geht in die Geschichte ein und bekommt ewiges Leben. Die Liebe muß aber immer sterben, um leben zu können, nicht wahr? Dann ist es vielleicht das größte Glück, wenn ein Mensch, der dich kennt, der alle deine Fehler und Lügen kennt, trotzdem sagt: Ich liebe dich.«

»Kenne ich dich so gut?«

»Ja, Christian Krohg. Jetzt kennst du mich von Grund auf.«

Mein junger, stürmischer Freund. Du hast dir Resignation erhofft, die Zeit, die gegen die freie Liebe arbeitet, die Rücksicht auf die Kinder. In dem Buch, das du dir ausgedacht hast, stellst du die Liebe der Boheme als die wahre dar und meine und Krohgs alternde Liebe als die falsche. Du hast meine nüchternen Bemerkungen gehört. Du hast mein zerfurchtes Gesicht gesehen und gedacht: sie ist nicht für eine derartige Harmonie geschaffen. Oh, wie du mich an die Boheme von damals erinnerst. Du hast eine Idee, und die willst du verfolgen, versuchst, ihr das Leben anzupassen, den Zweifel aufzuheben, gerade Wege zu bauen.

Ich habe dir eine Geschichte über das Leben erzählt, nicht so, daß es seine Struktur in einem Kunstwerk findet, sondern so, daß es unstrukturiert an uns allen seine Spuren hinterläßt und vielleicht am meisten bei denen, die sich weigern, Zuflucht in etwas zu suchen, das sie nicht sind.

Die freie Liebe kam zu mir, als ich mein zweites Zusammen-

leben mit Krohg anfing, als er aufhörte, mich mit Hundeaugen anzuschauen, als wir beide den Mut hatten, zu sagen: es gibt keine Garantien, aber es gibt eine freie Liebe.
Und es war Nana, wer sonst, die das Haus für uns zeichnete, in dem wir wohnen sollten.

Du hast heute nacht in diesem Haus gesessen. Du weißt, daß es immer für dich und deine Freunde offensteht. Es hat Krohg um zehn Jahre überlebt. Vor siebzehn Jahren nahm sich Soffi das Leben. Neun Jahre ist es her, daß ich mit Nanas Tochter nach Brasilien aufbrach, um Sacha und Ba zu besuchen. Ich bin nicht einsam gewesen. Es gibt so vieles, was eine alte Frau tun kann.
Vor einiger Zeit vermachte ich das Bild, das ich von Munch bekam, der Nationalgalerie, und ich bekomme Briefe von den Ämtern, die Straßen nach Christian Krohg benennen wollen. Bald sind wir alle gestorben und landen in den Bibliotheksarchiven. Ich habe ein Enkelkind. Guy. Wenn er groß ist, wird er sich an mich als eine nette alte Oma erinnern.

Sie begruben Jæger.
Sie waren sehr viele, alle die, die ihn verraten und verlassen hatten, die seine Träume abgelehnt hatten. Ich dachte damals:
Jetzt stirbt etwas in mir.
Es war ein erbärmliches Ende. Fast niemand hatte seine letzten Bücher gekauft, die er unter größten Entbehrungen veröffentlichte. Nicht einmal die *Bibel der Anarchie*, seine endgültige Abrechnung mit der Geldbarbarei, hatte Erfolg.
Ich begegnete ihm nicht in diesen letzten Jahren. Jappe Nilssen war am Ende bei ihm. Am Abend des 8. Februar 1910 wurde er zum Hotel Tostrupsgården an der Karl-Johan gerufen, wo sich Jæger ein Zimmer erstritten hatte. Jægers Freundin war dort. Sie schrie nach einer kleinen Summe Geld, das Jæger angeblich hatte, außerdem wollte sie seine Manuskripte, sonst würde sie sich aus dem Fenster stürzen.

Ein Maler soll auch dort gewesen sein. Im Durcheinander des Sterbens sah er seine Chance, eine Flasche Branntwein zu klauen, die immer unter Jægers Bett gestanden hatte.
Er war nicht mehr. Die Gefahr war vorüber. Die Leute konnten beruhigt anfangen, seine Gedanken in der Gewißheit zu denken, daß sie nie verwirklicht werden würden. Viele Menschen kamen ans Grab. Sie wußten vielleicht nicht, daß sie etwas in sich begruben.

Ich wurde plötzlich so müde. Es war ein langer Tag, und ich bin noch nicht einkaufen gewesen. Du wolltest heute nacht von mir ein Resümee. Ich werde dir keines geben. Erinnerst du dich, was ich über Pers wunderbares Lächeln kurz vor seinem Tod schrieb? Ich habe in letzter Zeit so viel daran gedacht, was ihm genau in diesem Augenblick klargeworden war.
Du bist allzu eloquent, mein junger Freund. Du redest von einem Weltkrieg, der kommen soll, du redest über die freie Liebe, die du wiedererwecken willst. Gut, dann tu es, aber du mußt auch lernen, dich fallenzulassen.
Ich meine den Duft nach Flieder zu riechen, aber wenn ich aus dem Fenster schaue, steht die Birke fast ohne Blätter. Einmal werde ich mich zurückziehen, wegschmelzen, ein Teil von allem werden.
Mein junger, stürmischer Freund. Wirst du mich lieben?
Ich sehne mich nach Hause.

Nachwort zur deutschen Ausgabe

Über dreißig Jahre habe ich mich mit einer Gruppe norwegischer Künstler und Intellektueller beschäftigt, die sich in der Zeit um 1880 Kristiania-Boheme nannte. Diese linksgerichtete Gruppe junger Menschen war von größter Bedeutung für den Maler Edvard Munch – viele Motive seiner Bilder sind davon inspiriert. Henrik Ibsen empfand sie als Bedrohung, was in seinem Stück *Rosmersholm* zum Ausdruck kommt.

Die dezidierte Führerpersönlichkeit der Boheme war der Schriftsteller und Anarchist Hans Jæger, die wichtigste Frau war Oda Lasson, später Oda Engelhart und schließlich Oda Krohg. Mit ihrer freien, kompromißlosen Lebensweise hatte sie Vorbildfunktion für andere Frauen, dazu kamen ihre künstlerischen Ambitionen, die sie zu einer geachteten Malerin machten. Zu Beginn der 1970er Jahre bekam ich Gelegenheit, in dem damals noch streng abgeschirmten Archiv des Munch Museums in Edvard Munchs Aufzeichnungen zu lesen, was er über diese Frau notiert hatte. Zwar verband ihn mit Oda keine Liebesaffäre, doch hat er gemeinsam mit ihr ausgestellt. Damals wurde mir klar, welche wichtige Rolle diese Malerin für eine neue Generation junger Frauen gespielt haben mußte. Und als ich einige Jahre später diesen Roman schrieb, machte ich die Erfahrung, daß sich bis heute junge Frauen mit dieser Oda identifizieren können.

Oda ist sowohl eine Biographie wie ein Roman – aber in erster Linie handelt es sich dabei um das Aufspüren der Geschichte eines gelebten Lebens. Ich habe sozusagen versucht, eine Selbstbiographie zu rekonstruieren, die nicht vollendet wurde.

Oda Krohg hat ebenso wie ihr Mann, der Maler Christian Krohg, und ihr Liebhaber Hans Jæger ihre Version der dramatischen Dreiecksbeziehung aufgeschrieben, doch ihr Sohn, der Maler Per Krohg, hat das Manuskript nach ihrem

Tod verbrannt. Er soll befürchtet haben, die skandalösen Aufzeichnungen seiner Mutter könnten seinem guten Ruf als Maler schaden.

Per Krohgs Sohn, der Maler Guy Krohg, bedauerte das in mehreren Gesprächen mit mir. Er gehört einer anderen Generation an, und seine klaren und detaillierten Erinnerungen an seine Großmutter halfen mir sehr, als ich begann, den Roman zu schreiben.

Eine andere wichtige Quelle war Oda Krohgs Nichte Baja Diederichsen, die in den letzten zehn Lebensjahren ihrer Tante in engem Kontakt zu ihr stand. Auf den ausführlichen Gesprächen mit ihr beruht das 7. Kapitel, *Flieder im Oktober,* das ich in Briefform geschrieben habe. Inspiriert hat mich dabei auch die Schriftstellerin Ingeborg Refling Hagen, die in ihrer Jugend ein enges Verhältnis zu Oda Krohg gehabt hat.

Die anderen in diesem Roman verwendeten Briefe sind authentisch. Der lange Briefwechsel zwischen Oda und ihrem Vater während der Krankheit ihres Bruders befindet sich in der Handschriftensammlung der Nationalbibliothek in Oslo. Dasselbe gilt für die Originaldokumente über die verzweifelte Liebe Hans Jægers zu Oda sowie der Briefwechsel zwischen ihnen, der außerdem in der von Jæger im Selbstverlag herausgegebenen Trilogie *Kranke Liebe*, *Bekenntnisse* und *Gefängnis und Verzweiflung* abgedruckt ist. Diese Trilogie erreichte allerdings nie ein größeres Publikum.

Wegen ihrer Liebesaffären ist das Leben keiner norwegischen Frau persönlicher und ausführlicher schriftlich festgehalten worden als das von Oda Krohg. Neben Hans Jægers Trilogie ist hier Sigbjørn Obstfelders Roman *Das Kreuz* zu nennen, weiterhin Gunnar Heibergs Theaterstücke *Der Balkon* und *Tragödie der Liebe* sowie Jappe Nilssens Roman *Nemesis*. Dazu kommen die autobiographischen Äußerungen ihrer Schwester Bokken Lasson und die bereits genannten ausführlichen Tagebuchaufzeichnungen Edvard Munchs. In Adolf Pauls *Mein Strindbergbuch* befindet sich ein wichtiger

Abschnitt über Odas Zusammentreffen mit August Strindberg in Berlin.

Wer war Oda? »La vraie princesse de la bohème«? Zweifellos die zentrale Frau der Kristiania-Boheme, für viele ein Ideal, wie ein Mythos verherrlicht in Büchern und auf Gemälden. Verkörperte sie als Frau neue, bahnbrechende Ideen? Oder war sie eine unglückliche Mutter und Malerin? Oder das Opfer der Phantasie der Männer über die Frauen und die freie Liebe?

Im Eingangsbereich des Grand Café in Oslo befindet sich ein großes Gemälde von Per Krohg, auf dem er die Stammgäste der 1890er Jahre festgehalten hat. Dazu gehören Ola Thommessen, Frits Thaulow, Kalle Løchen, Edvard Munch, Hans Jæger, Christian Krohg, Sigbjørn Obstfelder, Bjørnstjerne Bjørnson und Henrik Ibsen. Für mich ist Oda eine Geschichte über den Platz der Liebe in unserem Leben, über Befreiung, Machtkampf und Verstellung. Über die Kunst, wahrhaftig zu leben.

Oslo, 7. Februar 2007
Ketil Bjørnstad